历史中国书系

汉朝原来是这样

醉罢君山——作品

中国出版集团 现代出版社

图书在版编目（CIP）数据

汉朝原来是这样 / 醉罢君山著. -- 北京：现代出版社, 2024. 12. -- （历史中国书系）. -- ISBN 978-7-5231-1098-0

Ⅰ. K234.09

中国国家版本馆CIP数据核字第2024U42S47号

汉朝原来是这样
HANCHAO YUANLAI SHI ZHEYANG

著　　者	醉罢君山
选题策划	张　霆
责任编辑	袁子茵
责任印制	贾子珍
出版发行	现代出版社
地　　址	北京市安定门外安华里504号
邮政编码	100011
电　　话	010-64267325
传　　真	010-64245264
网　　址	www.1980xd.com
印　　刷	三河市宏盛印务有限公司
开　　本	710mm×1000mm　1/16
印　　张	24.5
字　　数	397千字
版　　次	2024年12月第1版　2024年12月第1次印刷
书　　号	ISBN 978-7-5231-1098-0
定　　价	898.00元（全14册）

版权所有，翻印必究；未经许可，不得转载

目 录

一 / 从布衣到反秦英雄 / 001

二 / 刀光剑影鸿门宴 / 008

三 / 三万打垮五十六万 / 015

四 / 一颗棋子盘活了全局 / 023

五 / 霸王别姬：枭雄的末路 / 030

六 / 兔死狗烹的悲剧 / 037

七 / 女人当国：吕后的时代 / 047

八 / 仁政的春天：文景之治 / 054

九 / 来自北方的狼 / 061

十 / 地方诸侯的大叛乱 / 067

十一 / 罢黜百家，独尊儒术 / 074

十二 / 大帝国的反击战 / 082

十三 / 从河西到漠北 / 089

十四 / 冒险家的故事 / 098

十五 / 开疆拓土：从南越到朝鲜 / 107

十六 / 十万尸骨换来汗血马 / 115

十七 / 李陵与司马迁 / 121

十八 / 血流成河的巫蛊之祸 / 127

十九 / 放逐北海的硬汉子 / 135

二十 / 从囚徒到天子 / 142

二一 / 勇士们的表演舞台 / 150

二二 / 犯强汉者，虽远必诛 / 157

二三 / 帝国的转折 / 165

二四 / 浪漫皇帝：死在温柔乡 / 171

二五 / 皇帝的畸形之恋 / 179

二六 / 圣人还是阴谋家？/ 186

二七 / 从假皇帝到真皇帝 / 193

二八 / 有压迫就有反抗 / 200

二九 / 王莽覆亡与东汉开国 / 207

三十 / 赤眉军的兴衰 / 214

三一 / 下一个出局者 / 221

三二 / 得陇望蜀 / 230

三三 / 男儿当死于边野 / 238

三四 / 短暂的盛世 / 245

三五 / 通往西域之路 / 253

三六 / 四十岁男人的奋斗 / 260

三七　勒石燕然 / 268

三八 / 小皇帝政变记 / 275

三九 / 西风烈：羌战进行时 / 281

四十 / 得而复失的西域 / 288

四一 / 漫长的战争：107—118 年羌乱纪实 / 295

四二 / 虎父无犬子 / 303

四三 / 惊心动魄的政变之夜 / 311

四四 / 政坛暴发户 / 317

四五 / 挡我者死：梁冀的黑暗时代 / 322

四六 / 傀儡皇帝的绝地反击 / 330

四七 / 党锢之狱 / 338

四八 / 终极悍将：段颎与平羌之役 / 346

四九 / 黄巾起义：神秘的太平道 / 352

五十 / 群魔乱舞的十常侍时代 / 359

五一 / 混世魔王董卓 / 366

尾声：三国序幕 / 372

大事年表 / 381

一 / 从布衣到反秦英雄

秦始皇做梦也不会想到,曾令天下人闻风丧胆的大秦帝国,竟然在他死后六年就轰然倒塌,此时距他统一六国也仅仅有十五年。

透过历史的烟尘,我们依稀可以从某些遗迹中感受帝国的雄伟与厚重——被风沙侵蚀而残破的秦长城与埋没地下两千年重见天日的秦陵兵马俑,是世界古代文明的奇迹;独具匠心、巧夺天工的都江堰,成为岁月流逝中不朽的杰作;穿越崇山峻岭、沟通两大水系的灵渠,展现了伟大时代挑战自然界的雄心;还有那早已成为灰烬的富丽堂皇的阿房宫殿,只能透过杜牧的华美辞藻想象昔日"覆压三百余里"的盛景。

同样,我们也从贾谊的文字中感受到了秦帝国冷酷的威严——"振长策而御宇内,吞二周而亡诸侯,履至尊而制六合,执敲扑而鞭笞天下,威震四海"。这是中国历史上从未有过的强大王朝,它的铁拳可以轻易地捣碎任何敌人。秦始皇雄心勃勃地宣称,帝国的基业将永远流传,在他之后,二世、三世直到千世万世。但是,序幕刚刚拉开,就要结束了。

始皇帝喜欢出巡,每次都是朱轮华毂,拥旄万里,何其壮观也。有一回出巡时,在两旁夹道围观的人群中,有一高个子青年,目睹这雍容华贵的一幕,不禁发出了一声慨叹:"嗟乎,大丈夫当如此也!"这声慨叹,除了招来周围一两人略带惊诧的眼光外,很快就飘散在风中了。

很多年后,当人们重新回味他这一声感叹时,定会肃然起敬,因为这不起眼的一句话,揭露了英雄的内心世界,这人便是中国历史上第一位布衣天子刘邦。

刘邦的早年,平淡无奇。他性情豪爽,爱结交朋友,喜好施舍,慷慨豁达。性格的优点并不能掩饰他生活的窘迫,终日呼朋唤友,徘徊于酒肆市井,无所事事,连父亲都骂他没出息,比不上埋头经营家中产业的阿哥刘仲。可是刘邦不为所动,依然我行我素。很多年后,成为皇帝的刘邦有一回在酒宴上,以戏谑的语气对老父亲说:"父亲大人常说我不会经营产业,如今我的成就与阿哥相比,谁大呢？"

他并非没有雄心壮志，只是没有机会。秦一统中国，数百年春秋战国的连绵烽火渐渐熄灭了，一个和平的时代到来了，至少表面上是和平的。俗话说，乱世出英雄。和平的时代，需要规规矩矩的人才，刘邦显然不是中规中矩的人。他的两大嗜好是美酒与女人，而且一生未改。刘邦尝试走仕途，但只当了一个小小的泗水亭长。尽管官不大，但他很高傲，看不起县衙里庸俗的官吏，在同僚面前总是表现出傲慢的神色。总的来说，生活平淡无奇，波澜不惊，可能刘邦厌倦这种无所事事的日子，有时他也会参与到一些恶作剧中。

县令的好友吕公，举家迁到沛县，在家中设宴，招待各方人士。依当地习俗，赴宴时少不了要带见面礼，负责收礼的人，是沛县的官吏萧何。贺礼不足千钱者，只能就座于堂下，只有献上厚礼者，才有机会成为上座贵宾。刘邦也来凑热闹，他写了一张礼单，上面写着"贺钱一万"，其实他身上分文没有，只开出一张空头支票。萧何高声吆喝："刘季，贺钱一万。"满堂皆惊，吕公亲自上前接迎。颇懂相术的吕公一看刘邦，高鼻梁、四方脸、长胡须，气宇非凡，心里一震，也不追究刘邦贺礼的虚实，便拉着他入上宾座。刘邦也不客气，昂然入座，没有丝毫心虚与胆怯，甚至时不时出言不逊，羞辱座上的其他客人。

这次恶作剧竟然有一个戏剧性的结果。在其他人看来，刘邦纯粹是搞一场闹剧，可吕公不这么认为，他看到刘邦身上的优点：从容、镇定、自信。这是成功者必须具备的素质。他下了一个大赌注，赌刘邦必定有出人头地的一天，赌注是自己的女儿吕雉。事实证明，吕公是一位高明的投资者，他成了未来天子的岳父，而吕雉则成为未来的皇后。

几年后，刘邦的命运发生了转折。

秦始皇在骊山大建工程，从全国各地不停地征用民力服役，沛县也未能幸免。一群犯人苦力被征集前往，领队的就是泗水亭长刘邦。秦政苛暴，人命如草芥，骊山脚下早已是白骨累累，来自沛县的苦力们对未来极度悲观，名为服役，实则送死。与其送死，不如逃跑吧，一路上三三两两地逃走了。性情豪爽的刘邦并没有为难这些逃亡者，一路上人越来越少，走到丰西大泽时，这支苦役队伍只剩不到一半的人，即使到了骊山，也交不了差了。刘邦转念一想，得了，不就是一个小小的亭长吗？这个官不要也罢，弃不足惜，干脆就当一个浪迹江湖的草莽英雄吧。就这样，刘邦把犯人苦力们全都放走了，有十几个人无家可归，索性就追随刘邦，在芒山、砀山一带藏身。

有一次，刘邦喝醉了，他们行经一处草泽时，突然前方有人喊道："前面有一条大蛇挡在大路上。"所有人都害怕，不敢前行，刘邦醉醺醺地走到前头，拎着剑，口中斥道："壮士前行，有什么可害怕的。"便独自上前，果然在路中央盘踞着一条大蛇，刘邦借着酒力，倒也有几分胆色，挥剑便砍，这条大蛇被一分为二。这个英雄壮举令所有人惊呆了，刘邦却没撑住，跟跟跄跄地又行了一段路，终于醉倒在路上。后来一个故事流传开了，说在刘邦斩蛇处，有人看到一个老婆子在哭，老婆子讲了个离奇的事，说这条蛇是白帝的儿子变的，却给赤帝的儿子杀了。这个荒诞的故事，可能是刘邦故意编造出来的，但所有追随者对他的敬畏心却一天天地增强。

很快，第二个神话出现了，这个神话可能是吕雉制造的。刘邦藏匿于山中，居无定所，妻子吕雉却可以准确地找到他，别人都很奇怪，吕雉说："因为他所在的地方，都有祥云笼罩，我只要顺着祥云寻找，就可以找得到。"经过巧妙的包装后，原本被认为只会喝酒、泡女人、说大话的刘邦，居然成了一个神秘莫测的人物。沛县一些年轻人因为不满秦的苛政，也逃到山里，投奔刘邦。

就在这个时候，秦始皇死于东巡的路上。赵高与李斯矫诏立胡亥为二世皇帝，赐死太子扶苏，杀蒙毅、蒙恬以及诸公子。

天下苦秦久矣。

秦始皇之死，遂成反秦起义之导火索，这把火是由陈胜、吴广在大泽乡点燃的。起义军斩木为兵，揭竿为旗，走上武装反抗之路。陈胜自立为王，国号"张楚"。这群不起眼的造反分子很快令帝国陷入恐慌之中，各地郡县纷纷造反，起义者杀死地方县令，响应陈胜、吴广的义军。很快，造反的风潮也开始扑向沛县这个小地方了。

刘邦的起义，比陈胜、吴广仅迟了两个月。

叛乱的大潮涌来，沛县县令按捺不住，所谓知时务者为俊杰，不如举兵响应陈胜、吴广吧。沛县官吏萧何与曹参对县令说，你是秦朝的官员，要起义大家不会听你的，不如把逃亡在外的刘邦召回来吧。县令便派屠狗的樊哙前去召刘邦一伙人回来。可是，当刘邦到城门外时，县令变卦了，下令把城门关起来，拒绝他入城。

顺天者昌，逆天者亡，造反的洪流不可阻挡。沛县民众发动暴动，杀死县令，迎接刘邦。刘邦占据沛县后，率三千子弟兵，正式向秦宣战。这一年，刘邦四十八岁，年将半百矣。可是对他来说，事业才刚刚开始。这位布衣草根将以他非凡的才能，实现人生的大转折，一步步迈向权力的顶峰。

最初，刘邦的队伍在诸路义军中很不起眼，一则他没有强大的兵力，再则他没有显赫的家族背景。除了陈胜、吴广的"张楚"外，义军中实力最强者，乃是项梁、项羽的队伍。

项梁乃是楚国名将项燕之子，通晓兵略，有恢复楚国之志；他的侄儿项羽长得人高马大，体魄雄健，力能扛鼎，勇武过人。有意思的是，项羽也见过秦始皇出巡的盛大排场，与刘邦感叹"大丈夫当如此也"不同，项羽说的话是"彼可取而代也"。从这句话中，少年豪气跃然纸上了。叔侄俩蛰居于吴中，耐心地等待着时局的变化。终于，陈胜在大泽乡振臂一呼，天下响应，会稽郡守殷通密谋反秦，因赏识项梁的军事才能，便邀他共举大事。不料，项梁固然要反秦，却不甘居人之下，暗使项羽杀死殷通，自立为会稽太守，在吴中招兵买马，组建了一支八千人的精兵队伍。

与此同时，首义元勋陈胜的张楚政权却开始走下坡路。在张楚军节节败退而秦军步步紧逼之际，陈胜的部将召平不得不求助于项梁，他假托陈胜的命令，拜项梁为楚上柱国。项梁即率八千子弟兵西渡长江，攻城略地，声势浩大，其他诸路义军纷纷前来投靠，兵力急剧扩大到六七万之众。

公元前208年初，吴广、陈胜先后死于非命。项梁借此时机，召集诸路义军首领商议大事，刘邦以沛县义军领袖的身份参加会议。经过讨论，项梁听取范增的建议，立战国末期楚怀王之孙为楚王，仍称楚怀王。自陈胜首义以来，不到一年的时间，楚、赵、韩、魏、齐、燕这六个被秦消灭的诸侯国全部复国，其中以楚的势力最强大，成为反秦战争的中流砥柱。

刘邦投靠楚政权，很快就脱颖而出了。

在秦一方，虽然赵高弄权，指鹿为马，残害异己，秦二世荒淫无度，醉生梦死，然而秦的军事力量依然强大。章邯是秦国最有能力的将领，他挫败陈胜的张楚军的进攻，继而伐魏攻齐，秦军的战斗力仍然不可小觑。项梁立楚怀王后，随即与章邯秦军展开决战，先后在东阿、濮阳、定陶击败秦军。与此同时，刘邦与项羽分兵进攻城阳。攻陷城阳后，项羽采取恐怖的屠城政策。紧接着，刘、项二人又联手在雍丘取得大捷,击毙秦将李由。刘邦与项羽声名鹊起,以英勇善战闻名于诸侯。

一系列的胜利令项梁头脑发热,低估了秦军的力量,最后付出惨重的代价。秦国几乎动员所有后备力量以补充章邯的损失,章邯结集优势兵力,突击定陶,大败楚军,项梁战死。项梁是楚政权的支柱,他的死令楚政权陷入一片恐慌之中。正在进攻陈留的刘邦、项羽二人最后放弃攻城,退守彭城。对于秦国大将章邯来说,这是一鼓作气消灭楚政权的良机,然而他错误地认为楚军已经遭到毁灭性打击,项梁一死,楚军大势去矣。秦军放弃向东继续攻击楚国境内的义军,而是向北进攻赵国,把巨鹿城团团围住。各路义军纷纷派出人马,救援巨鹿。秦军精锐与义军精锐云集于巨鹿,这将是一场影响秦帝国命运的大决战。

章邯的误判使楚政权有了喘息之机。

楚政权制订了两个同时进行的军事计划。第一个计划,乘秦军全力攻赵之际,派一路人马进击关中,直接威胁秦都咸阳。楚怀王与诸将领约定,先占据关中者,可以称王。当时,秦军力量仍然十分强大,西进关中,九死一生,绝大多数将领不愿意冒这个风险。可是刘邦自告奋勇,挺身而出。能够成就伟大事业的人有一个共同点——敢担当大任,勇于任事。在刘邦看来,骁勇善战的秦军固然厉害,但是只要占据关中,就可以裂土为王。这种机会失不再来,就算前面是万丈深渊,也得去闯一闯。

除了刘邦之外,项羽也主动请缨前往扫荡关中。项梁之死,使项羽悲恸欲绝,两人虽为叔侄,却形同父子,项羽抱着为叔父报仇的决心,强烈要求领兵进攻秦都。诸将认为项羽为人十分残暴,所到之处动辄屠城,让他经略关中,定会大失民心。楚怀王最后决定,西入关中的作战任务,交给宽厚长者刘邦,项羽则被安排去解巨鹿之围。

在很多人看来,刘邦攻略关中,胜算非常小,他的兵力只有几千人,这么一支弱小的军队,要千里跃进奔袭秦都,会遇到怎样的艰难险阻呢?但刘邦并没有气馁,他沿途收拢了陈胜、项梁的残兵败将,补充兵力。即便如此,他所拥有的全部兵力,仍不足一万人。但这支不起眼的军队,却以无所畏惧的精神,向秦国都城咸阳进军。

所幸的是,秦军最精锐的部队都被调往巨鹿前线,在刘邦西进的同时,以宋义为上将军、项羽为次将军的楚军前往增援巨鹿。宋义抱着坐山观虎斗的心态,消极避战,为叔父报仇心切的项羽果断发动兵变,杀死宋义,自任上将军,破釜沉舟,背水一战,冲锋陷阵,以排山倒海的气势,大败秦军于巨鹿城下。此役成为反秦战争的转折点,加速了秦帝国的覆灭。巨鹿之战成为项羽政治生涯的转折点,一战奠定其军事霸主的地位。

项羽对秦军的牵制,使刘邦得以顺利西进。在西进途中,刘邦的队伍不断壮大,各路豪杰纷纷前来投奔,西征军的力量愈加强大。刘邦的策略是打得赢就打,打不赢就绕道,其战略目标很明确,就是确保军队长驱直入,最后占领咸阳。

西征军进抵宛城后,再往西去便进入战国时代秦国的地界。与东部不同,这里并没有大规模的叛乱,但是百姓对秦的苛政深恶痛绝。刘邦采取了一个极为明智的策略:攻心为上。他宣布只要投降,秦国境内各郡县官员可以留任,禁止士兵掳掠当地的百姓。这一决定对他胜利进军产生了不可估量的作用。宛城投降后,南阳郡长官仍官居原职。这个消息传开后,附近的城池纷纷投诚。这些城池的守军被纳入西征军的编制之中,西征军的人数从出发时的不足一万人,迅速扩大到了数万人之多,且兵不血刃,一路挺进到距离秦都咸阳不远的武关。

精于玩弄权术的赵高一方面对秦二世隐瞒秦军节节失利的消息,另一方面将失败归咎于前方将领,打算在必要时牺牲这些人来推卸自己的责任。赵高的倒行逆施,终于引发秦军将领的叛乱,秦军将领中最英勇善战的章邯放下武器,率部向项羽投降。

秦国大势已去!

在刘邦西征军的猛攻之下,秦帝国的战略要地武关失守。战火已经烧到秦帝国的心脏,赵高坐不住了。虽然他一再向秦二世隐瞒真实的战况,但纸终究包不住火:万一皇帝发现他种种欺君之举,项上人头不保也。想到这里,他恶从胆边生,指使亲信阎乐、赵成发动政变,逼秦二世自杀,立子婴为秦王。子婴没有步秦二世的后尘,他设计杀死了赵高,清除了秦帝国最大的毒瘤,但秦帝国的瓦解已经不可避免了。此时,关东韩、魏、楚、齐、燕、赵六国的地盘,完全落入义军之手,秦都咸阳面临刘邦西征军的巨大威胁。

秦政府负隅顽抗,调集所有的兵力守卫峣关,力阻刘邦西进。峣关地形险峻,易守难攻,刘邦依谋士张良之策,双管齐下:一方面派郦食其、陆贾对秦军将领游说劝降，一方面乘敌人松懈之机，绕道黄山，进攻蓝田。秦军被打得措手不及，连吃败仗，刘邦乘胜追击，挺进到灞上，直逼咸阳。

帝国首都咸阳早已人心涣散、兵力凋零，根本无法组织起像样的保卫战了。秦王子婴只有一条路可以选择：献城投降。他素车白马，自己用绳子绑住脖子，出城向刘邦投降，连同皇帝的玉玺、符节一并上交。曾经令人畏惧、谈虎色变的秦国，花费了五百多年的时间完成一统中国的梦想，却仅仅在十几年后，就以这种窝囊的方式草草收场。

这一年是公元前206年。

从陈胜、吴广发难到秦帝国灭亡，总计不足三年。

一个貌似坚不可摧的政权，被一群造反者轻松推翻了。

这是历史上最值得反思的事情，汉代的政论家贾谊简明扼要、一针见血地评论说："仁义不施而攻守之势异也。"宋代的苏洵也评论道："灭六国者，六国也，非秦也；族秦者，秦也，非天下也。"两人都将秦迅速灭亡的原因，归咎于秦政府所施行之暴政，是反人道、反民心的。

如果说秦始皇统一中国、消除数百年战国纷争，是迎合人民追求和平的理想，那么秦帝国的暴政则很快走向人民的反面，沦为反动政权。秦帝国就像一只纸老虎，其快速覆灭，外因是实施暴政，内因则是内部的腐败。自从秦始皇死后，赵高弄权，残害忠良，指鹿为马，逼死太子扶苏，诛杀大将蒙恬，玩弄秦二世胡亥于手掌之中，致使忠贤扼腕，士人离心，民众敢怒而不敢言。历史上的反动政府很多，但是像秦帝国这么强大，却灭亡得这么快的例子，却不多见。如果只是肌肤腐烂，尚且可以苟延残喘，但如果心脏都腐烂了，那就无药可救了。即使秦政府收天下兵器，铸成十二尊金人，仍然挡不住揭竿为旗、斩木为兵的起义军；即便秦政府焚书坑儒，禁锢天下人的思想，却不曾想到亡在不读书的刘、项手中。

二 / 刀光剑影鸿门宴

刘邦西取关中后，其力量迅速膨胀，夺取咸阳后，军队已经达十万人之众。然而，他还不是最强者，在秦末战争的风云人物中，项羽鹤立鸡群，独领风骚。

在巨鹿之战中，项羽以坚忍不拔的意志、令人瞠目结舌的骁勇，以寡击众，以少胜多，破釜沉舟，背水一战，大破秦军，赢得反秦战争中最伟大的一场胜利。霸气十足的项羽成为义军真正的领袖，他以秋风扫落叶之势，横扫秦军，令秦将章邯最终放下武器投降。在坑杀秦降卒二十万人后，隶属项羽名下的军队已经达到四十万之众。他率众向西攻掠，此时传来消息，秦王子婴投降，刘邦已抢先一步进入咸阳。

项羽勃然大怒，自己与秦军主力苦战，刘邦却乘机窃取了胜利的果实！

残暴的秦帝国在熊熊的战火中轰然倒塌，但战争并未结束。

刘邦与项羽这两位在秦末战争中涌现出来的军事巨头，曾并肩与共同的敌人作战，如今敌人被消灭了，昔日的战友，便成了剑拔弩张的对手。

根据先前楚怀王与诸将达成的协议，先入咸阳者，可占据关中为王。在刘邦看来，这里就是他的地盘，他开始飘飘然忘乎所以了。军队的纪律变得乱七八糟，特别是在入咸阳城后，诸将争先恐后地掠夺秦帝国留下的金帛财物。刘邦也不例外。秦国奢侈豪华的宫殿、堆积如山的奇珍异宝、美艳如花的后宫佳丽，激发了他贪婪的欲望。他迫不及待想住进富丽堂皇的秦宫，享受权力、富贵与美女。

所幸的是，并不是所有人都被胜利冲昏了头脑。刘邦的同乡萧何在其他将领忙着抢夺财物时，却在默默地收集秦丞相府、御史府的各种地图、律令、户籍资料等，以免这些重要文献档案毁于战火。

对于刘邦的志骄气懈，麾下大将樊哙非常不满，心直口快地批评道："你是想要拥有天下呢，还是想当一个富家翁呢？这些奢侈华丽之物，就是秦灭亡的原因，这些东西有什么用呢？我们赶紧离开秦宫，返回灞上军营吧。"谋士张良也挺身而出，力谏道："秦失道义，所以我们才能一路顺利进军到这里。如今方入秦都，便安逸享乐，岂不是助纣为虐吗？忠言逆耳利于行，良药苦口利于病，您还是听樊哙的意见吧。"这一番话，如当头棒喝，令刘邦心头一震。革命尚未成功，现在还不是享乐的时候！纵观中国历史，有多少义军的领袖，在危难之时崛起，在安逸之中倒下，后世的李自成、洪秀全都是这样。刘邦的非凡之处，在于迷途知返、不远而复。他悬崖勒马，重整军纪，禁止抢掠，将军队有序地撤出咸阳城，屯驻于灞上。

为稳定民心、结束无政府的混乱局面，刘邦宣布废除秦国苛法，与民约法三章：杀人者死，伤人及盗抵罪。这个临时政策，对于恢复咸阳及附近城乡的社会秩序，起到了重要作用。废除秦的法令，让百姓欢欣鼓舞，争着牵着牛、羊，带着酒等前来犒军。刘邦谢绝说："军队中的粮食并不缺乏，我不想增加百姓的负担。"这一表态，受到了民众的热烈拥护，刘邦的威望也急剧上升。

关中土地富饶，秦国当年就是以此为依托，最终完成一统中国的历史使命。这么一块地盘犹如香喷喷的馅饼，项羽岂肯让它落入刘邦之手呢？他统率各路诸侯联军，一路向西，直抵函谷关。项羽明摆着是来抢地盘的，刘邦不甘示弱，指示守军武装抗拒。气急败坏的项羽以武力回击，攻陷函谷关，并一鼓作气推进到新丰鸿门，距灞上只有几十里的距离。

在刘邦麾下担任左司马的曹无伤，盘算着项羽的势力强大，不如前去投奔，遂打小报告："刘邦打算占据关中称王，让前秦王子婴为相，要霸占秦国的金银财宝。"项羽一听，可恶，你刘邦想独吞好处，传令全体将士秣马厉兵，准备次日大举进攻。

一场大战迫在眉睫，刘邦还懵然不知。

黑夜来临时，灞上来了一位不速之客。来者是项羽的叔父项伯，他是张良的好朋友。他以前曾杀人犯法，是张良出手相救，两人从此成为莫逆之交。如今两人分属不同的阵营，项羽若消灭刘邦，张良难以幸免。重情重义的项伯不能见死不救，他骑上快马，连夜前往灞上，把消息透露给张良，劝他快逃，以免遭殃。

此事重大，张良对项伯说："沛公处境危险，我若这样逃走，就不够义气，得通知他才行。"便将绝密情报汇报给刘邦。

二 / 刀光剑影鸿门宴 · 009

刘邦面如土色，虽然他在函谷关阻挠项羽进入，但这毕竟只是一次小冲突，两人在名义上还都是楚怀王的部将，是战友，他没料到项羽竟然想以武力解决。张良问："您的兵力能不能顶得住项羽呢？"刘邦答道："肯定顶不住，怎么办好呢？"

张良想了想道："只能请项伯帮忙，他是项羽的叔父，您向他说明绝不会背叛项羽。"张良把自己曾有恩于项伯一事简单说了一下，刘邦说："你赶紧请他进来，我把他当作兄长看待。"

项伯本来只想通知张良，劝他远离战祸，不料张良非但不逃，还把这事通知了刘邦。事到如此，只能好人做到底了。在张良的一再邀请下，项伯勉强前去见刘邦。刘邦一见到项伯，又是进酒，又是祝福，甚至提出结为姻亲，并解释说："我入关后，秋毫无犯，收集吏民的籍册，封存府库，就是等着项羽将军前来。函谷关事件，纯粹是误会，并非要阻拦项将军，而是用来防盗的。我日夜盼望项将军前来，哪里敢背叛呢？还望伯兄代我转告将军。"

看在张良的分上，项伯答应了下来，但是要求刘邦在次日清晨亲自前往项军驻地鸿门，与项羽会晤，化干戈为玉帛。刘邦除了答应之外，别无办法。他与张良一晚上没睡好，商量着第二天前去会晤项羽的对策。这无疑充满风险，可是这也是唯一可以避免战争的机会。倘若一旦开战，那结局只有一个，就是被项羽大军彻底粉碎。

项伯火速赶回鸿门，把刘邦讲的话向项羽做了一个汇报，并说道："若没有刘邦击破关中，您怎能长驱直入呢？攻伐有功之人，是不仁不义的事，不如与他和解吧。"项伯是项羽的叔父，说话比较有分量。项羽听他一说，若刘邦自愿把咸阳拱手相让，省却一番血战，岂非好事吗，便爽快地答应。

谋士范增却不同意，范增地位非比寻常，项羽尊之为"亚父"。他说："刘邦贪财好色，入关中后，不搜刮财富，也不宠幸美女，可见他志向不小，不能把他放跑了。"项羽不以为然，他自认为拥有天下最强的军队，就凭刘邦也能翻江倒海吗？

次日一大早，刘邦带着张良、樊哙及一百名骑兵，前往鸿门拜见项羽。刘邦态度谦卑，自称为臣，恭敬地说道："臣与将军戮力攻打秦国，将军在黄河以北作战，臣在黄河以南作战，侥幸先入关中，今天得以同将军见面，没想到有小人暗中挑拨，使将军对我有些误会。"

项羽是个残忍、骁勇的战将,但玩政治不行,不够圆滑,过于率真。他答道:"这是你的左司马曹无伤说的,不然我怎么会误会呢?"不打自招,把刘邦阵营的内鬼供出来了。范增在一旁听得急了,一定不能让刘邦活着回去!

项羽设宴款待刘邦,张良陪坐,樊哙与一百名军士在帐外等候。这就是历史上著名的"鸿门宴"。宴会上,宾主觥筹交错,刘邦借机赞扬项羽盖世功勋,项羽听得飘飘然。范增一直给项羽使眼色,手举佩戴的玉玦,这是约定的暗号,暗示项羽要痛下杀手,可是项羽沉默不语。

范增当机立断,找来项伯的堂弟项庄,嘱咐说:"你去给刘邦敬酒,以舞剑助兴为名,把他杀了,不然以后我们都会成为他的俘虏。"

项庄心领神会,进帐中向刘邦敬酒,说道:"军营中没什么娱乐,我就表演一段剑舞吧。"说罢,拔剑起舞。张良心里急了,项庄舞剑,意在沛公啊。他向项伯使眼色,项伯一看,得,好人做到底吧,也拔剑陪舞,挡在刘邦面前,令项庄没机会下手。

张良跑出帐外,找来樊哙,跟他说明情况的危险。樊哙本是个屠狗的,身强体壮,听罢暴跳如雷,左手持盾、右手持剑,撞倒卫兵,硬往里面闯。项羽见有人闯入,按剑猛喝道:"来者何人?"张良赶紧答道:"这是沛公的侍卫樊哙。"项羽将按剑的手松开,赞道:"真乃壮士。"下令赏他酒与生猪肩。樊哙也不客气,接过酒咕咚一下喝完,把生猪肩放在盾牌上,用剑切开来吃。项羽向来欣赏勇武之人,又问:"壮士还能喝酒吗?"

樊哙答道:"我死都不怕,何况是喝酒呢?请将军听微臣一句话:秦有虎狼之心,杀人如麻,刑人无数,以致天下群起而叛之。当时楚怀王与诸将约定,先入咸阳者可以称王。如今沛公先行破秦,攻占咸阳,秋毫无犯,分文不取,退守灞上,等候将军前来,劳苦功高,不仅没得到封爵,反被奸人陷害,以致将军要诛有功之人。将军这样做,与暴秦没两样。"

项羽听后没有作答,只是请樊哙入座,酒宴继续进行。有樊哙在,项庄更没机会刺杀刘邦了。不过张良明白,这里仍然杀机四伏,不可久留,便心生一计,对樊哙耳语一番。不一会儿,刘邦起身上厕所,樊哙、张良尾随而去。出帐后,张良让樊哙护送刘邦从后门溜走,取小道回灞上军营。

张良留了下来,估算着刘邦与樊哙已经走远,才重新回到帐中,向项羽叩谢道:"沛公不胜酒力,有点醉了,不能来向将军辞行,特地差我献给将军白璧一对，献给亚父玉斗一双。"项羽问道："他在哪儿？"张良再拜道："沛公担心将军责备，故而先行告退，已经回军营了。"

项羽听罢不以为然，既然刘邦愿交出咸阳，自己的目的已达到。亚父范增却气得直跺脚，将张良所献的玉斗扔在地上，拔出利剑将其击得粉碎，大骂项羽道："竖子不足与谋！夺取天下的，必是刘邦，我们都得成阶下囚了。"

几日后，项羽的大军挺进咸阳城。虽然秦已灭亡，项羽仍然充满仇恨，四十万大军在咸阳烧杀抢掠。大批百姓死于屠刀之下，被废的秦王子婴也没能幸免于难，秦宫殿被一把火烧了足足三个月，金银财宝与女人成为被掠夺的对象。秦地百姓对这支残暴的义军大失所望，项羽隐隐地察觉到这种无言的不满。曾经浮华富丽的城市，变成一片废墟，他便不想久留在此地，准备率军东归。这时，有人对项羽说："关中地形险要，阻山带河，土地肥沃，是一块可资称霸的地方。"项羽答道："富贵不归故乡，就像身着华丽的锦衣在夜间行路，谁看得到呢？"

在胜利面前，在权力、富贵面前，人性的弱点显而易见，项羽是这样，刘邦也是这样，并无不同。两人的区别在于，刘邦贪财好色，但他能采纳别人的建议，避免滑落到权力与富贵的陷阱之中；而项羽刚愎自用，听不得别人的意见，唯武力是崇，推行恐怖主义政策。

项羽的缺点在于自负，这是致命的自负！

秦帝国倒了，剩下的，就是一场瓜分权力的盛宴。谁来主持这场盛宴呢？楚怀王是名义上的元首，可他不过是项梁、项羽叔侄的傀儡罢了。起初项羽还给楚怀王一点面子，请示道："如何封赏功臣呢？"楚怀王答说："按以前的约定。"项羽一听，满心不高兴。以前的约定，是楚怀王与诸位将领的约定，终究谁才是老大？这小子还真当自己是老大，我呸！

项羽不干了，他把各路义军头头叫过来，对大家说："怀王只不过是我们项家所立，没有任何征伐之功，凭什么分封诸王？只是天下暴动刚兴起时，不得不借助六国君主后裔的号召力。这三年来，披坚执锐、冲锋陷阵的，都是在座诸位与项某人的功劳。"大家一听，纷纷鼓掌：项将军说得有道理，我们听您的。

楚怀王碍手碍脚的，项羽索性把他赶到江南，扔给他一个"义帝"的名号，自己则称"西楚霸王"，主持分封诸侯的事宜。

项羽会打仗，但不懂政治，他的思想还停留在春秋战国时期"霸主"的水平上，从这点看，他不如秦始皇。

秦始皇尝试的帝国郡县制，虽然并不完善，但体现了一种历史趋势，这个趋势就是大一统的观念、中央集权的观念。为什么要搞中央集权，因为诸侯制的弊端显而易见，那么多诸侯国同时存在，兼并战争就不可避免。但是项羽自恃强大，谁敢跟他较量呢？所以，他完全废弃郡县制，大封诸侯。

更要命的是，项羽在分封诸侯的过程中，完全出于一己之私，随心所欲，标准混乱不堪。受封的诸侯王总共十八人，分别是雍王章邯、塞王司马欣、翟王董翳、西魏王魏豹、河南王申阳、韩王韩成、殷王司马卬、代王赵歇、常山王张耳、九江王英布、衡山王吴芮、临江王共敖、辽东王韩广、燕王臧荼、胶东王田市、齐王田都、济北王田安、汉王刘邦。

乱封的结果，只是为战争埋下伏笔。为什么呢？不合理的因素太多了。

首先，秦国三个降将瓜分了关中之地：章邯为雍王、司马欣为塞王，董翳为翟王。这很难令人信服。关中是刘邦拼了老命才夺得的，当年楚怀王有言在先，谁先占领关中，谁就称王。刘邦浴血奋战时，章邯、司马欣、董翳三个降将正充当暴秦的打手镇压义军呢！他们只是到了走投无路时，才向项羽投降，没有清算罪行就不错了，怎么还封为王呢？项羽有自己的小算盘。章邯骁勇善战，项羽要利用他来对付刘邦。刘邦被封为汉王，领地为巴、蜀及汉中，章邯等人据守关中，便可以遏制刘邦挺进中原。

其次，反秦有功的英雄豪杰没有封王，大失人心。章邯、司马欣、董翳都封王，而在反秦战争中做出重大贡献的义军首领陈馀、彭越等人，却没有捞到好处。项羽的傲慢带来严重的后果，彭越后来成为他最危险的敌人之一。项羽分封诸王，不是考量其功绩，只是以自己的好恶为标准，对异己分子采取打击排斥手段。比如对齐宰相田荣，曾经拒绝与项羽合作，没有得到分封，而他的部下田都居然成了诸侯王，这岂不令他火冒三丈？后来田荣成为反项战争的急先锋，不是没有道理的。

最后，对诸侯王的地盘随意变更。在反秦战争期间，为增强凝聚力与号召力，被秦所灭的六国先后复国，其王分别是楚怀王、赵王赵歇、魏王魏豹、燕王韩广、韩王韩成、齐王田市。楚怀王被项羽赶到江南，架空了；魏国被项羽独占，魏豹改封西魏王；赵国改封给赵国宰相张耳，赵歇被赶到代国；齐国改封给齐国将领田都，田市被赶到胶东；燕国改封给燕国将领臧荼，韩广被赶到辽东。这便出现了很搞笑的一幕，以前诸侯王的地盘，都被手下的大将霸占，国王被赶到偏远的地方。为什么项羽要搞这套把戏呢？在他看来，现在是新权贵代替旧权贵，就像自己赶跑楚怀王一样，把其他旧诸侯王赶跑了，自己的做法就变得名正言顺。

从以上分析可见，项羽的政治头脑，确实太简单、太幼稚了。分封诸侯这等大事，他竟是当儿戏。更可笑的是，他是在建立一个国家吗？完全不是。根本没有一个中央政府，虽然周代也搞分封制，好歹有个中央政府，可见项羽的政治知识贫乏到何等地步。他不是建立一个国家政权，而是建立十几个地位平等的国家。你说，这样的结果，不打仗才怪呢。

果不其然，战争很快就爆发了。

三 / 三万打垮五十六万

战争的到来，一点也不奇怪。

项羽盲目封王，产生了严重的后果。被贬到汉中的刘邦很郁闷，没有受封的田荣更郁闷。有两件事使田荣对项羽恨之入骨。第一件事，秦国将领章邯竟然被封为雍王。当初，田荣与堂哥田儋起兵反秦，被章邯打得大败，田儋被杀，他也险遭毒手。如今仇敌竟摇身一变成为诸侯王，这口气他怎么咽得下？第二件事，田荣是齐国的宰相，田儋死后，他立田儋之子田市为王。如今田市被封胶东王，齐国将领田安被封济北王，田都被封齐王，可是他田荣呢？什么都没有，就是因为他以前拒绝与项羽合作，项羽给他小鞋穿。

田荣要让项羽瞧瞧，在三齐之地，是老子说了算的。他率先起兵，杀死田市，又攻打田都与田安，武力统一三齐，自立为齐王，跟项羽对着干。在反秦战争中有功却未分封的彭越、陈馀等人，纷纷投靠田荣。田荣派彭越攻略项羽的西楚，陈馀攻略张耳的常山国。

反秦战争的帷幕刚落下，诸侯战争的烽火便点燃了。

田荣率先挑起反对项羽的战争，有个人心里偷着乐。

此人就是汉王刘邦。

当项羽宣布将关中之地封给章邯、司马欣、董翳三位秦国降将时，刘邦气急败坏。这块丰饶之地本应属于他，但项羽只扔给他偏远的汉中、巴蜀。刘邦的第一反应是，老子豁出去跟项羽拼命了！

萧何阻止了他的冲动："在汉中称王，总比去送死好吧。"刘邦怒道："何以见得会死呢？"萧何不慌不忙地答道："凭我们这点实力，与项羽作战，百战百败，不是送死是什么呢？您还是先到汉中称王，安抚百姓，招纳贤才，凭借巴蜀的资源，还是有机会杀回三秦，到时就可以夺取关中，窥视天下。"

罢罢罢，只能先忍辱负重了。刘邦率数万人马，移师汉中。一路上地形崎岖、翻山越岭、在陡峻的悬崖峭壁上，只有栈道可行。张良建议，大军通过后，放一把火把栈道烧掉，目的有两个：其一，预防章邯、司马欣、董翳这三位秦王的突袭。其二，摆样子给项羽看，说明我刘邦心甘情愿当汉王，无意东返了。

这一年是公元前206年，也是西汉纪年的开始。

就在刘邦进入汉中时，有一个人前来投奔。

他原本是项羽麾下的一名军官，但得不到重用。心灰意冷之下，他听说汉王刘邦心胸宽广，便抱着侥幸的心理，万里迢迢来到这偏远之地。但是他很快又失望了，在这里他仍然默默无闻。在长吁短叹之中，一场灾难从天而降，他因一起案件受株连，被判处死刑。

在刑场上，同时被处斩的还有十三人，他是最后一个。一颗颗人头被锋利的大刀砍下，从项上跌落到地上，鲜血四溅，很快就要轮到他了。当刽子手举起大刀时，他内心挣扎着：我不能这样死去，天生我材，是要成就一番事业的。

突然间，他爆发出一声大吼，冲着监斩官夏侯婴喊道："主上不是想要得到天下吗？为何要杀壮士？"

这声反抗命运的一吼，把他从死神面前拉了回来。

夏侯婴以惊奇的目光看着他，见他相貌堂堂、气宇轩昂，暂停行刑，将他释放，经交谈后发现他有一腔才学，非寻常之辈，便向刘邦禀报。刘邦有容人雅量，见夏侯婴为此人求情，便赦免其罪，并毫不吝啬地授他治粟都尉。

这位以一声猛吼改变人生的壮士，就是后来叱咤风云的一代名将韩信。

在很多人看来，韩信太幸运了，不仅躲过一死，还因祸得福升了官。可是韩信仍旧失落，他要带兵打仗，而不是当治粟都尉这种后勤官。自己胸中有万卷兵书，为什么总是壮志难酬呢？幸运的是，他遇到了一位伯乐，此人便是宰相萧何。萧何掌管军队后勤，韩信算是他的部下，他对韩信深刻的军事见解暗暗称奇，多次向汉王刘邦举荐，只是刘邦并不在意。

对前途失去信心的韩信决定离开，另投明主。他骑了一匹马，悄悄上路了。有人向萧何汇报：韩信逃了。萧何一听，大惊失色，也拉来一匹马，快马加鞭，跑去追韩信。萧何走得匆忙，没来得及通知汉王，刘邦以为宰相也逃走了，失魂落魄，惶惶不安。两天后，萧何回来了，他把韩信也带回来了。

萧何不辞而别，只是为了追一个治粟都尉，刘邦气歪了鼻子，大骂道："逃跑的将领已经有十几人了,你都没去追,现在你说去追韩信,这不是在耍我吗?"萧何答说:"其他人都平常得很,韩信不同,他是人才、国士无双。如果您只想蜗居在汉中就算了,若想争夺天下,一定要重用韩信。"

刘邦倒也爽快,便说:"行,看在你的面子上,我就让韩信当将军吧。"萧何摇摇头说:"如果只是普通将军,是留不住韩信的。"刘邦内心觉得奇怪,他并不了解韩信有什么本领,但深知萧何一心为公、做事踏实,能全力举荐韩信,必定有其道理,便说道:"就让他担任大将吧。"

萧何拜谢道:"这样最好了。"他又提醒汉王:"拜将是大事,应该选定良辰吉日,斋戒设坛,在礼节上要周全,在众将士面前,拜韩信为大将。"刘邦一听,得,你萧相国怎么说,我就怎么做吧。

登坛拜将的事,在军队中传开了。什么人将担任大将,谁也不清楚,像周勃、曹参、樊哙等将领都盘算着,大将的头衔舍我其谁呢?谁料最后走上将坛的,居然是差点被砍了脑袋、名不见经传的治粟都尉韩信。这个结果,所有人都想不到,难道汉王疯啦?

事实证明,刘邦这一决定,对他最后赢得天下起到了至关重要的作用。

韩信很快证明了自己的价值。他分析了项羽的种种弱点:刚愎自用、妒贤忌能、任人唯亲、滥封诸侯、流放义帝、军队残暴、荼毒生灵。他建议刘邦先取关中,平定三秦。关中三王(章邯、司马欣、董翳)本是秦国将领,完全丧失民心,所属军队都是乌合之众。只要进击关中,势必一呼百应,三秦之地,定可指日而收。

刘邦听后不禁拍手称好,只恨自己与韩信相见太晚。他马上下令全军总动员,准备重新夺回关中。此时距他入汉中,仅仅过了四个月。

兵者,诡道也。

这是千古不变的战争法则。

东方齐楚战争的爆发,对刘邦来说,正是进取关中的最佳时机,机不可失,时不再来。为了达成战役发起的突然性,韩信献上"明修栈道,暗度陈仓"之计。根据这个计划,刘邦派人大张旗鼓地重修栈道,其实这只是迷惑敌人的伎俩;与此同时,汉军主力翻山越岭,经过艰难跋涉,穿越峡谷,进抵陈仓,出其不意地杀入三秦。

章邯做梦也没想到汉军来得这么快，只得仓促应战。章邯曾经是秦帝国第一名将，只是今非昔比，他曾统率的那些能征善战的士兵，都被项羽坑杀了，如今麾下只是些乌合之众，焉有战斗力？几番会战后，章邯的军队损失殆尽，塞王司马欣、翟王董翳举旗投降。

关中之战，果然如韩信预料的那样，汉军取得全面胜利。

西楚霸王项羽有点为难了，是先扫平田荣呢，还是先打击刘邦呢？张良摸准了项羽的脾气。他写了一封信给西楚霸王，声称汉王刘邦之所以发动战争，只是要夺回属于自己的地盘，如今目的达到了，绝不会继续向东进攻。项羽被张良耍了，决定先扫平田荣，消灭东部的叛乱。

公元前205年初，项羽率大军对田荣发起强大的攻势，战争出现了一边倒的局面，田荣兵败被杀。不过，齐国战事并没有结束，田荣的弟弟田横收拾残兵败将数万人，拥立田荣的儿子田广为齐王，继续负隅顽抗。

项羽在军事上是巨人，在政治上却是矮子。内战伊始，他担心各路诸侯拥立义帝（即楚怀王），索性斩草除根，派人处死义帝。殊不知如此一来，他便成了人人指责的弑君者，在政治上非常被动。刘邦利用此事大加炒作，为义帝发丧，三军缟素，强烈谴责项羽流放并杀害义帝大逆不道的残暴行为，号召各路诸侯共同出兵，诛杀弑君者项羽。刘邦的态度得到各路诸侯的认同，由此他成为反项联盟的盟主。

正当项羽在东方陷入战争的泥潭时，刘邦乘机拼命地向东进攻。

汉军东渡黄河后，先后击降西魏王魏豹与殷王司马卬，赵国与彭越陆续前来归附。刘邦的军事力量如滚雪球一样的膨胀，兵力已经达到五十六万的惊人数目。而这个时候，霸王项羽仍然未能扑灭齐国的抵抗力量，西楚军队的主力几乎集中于三齐之地，首府彭城守备严重空虚。

刘邦面露喜色，指挥五十多万大军猛扑项羽的老巢彭城。

彭城很快沦陷了。刘邦真是乐开花了，以前秦首都咸阳的金银财宝与美女，都被项羽掠回彭城，没想到如今时来运转，又落入刘邦之手。他得意忘形，日日酒宴，夜夜笙歌，不知今夕何夕。当然，刘邦并没有忘记，项羽的军队还未被消灭。但自己拥有五十多万的大军，而项羽身陷齐国战场，就算能调动一部分军队回援，在数量上也远远不及自己，有什么可担心的呢？

当项羽得知老巢被端掉时，他雷霆震怒，亲率三万精兵，马不停蹄地杀回彭城。三万人对五十六万人？兵力对比是一比十九！项羽莫非疯啦？

比拼政治，项羽不如刘邦；比拼打仗，刘邦远不及项羽。刘邦在兵力上有绝对优势，但这些由各路诸侯拼凑起来的军队，有些就是乌合之众，没什么战斗力，且指挥系统混乱。项羽虽仅三万精兵，却是久经沙场、富有经验、勇猛异常的精锐之师。

彭城之下，项羽再显霸王本色，三万精兵在刘邦五十多万大军之中，左冲右突，如入无人之境。汉军人多势众的优势不仅没有体现出来，反倒添乱子，有的部队抱头逃窜，军心大乱，整个防线完全被摧毁，刘邦也没法制止溃兵的逃亡。很快，大会战成为一场大溃逃。在汉军阵后，是泗水与谷水的交汇段，大批士兵抢着过河，很多淹死于水中，来不及渡河的人则成为西楚铁骑下的牺牲品。彭城一战，反项联军的士兵丧命者多达十余万人。

项羽夺回彭城后，得势不饶人，越过泗水，继续穷追猛打。汉军斗志全无，只有挨打的份，毫无还击之力。西楚兵团追到灵璧，汉军再度成为瓮中之鳖，任由楚军宰割。楚军士气旺盛，连续作战，把十余万汉军赶下睢水。睢水上浮尸成堆，河流为之阻断，河水漫过两侧的水岸。

正当危急关头，老天爷总算帮了刘邦一回，战场上突然狂风四起，飞沙走石，白昼如同黑夜。刘邦借天色巨变，侥幸杀出重围。他拉了一辆马车，一路狂奔后，总算捡回一条小命。但父亲刘太公与妻子吕雉就没那么幸运，被俘成为人质。

短短几天工夫，项羽凭自己的骁勇，以迅雷不及掩耳之势打垮刘邦，捍卫霸主不可动摇的地位。原先归附刘邦的塞王、翟王、西魏王等，纷纷倒戈，又投降项羽。刘邦几乎成为孤家寡人，四处收集残兵，向西败退。

项羽没有能够斩草除根，两线作战的弊端开始显露出来。当他从齐国战场抽调三万精锐后，田横乘机展开反攻，平定三齐，又一次将西楚的势力赶出去。东线战事牵制项羽的军事行动，使刘邦暂获喘息之机。

刘邦败退到荥阳，一些散兵陆续返回，军势稍振。后勤大管家萧何表现卓越，他以最快的速度，在关中重新组建后备部队，奔赴荥阳，大大增强前线的守备力量。面对西楚骑兵的巨大威胁，刘邦遣灌婴组建骑兵，在荥阳城东同西楚骑兵展开会战，大败西楚骑兵，荥阳一线的战局逐渐稳定下来。

下一步该怎么办呢？

在此重要关头，刘邦做出一个明智的决定：让韩信独当一面，率军扫荡北方诸国。韩信临危受命，挥师入魏，具体经过下节详述，此处先略过。刘邦做出分兵的决定后，荥阳一线汉军兵力不足，面临空前的压力。

项羽决定亲征荥阳，拿下刘邦楔入中原的战略要地。

公元前204年夏，项羽挥师西进。在西楚兵团的猛攻下，荥阳险象环生，形势危急。为掩护刘邦逃出荥阳，汉将纪信设计了一个掩人耳目的逃跑方案。他假扮汉王，向楚军提出投降的要求。午夜时分，荥阳东城门打开，假汉王坐在王车上，出城投降。真正的汉王刘邦，却乘楚军不备，带着数十人，在夜色的掩护下，从西门夺路而逃。项羽发现投降的是个冒牌货，残忍地烧死纪信，重新发动对荥阳城的进攻。

刘邦逃回关中，纠集一支军队，重返战场以解荥阳之围。刘邦进驻荥阳西南的宛城，牵制楚军。项羽立即分兵南下，进攻宛城。刘邦坚守不出，并动用手中的一张王牌：彭越兵团。

彭越先是投靠田荣，田荣败亡后，转而归附刘邦。在项羽主力围攻荥阳时，他屡屡率部截断楚军的运粮通道，给项羽造成很大的麻烦。在刘邦指示下，彭越兵团乘着楚军主力集中于西线之机，渡过睢水，进攻下邳，大破楚军，兵锋直指项羽的老巢彭城。

为了确保老巢的安全，项羽只好再次分兵，一部分兵力围困宛城，自己则率精锐骑兵东返，迎战彭越兵团。项羽以迅雷不及掩耳之势，大破彭越兵团，彭越落荒而逃。项羽主力东返后，刘邦击破围城的楚军，并占领成皋，离荥阳只有咫尺之遥。

项羽很快让刘邦明白，什么是雷霆之兵。击败彭越后，项羽兵团星夜疾驰，杀回荥阳城。被围困三个月的荥阳城，早已缺兵少粮，抵挡不住楚军狂风骤雨般的进攻，最终沦陷，守将周苛被项羽烹杀。荥阳城沦陷后，防御薄弱的成皋也失守，刘邦只得打起游击战。他派遣刘贾、卢绾率两万人马，深入西楚王国的领地，搞破坏活动，烧毁粮仓，劫掠运输车辆。彭越兵团与刘贾、卢绾互为犄角，大肆破坏西楚交通线，攻略睢阳、外黄等地，连下十七座城池。

项羽渐渐感到问题的严重性，想邀击刘邦，但狡猾的刘邦坚壁清野，不愿正面交锋。粮食的匮乏使楚军的战斗力大打折扣，为了保证粮道畅通，项羽必须打垮彭越这支游击队。他决定暂缓攻击刘邦，由大司马曹咎守备成皋，自己率部进剿彭越。临行前，项羽嘱咐曹咎："你要严守成皋，无论刘邦怎么叫阵，都不要出击。"

然而，曹咎很快把项羽的交代抛之九霄云外。刘邦采取激将法，天天在城外叫骂，曹咎暴跳如雷，终于沉不住气，开城出战。西楚所发动的战争，仿佛是项羽一个人的战争，只要他在，楚军如狼似虎，他一离开，就成软弱可欺的绵羊。曹咎一怒拔剑，葬送成皋的楚军，在刘邦的猛攻下，全军覆没，曹咎自杀身亡。

刘邦大军在攻陷成皋后，占领楚军粮食基地敖仓，使得粮食本就供应紧张的楚军雪上加霜。这时，项羽又一次打垮了彭越兵团，迅速回师迎战刘邦。刘邦不敢恋战，撤到广武一带据险而守，与楚汉大军形成对峙局面。粮食的匮乏成为楚军最严峻的问题，项羽虽然骁勇，但没粮食，军队便会崩溃。

这时，项羽想起手上有一张王牌：刘邦的父亲刘太公。他命人准备一块大肉板，把刘太公绑在上面，通知刘邦："若不投降，就把太公煮了。"不想刘邦竟是这样回答的："你我二人曾经称兄道弟，我的老父即是你的老父，如果你要烹杀你老父，请分给我一杯汤吧。"

这种无赖似的态度，令项羽暴跳如雷：好，你刘邦有种，我今天就烹杀太公。幸亏一个人站出来，救了刘太公一命，此人正是在鸿门宴帮助过刘邦的项伯。他劝道："争夺天下的人是不会顾虑家人的，况且如今天下尚未平定，杀一个刘太公有什么用呢？只会让诸侯背离，招惹祸害罢了。"项羽耳根子软，听项伯一说，也觉得杀一老汉实在算不上英雄好汉，就放弃这个念头。

一计不成，又生一计，项羽提出与刘邦单挑："天下动荡好多年，就是因为我们两个人的缘故，我愿意跟你单挑，一决雌雄，别让天下百姓受战争之苦。"刘邦答复说："我宁愿跟你比拼智谋，不跟你比拼气力。"

两军对峙一段时间，刘邦据险而守，项羽粮草不足，无法发动强攻。这样耗下去，对项羽十分不利，他便约刘邦当面对话。两人隔涧而对，项羽再度提出单挑，刘邦不但拒绝，还当面历数项羽十大罪状。项羽听得面色铁青，恼羞成怒。刘邦正说得兴高采烈时，不料对方飞来一箭，躲闪不及，飞箭直入胸膛。在这种危急时刻，刘邦强忍剧痛，按住脚趾，大声叫道："小贼射中我的脚趾了。"要知道统帅作为军队的灵魂,如果汉军将士得知他身受重伤,军心士气必定大受影响,刘邦的反应如此机敏,足可见其卓越的领袖天才。

中箭后的刘邦伤势极重,卧病在床。汉王一连数天没有露面,军队中的各种小道消息传来飞去,猜测纷纷。这时,张良入见,劝他巡视兵营,以安军心,其他人都认为万万不可,如果勉为其难带伤检阅部队,万一伤口裂开,就有性命之虞。然而刘邦从善如流,他以惊人的勇气与意志,装作若无其事的样子,坚持前往巡视部队。这样,军队中的流言蜚语不攻自破。只是士兵们并不知道,当刘邦检阅完后,伤势更加严重,只得秘密转移到成皋治疗。

刘邦身负重伤,无法亲自指挥前线作战,可项羽的情况更糟!这时从东部传来消息,韩信攻破齐国。这对项羽来说绝对是坏消息,意味着西楚兵团极有可能面临汉军东、西两面的夹击。

当初刘邦在大败之后,坚定不移地分兵,让韩信扫荡北方,是一个极其正确而且明智的决定。如今,韩信这颗棋子激活了全局,在千里跃进、攻下齐国后,项羽的后方已经洞开大门,形势完全逆转了。

韩信如何在极为艰难的情况下,完成伐魏、攻赵、破代、降燕、灭齐的历史伟业呢?

四 / 一颗棋子盘活了全局

军事天才韩信的早年，并没有多少值得称道的事迹。

韩信是淮阴人氏，他人生的第一个挑战就是贫穷。他出生在一个贫苦之家，早年备尝辛酸。他厌恶贫穷的生活，发誓总有一天要扭转自己的命运。可是梦想离现实很遥远，俗话说："仓廪实而知礼节。"在食不果腹的韩信眼中，什么仁义礼信这些道德观念统统跟他无关，吃饭才是最重要的事情。从小开始，他沾染上一些坏毛病，有点无赖，脸皮厚。在世人眼里，他是个没有品行的小青年。

为改变自己的人生，他很刻苦，钻研军事，研究兵法，希望有一天成为国家的栋梁。可是天才也怕入错行，他有经天纬地的抱负，却没有解决生计的本领，既不会耕田种地，也不会经营生意。一句话，他什么也不会。

可是日子还是要过，怎么办呢？只能死皮赖脸，赖在亲戚家，赖在朋友家，吃他们的，住他们的。不用说，很快他就遭到众人的唾弃，大家当他是丧门星。实在混不下去时，他甚至沦落到向人乞讨的地步。

南昌亭长与韩信还算要好，欣赏他的才能，韩信就跑到他家中寄食，一住就是几个月。刚开始，亭长夫人还勉强忍受，时间越长，越觉得一肚子气。你想想，一个七尺男儿，不干活，天天白吃白喝的，谁家的家庭主妇受得了？后来，她干脆想了一个办法，清晨一大早就起来做饭，把饭端进里屋吃。到了早餐时间，韩信厚着脸皮前来吃饭，他等了很久，也没见女主人端饭出来。他明白女主人的用意了，一怒之下，拂袖而去，此后再没有走进过亭长的家。

饥肠辘辘的韩信拿了根鱼竿，到城外的小溪钓鱼，钓了半天，没钓上一条。这时，溪边有位洗衣服的漂母见他窘迫不堪，于心不忍，给了他一些米饭吃。韩信实在饿坏了，接过米饭，狼吞虎咽便吃起来。此后数十日，韩信天天到城下钓鱼，多数时候钓不着，每次这位善良的漂母都给他饭吃。韩信心怀感激地说："将来我定要重重报答漂母。"漂母非常生气地说："你是男子汉大丈夫，却不能自食其力，我只是可怜你才给你饭吃，哪里想要你报答！"

看来韩信的早年，混得真够惨的，或者是老天爷要让他在苦难中磨炼吧。当时，淮阴城中很多人都认得被视为烂人的韩信，无不投予轻蔑的眼光。大家更看不顺眼的是，这个烂人居然还以武人自居，腰间还佩着一柄剑！有一回，一个杀猪的屠夫带着一群喽啰，在路上见到韩信，便拦住了他，当众侮辱道："你小子虽人高马大，还带着刀剑，其实你就是个胆小鬼罢了。"

韩信不理睬他，低头继续往前走。可是这伙人围了上来，那个屠夫更得意了，放话道："你要是有种的话，就拿剑刺我；要是没种的话，就从我胯下爬过去。"韩信勃然大怒，下意识地一按腰间剑，血性涌上心头。然而，正当他想拔剑时，一个念头闪过——不行，我若宰了他，势必枉送自己的性命。我是要干大事的人，岂能因为一念之差，杀死泼皮，断送自己的前程呢？因为一个泼皮而死，不值得！

杀，杀不得；不杀，逃不掉。他把心一横，他娘的，能忍人所不能忍，才能为人之所不敢为。想到这里，他缓缓地松开握剑的手，将衣袍一撩，竟俯身从泼皮流氓的胯下钻过去。整个集市里的围观者都哄然大笑，众人皆摇头，真是大烂人，不可救药。

韩信之所以无用武之地，乃是因为他习兵家之学不合时宜。秦始皇一统中国，诸侯战争结束了，在一个和平的年代里，兵学何用？只是世事难料，秦始皇一死，秦帝国的大厦就摇摇欲坠，陈胜与吴广率先发难，很快，反叛的烈火熊熊燃烧。时代呼唤英雄，韩信的机会来了。

然而，他空有一肚子奇谋妙策，投靠项羽却不受重视，投靠刘邦险些在刑场上掉脑袋。在生死关头，他以一声大吼，不仅起死回生，还改变了自己的命运。在萧何的推荐下，韩信被提拔为大将，为刘邦夺回关中立下赫赫之功。

彭城一役大败后，刘邦惶惶如丧家之犬，一路溃逃到荥阳。曾经归附汉军的塞王、翟王、西魏王又投降西楚，赵国也叛离而去。这时，刘邦既要面对项羽的进攻，又要提防西魏在侧翼的威胁，形势极其严峻。在这种情况下，刘邦果断地做出决定，由韩信率领一支军出击魏国，清除侧翼的威胁。

公元前205年秋，韩信被任命为左丞相，全权统领东征兵团，由灌婴、曹参为副手，开赴魏国边境。临行前，刘邦问："魏国元帅是谁呢？"有人答道："是柏直。"刘邦不屑一顾地说："乳臭未干的小子，怎么挡得住韩信。骑兵指挥官是谁？"回答是："冯敬。"刘邦摇摇头说："冯敬不是灌婴的对手。步兵指挥官是谁？""项它。"刘邦笑道："项它不是曹参的对手。"这位厚黑英雄知己知彼，在慧眼识才上的本领，无人可及。

西魏王魏豹叛汉归楚后，做了充分的准备，以防汉军侵袭。当韩信兵团大张旗鼓地进抵黄河西岸的临晋，魏豹亲率魏军驻扎在黄河东岸的蒲坂，严防汉军渡河。

韩信故意在此集结大量的船只，制造从临晋渡河的假象，暗地里调遣一支精锐部队沿黄河北进到约八十公里处的夏阳，用坛坛罐罐结成简易的木筏渡河。魏豹的眼睛紧盯着对岸的韩信，完全没料到汉军竟然已经悄悄从夏阳渡河，出其不意地插向魏军后方。魏豹大惊失色，急忙率军回战。魏军主力一调走，韩信立即下令士兵乘船从正面渡河，而后南北两路大军合拢，将魏豹兵团合围。陷入包围圈中的魏军孤立无援，很快陷入混乱之中。在韩信兵团的强攻下，魏军悉数被歼，魏王魏豹也沦为俘虏。

从出兵到破魏，韩信仅仅用了一个月的时间，其军事指挥才能尽显无遗。伐魏战役胜利后，韩信献上捷报，要求增兵三万人，继续扫荡北方赵国、代国、燕国、齐国。刘邦大喜，调张耳兵团增援韩信，讨伐赵国、代国的战役随即打响。

赵王赵歇原本被项羽贬为代王，他对此十分不满。这一切，被陈馀看在眼里。陈馀也是反秦英雄，没有被项羽分封为王，他心有不甘，便向田荣借兵，帮助赵歇恢复赵国。赵歇因此成为赵王，他感激陈馀，封陈馀为代王。出于对项羽的痛恨，赵歇、陈馀曾归附刘邦，参加对项羽的战争。彭城之战惨败后，赵、代两国便脱离刘邦，割据一方。

韩信得到张耳兵团的协助后，立即发动伐代战役。在阏与之战中，韩信大破代军，生擒代军大将夏说。紧接着，韩信乘胜东进，进攻赵国。

赵歇与陈馀将重兵布置在井陉口。井陉口是赵国的战略要地，是保护邯郸城的一道屏障。这是道天然险关，两侧悬崖绝壁，易守难攻，道路狭窄，车辆不能并排通过。守卫井陉口的赵军号称二十万人，当然，这个数字是有水分的。

韩信、张耳兵团共有数万人马，如要强行穿越井陉口，会受制于狭窄的地形，队伍将绵延数十里，难以展开。赵歇与陈馀理所当然地认为，井陉口防线固若金汤，韩信不可能有胜利的机会。

· 四／一颗棋子盘活了全局 · 025

赵国谋士李左车认为消极防守不是最佳战术，他对陈馀说，韩信兵团不远千里来战，后勤补给是其弱项，只要坚守要塞的同时，打掉韩信兵团的后勤部队，汉军将陷入进退两难的境地。同时，他还自告奋勇，愿意亲自率三万人切断韩信的后勤线，这样不超过十天，韩信必将全军覆没。

然而陈馀过于轻敌，自认为井陉口为天险之地，兼之重兵把守，飞鸟尚不得过，何况是韩信兵团呢？他宁愿龟缩在阵地里，以逸待劳。

当韩信得知陈馀拒绝李左车的建议时，大喜过望，当即下令全体将士挺进井陉关隘。

行至距离敌军营地三十里地时，韩信下令将士们就地休整，并派出一支两千人的队伍，从小路爬山，隐蔽地接近敌军营垒。这两千人每人都拿着一面红旗，韩信强调说："一旦赵军倾巢而出，你们就迅速冲进其阵营，拔去赵国的战旗，全部换成我们的红色战旗。"然后，他又传令全军："等今日大破敌军后，再开火吃饭。"

所有的将士都觉得好笑，如今敌军重兵占据在井陉关口处，无论是地利或是兵力都占上风，这位统帅说起来倒很轻松，当敌人不存在啊？虽然心里这么想，口头上还是装模作样地回应道："是！"

韩信又说："这里离敌军营地不远，我们的行军会被敌军发现。现在赵国兵团占据有利地形，如果没有看到我的大将旗鼓，是不会贸然发动进攻的。他们怕一旦进攻前锋部队，会把我吓跑，这样就无法全歼我们。"在韩信看来，这是一场赌局，他之所以敢赌，是因为他摸清了对手的心思。

过了下半夜，汉军开始行动。在敌军营不远处，有一条河，韩信兵团渡河而过，在河岸处列阵。这时，赵国兵营已经可以看到韩信兵团的活动。不出韩信所料，他们认为这只不过是汉军的前锋部队，不想打草惊蛇，耐心等候汉军大将旗鼓的出现，以期一举歼灭来犯的韩信兵团。

远远看见汉军在河边排兵布阵，赵国将领们边笑边摇头，这个韩信哪，真是个军事盲啊，背水布阵，便使自己的军队陷入没有退路的绝地，此乃用兵的大忌。

天色方亮，韩信列阵完毕，竖起将旗，擂响将鼓，士兵们秩序井然地开始进攻赵、代的营地。赵歇与陈馀一看，汉军的统帅已经就位，这是歼灭韩信的大好时机，只要把汉军逼到河边，他们没有退路，下场就是全军覆没。赵歇当即下令，打开辕门，迎击汉军。

根据原先的计划，汉军假装不敌，开始向后撤退，把将旗将鼓扔了，一直撤到河边，后面就是河水，再没有退路了。这时，赵国兵营中的每一个士兵都冲出来，加入这场战斗。在他们看来，大胜在即。汉军士兵在无路可退的情况下，只有向前奋勇冲杀，才能有一线生机，战事开始胶着。

此时，埋伏在山上的那支两千人的奇兵发挥作用了。他们悄悄接近几乎无人防守的赵军营地，把赵国的战旗全部换成鲜红的汉军战旗，然后虚张声势。正在前方苦战的赵国士兵回头一看，哎呀，营地全部飘扬着汉军的旗帜，还以为赵王已被汉军俘虏，顿时军心大乱。赵军的阵脚一乱，汉军起死回生，绝地反击，当即扭转战局。赵歇与陈馀虽然奋力阻止乱局，但已无济于事。韩信率军一路追击，斩杀陈馀，俘虏赵歇。

这样，赵国继魏国之后，又被韩信平定。

此役的胜利，在东征军将士看来，根本没有必胜的把握，韩信却成竹在胸，大家对这位统帅佩服得五体投地，便请教道："兵法上说，安营扎寨，右侧背靠山陵，左前侧靠水泽，这样进可攻，退可守。将军却是背水列阵，我们心里很不服气，都认为必败无疑，可居然打了大胜仗，这是什么道理呢？"

韩信笑道："我这招，也是符合兵法的，只是诸位没有察觉罢了。兵法上说，陷之死地而后生，置之亡地而后存。"诸将一听，大为叹服，兵法是死的，人是活的，战术原则应用之妙，存乎一心啊。

曾经给赵军献计的李左车也成了俘虏，韩信深爱其才，亲自为他松绑，不耻下问，向他求教平定燕国的策略。李左车分析东征军经过征魏伐赵之战后，军队已经疲惫不堪，如果长途跋涉进攻燕国，胜算不大，不如原地休整，一面对燕国做出军事威胁，一面派遣使者劝降燕王臧荼。

韩信虚心接受李左车的意见，双管齐下，燕王果然前来归降。这样，韩信兵不血刃，又解决了燕国。

北方诸国，魏、赵、代、燕或破或降，只剩下齐国。

韩信率三万人马，继续向东挺进，准备攻略齐国。就在韩信秣马厉兵之际，刘邦麾下谋士郦食其认为可兵不血刃，不战而屈齐国之兵。他自告奋勇前往齐国，欲以三寸不烂之舌，说服齐王归顺。刘邦很高兴，便派郦食其前往齐国游说。

郦食其是著名的说客，见了齐王后，雄辩滔滔，口若悬河，指出汉王刘邦夺取天下，乃是大势所归，齐国只要尽早归附，仍然可以保住自己的封国，这才是上策，否则必遭到灭国之祸。这一番话打动了齐王。权衡利弊后，齐王派使节进见汉王，表示愿意归降。为了表达归附的诚意，齐王下令解除边境的战备，整个国家几乎不设防。

得知齐国归降的消息后，韩信打算放弃进攻。谋士蒯通对他说："将军必须继续进攻，原因有二：其一，汉王虽派使者与齐国往来，却没有下达停止进攻的命令。其二，郦食其不过是一辩士，凭三寸之舌，收降齐国七十余城，而将军以数万之众，耗时一年多，才平定赵国五十多城，难道将军几年的战功，还不如一个穷酸书呆子吗？"

蒯通一说，韩信怦然心动。自己的战功越多，将来越能封侯拜相，为什么要将功劳让给郦食其呢？维持原先的计划，攻伐齐国！

时值冬季，天气严寒，齐王已下令解除边境的战备，天天与郦食其饮酒作乐。不料，韩信军队却悄悄渡过黄河，发起突然袭击，大破齐军。之后，马不停蹄，杀奔都城临淄。齐王对汉军背信弃义发动进攻深感震怒，大呼上当，迁怒于郦食其，这位以雄辩口才著称于世的怪才最终落得个被烹杀的下场。

韩信以迅雷不及掩耳之势攻下临淄，齐王落荒而逃。齐国本来与西楚敌对，现在被韩信打得国破家亡，便决定向西楚求援。项羽正在西线进退维谷，得知齐国来归附，焉有不答应之理。于是，项羽派出手下最骁勇的战将龙且率军入援齐国，援军声势浩大，号称二十万之众，在高密与齐王残军会合后，联合抵御韩信兵团。

韩信再次展示出高超的军事指挥艺术。他命士兵们携一万多袋沙包，在潍水上游筑坝拦水，而后指挥大军渡过潍水，进攻齐、楚联军。西楚大将龙且是韩信的老相识，看不起这个曾经受过胯下之辱的汉军将领，见汉军前来，当即率军反击。

韩信假装不敌，向河对岸撤去。龙且焉知是计，还当韩信是个草包，急忙令全军渡河追击。不想刚渡过一半兵力，韩信便下令将上游的沙包坝拆除，河水奔腾而下，河床上的楚军被滔滔巨浪冲得无影无踪，军队被分割为两半，分隔在河的两岸。韩信挥师反扑，过河作战的楚兵团寡不敌众，大将龙且被杀，其余将士或死或降。滞留在河对岸的楚军，见到大将战死，哪有心思作战，各自逃命去了。齐王见大势已去，不敢恋战，一路狂奔，被韩信大军追上，成了俘虏。

韩信又一次成为光芒四射的英雄。

刘邦使用韩信这颗棋子，开始展现出巨大的威力。随着北方诸国一一落入汉军之手，项羽完全丧失了战争的主动权。与此同时，南方的九江王英布被刘邦策反，西楚已经孤立，陷入一个大包围圈中。

在战场上战无不胜的项羽，开始感受到巨大的压力。形势不容乐观：粮食补给越来越紧张；归附西楚的诸侯一一叛离而去；韩信随时可能从齐国发动新的进攻……

就在此时，刘邦遣使与项羽谈判，要求归还刘太公。自视甚高的项羽将此作为退出战争的良机，主动与刘邦商议楚、汉两国友好相处，以鸿沟为界，以西归汉，以东归楚，两国永不相犯。刘邦考虑到父亲、妻子都在项羽手中，同意项羽的条件，换回父亲、妻子。

然而，楚河汉界的划分，只不过是项羽一厢情愿的想法罢了。西楚政权的垮台，已经越来越近。当西楚霸王还做着割据一方的美梦时，他的噩梦也即将降临。

五 / 霸王别姬：枭雄的末路

霸王也有沮丧的时候。

在此之前，项羽一直盛气凌人，不可一世。是不是老了呢？其实不是，他刚刚过了三十岁，正值壮年。

他是那个时代的英雄，坚强、勇敢、有进取雄心，他的军队骁勇善战，无坚不摧。然而，他性格上有很多弱点，残暴、多疑、自私、狭隘。这决定了他只是一员勇将，不是一个优秀的政治家，也不是一个非凡的领袖。只要他率领军队冲锋陷阵，没有打不赢的战斗，然而他的敌人越打越多，自己则越打越弱。

韩信攻陷齐国后，西楚王国已经处于汉军东西两面的夹击中。这个时候，项羽第一次妥协。他与刘邦签下了和平条约，以鸿沟为楚河汉界。实际上，他已经承认了刘邦的势力，自己不再是凌驾于诸侯之上的霸主。对他来说，这是军旅生涯的重大妥协。盛气凌人的霸王，开始感到日薄西山。

刘邦与项羽签订互不侵犯协约后，打算退回关中，谋士张良与陈平进言：汉军控制大半个中国，项羽已是穷途末路，二十万精兵在齐境损失殆尽，缺兵少粮，必须乘胜追击，否则后患无穷。

这一番话，令刘邦如梦初醒。他悍然撕毁墨迹未干的盟约，全军总动员，追击正在撤退途中的项羽，打算毕其功于一役。

公元前202年，这是自秦末烽火点燃以来的第六个年头，漫长的战斗终于看到终结的曙光，有一方将成为光荣的胜利者，而另一方将倒下，成为战争祭坛上的牺牲品。

刘邦毁约，追击西楚兵团至固陵，同时紧急命韩信与彭越两支劲旅速来会合，共同围歼西楚兵团。令刘邦没想到的是，韩信与彭越都按兵不动。这是为什么？在楚汉战争中，韩信与彭越是汉军取得压倒性胜利的关键。特别是韩信，策划"明修栈道，暗度陈仓"，平定三秦，而后平魏、破赵、降燕、灭齐，取得了一系列辉煌的胜利。彭越虽然战功不如韩信显赫，但他不断地袭扰西楚大本营，截断楚军粮道，多次迫使项羽分兵，在关键时刻屡屡拯救刘邦的性命。这两员大将，都有自己的小算盘。

韩信不听从刘邦的调动，已经不是第一次了。

平齐之后，刘邦曾要求韩信迅速率兵西援，当时韩信就按兵不动，反倒派人前去向刘邦提出一个要求："齐人伪诈多变，反复无常，南面又与西楚接壤，形势不稳定。请允许我为假王，镇抚齐国。"假，在古汉语中，就是代理的意思。韩信伸手要权，要全权代理齐国国王的职责。当时，刘邦还被项羽围困在广武，一听韩信讨价还价，心中大怒，骂道："我被困在这里，日夜盼着你能来救我，没想到这个时候你还想着当王。"身旁的张良与陈平一听，踩了刘邦一脚，在耳边说道："现在时局不利，韩信就是想称王，您有办法吗？不如先答应他，把他稳住，不然万一他有二心，后果不堪设想。"刘邦反应敏捷，马上口风一转，对韩信派来的人说："大丈夫平定诸侯，要当就当个真王，当假王干什么呢？"立即宣布封韩信为齐王。韩信这才同意出兵，迫使项羽不得不放弃进攻，并与刘邦签下和平协约，撤兵东返。

眼看合围项羽的机会来了，韩信与彭越两人却按兵不动。彭越当初被授予魏相国，魏王魏豹死后，魏国的王位出现空缺，彭越认为自己战功卓著，理所当然是魏王人选，可是刘邦一直没吭气。如今刘邦有求于己了，先按兵不动吧，提醒汉王一下，不要忘了封我为王。韩信呢？他被封为齐王了，可是他也有顾虑：第一，这个封王是自己提出来的，不是汉王主动封赐的，得来有些勉强。第二，虽然封了王，地盘还没有确定下来。因此，韩信也按兵不动，提示刘邦，看你封我为王是不是真有诚意呢？

缺少韩信与彭越，刘邦根本就不是项羽的对手。西楚霸王对刘邦撕毁协约愤怒不已，反戈一击，刘邦被打得大败，只得转攻为守。刘邦恨恨地对张良说："韩信、彭越都不听我的，怎么办？"

张良深谙人性的弱点，回答道："西楚快完蛋了，韩信与彭越还没有分到自己的地盘，所以按兵不动。您如果愿意与他们分享天下，他们立马赶到。"张良一说，刘邦明白了，便把从睢阳到谷城的地盘划给彭越，立为魏王，将陈邑到海滨的地盘划给齐王韩信。韩信与彭越笑逐颜开，心满意足，马上率军投入战场。

这是项羽一生中最寒冷的一个冬天，也是他生命中的最后一个冬天。每一天似乎都那么漫长，阴云密布。

在兵力绝对占优势的情况下，刘邦开始反扑。项羽一生从来没有打过败仗，只要他怒目一睁，横戈马上，敌军马上望风披靡。他的盖世神武，纵然不能说前无古人后无来者，至少也是旷世奇才。可是这次，他要栽跟头了。

楚军的溃败已不可避免。项羽边战边退，直退到垓下。这个不起眼的小地方，却将被写入史册，记下曾经风光无限的西楚霸王最后的记忆。这支曾战无不胜的军队，再也看不到乳虎啸谷、百兽震惶的气概。所有将士垂头丧气、沉默寡言，今天还是一个大活人，明天呢，也许是横卧于沙场的一具尸体，任由马蹄践踏与蹂躏。众人悲从心生，不禁追忆起故乡与亲人，漫长的明天过去后，还能不能回到魂牵梦萦的家园呢？

然而，汉军的铁蹄却无情地踏破残梦，一贯强调兵贵神速的韩信率先追上溃逃的楚军，将其围困于垓下。其余大部队源源不断地跟进，里三层、外三层，将小小的垓下围堵得水泄不通。项羽的日子越发难过，不仅士兵的数量日见减少，粮食也基本耗尽。当然，霸王还是那么骁勇，他身先士卒，冲锋陷阵，但每次都无法突破汉军铁桶般的包围圈，除了在战场上留下一堆尸体外，没有更大的战果。

韩信加速了楚军的灭亡。他与项羽都堪称史上之名将，然而风格迥异，韩信以谋略胜，项羽以勇猛胜，两人生平罕有败绩，如今两强相遇，势必要分出个高下。显然，韩信棋高一着。韩信并不强攻，而是采取心理战术，他让士兵们在夜里集体高唱楚歌。自春秋战国以来，楚国形成一种独特的地域文化，与北方儒学为主的中原礼仪文化不同，楚文化更富有人情味，楚歌充满思乡的情调，略带淡淡的忧伤。

楚歌四起，随风飘荡在夜空中。西楚士兵听之流泪，举头望明月，低头思故乡。项羽闻之更是大惊失色，他没有乡愁，没有哀思，却震惊了："难道楚地已经全部沦陷了吗？怎么会有这么多楚人唱着楚歌呢？"

在一片略带悲戚的歌声中，楚军士气凋零，项羽心情沉重。如今处境危险，还不知能不能冲破重围，重振雄风，或者，这里竟会是他的葬身之地？他从卧榻上起身，饮酒消愁。他想起当年在巨鹿城下大破秦军的辉煌一幕，想起在鸿门宴上因为恻隐之心而放走刘邦，若不是这一念之差，哪有今天这样凄凉的处境啊？

才短短几天时间，他发现自己衰老了许多，心境更加苍凉。

何以解忧消愁，唯有美酒与女人。他出征时，总带上自己最宠爱的女人虞姬。此时此刻，唯有女人的温柔，让他心中涌现出一丝暖意，英雄刚烈坚强的心，消融于女人无限的柔情蜜意之中。虞姬每斟上一斛酒，项羽就一饮而尽。在美人的眼中，项羽是位伟岸男子，盖世无双的大英雄，他的英雄气概比山更高，比海更深，吞吐天地。她情愿陪伴在他身边，无论是在他春风得意之时，还是在他失落潦倒之际。

此时，帐外传来马嘶声，是项羽心爱的坐骑乌骓马，莫非它也知道主人无可奈何的际遇吗？心爱的女人啊，心爱的战马啊，相伴一生，如今是否到了生离死别的时候？一向与风雅不着边际的西楚霸王项羽，竟然触景生情，情至极致，唱起诗歌了。他悲从心生，慷慨而歌："力拔山兮气盖世，时不利兮骓不逝。骓不逝兮可奈何，虞兮虞兮奈若何！"

项羽击节而歌，虞姬踏歌舞剑，衣带飘飘，宛若天仙。项羽一阵悲凉，汉军将垓下围得水泄不通，即便自己能冲出重围，也不可能将虞姬一起带出去，知己红颜，难道要像一片落叶飘零于风中吗？我项羽一世英雄，连自己心爱的女人也无法救走，那算什么豪杰呢？想到这里，项羽以袖掩面，泣下数行。男子有泪不轻弹，只是未到伤心处。

虞姬知道项羽的忧虑，她没有后悔，因为项羽的这几行泪，让她知道自己得到了他全部的爱。因爱而生，因爱而死，有什么遗憾呢？一舞之后，虞姬从容地和道："汉兵已略地，四方楚歌声，大王意气尽，贱妾何聊生！"说罢，忽然挥剑往脖子一抹，项羽大惊，伸手夺剑，可是已经来不及，血注喷涌，娇躯倒在项羽怀中，脸庞依然是那么美丽与纯洁。项羽抱着虞姬的尸体痛哭，谁知英雄末路时，竟是如此之悲凉。不仅是项羽，左右侍卫也不由得泣不成声，不能抬头仰视了。

这一夜，项羽收拾起悲伤，决定杀开一条血路。

项羽纠集了八百名勇士组成精锐骑兵，这些人长期追随项羽南征北战，骁勇无比。后半夜，项羽的八百骑兵出其不意地向南突围。这些人太骁勇，战斗力太强了，汉军的几条防线竟然都被突破，让这支骑兵队突围而出。

第二天清晨时，汉军才发现突围而出的，竟然是项羽本人。这还了得！刘邦急令骑兵将领灌婴率五千骑兵追击。项羽的八百骑兵在突围时便损失大半,沿途还不断地与汉军的追兵交战,伤亡很大,就这样一路打一路逃,流窜到淮河边。渡过淮河后,项羽清点了一下剩余兵力,只剩下一百名骑兵。此时,汉军也抵达淮河岸边,项羽与他的残兵败将鼠窜到阴陵。

在逃窜过程中,项羽迷路了。恰好有一农夫路过,项羽便向农夫询问。不料,这个农夫一听此人正是西楚霸王,便故意给他指错方向。也许是对项羽的暴行深恶痛绝,也许是亲人曾死于其手,他现在有一个机会,可以置项羽于死地。项羽一伙人顺农夫所指方向行进,却走入一片茫茫的大泽中。他情知中了农夫的诡计,急忙掉头而走。然而,汉军的追兵却利用这个时间差追了上来。

项羽的卫兵们拼命抵挡,又一次血战后,只剩下二十八名骑兵与项羽本人杀出重围,到了乌江,身后却是数千人之多的汉兵。寡众悬殊!项羽望着他的二十八名骑兵,此时的他风尘满面,身陷危境,但要用行动证明他的勇敢无畏。他以沉重的语气说:"自我起兵以来,已经八年了,身经七十余战,每战必胜,未尝败北,称霸于天下。如今被困在此地,此乃天欲亡我,非战之罪。今天,我要与汉兵决一死战,与诸位一道奋勇冲杀,必定要三战三胜,杀破重围,斩杀敌将,砍倒敌旗,向诸位证明,亡我者上天也,非作战不力也。"

英雄在末路时,仍然是个英雄。

汉军把项羽一伙人包围起来。项羽将二十八名骑兵分为四组,一组七人,分别突击一个方向。项羽对他的骑兵们说:"我先为诸君取敌将首级。"说罢,他大呼一声,拍马直冲敌阵。汉兵向来对项羽畏之如虎,即便霸王已经穷途末路,可是那排山倒海之气势,令追击的士兵胆战心惊,纷纷溃退。项羽以迅雷不及掩耳之势,击杀一将,然后安全返回。

项羽一退,汉兵又重新聚围。

项羽扫视着黑压压的汉兵,露出一丝鄙夷的神情。他检点一下,第一次冲锋竟然没有兵员损失,满意地说:"好,我们再次杀进敌围。"说罢,身先士卒,再闯敌阵,又一次斩杀一名汉军将领,而后返回。这次冲击,项羽与二十几名楚兵杀死了一百多名汉兵,而西楚骑兵仅战死两人。项羽颇为自得地对骑兵们说:"怎么样?"诸骑兵下马拜道:"正如大王所说的一样,大王果真是英勇盖世。"

就在这个时候,江中漂来一叶小船,来人是西楚故吏乌江亭长。在项羽溃败途中,西楚官员们逃的逃,降的降,沿途项羽都没能得到帮助与补给,现在好不容易来了一个如此忠心的官员，项羽有点感动。

乌江亭长拜见项羽，说道："大王赶紧上船吧。江东虽然地小，好歹方圆千里，有数十万人，足以称王了。如今只有小臣有船，汉军来了也没法渡江。"项羽望望长江的对岸，再看看这艘小船。唉，我项羽纵横一世，现在却要靠一艘小船来救命，到荒芜的江东，我颜面何存？英雄可以轰轰烈烈去死，却不能苟且偷生。想到这里，他笑道："老天要亡我，我渡江又有什么用呢？当年我率八千子弟兵渡江西进，如今八千子弟兵，没有一个活到现在，纵然江东父老怜悯我，立我为王，我又有何颜面见江东父老呢？"

项羽转头对乌江亭长说："你是一位宽厚长者，我没什么东西可赏赐给你，只有这匹乌骓马，跟随我五年了，在战场上所向无敌，可日行千里，我不忍心杀了心爱的宝马，就把它送给你吧。"说罢，他让人牵来宝马，拉到船上。项羽不走，他忠实的卫兵们也情愿与他同生共死。乌江亭长苦劝，但项羽心意已定，只好搭载着乌骓宝马，渡江而去。

这时，汉军追到江边，项羽令所有战士弃马步战，与汉军短兵相接。要死，就要死得慷慨悲壮，项羽挥舞宝剑，剑锋所至，血光四溅。他杀红了眼，一个又一个敌人倒下，又有更多的敌人冲上来。他一人杀死汉兵数百人，项羽的盖世武功，确实名不虚传。可是到最后，他发现自己已是一个人在战斗，他的手下全部战死了。

项羽大喝一声，横剑胸前，汉兵纷纷倒退。他浑身上下十余处伤口，鲜血直渗出来，然而还是那么英勇神武。突然他看到一个熟悉的面孔，在汉军骑兵中，有一将领吕马童，是项羽的老相识。项羽喊话道："你不是我的老相识吕马童吗？"

吕马童不敢吭声，只是悄悄地对汉将王翳说："这就是项王没错。"

项羽仰天笑道："我听说汉王悬赏千金，封邑万户，购我项上人头。也罢，今天就算我为老朋友做点事吧。"他锋利的剑锋划过自己的咽喉，鲜血像泉水一样喷涌而出，染红了乌江畔千年的砾石。他选择了这种英勇的方式，来完成人生最后一搏，以捍卫自己的荣誉与尊严，英雄庞大的身躯倒下，结束了非凡的一生。死得慷慨，死得悲壮。

虽然项羽是个不合格的政治家，也做了许多坏事，但他是推翻暴秦的第一功臣，自有其不可抹杀的历史贡献。"生当作人杰，死亦为鬼雄。至今思项羽，不肯过江东。"从宋代女词人李清照的这首诗，可以看出项羽人格魅力虽千年仍影响后人。

项羽之死引发一场骚乱。

为了争夺霸王的尸体，汉军内部一阵自相残杀，项羽的身体被切为五块，被王翳、吕马童等五人得到。刘邦没有食言，将封赏的一万户分割成五份，每人分得二千户，这五个人都被封侯。由此不难看出，汉军官兵为什么要拼了老命抢得一块霸王的尸身，因为确实太值钱了。

西楚霸王死后，西楚全境投降，这意味着持续四年的楚汉战争，最终以汉王刘邦的全面胜利而告结束。刘邦在笼络人心上有一套本领，虽然项羽生前把他打得落花流水，溃不成军，还多次险些丢了性命，可是他还是厚葬项羽，并亲自主祭，在祭场上痛哭。即便这是作秀，还是赢得了人心。

一个旧日的英雄倒下。

一个崭新的帝国从战争的废墟中诞生。

项羽死后两个月，在汜水之阳，刘邦以胜利者的姿态，拜天祭地，正式称帝，史称汉高帝。

中国的历史翻开了崭新的一页。

六 / 兔死狗烹的悲剧

与以往的旧王朝相比，新的王朝富有生机与活力。汉王朝的基业是由一群平民英雄所奠定，战国时代七大强国的旧贵族势力荡然无存。它印证了陈胜的名言："王侯将相，宁有种乎？"同时，也揭示了"有梦想就有可能"的真理。

我们来看看汉王朝开国元勋们的出身：刘邦在四十八岁之前，顶多就是一个官位低微的泗水亭长；后来担任过宰相的萧何、曹参、陈平、周勃等人，都出身低微，萧何与曹参只是沛县小官僚，陈平出身于普通的农民家庭，周勃则是办丧时吹拉弹唱的人。在汉初的大将中，韩信曾经沦落到乞讨度日的地步，英布与彭越是落草为寇的强盗，樊哙则是杀狗的屠夫。

虽然这些平民出身的当权派并没有给社会带来实质性的变革，但不可否认的是，他们树立了一种榜样。古代中国社会阶级的界限并不像西方社会那么分明，社会底层的人，通过奋斗，是有出人头地的可能的。汉代开国元勋们从平民中脱颖而出的事实，又影响了帝国之后数百年的人才政策，这是有积极性的一面。

刘邦可以称得上是中国历史上最伟大的君王之一。这个没读过什么书、有些痞子习气的皇帝，却有一种令人难以置信的智慧。他手下各种各样的人才都有，刘邦往往能从不同的声音中，分辨正确的选择。他没有旧贵族身上那种死要面子的作风，只要做错的，他都爽快地认错，也不会觉得丢人，这一点是难能可贵的。

平民出身的新权贵，并没有带来一种民主色彩的新政治制度。但是刘邦的政治眼光比起项羽要高出一筹，他明智地吸取东周与秦帝国衰亡的经验教训，新帝国的政治制度实际上是周制与秦制的折中，即继承了秦始皇开创的皇帝独裁制，行政区以郡县为基础，同时保留了周代时的分封制。但是普通民众并非一无所获。比起秦帝国继承家业的统治者，出身平民的新权贵对民间疾苦的了解要深刻得多。这使得汉初的国家政策以休养民生为主要目标，饱受暴政与战争之苦的平民百姓终于有了安定的生活环境。

皇帝是至高无上的权威，其下是七位诸侯王：齐王韩信、梁王彭越、长沙王吴芮、赵王张耳、淮南王英布、燕王臧荼以及韩王韩信（注：汉初有两位韩信。一位是大家熟知的大军事家，另一位则是故韩王后裔。为了区分，后者称为韩王信）。这就形成中央政权与地方诸侯两大系统，与周代分封制的区别在于中央政权占据主导地位，朝廷直辖的郡县占全国一半以上的面积。

这种混合型的政治结构只是权宜之计。地方诸侯都是反秦战争与楚汉战争中的功臣，手握重兵。显然，诸侯的存在，对中央政府仍然是个潜在的威胁。刘邦对这些功臣不得不采取安抚的手段，以避免诸侯联手反抗中央政府。同时，他又以种种手段对地方诸侯实施分化瓦解、各个击破的战术。

打败西楚霸王项羽后，另一场战争就在酝酿之中，这就是中央与诸侯的战争。项羽覆灭后的七个月，燕王臧荼率先反叛，刘邦率军亲征，仅用两个月的时间，就平定臧荼之乱。

对刘邦来说，最大的眼中钉，便是楚王韩信。韩信是伟大的军事天才。在汉楚战争中，他明修栈道，暗度陈仓，屡出奇兵，破魏伐代，灭赵降燕，平定三齐。韩信用兵，重在谋略，出奇制胜，战法不拘一格，时而声东击西，迂回作战，时而置之死地而作战，奇正并用，变化莫测。大汉的江山，有一半是韩信打下来的。那刘邦为什么却不信任他呢？这并非没有原因。

刘邦的政治天赋，很大一部分，来自他对人性的深刻洞察，就是人在巨大权力面前，没有忠诚可言。虽然韩信立下了卓越的功勋，可是后来发生的一些事，让刘邦不能不怀疑他的忠诚。韩信平定三齐之后，刘邦急需他率兵西进，以解困局。韩信不仅违令不肯出兵相援，反而要挟刘邦立他为王。刘邦为稳住韩信，不得不封他为齐王。

在此过程中，韩信犯下了一个大错。这证明他只是一名伟大的将领，绝非出色的政治家。

当时，韩信手下有一谋士，名为蒯通，对局势洞若观火。为了说服韩信与刘邦、项羽三分天下，他故意设置了一个局。他对韩信说："我曾经学过相人之术。"韩信很有兴趣，问说："先生是怎么相人的？"蒯通回答道："看一个人的贵贱在于骨法，看一个人的忧喜在于面容，看一个人的成败在于他的决断心。这三个方面，缺一不可。"

韩信问说："您看我的相如何呢？"蒯通说："请允许我和你单独谈。"韩信让左右退下，只留下蒯通。蒯通拜谢道："您的面相，不过是封侯之相，且杀机四伏，但您的背相，贵不可言。"

蒯通在这里使用暗语，"背"暗喻背叛，意思是只要选择背刘邦而独立，则贵不可言。他进一步说明："如今汉王与项王对峙，难分高下。两大雄主的命运，其实操在您的手心，您倒向哪一方，哪一方便能取得胜利。如今最好的计谋，就是与刘、项三分天下，鼎足而立。凭借你的才能，拥有精锐的士卒，控制强大的齐国，联合燕、赵，呼吁汉楚弭兵，定能得到天下的响应，谁敢不听从您呢？以您的军事与政治影响力，削弱大国与强国的势力，分封诸侯，到时天下都得听从齐国，各路诸侯必定争先恐后前来朝见。这是天赐良机，若不好好把握，必会带来祸害，请您认真考虑。"

在军事上有决断力的韩信，在政治上却优柔寡断。他沉思道："汉王待我恩重如山，我怎能见利忘义呢？"

蒯通道："人心难测。您以为自己对汉王忠诚，汉王就不会加害于您？当年文种、范蠡竭心尽力，复兴越国，越王勾践称霸后，就对功臣痛下杀手了。野兽捕杀完了，还要猎狗干什么呢？兔死狗烹。俗话说，勇略震主者身危，功盖天下者不赏。您如果归附楚，楚王对您不信任；如果归附汉，功高震主。您要选择怎么样的路呢？"

韩信若有所思，含糊地回答道："先生先不要说了，我考虑一下。"

过了几天后，蒯通见没有回音，又跑去见韩信道："将军，有智慧的人，行事必然果断，优柔寡断者，事情没有不失败的。不要因小失大，您是有智慧的人，诚然深知这点，可知道却不去做，这是祸害的根源。功难成而易败，时难得而易失。时机稍纵即逝，时不再来。您要想清楚。"

韩信仍犹豫不决地说："我还是不忍心背叛汉王，况且我战功卓著，汉王怎会夺走我的地盘呢？"

蒯通长叹一口气，料知韩信最后必然败事，他决定远走高飞，装疯卖傻，以避开杀身之祸。

韩信不想背叛汉王刘邦，可是他又打自己的小算盘。这种暧昧的态度，怎么能让刘邦放心呢？

・六 / 兔死狗烹的悲剧・039

当刘邦追击西楚兵团到固陵，急令韩信来援，韩信又一次抗命，采取沉默不合作的态度，不肯出兵。直到刘邦把陈邑到海边的一大片地盘划给他后，韩信的精锐兵团才出兵相援。

韩信得到了土地，可是在刘邦的心里，他已经是一个不忠诚的危险人物了。

在韩信兵团的参战下，项羽在垓下会战中惨败，自刎身亡，楚汉战争以刘邦的胜利宣告结束了。毫不夸张地说，韩信是刘邦能赢得汉楚战争胜利的法宝与利器。

然而，韩信一步步地登上人生的巅峰时，下坡之路已隐然可见。

论打仗，刘邦不如韩信；论玩政治，韩信在刘邦眼中只是个小儿科。

一个计划在刘邦脑袋里形成。击灭项羽之后，途经定陶，刘邦出其不意地闯入韩信兵营，夺走他的印信。这次突然袭击，一下子缴了韩信的兵权，韩信一下子成了光杆司令。不过，考虑到战乱刚平，刘邦并没有借此时机铲除韩信，只是改封他为楚王，迫使其离开老巢齐国。

为了维持大局，刘邦表面上装作信任韩信，其实对他防之又防。

就在这时，韩信又被抓住一个把柄。

项羽死后，原西楚大将钟离眛成为刘邦悬赏捉拿的重点人物。钟离眛与韩信私交不错，逃入楚国，投奔韩信。这件事，被刘邦查出来。他发出文告，敦促韩信将钟离眛捉拿归案。韩信颇欣赏钟离眛的军事才华，抗命不从，私下里把他偷偷藏起来。

很快，一封举报信交到刘邦手上，举报韩信打算谋反。这是刘邦最担心的一件事，宁可信其有，不可信其无。谋士陈平献上一计，建议刘邦假称前往云梦泽游巡，在陈县接见诸侯王，到时韩信前来，就可以轻松收拾。

刘邦依陈平之计，以巡游为名，率大军兵临楚境。韩信心中大为恐慌，一名亲信建议说："皇上前来，大概是得知您收留钟离眛的事，只要将钟离眛的人头献上，皇上必定大悦，那就不会出事了。"韩信觉得有道理，事到如今，只能丢车保帅。钟离眛老兄，对不住了，要借你的人头一用。

韩信拎着钟离眛的人头，前往觐见汉高帝刘邦。不料刘邦见韩信自投罗网，陡然变色，喝令卫士将他捆绑起来，装上囚车。韩信一下子沦为阶下囚，高喊道："常听人家说：狡兔死，良狗烹；飞鸟尽，良弓藏；敌国破，谋臣亡。如今天下已经平定，看来我固然该死了。"这时，刘邦才不紧不慢地对他说："有人告你谋反。"

韩信默然无语，如今身家性命，操诸人手，他后悔自己没听蒯通之劝，现在成为待宰的羔羊，难道这就是命运吗？

不过，刘邦仍然不敢贸然杀死韩信。韩信带兵打仗那么多年，又当过齐王、楚王，势力盘根错节，若操之过急，说不定将引发大规模兵变。经过反复权衡，刘邦决定赦免韩信，但褫夺他的封国与王号，降爵为淮阴侯。

从王到侯，韩信被剥夺了实权，郁郁不得志，陷入一种无言的悲愤之中。他不仅没有吸取教训，低调做人等待时机，反而处处表现其内心深处不满的情绪。有一次，他去拜会樊哙，樊哙对他颇为尊重，还称他为"大王"，韩信出门后却慨叹说："没想到我现在居然与屠狗的樊哙为伍。"

更要命的是，韩信仍在汉高帝刘邦面前抢风头。有一次，刘邦问他："你看我能带多少兵呢？"韩信回答说："陛下最多能带十万兵。"刘邦再问："那你能带多少兵呢？"韩信自信地答道："臣用兵是多多益善。"刘邦哈哈笑道："你说自己是多多益善，那怎么被我抓住了呢？"韩信只得尴尬地解嘲说："陛下虽然不能带兵，可是会驭将，所以我被陛下抓了。"

对于用兵多多益善的韩信，刘邦当然是放心不下。如今天下太平，你能带兵打仗，你想打谁呢？失落的韩信也有自己的打算。

韩信有一个挚友陈豨，两人来往密切。陈豨被任命为巨鹿太守，临行前，特来向韩信辞行。韩信拉着他的手，在庭院里漫步，突然仰天长叹道："我可以跟你说些心里话吗？"陈豨一听大为惊讶，赶紧说："将军有何指示，请说。"

韩信对陈豨说道："您所镇守的地方，拥有天下最精锐的部队。皇上现在信任你，可是如果有人说你想反叛，谣言要是多几次，皇帝不信也信了，到时你要怎么办呢？"韩信所说的，正是当年自己的遭遇。伴君如伴虎，陈豨能不明白这个道理吗？陈豨一听怔住了，请教道："将军，您说要怎么办呢？"

韩信在陈豨耳旁密语道："若发生这样的事，您就起兵自立，我暗中在内策应，如此则天下可图。"陈豨知道刘邦称帝以来，一直在扫除异己，便拜谢道："我一定谨记将军的教诲。"

汉高帝十年（前197），陈豨果然被逼叛变。刘邦率军队亲征陈豨叛军，并派人召韩信随军出征。韩信推托身体有病，不肯前往。

其实在陈豨起兵时，韩信就秘密与之取得联系，告知他："老弟你起兵造反，我将助你一臂之力。"韩信不愧是个厉害的角色，他与家臣伪造了一份圣旨，打算释放囚徒与奴隶，以此组建一支军队，进攻皇宫，发动政变，铲除吕后与太子。

这个计划需要陈豨在军事部署上做出配合。韩信派人送密信给陈豨，只等陈豨回复，就可以发动政变，控制皇宫。偏偏这时发生了一个意外，改写了故事的结局。韩信有一名随从，不知犯了什么事，被韩信关于牢里，准备处决。这名随从的弟弟写了一封信，交给吕后，告密韩信要造反，并把其阴谋供出。

吕后大惊失色，急召萧何入宫商量。当年萧何月下追韩信，他对韩信的才能最为了解。不过事易时移了，今天他却要置韩信于死地。萧何灵机一动，想出一个办法：假称陈豨已经战败身亡，要求各级官员前往宫中祝贺。

韩信一听这个消息，心中狐疑，决定静观其变，声称卧病在床，不能前去宫中。此时，萧何起了至关重要的作用，他差人带话给韩信："您虽然生病，可还是勉强去一下好。"

即使韩信不相信别人，也没有理由不相信萧何。没有萧何，就没有他的飞黄腾达。既然萧相国都说话了，他不能不买这个人情吧。

当他一脚踏入长乐宫时，就意识到了末日的到来。埋伏在一旁的甲士一拥而上，把他绑得结结实实。他没有见到萧何，只见到吕后冰冷的目光。这个铁娘子比她的丈夫更加雷厉风行，更加冷酷无情，无须审判，无须证据，直接下达处决令。

曾经在战场上叱咤风云的韩信，被处死在长乐宫的钟室。韩信最后的一句话是："我真后悔没有听蒯通的话，今天居然死于妇道人家之手，这难道是天意吗？"曾经落魄受尽人世沧桑，也曾经横戈立马、笑傲江湖，最后却落得个身首异处的凄凉下场。这就是韩信苦涩的悲剧人生，也折射出权力斗争的冷酷与血腥。

韩信之死，使汉高帝刘邦如释重负，他清除了最大的威胁。剪灭韩信的同时，刘邦仍不遗余力对异姓诸侯实施各个击破。公元前201年，韩王信受到朝廷的怀疑，叛降匈奴。公元前198年，赵王张敖被控谋反，废王为侯。七个异姓诸侯王，只剩下梁王彭越、九江王英布、燕王卢绾（原燕王臧荼败亡后，以卢绾为燕王）与长沙王吴芮。其中刘邦最悼忌的，便是彭越与英布。

彭越在汉楚战争中的贡献，仅次于韩信。

早在汉王二年（前205），刘邦便封彭越为魏相国。随着彭越的战功越来越大，他理所当然地认为自己应该成为诸侯王，拥有自己的地盘。公元前202年，刘邦为围歼项羽，命令彭越出兵。不想彭越竟与韩信一样，抗命不从，借此讨价还价。刘邦不得不做出让步，封彭越为梁王，彭越这才出兵，参加歼灭项羽的最后一役。

然而，这并不意味着能永保荣华富贵。

高帝十年（前197），陈豨起兵反叛。汉高祖御驾亲征，派人传话给彭越，命令他率部参战。彭越称病不往，为了敷衍皇帝，他象征性地派一名将领前去。刘邦大发雷霆，派特使前往梁国，斥责彭越的傲慢无礼。

彭越诚惶诚恐，准备前去见刘邦，亲自谢罪。他的心腹之将扈辄劝道："大王这一去，恐怕是有去无回。"彭越心头一震，扈辄又道："不如起兵造反！"一向雷厉风行的彭越，与韩信犯了同样的毛病，自认为功劳大，又没有犯严重的过错，拒绝起兵造反，索性又称病，躲在家里。

躲得过初一，躲不过十五。

与韩信事件如出一辙，有人告密了。告密者是彭越手下的一名官员，他向刘邦举报：彭越准备谋反！刘邦以迅雷不及掩耳的速度，派人将他捉拿，囚车押往洛阳囚禁。

不过，刘邦心里还念及彭越的功劳，决定免其一死，贬为庶人，流放到蜀地。彭越的命运与韩信惊人地相似，一转眼之间，就从云层高处重重地摔了下来。如果彭越就此一去，倒也可能在荒山僻岭了却残生。不幸的是，他在途中，遇到英雄的克星吕后。彭越见到吕后，痛哭流涕，为自己申冤。

吕后假装同情彭越的遭遇，答应带他去见刘邦。彭越感激涕零，认为事情或能出现转机。不料吕后见了刘邦，就委婉地批评他放虎归山："彭越乃是壮士，把他流放到蜀地，是自留后患，不如杀了他，斩草除根。臣妾已经把彭越带回来了。"刘邦如梦初醒，可是皇帝的赦令已下，不好更改啊。

欲加之罪，何患无辞？吕后找来一名彭越的随从，收买加恐吓，让他告彭越

· 六 / 兔死狗烹的悲剧 · 043

再次想谋反。司法官员们装模作样地调查一番后，又一次确认彭越谋反的罪行。彭越此时才明白"最毒妇人心"，他一生纵横战场，不想却死于一妇人之手。英雄如此下场，岂能甘心？

继韩信之后，彭越也遭到屠三族的悲惨下场，他的尸体被剁为肉酱，分发到各诸侯国，刘邦以此残忍手段警示各诸侯王：这就是谋反者的下场！

看到了彭越的肉酱，淮南王英布再也掩饰不住内心的恐惧。

英布也是秦末汉初的风云人物。他跟刘邦、韩信、彭越等人一样，出身于布衣，秦末起义爆发后，他聚众起兵，后来投靠项梁，成为其手下一名悍将。英布作战勇敢，胆略过人，在具有划时代意义的巨鹿之战中，英布作为楚军先锋，率先渡河作战，为大败秦军立下汗马功劳。在历次大战中，项羽总是以英布为先锋，英布也不负重望，每战必胜。秦灭亡后，英布被封为九江王。

英雄的共同特色是不愿受他人约束，韩信如此，彭越如此，英布也如此。

齐楚战争、楚汉战争爆发后，项羽多次命令九江王英布率部参战，英布每每称病不往。项羽气坏了，多次派人严厉批评英布。对于诸侯争霸战，英布想置身事外，保住自己的地盘就行。可是很快他就发现，要保持中立是不可能的。

汉王三年（前204），刘邦派说客随何前往九江，争取说服英布脱离西楚霸王。随何向英布详细剖析时局，认为项羽虽强，实际上已经众叛亲离，大失人心。他建议英布看清时局，发兵反楚，到时必可裂地封王。在随何的游说下，英布终于背叛项羽，归附刘邦。之后，英布参加了一系列对楚战役，包括垓下之战。战后，他被封为淮南王。

楚汉战争结束了，但另一场战争悄然上演，这便是中央与诸侯之战。眼看韩信与彭越相继被诛杀，英布怎能不如坐针毡呢？这是一个人人自危的年代，即使你自己认为坐得正，行得端，也无法防止有人在背后插上一刀。韩信不是遭告密吗？彭越不是遭告密吗？只要咬定你谋反，那就百口莫辩了，司法官员自然会网罗罪证，无中生有。

又一名告密者出现了。

淮南国中大夫贲赫举报英布准备谋反，刘邦派人前往调查事实。英布大为恐慌，彭越的下场历历在目，自己如不先下手为强，只能坐以待毙。就是死，也要像英雄一样死在沙场，怎么能像韩信、彭越死得那么窝囊呢？事到如今，不能不反了。

英布起兵叛乱。可以说，英布的叛乱，完全是出于恐惧的自保。在英布看来，自项羽死后，能够与自己抗衡的人只有三个人：刘邦、韩信、彭越。韩信与彭越已死，刘邦老迈，势必不能亲征，至于其他如周勃、灌婴、樊哙等人，不足为虑。

出乎英布预料的是，年过六十的刘邦还保留着英雄本色，又一次御驾亲征。在刘邦到来之前，英布挥师东击荆楚，屡战屡胜，兵威极盛。对他来说，最好的战略是向北发展，攻齐取鲁，传檄燕赵，占据东方半壁江山，与朝廷分庭抗礼。但英布没有席卷天下的雄心壮志，他只是想保住自己的一亩三分地。

英布裹足不前，给了刘邦反击的机会。两军在蕲县遭遇，刘邦责问道："你为什么要叛变？"英布答得爽快："老子也想当皇帝罢了。"刘邦听了大怒，臭骂了一阵后，两军开始血腥厮杀。汉军兵多将广，明显占优势，英布军队抵挡不住，渡过淮河南撤。汉军苦苦追击，英布的军队伤亡惨重，最后只剩下一百多人。

天地苍茫，要逃往何方呢？英布是长沙王吴臣的姐夫，便前往投奔。吴臣不好拒绝，又不敢背叛刘邦，怎么办呢？他决定借刀杀人，假意安排英布逃到南越避难，路经番阳时，唆使番阳人将其杀死。英布不想像韩信、彭越那样束手就擒，可最后还是没有逃脱覆灭的命运。

彭越死后，燕王卢绾也走上叛反之路，兵败后逃往匈奴。在七个异姓诸侯国中，只有长沙王由于地处偏僻，得以保全下来，成为异姓封王中硕果仅存者。

刘邦用七年的时间，削平异姓诸侯的势力。这些开国功臣，多数以悲剧下场告终，这也是汉高祖刘邦最为后人所诟病的事，同时也给后世的专制者树立了一个坏榜样。但是撇开个人恩怨与私欲，隐约可以看到背后深层的原因在于二元政治结构的冲突。

自秦始皇一统天下后，中国的政治制度就发生了根本性转折，即由分封诸侯制转变为帝王集权专制。集权制与分封制水火不容，地方诸侯既有独立的行政体系，又有独立的军队，这无疑是君主专制的一大障碍。从深层分析，刘邦杀戮诸王的背后，实际上反映帝王专制与分封诸侯制新旧两种制度的斗争。自春秋战国以来，诸侯并起，群雄争霸，战争烽火持续数百年。可以说，诸侯制的弊端是很明显的，是国内战争的一大祸源，专制主义因而兴起。从历史角度说，在经历数百年战乱后，人心思定，秦汉之际的专制制度有其历史的合理性。

刘邦并没有承认变乱的原因在于中央政权集权制与地方诸侯分封制的矛盾，他只是认为异姓诸侯靠不住。因此，在扫灭异姓诸王的同时，刘邦大封同姓诸王，前后有荆王、代王、齐王、楚王、赵王、淮南王、吴王、燕王等。这些诸侯国作为拱卫汉帝国的重要力量，皆出于皇族，皇帝专制制度得以进一步地巩固。不过，日后的历史证明，即使是同姓诸王，也仍然是国家动乱与战争的一大诱因。

在长达两千年的专制时代，各个王朝都解不开一个死结。一旦地方势力式微，皇帝权力无限放大时，权力的腐败便由上而下滋生，最终导致官逼民反的大起义，或者被外族乘虚而入。而一旦地方势力过于强大，中央权力被架空，又容易陷入内战的混乱之中。这个死结，就是专制政治的宿命。

七 / 女人当国：吕后的时代

公元前195年，一代雄主汉高祖刘邦去世。

汉高祖晚年宠幸戚夫人。戚夫人给刘邦生了一个儿子，名为如意。刘邦多次想废掉太子刘盈，改立如意为太子。平心而论，太子刘盈是个懦弱的人，跟他的父亲性格相差很大，这是他失宠的原因。在母以子贵的时代，刘盈的生母吕后岂可甘心她的情敌得逞呢？她想方设法，不择手段要保住刘盈的太子位。

吕后是个不简单的女人，虽是女流之辈，却很有魄力，也有能力，且有心狠手辣的一面。韩信、彭越两位天下枭雄，都死于吕后之手。由此可见，这位政坛铁娘子手段是何等厉害。当刘邦宠幸戚夫人，准备更立太子时，戚夫人不仅成为吕后的情敌，同时也是政敌。为了彻底击败情敌，吕后请出张良，张良献计，令名满天下的"商山四皓"四位长者辅佐太子刘盈。

刘邦更换太子的计划最终失败，他无奈地对戚夫人说："我想换掉太子，可是现在有四位贤者辅佐他，如今羽翼已丰，无法撼动了。看来，吕后真的要成为你的主人。"戚夫人听了大哭，刘邦不禁潸然叹道："你为我跳个楚国舞吧，我为你唱楚歌。"说罢，刘邦高歌一曲。戚夫人岂能不知，她已经与吕后结下深仇大恨，以后会有怎么样的命运在等着自己呢？她不敢想，只是唏嘘流泪。刘邦不敢正视，不再喝酒了，起身离去。

刘邦深知吕后为人心狠手辣，担心自己死后，戚夫人母子会遭到她的毒手，便派忠正耿直的大臣周昌到赵国，担任赵王如意的国相。即便这样，戚夫人母子的悲惨下场，仍是刘邦想象不到的。

汉高祖死后，太子刘盈继位，是为汉惠帝。国家大权实则掌握在吕后手中，吕后开始疯狂的报复，其手段之残忍，前无古人，后无来者。

戚夫人，这位刘邦生前最宠爱的女人，在保护伞倒掉后，已经像断线的风筝，像一片轻盈的落叶，无所依靠了。她此前的荣华富贵烟消云散，就像一场游戏一场梦，当梦醒时，发现一切皆空。她是情场上的胜者，却是政坛上的弱者，等待她的，是令人发指的折磨与苦难。

吕后并不急着杀死对手，她要玩一场尽兴的游戏，将数十年来的怨气全部倾泻在那个可怜女人的身上。她下令剪掉戚夫人美丽的长发，剃成光头，戴上刑具，穿上囚衣，当作奴隶，让她捣米干活。吕后要让她备尝苦楚，先从精神上折磨，摧毁她的心理防线，最后再让她受尽肉体上的痛苦。

要彻底击垮戚夫人的心理，就要夺走她最心爱的儿子。吕后召年仅十二岁的赵王如意回长安，这个命令遭到赵国宰相周昌的顽强抵制。可周昌并没有能力拯救赵王如意，气急败坏的吕后索性先征召周昌回长安城，周昌不得不从命。周昌一走，赵王如意孤立无援，他不敢违抗吕后的命令，动身前往长安。

与母亲不同的是，惠帝刘盈仍然念着手足之情，处处保护着赵王如意，使他免遭毒手。可是防不胜防，吕后终于找到一个下手的机会，逼迫赵王如意喝下毒酒，等惠帝刘盈返回时，自己的异母弟弟已经七窍流血，毒发身亡了。

赵王如意之死，让戚夫人精神崩溃。吕后是复仇大师，她愉快地享受着这一过程，她要玩一场猫吃老鼠的游戏，先把老鼠折腾够了，最后才一口咬死。看到情敌在精神战中一败涂地，她那嗜血的心灵得到极大的满足。你从我身边夺走的，我要让你加倍地偿还！精神的折磨已经让戚夫人生不如死。可是，吕后还要让这个可怜的女人知道什么才叫真正的生不如死。

戚夫人那双曾经让皇帝神魂颠倒的玉手与玉腿，被活生生地砍掉，再也跳不出优雅的舞姿；曾经脉脉含情的双眼被活生生地挖掉，只剩下两个血窟窿；耳朵被凿聋，然后被灌下哑药，发不出清甜的声音。吕后还要继续羞辱她的身体，把这个被切割得惨不忍睹的肉体扔到厕所里，并起了个名字"人彘"，就是人猪的意思。

这样折磨情敌，吕后意犹未尽，她甚至叫皇帝前来欣赏她的杰作。出乎她意料的是，儿子并不像她这样冷酷无情。惠帝刘盈看到一个断手断足眼珠也被挖掉的怪胎时，不禁毛骨悚然，当他得知此人竟然是戚夫人，他再也无法掩饰自己内心的脆弱，失声痛哭。

从天堂到地狱，这就是戚夫人真实而悲惨的写照，她在受尽苦楚后含恨死去。可是吕后并不全然是胜利者，她的儿子刘盈在目睹戚夫人之惨状后，大病一场，从此看破政治的残忍与黑暗，选择自我毁灭的道路，纵情声色，在酒与女人中一点一滴地毁灭自己的生命。公元前188年，汉惠帝刘盈终于耗光生命的油灯，这时他才二十三岁。

吕后对戚夫人母子的疯狂报复，却使她早早失去爱子，她是胜者，还是败者呢？

汉惠帝当了七年皇帝，实际上他不理政务，吕后是实际的执政者。惠帝死后，吕后立了一个傀儡皇帝，成了太皇太后。在刘邦死后的十五年（前195—前180），吕后临朝听政，开启了"吕后时代"。

作为统治者的吕后，既是残忍的，也是能干的。大汉帝国这艘超级巨舰仍然平稳地航行，这既得益于吕后的领导力，也得益于刘邦时代所留下来的大批精英人才。刘邦去世前，吕后曾请示他说："您百岁之后，萧何要是去世，谁能接替他呢？"刘邦回答道："曹参可以。"吕后再问："曹参之后呢？"刘邦又答道："王陵可以。不过，王陵忠厚老实，陈平则精明过人，可补他的缺点。陈平聪明有余，却不够厚重，难以独当重任。周勃厚重，虽不善言辞，不过能肩负起安定社稷的重任，可担任太尉一职。"吕后又问："周勃之后呢？"刘邦望了一眼天空，若有所思道："以后的事，就不是你我所能知的。"

刘邦对诸臣的评判，可谓恰如其分，可见他在识人用人上的高超本领。吕后虽然不如刘邦，但她能严遵刘邦的遗嘱，这是她的明智之处。

汉惠帝二年（前193），相国萧何去世，曹参出任丞相。曹参能出任丞相，除了有刘邦生前的嘱咐外，与萧何的推荐也是分不开的。

曹参是汉军的一员虎将，在秦末战争与楚汉战争中，身经百战，多次负伤，全身伤口多达七十余处。他与萧何年轻时就是好朋友，刘邦封赏大臣时，把萧何的功劳列在第一位，曹参排在萧何之后，曹参非常不服气，两人关系急转直下。可是曹参没有想到，萧何并没有因此贬低他。当萧何病危时，汉惠帝前来探望，问说："相国百岁之后，谁能接替您的位置呢？"萧何并不直接回答，只是说："知臣未如君。"汉惠帝便道："曹参如何？"萧何从床上爬起来，顿首道："陛下英明，臣死而无憾。"同时，吕后也记得刘邦临终遗嘱，萧何死后，可由曹参继任。由是，曹参开始了他无为而治的宰相生涯。

俗话说，新官上任三把火。曹参当宰相后，却没有什么大动作，什么事都跟萧何在世时一样。汉惠帝有点怪罪，责备他无所作为，有负朝廷重望。曹参并没有惊慌失措，反从容不迫地问："陛下与高祖相比如何呢？"汉惠帝拂然道："朕哪里敢望先帝之项背？"曹参又问："我与萧何相比，谁更贤明呢？"汉惠帝直言道："您好像不如萧何。"曹参道："陛下所言极是，高祖与萧何平定天下，制定法令，如今陛下垂拱而治，我谨遵萧何制定的法令，避免有过失，这样做不就行了吗？"

这就是"萧规曹随"的来历，实际上也是无为而治的黄老之术。曹参的做法，就是要各项制度平稳地执行，避免频频更换政令，以扰天下。

吕后对曹参的做法是赞赏的。曹参死后，吕后又依刘邦的遗嘱，任命王陵为右丞相，陈平为左丞相，周勃出任太尉。从某种程度上说，吕后也是在实施一种无为政治。吕后时代是一个和平的时代。刘邦生前南征北战，称帝之后仍以谋略或武力削平诸王。经历多年战争后，帝国的首要任务是让天下黎民得以休养生息。这一点，吕后基本做到了。这个时代，对于百姓来说，算是个好时代。后来，司马迁高度评价吕后的功劳："高后女主称制，政不出房户，天下晏然。刑罚罕用，罪人是希。民务稼穑，衣食滋殖。"

尽管社会太平，经济发展，政坛却是永远不能平静。

汉惠帝之死，对吕后是一大打击，她只有这么一个儿子。她临朝听政，独揽大权，可是她没有继承人。当然，刘邦还有其他的儿子，但都不是吕后所生。吕后忌妒心特别强，对于刘邦曾宠幸的女人以及她们的儿子，有一种油然而生的敌意。谁靠得住呢？吕后想到自己的家族，与其让刘氏子孙来得到天下，不如让吕家来坐取天下。

吕氏外戚集团开始以火箭般的速度蹿起。

临朝称制后，吕后任命外戚吕台、吕产出任南军与北军的指挥官。南、北两军是护卫皇室的主要军事力量，南军职责为守卫宫廷，北军职责为守卫京城，这是两支王牌军，重要性可见一斑。这是外戚集团崛起的开始。

公元前187年，吕后打算进一步扩张外戚集团的势力，分封吕姓子弟为王，然而这个做法，有违汉高祖刘邦的遗令。刘邦在扫灭诸王后，曾经与诸大臣刑白马作誓："非刘氏而王，天下共击之。"如今刘邦手下的一班大臣多数还健在，吕后不得不小心翼翼地征求右丞相王陵的意见。忠厚老实的王陵原则性强，断然拒绝吕后的提议，反驳道："吕氏封王，违背当年先帝与诸臣的约定。"

吕后听后非常不高兴，转而征求左丞相陈平、太尉周勃的意见。陈平与周勃两人深知吕后为人阴险毒辣，若公然反对，不仅他们自身难保，也难以保全刘氏皇族的命运。两人权衡利弊后，决定以退为进，保全实力，便虚与委蛇，曲意奉承道："高祖平定天下，分封刘氏子弟；如今太后称制，分封吕氏子弟，有何不可？"

陈平与周勃的表态令吕后喜出望外，王陵却埋怨二人拍马屁。陈平对王陵说："要说在朝廷上抗争，我们不如您，可是说到安定社稷、保全刘氏皇族，您就不如我们。"王陵无话可说。很快，直言不讳的王陵被架空，吕后给了他一个太傅的虚职，剥夺宰相的实权，由陈平接任右丞相。

吕后开始分封吕氏诸王。她先封吕台为吕王，吕台死后，又分封吕产为梁王，吕禄为赵王，吕通为燕王。吕氏其他子弟鸡犬升天，外戚势力气焰嚣张，大有盖过刘氏皇族之势。

陈平忧心忡忡，担心时局的发展会超出自己的控制范围。他与周勃当时委曲求全，保存实力，可是两人的关系并不十分密切，陈平油然而生一种无力感。在这个关键时候，陆贾成为陈平与周勃间的一条纽带，终于将两人绑在一艘船上。陆贾对陈平说："天下安，注重相；天下危，注重将。将相和睦，则士人自会归附，万一天下有变，相权与将权要相互策应。如今社稷大权，在您和太尉两人手中，您何不与太尉交结更深的友情呢？"这些话令陈平顿悟，主动给周勃送上黄金、美酒，周勃也以礼相赠。这出"将相和"使两人团结一致，为最终粉碎诸吕集团打下基础。

公元前180年，吕后终于走到人生的终点。临死前，她让赵王吕禄担任上将军，统辖北军，梁王吕产统辖南军，并嘱咐说："吕氏封王，大臣们都不服气。我快死了，皇帝年幼，大臣们恐怕会作乱，你们一定要控制军队，守卫皇宫。不要为我送葬，以免被政敌有机可乘。"弥留之际，吕后布下最后一颗棋子，任命吕产为相国。

吕后死后，吕氏外戚集团与刘氏皇室集团的矛盾急剧尖锐化。在皇室集团中，齐王刘襄率先起兵，发布檄文，声讨吕氏家族的罪行，号召天下群起而伐之。相国吕产派大将灌婴率部出关中，平定齐王刘襄的叛乱。灌婴是开国大将，对吕产的命令阳奉阴违，他察觉到吕氏家族已经加快夺权的步伐，自己倘若稍有不慎，便可能引火上身，成为帝国的罪人。灌婴进抵荥阳后，便按兵不动，暗地里与齐王刘襄等取得联系，达成一致意见：倘若吕氏集团有政变的苗头，他将联合齐国军队反攻。

吕禄、吕产心里明白，两大政治集团积怨颇深，已经势不两立，如果不及早发动政变，便会被刘氏集团抢得先机。可是投鼠忌器，吕禄与吕产举棋不定，内则顾忌太尉周勃，外则顾忌齐、楚等刘氏封国，又担心拥兵在外的灌婴叛变。

还有一个人心急如焚，他便是太尉周勃。太尉是全国最高军事长官，可是在京城，南军与北军全部掌握在吕禄、吕产手中，万一两人发动军事政变，怎么办呢？关键时刻，周勃想起一位老臣郦商。郦商有个儿子叫郦寄，与吕禄是好朋友。周勃打算拉拢郦寄，以郦寄为突破口，寻找吕氏集团的致命弱点。

郦寄选择站在老臣们这边，捍卫刘氏政权。他跑去对吕禄说："齐国之所以起兵，是因为有所猜疑。您想想，您受封赵王，却没有前往赵国，而是留在京城担任上将军，拥有重兵，这不使人怀疑您别有用心吗？如果您把兵权交给太尉周勃，齐国想要出兵也没有借口，大臣们也可以安心，而您作为相国与赵王，不是可以高枕无忧吗？"

吕禄觉得妥协也不失为一个办法，又想起吕后在临终前嘱咐他不可丢失兵权，犹豫不决，迟迟不肯交出兵权。

就在此时，吕产意外地得到密报：灌婴与齐国、楚国已经达成协议，准备联合进攻京城，诛杀吕氏集团。吕产大惊失色，火速进宫，打算会同吕禄紧急发动政变。可是吕产没有想到，在他身边有太尉周勃的眼线，周勃与陈平很快就知道了吕产的阴谋。吕禄还没有把北军的兵权交出来，周勃手上没有军队，怎么办？

形势异常紧张，火烧眉毛，周勃必须当机立断。这位开国名将身经百战，具有惊人的意志力与决断力。如今只能铤而走险，孤注一掷。生存还是毁灭？一半靠人为，一半靠天意吧。

周勃火速赶往北军兵营，他持皇帝符节，假传圣旨，要求接管北军。吕禄还不知晓吕产得到的密报，他对周勃前来接管北军大吃一惊。这时，郦寄在一旁说："皇上已经派周勃来接管军队，你最好交出将印，否则大祸临头。"吕禄一直视郦寄是好朋友，是知己，岂知中了郦寄之计。他信以为真，便将上将军的将印交给周勃，匆匆离去。

这个夺取兵权的冒险计划侥幸成功。得到将印后的周勃，大大松了一口气。他马上召集军队，发令全军："为吕氏者右袒，为刘氏者左袒。"这是要求士兵们效忠。士兵们估计也不在乎什么吕氏还是刘氏，关键看头儿的态度。既然周勃要为刘氏集团拼命，士兵们也争先恐后露出左臂，以示效忠。这样，周勃凭借自己的机敏与果敢，控制了北军这一重要的军事力量。

吕产并不知道北军已落入周勃之手，他率一支卫队赶到皇宫，准备发动政变。可是他晚了一步，周勃已经抢先派军队入驻皇宫，实施戒严。吕产的军队与周勃的军队在皇宫外展开激战，在交战中，吕产被北军所杀。吕产被杀，吕禄失去兵权，吕氏集团在一天之内，从极盛走向毁灭。周勃派出军队，大肆抓捕吕氏家族成员，无论男女老幼，全部诛杀，寸草不留。

吕后没有想到，她尸骨未寒，其精心构建的吕氏王朝，就这样灰飞烟灭了。

八 / 仁政的春天：文景之治

周勃诛杀诸吕，再造汉室。现在有一件事情摆在面前了：谁来当皇帝呢？

在吕后称制的八年时间里，前后有两个汉朝皇帝（前少帝、后少帝），都是冒牌货。原来汉惠帝早夭后，并没有留下儿子，可是吕后又不甘心把皇位让给刘邦其他的儿子，于是便收罗一批民间的男孩儿，把他们的母亲杀掉，偷偷送入宫中，诈称是惠帝的儿子。吕后执政期间的两个汉朝傀儡皇帝，其实只是冒牌货，非刘氏皇族血统。平定吕氏集团后，文武大臣面临的第一件事，就是要从刘邦的子孙中，挑选一位德才兼备者，来继承大统。经过慎重选择，大家一致认为，刘邦的儿子、代王刘恒仁孝宽厚，是皇帝的最佳人选。

刘恒就这样阴差阳错同时又是幸运地成为帝国的皇帝，是为汉文帝。

对于飞来的帝位，刘恒起初并没有感到幸运，反倒忧心忡忡。因为他久居代国，在京城里根基不深，特别是京城里的这些官，个个都是在残酷的战场中杀出来的武将谋臣，心机难测，自己会不会是羊入虎口呢？刘恒征求他的亲信张武、宋昌的看法。

张武认为，这些大臣以迎立为名，恐怕有诈，况且现在屠杀诸吕，京城一片腥风血雨，他建议代王刘恒以生病为由，拒绝前往。宋昌则认为诸吕的迅速覆灭，证明刘氏的影响力深入人心，况且代王刘恒是汉高祖儿子中年龄最长的，且又以仁孝著称，理所当然是皇帝的最佳人选。

刘恒仍然小心翼翼，他动身前往长安城，并派宋昌先入城内，打探虚实。宋昌至渭水桥时，丞相陈平、太尉周勃等大大小小官员全部亲自出城迎接。代王刘恒这才稍稍安心，放心前行。行至渭水桥，诸大臣纷纷拜谒新皇帝。

太尉周勃是平定诸吕的英雄，他可能想显示一下威风吧，上前说："我想单独向皇帝禀报。"宋昌喝道："如果是公事，请您直说。如果是私事，对不起，王者不受理私事。"周勃碰了一鼻子灰，只好跪拜呈献上天子玺符。刘恒接过皇帝玉玺，此时他终于确信，自己果真成为天子了。

汉文帝的上台，周勃是第一功臣。丞相陈平很知趣，他向新皇帝说："高祖在世时，周勃的功劳不及我；诛杀诸吕，我的功劳不及周勃。因此我打算把右丞相让给周勃。"汉初尚右，右丞相官职比左丞相大。陈平对这位新皇帝的底细也不十分清楚，他选择了谨慎，把功劳推给周勃，表面上是谦让，实际上是明哲保身。

周勃成为右丞相，陈平屈居左丞相，大将军灌婴升任太尉。

在汉初开国勋臣中，周勃并非出类拔萃。当初韩信被降为淮阴侯时，他看不起周勃，为自己与之同列而深感耻辱。像彭越、英布、萧何、张良、曹参、陈平等人的功勋也都在周勃之上，现在这些谋臣勇将多已去世，周勃的身价自然水涨船高，况且诛杀诸吕、再造汉室，这是何等伟大的功勋。周勃自己也有点飘飘然，找不到北了。他自矜其功，本想在迎接皇帝时，有一次可以单独接见的机会，不料碰了颗软钉子。但很快他就把不愉快抛之脑后，因为他现在成为帝国的首席宰相了，一人之下，万人之上。

汉文帝表面上宽厚仁孝，像是忠厚长者，其实他颇谙统御之术，绵里藏针。他深知自己虽然得到大臣们的拥护而成为皇帝，但以周勃为代表的这些大臣实则居功自傲，他得不露声色地刺痛周勃一下，让这位帝国丞相出出丑。

有一回，汉文帝故作不经意地问周勃说："全国一年判决案件有多少起？"周勃一直以来都是干武将的活，对刑狱之事哪懂呢？他听了怔了一下，不知所措，只得向皇帝谢罪说："这个臣不知。"汉文帝脸色微微一变，又问道："那么国库一年钱与谷物的出入是多少呢？"周勃惶恐不安，再次谢罪道："臣不知。"一边说一边汗流浃背。

汉文帝转头问陈平同样的问题，陈平不慌不忙地答道："这些事，都有专门负责的人。陛下如果要问断案的事情，可以询问廷尉；要问钱谷的事情，可以询问治粟内史。"汉文帝满意地点点头，继续问："这些事都有相关的负责人，那你又负责什么事呢？"陈平从容不迫地回答："宰相的职责，上则辅佐天子，下则理顺万物，外则镇抚四夷诸侯，内则亲附百姓，使卿大夫各自可胜任其职。"

听了陈平的一席话，汉文帝拍手称好。这下子周勃更加狼狈不堪了。出了宫廷后，周勃迁怒陈平道："你平常怎么不教我这些应对的话呢？"陈平哈哈笑道："您身为宰相，却不知道职责所在吗？要是陛下问你长安城内有多少盗贼，难道您也要勉为其难地回答吗？"这下子周勃明白了，看来自己的政治才能，比起陈平来，要差得远了。

周勃的一些亲信也告诫他，皇帝是醉翁之意不在酒，虽然他有威震天下之功，但功高震主，什么下场有前车之鉴。周勃越听越害怕，便以生病为由，主动交出相印。汉文帝只问了区区两句话，就令大权在握的周勃乖乖让出了相印，可以说深得统御术之精髓了。

汉文帝是中国历史上最著名的明君之一。他崇尚文治，作为皇帝，他有相当人性化的一面，这也使他的政治措施中，充满人性的光辉。在冷漠的专制社会，文帝时代隐约浮现出一丝温情。在他身上，可以看到历史进步的轨迹，但是我们又发现，历史并不是一直在进步，他的很多开拓性的仁政措施，在后世又难觅踪影了。

公元前179年，是文帝元年。

这一年，他废除了连坐法。根据秦法，一人有罪，并坐其室家。汉初的律令沿用这条秦国法律，汉文帝一上台，便下诏令，废除此令，他认为："法者，治之正也。"并对司法官员说："如今犯法的人已经治罪，却还要牵连他们的父母、妻子、儿女，判刑或收为奴婢。我认为这种做法很不可取。"司法官员回答说："法令是为杜绝人们做坏事，连坐法是为了约束犯罪，使他们心有牵挂。这种做法沿袭已久，还是不要改变的好。"汉文帝语重心长地说："我听说法律公正则民众忠厚，量刑适当则百姓心服。官吏的责任是管理民众并引导他们向善。如果既不能引导百姓向善，又要以不公正的法律来惩戒，岂不是害了他们，又迫使他们暴力抗争。如此一来，怎么杜绝犯罪行为呢？"

汉文帝力排众议，废除连坐法，确可见其非凡的人道主义胸襟。

仁政一直贯穿于汉文帝的政治生涯，从上台开始，直到他去世。在中国两千年的专制时代，汉文帝在历代帝王中，其道德修养及其宽厚的政治主张是罕见的。这当然也得力于时代的因素，经历汉数十年激烈的政治动荡，国家开始走入正轨，社会秩序晏然，这也给汉文帝施展仁政创造了空间。

文帝二年（前178），他又废除了诽谤罪与妖言罪。汉文帝以古代贤王为榜样，认为法律中设诽谤罪、妖言罪，只能使官员们不敢斗胆直言，这就会使上级只听到拍马屁的话，却不能发现自己的过失。官吏们在执法过程中，也会滥用这种权力，致使百姓蒙冤，人人自危。汉文帝不以言罪人，从某种程度上说，极大消除了百姓祸从口出的恐惧感。

作为一个帝国专制者，他的法制思想不可避免有双重标准。我们可以从一个事例来看。

有一回，汉文帝出行，到了渭水桥时，皇帝的御车在桥上行驶，桥底下没有戒严，有一个家伙在桥下走，被卫兵发现了，以为是刺客，卫队出现一些慌乱，导致汉文帝御车上的马匹受惊乱跑，把车上的汉文帝吓出一身冷汗。他非常生气，派卫兵马上把桥下这个倒霉的家伙抓起来，移交廷尉处置。

廷尉张释之，是个忠正耿直的人，他认为这个行人只是无意之失，按照法律，处以罚款的判决。这下子可把汉文帝气坏了，惊吓皇帝的坐骑，万一出现意外，那可是谋杀罪行，怎么张释之就判得这么轻呢？汉文帝怒气冲冲地找来张释之，责备他说："这个人惊着了我的马，幸好这匹马性情柔和，要是换成其他马匹，我早就受伤了。廷尉你倒是轻松，判罚款了事。"

张释之并不慌乱，他不疾不徐地回答说："法律是天下所共同遵守的，明明法律条文这样规定，现在却要因为个人原因加重判罚，这将使法律不能取信于民众。如果事发时，陛下派人直截了当地杀了他，那我也没话说，不过现在这事已经交由廷尉来审理。廷尉，乃是国家的一台天平，天平一旦有所倾斜，国家法律尺度的宽松就没有准则，如此一来，老百姓岂不是手足无措了。希望陛下详察。"

汉文帝沉思良久，最后抬起头来说："廷尉你做得对。"

纵观中国历史，皇帝的意志，是凌驾于法律之上的，拥有至高无上的权力，这是制度使然。法律能否得到公正的执行，关键看统治者的个人修为与自我约束力。

汉文帝基本也是"萧规曹随"，在国家基本政策上并没有发生很大的变化。不过，在法制的改革上力度比较大，这也成为汉代政治最为修明的一段时期。

到了公元前167年，汉文帝又废除一项苛法：肉刑。肉刑是一种惨无人道的刑罚，在中国历史上早已有之，而且历代一直沿用。在汉之前，肉刑种类很多，包括黥刑（在犯人脸上刺字）、劓刑（割鼻子）、断脚、断趾等。

这项人道主义改革的背后，有一个动人的故事。在封国齐国有一名官员，名淳于意，他有一回犯了法，被判处肉刑，押解到长安城。突如其来的横祸，令家庭陷入灾难之中，淳于意没有儿子，只有五个女儿，他不禁叹道："遇到急事，这些女儿都不中用了。"他的小女儿名叫缇萦，听到父亲这么说，伤心得落泪了。她暗下决心，一定要拯救父亲，便陪同父亲，从齐国到了长安城。

虽然年纪轻轻，但缇萦很勇敢。为了拯救父亲，她毅然给汉文帝写了一封信。幸好缇萦生活在一个好时代，汉文帝时代言路畅通，使她的这封信有机会交到皇帝手中。在信中，她这样写道："臣妾的父亲在齐国为吏，当地人都称赞他公正廉洁，但是由于受到牵连，被判肉刑。人死了就不能复生，肉体遭到断肢就无法复原，即便日后想要改过自新也没有机会了。臣妾愿意为父亲赎罪，入官府为奴为婢，没有怨言。"

汉文帝一直提倡"以孝治天下"，见到缇萦的上书后，为这个小女子的勇敢精神所感动，便下达一份诏令："民众犯有过失，还没来得及教化，刑罚就加于身了，就算想改过自新也没机会。朕深感怜悯。断人肢体或刻字于肌肤，一辈子也改变不了，这种刑罚多么残忍与不人道。朕作为民之父母，怎么能做这样的事呢？特下诏废除肉刑，用其他刑罚替代。"司法机构经过反复讨论，最后在法律条文上做出重大修改：被判髡刑者，改判劳动改造，派去筑城、舂米；被判黥刑者，改判戴枷具劳动改造，同样去筑城、舂米；劓刑者改判为笞三百；斩趾者改判笞五百。

废除肉刑是中国法制史上的一大进步，不过也存在一些问题。比如说，能在鞭笞五百之下生存下来的囚犯，少之又少。本来汉文帝的本意是减轻刑罚，却导致本不该判处死刑的人，在鞭笞之下送了性命。到了汉文帝去世后，汉景帝继位时，下一道诏令，将笞五百改为笞三百，笞三百改为笞二百。

汉文帝致力于无为而治。无为而治，并不是什么事也不做，而是尽可能少变更政策法令，不搞大规模运动，节省民力，减少政府的扰民行为。其中最重要的措施，就是轻徭役、薄赋税，这就要求政府要节省开支，特别是皇室要以身作则。

在俭朴节约上，汉文帝的表现足以令人称道。从他继位到去世，在位时间长达二十三年。这段时间里，皇家宫殿、花苑以及专用的马匹车辆及宫中所用的服饰，全部没有新增数量。他的节俭，在历代皇帝中可以说是独一无二的。有一回，他想在宫中新建一座露台，便招来工匠，做了工程预算，大约需要一百金。

他心里盘算一下，觉得太贵了，便说道："这笔钱相当于十户中等人家的家产。我继承了先帝留下来的宫殿，时常害怕自己德行不够，令先帝蒙羞，看来没必要再修建露台了。"

还有很多事例可以证明文帝的朴素。他身为皇帝，也不穿着上品衣料，他最宠幸的慎夫人，裙子不拖地。我们在古代的绘画中，可以看到古代女子服饰多是裙子很长，拖在地板上，这是古代的时尚，但汉文帝不许自己的妃子裙子拖地，罗帐也不准绣花纹，简简单单的。倒不是说汉文帝真的节俭到这种程度，而是要以此来为天下做一个榜样，皇帝尚俭，臣下应该不敢过分奢华吧！

中国一直有厚葬的传统，帝王更是如此，历史上保留下来的皇陵大多规模浩大，在这些大型地宫的背后，是劳民伤财与奢侈浪费。在诸多的帝陵中，汉文帝的霸陵格外朴实，没有高大的墓冢，没有金银铜铁作为陪葬品，只有一些廉价的瓦器。无论生前还是死后，汉文帝在俭朴上，一以贯之。

汉文帝的时代，对普通老百姓来说，是一个好的时代。如果说汉高祖刘邦的事业是强兵，那么汉文帝的事业就是富民。民富则国富，汉文帝的德治开创了一个令人怀念的时代，其历史影响是深远的。他多次诏免农民一半田租，以鼓励农桑，刺激经济生产。汉文帝十三年（前167），更是下诏免除田租。对广大农民来说，这是做梦都不敢想的事情。

汉文帝去世后，他的儿子刘启继位，是为汉景帝。

汉景帝刘启无论在人格修养上还是政治才干上，都不及汉文帝，不过他仍然在很大程度上继承了父亲遗留下来的仁政传统，使得西汉的黄金时代得到延续，后世把文帝、景帝的时代称为"文景之治"，成为两千年专制时代中最具人性化色彩的时代。

肉刑被汉文帝废除后，罪行较重者改为笞刑。前文说过，这种刑法仍然存在问题，就是刑罚过重，经常导致受刑者丧命。汉景帝在公元前156年与前144年，先后两次降低刑罚的标准，笞五百最后降低到笞二百，笞三百则降为笞一百。即使如此，也存在一个问题，就是笞刑所用刑具标准不同，也会对犯人身体损坏造成不同的后果。如果只降低笞刑的次数，而没有统一刑具，仍然可能存在滥用权力的现象。因此，汉景帝又下令将刑具标准化，有一个细节也可以说明其人性化的考虑，由于刑具是用竹片制成，竹片上有突出的节，必须一律削平。另一个人性化的措施，是受刑者的受刑部位，一律在臀部，不得笞背，执刑过程中，不得中途换人，因为施刑者也有体力消耗，如果中途换人，那么囚犯的苦楚当然要增加了。

从这些法律条文的细节处，可以看出汉景帝还是继承了父亲宽厚、人性化的传统。

文帝、景帝在位时间约四十年，政治上的清明与经济上的发展，不仅使百姓生活水平大大提高，也使得朝廷府库充盈。文帝与景帝都没有彪炳的武功，然而汉武帝时代的赫赫武功，并非无源之水。数十年的积累，使国家富强、社会稳定、经济繁荣，故而汉代之强盛，并不是始于武帝，而是奠基于文景之治。

九 / 来自北方的狼

大汉帝国兴起的同时，匈奴在北方辽阔的草原上刮起一股旋风，成为中原政权之劲敌。

匈奴的辉煌，始于传奇英雄冒顿。冒顿之前，北方草原有三大势力，除匈奴外，还有东胡、月氏。冒顿本是匈奴太子，当他发现父亲头曼单于有意废黜自己时，便秘密建立一支只效命于自己的铁血兵团。凭借这支武装，他发动政变，弑父夺权。冒顿野心勃勃，不仅要成为匈奴之王，还要成为北方之王。

当时东胡王实力强大，根本瞧不起冒顿。他派人前往匈奴，傲慢地向匈奴单于索要坐骑与爱妾。冒顿不露声色，全部应允。东胡王误把狮子当绵羊，以为冒顿软弱可欺，遂不再有任何戒备。不想冒顿只是放烟雾弹迷惑敌人，暗地里动员倾国之兵，凡可以作战的男子，全部出征，落后者斩。仅仅一战，冒顿便迅雷般灭掉劲敌东胡，震动天下。

冒顿一战成名，这只是开始。他挟胜利之威，杀入月氏，如恶狼撕咬猎物，兵锋所至，所向无敌。几乎一夜之间，北方草原的权力版图被改写，匈奴、东胡、月氏三强并立的局面，变成匈奴一枝独秀。北方民族，都在匈奴的铁蹄声中深感震撼与恐慌。冒顿成为高高在上的北方之王，此刻的匈奴，其土地之广袤，几乎可以与汉帝国相媲美。

刘邦曾以为，西楚霸王项羽死后，天下再没有可以匹敌的对手。可是他错了，北方之狼已经悄悄把爪子伸向中原。

汉高祖六年（前201），匈奴铁骑越过边界，悍然进攻汉帝国边境。韩王信叛降，汉帝国北门洞开，冒顿大举南下，越过句注山，围攻太原，进逼晋阳。匈奴骑兵狂飙突进，刘邦坐卧不安，御驾亲征。天下最强大的两支军队相遇，谁将成为胜者呢？

身经百战的汉军名不虚传，大将周勃、夏侯婴、灌婴各率一军，对晋阳展开猛攻，击退匈奴骑兵。灌婴指挥燕、赵、齐、梁、楚等封国的车骑部队，穷追猛打。胜利在望时，严寒迟滞了汉军的进攻，因冻伤而失去战斗力的士兵超过三成。

是继续挺进，还是等待来年春暖后再战呢？刘邦迟疑不决。

一份情报让刘邦下定继续进攻的决心。汉军侦知冒顿的大本营设在代谷，若能突袭代谷，俘虏冒顿，便可一劳永逸解决北方边患。刘邦老成持重，连续派遣十批间谍潜入代谷附近侦察敌情。冒顿将计就计，把精锐部队隐蔽起来，置老弱病残于军中。十批间谍得出相同的判断：代谷守备薄弱，不堪一击。

为慎重起见，刘邦派精明能干的娄敬潜入代谷，做最后一次侦察。娄敬侦察缜密，断定代谷是个大陷阱。他迅速南返，打算制止刘邦进攻代谷。行至半途，他吃惊地发现，汉军已经倾巢而出了。刘邦等不及了，没等娄敬返回，就下令兵分两路：由周勃、樊哙率领一路人马，进击硰石以北，寻歼被击溃的匈奴残军；自己统领夏侯婴与灌婴的部队，即刻北进，直扑代谷。

娄敬紧急求见刘邦，认为冒顿乃是故意示弱，诱使汉军进攻代谷。他分析说，冒顿继位以来，灭东胡，破月氏，南下吞并楼烦与白羊，占领河南之地，围马邑，降韩王，威震天下。如今大举南下，定会耀其兵威，壮其声势，可代谷却只有老弱残兵，有悖常理，可见其中有诈。

刘邦以军队已经出发，无故回师会影响士气为由，坚持进攻代谷。娄敬拼命阻止，刘邦大怒，咆哮道："你这死贼有何本事，不过靠着一张利嘴，才混得个官职，居然敢妖言惑众，扰动军心，该当何罪？"下令把娄敬抓起来，投入监狱。

汉军长驱直入，进抵距离代谷很近的平城。在平城附近，有一座山，名为白登山。刘邦做梦也想不到，这里差点成为他的葬身之地。

娄敬所言不差，冒顿早就布下天罗地网，只等刘邦钻进来。当刘邦陈兵于白登山，匈奴骑兵如潮水般涌来，号称四十万之众。这个数字有些可疑，多半是虚张声势。俯视白登山脚万马奔腾的壮观场面，刘邦意识到中了冒顿的圈套，后悔莫及。

双方在白登山对峙七天七夜，匈奴人无法突破汉军的防御，汉军也未能打破包围圈。形势对刘邦非常不利，一是严寒的天气，使士兵的伤亡不断增加；二是如果不尽快突围，军队很快就会陷入缺粮的窘境。怎么办呢？刘邦心急如焚。

正在刘邦进退两难之际,素有"智囊"之称的陈平想出一条计谋。计谋的重点,是利诱收买冒顿单于的夫人(匈奴人称为阏氏)。入夜时分,一名说客偷偷地溜进匈奴的兵营,设法进入阏氏的帐篷。阏氏大吃一惊,来人立马跪下磕头,自称是大汉皇帝派来的使臣,特来献礼。说罢,他打开礼盒,呈献在阏氏面前,盒内尽是珠宝玉器黄金饰物。女人皆爱美,阏氏又怎能例外?

　　来使对阏氏说道:"大汉皇帝被单于围困,愿与单于罢兵修好,天子愿意将国内最美的女人,献于单于。"说罢,从怀中取出一帛画卷,将卷轴展开,上面绘着一位美艳欲滴的女子。这就是陈平想出的诡计:作为妻子哪容自己丈夫有其他女人呢,阏氏心头醋意大发。为了阻止这种事的发生,阏氏前往见冒顿说:"汉匈两国君主不应该兵戎相见,单于即便得到汉地,也不适合我们游牧民族居住,况且听说汉朝皇帝有神灵相助,单于应该好好考虑一下。"

　　冒顿真的在考虑从白登山撤围。后世的历史学者多数夸大陈平所谓"奇谋"的作用,但冒顿的性格冷傲无情,绝不是那种可以被女人一席话而改变决心的人。怎么可能因为阏氏的几句话,就放过刘邦呢?他放弃围歼刘邦的真正原因是什么呢?

　　翻阅史书,可以找到真实的原因是:周勃所统领的汉军已经抵达平城。当时周勃正在另一战场追击匈奴骑兵,他得知汉高祖被围的消息,火速率部前往救援,前锋已抵冒顿的包围圈。周勃若与刘邦会师,汉军总兵力三十二万人,虽略逊于匈奴的四十万人,然而一旦战事陷入僵局,汉帝国还有源源不断的兵源,而匈奴已是倾国之兵,再无战略预备队可用。即便冒顿是战争赌徒,也不敢在毫无胜算的情况下,以整个民族的命运来进行一场旷世豪赌。

　　经过慎重的考虑,冒顿决定撤去包围,放弃歼灭刘邦的计划。第八天清晨,匈奴人撤围一角。这一天正好大雾,也给刘邦的顺利逃脱提供了绝佳的机会。汉军立即从缺口撤退,刘邦第一个念头,便是要驾车狂奔。大将夏侯婴制止道:"不能逃得太快,若匈奴人看到我们方寸已乱,反而会惹祸上身。"陈平下令两边的军队拉起劲弩,箭头向外,警戒敌人可能发起的突袭。就这样,大军有条不紊地撤退,当跳出匈奴人的包围圈之后,刘邦长长地喘了一口气,如释重负。

　　白登山之战是汉匈三百年战争史的开端。双方投入兵力之多,远远超过后来的各次会战,匈奴出动四十万大军,几乎是倾国之兵,汉军投入三十二万人,总计交战兵力达七十二万人。此役堪称一代枭雄冒顿单于的军事代表作,可见其用兵诡诈多谋，久经沙场的刘邦差点阴沟里翻船。匈奴以此惊天一战跨入超级强国之列，在未来相当长的时间里，一直是汉帝国头号对手。

尽管冒顿未能擒获刘邦，但他仍然是胜利者。大汉皇帝居然使出收买阏氏这种不入流的策略，以图解围，很明显在心理上就已经是失败者了。从此以后，汉军对匈奴的军事力量有一种畏惧的心理。这种畏惧心，直接导致和亲政策的出台。

提出和亲政策的人，仍是娄敬。娄敬被投入监狱后不久，刘邦从白登山狼狈逃回。刘邦有个优点，知错能改，不失为明君。他把娄敬从监狱里释放出来，亲自道歉，并擢升为"建信侯"。娄敬因祸得福，得到刘邦的信任。

白登山之战后，冒顿继续发动进攻。匈奴军队侵入代国，代王刘喜是刘邦的哥哥，这个阿哥没有什么本事，竟然惊慌失措，落荒而逃。刘邦非常生气，把哥哥的封王撤了。匈奴人的嚣张气焰，令刘邦心烦意乱。这时，他又想起娄敬。

娄敬向刘邦分析两点：首先，汉帝国初创，天下刚刚安定，百废待兴，要休养生息，不可轻启战火。其次，匈奴是化外之人，不能用仁义感化。要怎么办呢？娄敬提出与匈奴和亲的政策。在娄敬看来，只要刘邦牺牲长女鲁元公主，下嫁给冒顿单于，与匈奴和平共处，冒顿势必会立公主为王后，以后生下的儿子，将成为匈奴的太子。这样，冒顿就成中国皇帝的女婿，匈奴的太子就是中国皇帝的外孙。试想想外孙岂能跟外祖父作对呢？这么一来，可不战而令匈奴臣服。

刘邦十分高兴，打算将鲁元公主嫁给冒顿单于。鲁元公主的生母吕后勃然大怒，她岂肯让宝贝女儿嫁到蛮荒之地？吕后绝不是一般的皇后，她有魄力有势力，刘邦不得不让她三分。由于吕后坚决不肯答应，刘邦被迫使诈，从民间挑选一名女子，假扮成鲁元公主，向匈奴提出和亲请求。

冒顿大喜，马上答应这门亲事，迎娶汉朝公主。不过，事情很快穿帮。当冒顿得知刘邦居然使用偷梁换柱的诡计时，他冷落了这位冒牌公主，如此一来，娄敬设想的以姻亲关系来束缚匈奴的设想泡了汤。

不过，从此以后，和亲政策成为汉帝国牵制少数民族的重要政策。这个政策虽有某种缺陷，但起到沟通汉帝国与其他游牧民族的桥梁作用，为民族融合做出积极的贡献，也大大减少了边境的战争。

和亲后的汉匈关系明显缓和，但边界冲突仍时有发生。雄才大略的冒顿单于是北方无可争议的霸主，高高在上，俯视四方。刘邦去世前，曾衣锦还乡，在父老乡亲面前，慨然击节作歌："大风起兮云飞扬，威加海内兮归故乡，安得猛士兮守四方！"隐隐透露出对帝国边疆的忧患之心。

刘邦去世后，冒顿单于曾写一封信调戏吕后，大意是说，吕后是寡妇，他冒顿是鳏夫，两人正好相配，不如就嫁匈奴好了。吕后读信后勃然大怒，一气之下打算大举讨伐匈奴，不过当时汉军能征善战的名将如韩信、彭越、英布等人都被铲除，而匈奴的军事力量如日中天，在群臣的极力反对下，最后只得作罢，这就是所谓的"嫚书之辱"。

汉文帝上台后，仍延续高祖时代的和亲政策，以稳定北方的边疆。冒顿单于去世，匈奴新的统治者是老上单于。汉文帝信守盟约，挑选一位王族女子，嫁给老上单于。然而和亲政策没能够羁縻住匈奴扩张的野心，老上单于比父亲冒顿单于更加狂妄，完全不把汉帝国放在眼中。

文帝十四年（前166），老上单于悍然撕毁和平盟约，亲率十四万骑兵南下，这是白登之战后匈奴最大规模的用兵。这次袭击令汉帝国损失惨重，要塞朝那、萧关失守，彭阳陷落，匈奴骑兵的前锋已经直抵甘泉，距离帝国的首都长安只有八十里。

面对匈奴的攻势，汉文帝表现出应有的冷静与从容。他在长安城外布防十万名士兵、一千辆战车，亲自巡视检阅部队，封赏有功将士，提振士气，并任命张相如为大将军，全权指挥对匈奴作战。鉴于汉军防守严密，老上单于见好就收，撤兵北去。

八年后，即文帝后元六年（前158），匈奴又一次大举入侵。六万名骑兵攻掠上郡、云中，杀掠甚众，烽火警报沿着长城的烽火台，传到长安城。

为了预防匈奴突进，威胁帝国的首都长安，汉军屯兵于细柳、灞上、棘门，指挥官分别由周亚夫、刘礼、徐厉担任。

为激励士气，汉文帝亲自巡视三兵营，犒劳全军将士。首先抵达灞上兵营，皇家车队畅行无阻，兵营指挥官听说天子驾到，立即打开辕门，将士们列队恭迎圣驾。紧接着皇帝巡视棘上兵营，情况差不多，天子的车队自由进出，没遇任何阻拦，从将军到下级军官，迎进送去，夹道欢迎。

然而，当皇家车队抵达细柳营，只见营门紧闭，肃然无声，将士全副戎装，如临大敌。皇家车队等了半天，也不见有人前来迎接。汉文帝只得派使者向兵营传话："天子有诏，速开辕门！"不想兵营守兵回敬一句："我等在此，只知有将军令，不知有天子诏。"

使者吃了闭门羹，气急败坏地回禀皇帝，汉文帝又差人通报："车上即是天子，前来劳军，速开大门。"没想到营门仍未开，守兵冲着外面喊："我等不认得天子，只认得天子的符节。"得，皇帝没脾气了，只得派人持着符节，第三度来到营门前。

守兵见到符节，不敢怠慢，打开营门，只让使者一人进入，并通报指挥官周亚夫。周亚夫见到符节，才下令打开辕门，准许皇家车队进入兵营。

皇帝在大门外等了老半天，终于可以进入细柳营了。御驾刚进入兵营，又被守兵拦下："将军有令，军营之中不得驱车奔驰。"皇帝左右的人早已气得鼻孔冒烟，这不是耍猴吗？还是汉文帝修养好，好吧，那就按辔徐行。

这时，周亚夫走出营帐迎接圣驾，他身披铠甲，腰佩利剑，威风凛凛，对汉文帝作了一揖，从容说道："身披甲胄的武士，不便跪拜，只能以军礼参见圣上，陛下勿责。"汉文帝肃然起敬，差人传达口谕："皇帝敬劳将军及诸将士！"周亚夫带领众将士答谢，恭敬地接受皇帝的检阅。

巡视结束后，当皇家车队驶出细柳营，辕门重新关闭，营内将士仍然各就各位，保持高度戒备。汉文帝不禁称赞道："这才是真正的将军。我们在灞上、棘门所看到的，简直是在玩儿戏，倘若匈奴军队突袭，只怕连主将也要成为俘虏哩。周亚夫将军治军严谨，无懈可击，即使匈奴人前来，又岂能奈何呢？"

在汉文帝看来，像周亚夫这样严于治军的将军，是完全值得信赖的，他身上充满了责任感，无论何时何地，都如临大敌，如履薄冰，有危机感才会防患于未然。

由于有周亚夫这样的将领严阵以待，匈奴人未敢深入腹地，引兵退去。周亚夫乃是开国功臣周勃的儿子，他幸运地遇到汉文帝这样的旷世明君。一个月后，他被提拔为中尉，相当于首都卫戍司令。

又过了一年，汉文帝刘恒病逝。临终前，他唤来皇太子刘启，语重心长地说："国家倘若遭遇重大变故，周亚夫是可以担当重任的。"汉文帝没有看走眼。在他死后第三年，汉帝国爆发内战，周亚夫不负重望，以霹雳雷霆般的手段，迅速扑灭七国之乱，挽救了汉帝国的中央政权。

十 / 地方诸侯的大叛乱

汉高祖刘邦搭建帝国大厦时，在地基上埋下了几颗定时炸弹。汉初实施中央集权与分封诸侯的二元政治制度，这种混杂型的制度设计被证明是不高明的。楚汉战争结束后，刘邦积极铲除异姓诸侯王，七个异姓诸侯王，被消灭了六个，只剩下长沙王吴芮。吴氏长沙国传五代后，因为第五代国君无后，最后被撤除。

刘邦不信任异姓诸侯王，却信任同姓诸侯王，毕竟是一家人嘛。铲除异姓诸侯王的同时，他大力分封同姓诸侯王。然而，天下并没有由此太平。集地方军、政、财权于一身的地方诸侯，反而成为中央政府的一大威胁。同姓又如何？在权力面前，父子尚且可以反目、兄弟成仇，这样一种以血缘为纽带的中央与地方诸侯的关系，实际的根基是很脆弱的。

在地方诸侯中，吴国最为富饶，这得益于得天独厚的自然条件。

吴王刘濞是汉高帝刘邦的侄儿，年轻时体格剽壮，英气逼人。二十岁那年（前196），英布起兵叛反，他以骑兵军官的身份，追随刘邦讨伐英布。刘濞作战勇猛，深得皇帝的赏识，战后刘邦封他为吴王，共计三郡五十三城。不过，刘邦很快就后悔了，原因说来奇怪，他觉得侄儿的面相不好，有反相，以后会造反。可是君无戏言，既然已经任命，刘邦只好告诫他说："天下同姓本为一家人，你要小心谨慎，千万不要有反叛之心。"刘濞听得一愣一愣，叩首拜道："不敢。"

吴国的豫章郡有铜山，当时汉帝国的货币政策并不严厉，刘濞便收罗许多亡命之徒，私自铸钱。同时，吴国地处东南沿海，刘濞又煮海水生产盐。在古代盐乃是暴利的商品，故而吴国的财富很快积累起来，成为最富裕的封国。

一件惨剧的发生，令刘濞对中央政府产生怨恨敌对心理。

刘濞的儿子、吴国太子进京朝见，陪皇太子刘启喝酒、玩游戏。那时两人还只是小孩子，玩着玩着就闹起来。吴太子从小养尊处优，在封国哪个人不让着他呢，所以他习惯了，一生气态度就有点傲慢。岂料吴太子选错了对象，坐在他面前的，乃是皇太子。皇太子刘启何尝被人怠慢过呢，一怒之下，拿起游戏用的台盘，往吴太子的脑袋扔过去。这一扔，扔出人命，吴太子当场被砸死。

吴太子的尸体被送回吴国，刘濞一看气炸了，怒道："天下同姓本为一家，死在长安，就葬在长安好了，何必送回吴国！"又把吴太子的尸体送回长安。这是对汉文帝抗议：你儿子打死了我儿子，你看着办吧。汉文帝无话可说，自知理亏，儿子打死人，可也不能杀人偿命，把国家储君也杀了吧。

皇帝没吭声，刘濞大怒，索性从此称病，躲在吴国，不再到京城朝见。中央政府派人前去吴国调查，查清楚了，刘濞根本没生病，身体还很硬朗哩。司法官员要求将他捉拿治罪，汉文帝没有同意，他心里明白，刘濞身体没病，可是有心病，怨恨的心结不容易解开。皇帝网开一面，不仅没将刘濞治罪，还派人送给他坐几与拐杖，并交代他说，年纪大，路途遥远，就不必来朝见了。

汉文帝刘恒与吴王刘濞是堂兄弟。当然，他这么做的原因，不全出自兄弟之谊，也是出于权谋。吴国富甲东南，坐拥地利，军事力量颇强，在封国中有影响力，且刘濞本人是个出色的将领，万一被逼急了，说不定他真会造反，倒不如示之皇恩浩荡，让他没有造反的理由。只要等刘濞去世，两家的恩怨，便会随着时间的推移而烟消云散。

由此可见，分封的诸侯国不仅没有成为中央政权的拱卫者，反而成了皇帝的一块心病。

对于地方诸侯与中央政权之间的矛盾，目光宏远的政治观察家已经看出苗头，其中最有名的有两人：贾谊与晁错。

贾谊是汉代著名的政论家与文学家，他曾上《治安策》，强调"欲天下之治，莫若众建诸侯而少其力"。其着眼点，就是把大诸侯国分割成数个小诸侯国，以弱其力，这样中央政府才能牢牢控制诸侯。

与贾谊相比，晁错更是锋芒毕露。晁错为人峭直刻深，他是太子家令，博学多才，能言善辩，深得太子刘启的信任，被称为"智囊"。他曾经多次上疏汉文帝，涉及的内容广泛，也包括削诸侯的主张。

公元前164年，汉文帝终于迈出削藩的重大一步，将齐国分割为齐、济北、菑川、胶东、胶西、济南六个小诸侯国；淮南国分割为淮南、衡山、庐江三个小国。但对于吴国，汉文帝采取谨慎的态度。他的想法，大概是想等到吴王刘濞去世后，再名正言顺地分割吴国。计划赶不上变化，刘濞还没死，汉文帝先死了。

公元前156年，太子刘启继承皇位，是为汉景帝。汉景帝器重的晁错被提拔为御史大夫，如今位高权重，更深得皇帝的信任，不遗余力地鼓吹削藩论。他的说法是"天子不尊，宗庙不安"。

汉景帝不如父亲文帝深谋远虑，且对吴国确有畏惧之心。他是杀死吴王刘濞亲生儿子的罪魁元凶，虽然事过二十年，吴王对他的怨恨心理，从没有消除。齐国被分割为六个小诸侯国后，吴国成为最大的诸侯国，地位举足轻重。晁错估摸到汉景帝与吴王之间的矛盾不可调解，便大肆鼓吹吴王必反。他对汉景帝说："吴王因为太子事件，称病不朝，开矿山铸钱，煮海水为盐，收罗天下亡命之徒，阴谋作乱。他迟早要反的，削地是反，不削地也是反；削地，他反得快，祸小；不削地，他反得迟，祸大。"

吴王是否真有谋反的想法，这个可能性是比较小的。如果汉景帝能够像汉文帝那样，宽容一点，示以恩惠，估计他很难反。吴王已经是六十多岁的老人，只要耐心地等到他去世，吴国的问题就好解决了。

在晁错的怂恿下，汉景帝迫不及待地大力削藩了。

吴王刘濞被揪出历史问题：在文帝时假装生病不朝。汉景帝要清算历史问题，削去吴国豫章、会稽两郡。这个决定，能不把刘濞逼反吗？吴国总共就三个郡，削去两个，且这两个郡一个产铜，一个产盐。朝廷突然翻历史老账，把吴国地盘削掉三分之二。要说历史老账，刘濞跟汉景帝也有一笔老账，杀子之仇要怎么算，你是皇帝，我得罪不得，我蜗居在东南，不问朝廷事，这样还不行，朝廷还要苦苦相逼，老子也是有脸有面的人，是可忍，孰不可忍呢？

被削地的不仅是吴国，楚国被削一个郡，赵国被削一个郡，胶西国被削六个县。打击面太大了，中央政府与地方诸侯的矛盾急剧扩大。

激愤之中的吴王刘濞再也咽不下这口怨气，不反不行了。光凭吴国要跟中央政府对抗，力量是不够的。刘濞率先联络胶西王，告诫他说："诸侯纷纷被削地，按理说，诸侯并无大罪，恐怕背后不是只削地这么简单。"暗示朝廷的意图乃是要铲除地方诸侯。

胶西国是汉文帝分割齐国的产物。当年齐国被一分为六，六个诸侯王中，胶西王最为骁勇,他喜欢带兵打仗,其余五个小诸侯都畏惧他。胶西王削减六城,心里正郁闷,刘濞派人前来游说造反,他爽快地答应,与吴国一同起兵,对抗中央政府。

由于胶西王在诸齐地盘中的影响力,他很快就联络齐、济北、菑川、胶东、济南五个小诸侯,密谋共同发难。不过,有两个小诸侯最终没有加入反叛的行列。一个是齐国,齐国经过反复考虑后,最后决定退出叛乱集团;另一个是济北国,其国王被大臣劫持,无法出兵。故而诸齐六国,参加叛乱的是胶西、菑川、胶东、济南四国。

另外两个参加叛乱的诸侯是楚国与赵国。这两个诸侯国都是削藩政策的受害者,楚国被削东海郡、赵国被削河间郡。这样,楚、赵、吴,加上诸齐中的四个诸侯,总计七个国家发动叛乱,史称"七国之乱"。

七国之乱,与汉景帝、晁错的削藩政策紧密相关。七个国家中,有四个国家被削去土地,另外三个国家与胶西国同属于"诸齐"系统。其他诸侯国由于没有被削地,没响应叛军。由此可见,七国之乱与汉景帝政策的不当有着必然的关系。当然,晁错作为皇帝的"智囊",负有很大责任。

吴王刘濞下达命令:"寡人今年六十二岁,亲自率军作战,小儿子十四岁,也在士兵行列。国内凡年龄上与寡人相同,下与小儿相同者,一律要出征。"从十四岁到六十二岁之间的男子,全部要应征入伍。这样,刘濞很快组建起一支多达二十万人的军队。征兵之所以能顺利进行,得益于其治下宽松的政治环境。刘濞的吴国有铜、盐之利,长期实行免征百姓赋税的惠民政策,不过,这些仁政在中央政府看来,只是他收买人心的阴谋。

吴国与楚国合兵后,发布告诸侯书,宣布晁错的罪状,以清君侧为名,与朝廷公然分裂对抗。但是此举并没有得到其他诸侯国的认同,吴楚联手后,进攻梁国,梁国不支持叛乱,引兵拒吴楚联军。刘濞宝刀不老,旗开得胜,在棘壁之战中,梁军伤亡数万人,被迫退守睢阳城。

胶西、胶东、菑川、济南四国叛军则攻打毁约的齐国,包围临淄城。赵国屯兵于西境,等待吴、楚联军前来会合,并秘密与匈奴联络,约请匈奴出兵。

面对七国突如其来的叛变,汉景帝措手不及。

其实晁错在鼓吹削藩时,就预料到这种措施必定会引起诸侯王的强烈反对。

他对诸侯的叛乱是有心理准备的，故而事变发生时很镇定。汉景帝却非常紧张，不知怎么办才好，紧急召晁错商议军事。晁错胸有成竹，建议汉景帝御驾亲征，自己留守长安。

晁错犯了一个致命的错误：他自视过高了。长期以来，汉景帝对他的信任，让他不知天高地厚。史书说他"峭直刻深"，他有一个很大的毛病，就是自以为是。政敌袁盎乘机在背后捅上一刀，密禀汉景帝："诸侯反叛的原因，在于晁错削夺其地。只要陛下杀晁错，赦免吴楚等七国，恢复其领地，便可兵不血刃结束战争。"

专制者的眼中只有利益，所谓伴君如伴虎是也。晁错过高估计自己在汉景帝心中的分量，其实他只是帝王的一只猎犬罢了，放出去与狮子搏斗，斗得赢就有利用价值，斗不赢就牺牲猎犬了。为了平息事态，汉景帝决定牺牲晁错以换取和平。

皇帝派人召晁错上朝，懵然无知的晁错穿着朝服上了马车，行至东市，突然被拉下车，结结实实捆绑起来，押到刑台。行刑官宣布其罪状，立即执行死刑。这个自以为深得皇帝信任的人，现在才明白自己是多么微不足道，他为专制者拥有更大的权力而奔走，最终却被抛弃了。皇帝送出的最后礼物，是让他死得痛苦不堪。他被处腰斩，一截两断。几分钟前，他还是朝廷一手遮天的重臣，几分钟后，他已横尸街头。皇帝还额外送了一份礼物，只是晁错没能看到，他的妻儿老母兄弟，无论老幼，全被砍头了。

杀了晁错，汉景帝如释重负。

然而，反叛者并没有放下武器。政治斗争你死我活，开弓没有回头箭，就算刘濞就此罢兵，能保证朝廷不秋后算账吗？再说了，他还要为儿子报仇雪恨呢。

刘濞不仅不投降，反而以"东帝"自居，公然与汉景帝分庭抗礼。

汉景帝牺牲了晁错，却颗粒无收，很失败。看来唯一的办法，就是在战场上一决雌雄。他想起父亲临终前的遗言，国家有危难时，可以任命周亚夫为统帅。周亚夫被提拔为太尉，掌管全国武装，这位名将之后，能否续写先父的传奇呢？

周亚夫率三十六名将军东进，对抗吴楚叛军。出发前，周亚夫对汉景帝说："楚兵悍勇，难以争锋。请暂时放弃梁国，切断叛军粮道，如此方可克敌制胜。"汉景帝批准了周亚夫的作战计划。大军抵达荥阳后，梁国正面临吴楚叛军巨大的军事压力，频频向朝廷告急，请求救援。周亚夫不为所动，并没有实施救援梁国的作战计划，反而屯兵昌邑，按兵不动。梁王的告急书如雪片般的飞往京城，汉景帝不得不下诏给周亚夫，要求他立即解梁国之围。

奉行"将在外，君命有所不受"原则的周亚夫，拒绝执行汉景帝的命令，仍然坚持自己的战略方针，在昌邑挖深沟垒高墙，坚不出兵。另一方面，周亚夫派轻骑兵部队切断吴、楚叛军的后勤补给线。后勤补给线是战争的生命线，即使吴、楚士兵再骁勇，也不可能饿着肚皮作战。很快，吴、楚联军的粮食供应出现巨大的困难，饥荒开始蔓延。

梁国在外无援军的情况下艰难地作战。在梁国保卫战中，有两人功不可没，一个是老成持重的韩安国，另一个是勇猛善战的张羽。两人力挽狂澜，苦撑危局。吴王刘濞忧心忡忡，攻梁受挫，后勤补给线被切断，进退两难。他决定在粮食断绝之前，挫败周亚夫，扭转困局。吴楚联军大举进攻周亚夫驻屯的昌邑，周亚夫仍然坚守不出，叛军发动强攻，几次均被汉军击退。一鼓作气，再而衰，三而竭，进攻频频受阻，又面临断粮的困境，不可一世的吴军终于露出疲态，刘濞不得不下令撤退。

耐心的等待之后，战机终于出现了。

周亚夫判断叛军已是强弩之末，果断下令追击，务必全歼叛军。饥寒交加的吴、楚叛军全无斗志，撤退成了一场大溃败，损失兵力超过十万人。关键时刻，吴王刘濞自己先动摇，他脱离大部队，带着数千人逃往丹徒，楚王刘戊见大势已去，心灰意冷，自杀身亡。

这一战成为"七国之乱"战争的转折点，也是关系到汉帝国命运的大会战。如果从民心向背来看，吴王刘濞并不完全处于下风。汉帝国刚刚经历文帝的仁政时代，应该说百姓对朝廷还是比较支持的，但吴王刘濞统治吴国四十余年，根基很深，实行全免赋税的政策，百姓也是受益匪浅。从战争的起因看，朝廷有不可推卸的责任，可以说这些诸侯国是被逼反的，所以也不乏同情者。

汉军的胜利，归功于周亚夫的深谋远虑。他的战略思想十分明确，而且冒着很大的政治风险，不仅得罪梁王，也公然违抗皇帝的命令，最后的结果证明他的持重战略是正确的。

吴王刘濞虽然骁勇，但军事思想陈旧。首先，吴、楚联军进攻思路简单，就是从东向西攻掠。吴国将军田禄伯曾劝谏说："兵屯聚而西，无它奇道，难以立功。"就是说，这种进攻思路，很容易被汉军所扼制，应该派出一路奇兵，沿江、淮而上，取淮南国、长沙国，出奇制胜，可是这个意见被刘濞否决了。其次，吴军以步兵为主，而汉军则以车骑部队为主，步兵适合在山地作战，车骑部队适合在平原作战。吴国有位将军提议，吴军应该从大战略思想出发，不要逐城争夺，应该放弃沿途的城池，急速西进，控制洛阳、敖仓，凭借山河之险，阻止汉军车骑部队出关中，这样便可以号令东部中原各诸侯。这个提议，也被刘濞轻易否决了。

由此可见，刘濞手下不乏将才，可惜他不能识才，也不能用才。刘濞弃军而逃后，吴、楚残兵只得向汉军投降。刘濞逃到东越，汉朝廷派人贿赂东越人，刘濞被当地人诱杀，首级送到长安城。

吴王刘濞的叛乱，前后只有三个月，来也匆匆，去也匆匆。汉景帝的英明之处，就是记住父亲文帝的最后遗嘱，关键时刻，起用周亚夫，这是胜利的保证。

再来看看叛乱的另外两个战场。

一个是齐国战场。由于齐王毁约，拒绝加入叛乱集团，齐国便成为胶西、菑川、胶东、济南四个叛国的眼中钉，叛军围攻临淄城，但久攻不下。汉景帝派将军栾布率军增援齐国，栾布挫败叛军，解了临淄城之围。齐王事先曾经与四国有叛乱的约定，栾布击退叛军后，准备向齐王问罪，齐王在担惊受怕中服毒自杀。

参加叛乱的诸齐四王，深知朝廷必然要追究，与其被杀，不如死得体面点。胶西王刘卬、菑川王刘贤、胶东王刘雄渠、济南王刘辟光先后自杀，四国之乱结束。在诸齐六国中，只有济北王由于受到大臣劫持，没有参加叛乱，后来朝廷赦免其罪。六个王，五个自杀，只有他一个活了下来。

另一个是赵国战场。赵王刘遂屯兵西境，等待与吴楚兵团会师，不料吴楚起兵才三个月便被周亚夫打得大败。汉景帝派将军郦商率军讨伐赵国，赵王将兵力撤回到邯郸，据城固守。郦商围攻七个月，仍然没能攻下邯郸，此时栾布已经取得伐齐的胜利，回师协助郦商攻赵。栾布采取引水灌城的战术，终于摧毁邯郸城的坚固城墙。赵王在汉军杀进城之前，畏罪自杀。

这样，"七国之乱"中的七王全部丧命，叛乱宣告结束。这次动乱，是中央与地方诸侯权力的大洗牌，最终以中央政权的胜利而告终。这次事变，对汉代历史产生深远的影响。君主专制权力进一步扩大，地方诸侯权力进一步被压缩，因而在汉景帝去世后，后继者汉武帝终于将君主专制推向极致。

十一 / 罢黜百家，独尊儒术

太子之争，是专制王朝权力斗争的一个聚焦点。

汉景帝上台后，他的正娶夫人薄夫人成为皇后。可是薄皇后没有能为汉景帝生育子女。在母以子贵的封建宫廷，她很快就一败涂地。在美女如云的后宫中，栗姬一枝独秀，赢得汉景帝的宠爱。她给皇帝生了一个儿子，名为刘荣。汉景帝四年（前153），刘荣被册立为太子。

按照常理，太子的母亲迟早会被册立为皇后，有一个人便想乘机巴结栗姬，此人是汉景帝的姐姐刘嫖。刘嫖工于权术，经常给皇帝进献美女，在宫中呼风唤雨，权势极大。她向栗姬示好，希望将女儿陈阿娇嫁给太子刘荣，如此一来，等刘荣登基成为皇帝，女儿就是皇后。栗姬仗着有皇帝宠幸，不把刘嫖放在眼里，断然拒绝她的提案。然而，栗姬低估了刘嫖的能力，最终遭到惨败。

薄皇后终于被废黜，谁将是下一个皇后的人选呢？栗姬自认为是不二人选，但是，她通往皇后之路，却被刘嫖堵死了。

刘嫖在弟弟汉景帝面前大肆诋毁栗姬："栗姬忌妒心很强，遇到其他受宠幸的妃子，她就在背后吐口水，诅咒她们，搞歪门邪道。"久而久之，汉景帝开始对栗姬产生厌恶感。

要不要册立栗姬为皇后呢？汉景帝迟疑了。一个女人忌妒心太强，又手握大权，会有什么结果呢？想想吕后当年如何折磨戚夫人的旧事，汉景帝岂能不担惊受怕？万一自己去世，后宫这些女子，会不会一个个变成戚夫人那样的"人彘"呢？有一回，汉景帝提及爱妾以及她们的儿子们，对栗姬说："我百年之后，你要好好对待他们。"不料栗姬醋意大发，一脸怒气。她显然忘了，要皇帝只对她一个女人忠心，这真是天方夜谭。这件事对汉景帝是个刺激，从此他不仅疏远栗姬，还考虑废黜刘荣的太子位。

刘嫖打击栗姬的同时，也在寻觅皇后的人选。最终，她看中汉景帝的另一位宠姬：王娡王夫人。

说到王娡王夫人，绝非一般女子。她的故事，颇为传奇。

王娡的母亲叫臧儿，是燕王臧荼的孙女。臧荼是汉初最先谋反的异姓封王，后为刘邦击杀。臧荼死后，臧家没落了。王娡长大成人后，母亲臧儿把她嫁给一个叫金王孙的普通人家，结婚数年，生有一女。臧儿很迷信，她找人算命，相士说她两个女儿都是贵人之相。臧儿心想，只有在宫中才可能大富大贵，便把女儿从金家接回，把她送入太子宫中。过了不久，王娡的妹妹王姁儿也被送入宫中。

在众多的太子妃中，王娡与众不同。她曾为人妇，为人母，不仅光彩照人，而且成熟，富有风韵。很快，她就成为太子刘启最宠幸的女人之一。她为刘启生了三个女儿、一个儿子，在刘启成为皇帝后，儿子刘彻被封为胶东王。

刘嫖看中王娡的潜力，决定扶植她取代栗姬。王娡冰雪聪明，当刘嫖找上门要求把女儿嫁给刘彻时，王娡没有迟疑地满口答应。其实，当时刘彻只是个五六岁的小男孩儿，远不到结婚的年龄，刘嫖的女儿陈阿娇也只是未成年的小女孩儿。这只是一个政治上的婚姻，只是两个强势女人联合的标志。

据野史载，刘嫖曾经抱着小阿娇，问刘彻说："你想不想讨个媳妇呢？"刘彻乖巧地答道："想啊。"刘嫖指着身旁的其他女子："这些人你喜欢吗？"刘彻都摇头。最后她指着坐在自己膝上的小阿娇问道："阿娇好不好？"刘彻笑着说："好。若讨得阿娇为媳妇，就盖个金屋藏起来。"这就是所谓"金屋藏娇"的来历。刘彻的乖巧令姑妈刘嫖欢喜得不得了，她多次游说汉景帝，终于把这一对小男女的婚事定了下来。刘嫖与王娡结为亲家，使王娡在后宫斗争中获得强有力的支持者，为她取代栗姬打下坚实的基础。

刘嫖开始执行她的第二步计划，在汉景帝面前极力赞称刘彻。确实，刘彻虽然年纪小，但聪明乖巧，连汉景帝也十分喜欢。不过，废黜太子终究是件大事，汉景帝不能不小心谨慎地考虑。

王娡是个有心机的女人。她知道栗姬在汉景帝心中的地位已一落千丈，为了彻底扳倒栗姬，又想出一个火上浇油的计划。她暗地里怂恿一些大臣向皇帝奏报，请求立栗姬为皇后，有的大臣不明底细，向皇帝上疏道："子以母贵，母以子贵，太子的母亲，应该尊为皇后。"

汉景帝看到大臣的上疏后，勃然大怒，认为是栗姬为了当上皇后，勾结大臣，拉帮结派，他怒气冲冲地说："这事是你能说的吗？"下令处死该大臣，并废去刘荣的皇太子位，贬为临江王。

至此，栗姬完全失宠，连见皇帝一面也不可能，最后郁郁而终。

皇太子刘荣被废六个月后，汉景帝终于将胶东王刘彻立为皇太子，王娡也被册立为皇后。在这场太子之争中，王娡与刘彻最后成为赢家。

公元前141年，汉景帝去世，皇太子刘彻登基称帝，便是著名的汉武帝。

刘彻的性格，与祖父刘恒、父亲刘启相比，有很大的不同。刘恒和刘启都相当推崇文治，以黄老之术治国，萧规曹随，比较平淡；刘彻则崇尚武功，富有激情。他的性格更多继承母亲王娡，而非父亲。王娡作为一个帝国叛乱者的后代，作为一个曾经嫁过人、生过子的女人，竟然在入太子宫后，能奇迹般的爬升到皇后的地位，她的聪颖、胸襟、激情可见一斑，这些性格又遗传给了儿子刘彻。

少年刘彻文武双全。他爱好儒学，同时又非常尚武，勇猛过人。他喜欢在狩猎场上与猛兽搏斗，他对狩猎的过度热衷，经常遭到大臣的批评。他是一位勇敢、有魄力、坚忍不拔、不拘一格的皇帝，正是他的奋发有为，终把大汉帝国推向前所未有的强大与繁荣，无论在文治还是武功上，均有卓越的建树。

在文治上，汉武帝大力推崇儒学，使得儒学凌驾于诸子百家之上，这便是所谓的"罢黜百家，独尊儒术"。

"七国之乱"后，地方诸侯的势力遭到空前打击，为汉武帝时代的高度君主专制、高度独裁打下基础。"罢黜百家，独尊儒术"思想的提出，与时代背景息息相关。

百家就是"诸子百家"。在中国古代史中，学术思想最为发达的时代乃是春秋战国。当时，学术思想出现"百家争鸣"的鼎盛局面，百家意指当时主要的思潮学派，主要有儒、墨、道、法、阴阳、名、纵横、杂、兵九家，其中以儒学、墨家、道家、法家、名家、兵家最为著名。兵家偏重于军事思想，而名家偏重于逻辑思想，故而在政治思想上影响深远的，主要是儒、墨、道、法四家。

百家争鸣思想的产生，主要得益于宽松的政治环境。春秋战国时代，周室没落，诸侯纷起，整个社会权力结构发生翻天覆地的变化，各诸侯国为了保持强大的竞争力，竞相改革变法，这也成为催生不同政治思潮的温床。

随着秦始皇统一六国，中国两千年的专制时代被开启了。专制的政府，必然要统一国人的思想意识形态，故而秦始皇展开一场焚书大行动，"天下敢有藏《诗》《书》、百家语者，悉诣守、尉杂烧之。"只有医药、卜筮、种树这类实用性的书册才可以流传民间。这实际上树立了法家思想的统治地位。

秦的暴政很快被推翻，被禁绝的各种思想得以死灰复燃，其中影响最深远的，是黄老道家思想与孔子的儒学思想。在汉初七十年时间里，黄老思想成为最重要的政治思潮，这也是同时代背景密切相关的。经历了秦的暴虐统治与楚汉战争后，新兴的汉帝国百废待兴。此时国家最重要的任务是发展生产，休养生息，老百姓不希望有大规模的政治运动。这时，"无为而治"的黄老思想便成为时代的主流。

最初把黄老思想成功应用于政治的，是汉初著名的宰相曹参，所谓"萧规曹随"就是对他无为而治思想的形象说明。史书有一段中肯的评价："参为汉相国，清静极言合道。然百姓离秦之酷后，参与休息无为，故天下俱称其美矣。"汉文帝、汉景帝时代，推行"省苛事，薄赋敛，毋夺民时"的无为政治，皇室带头勤俭节约，"文景之治"遂成为古代盛世之典范。

汉武帝即位后，社会政治发生了很大的变化。首先中央集权的程度加深了，皇帝的专制权力大大提高；其次国家经过数十年的发展，财富增加，国力空前强大。这些政治因素，加上汉武帝自身的勇猛进取，故而"进取有为"逐渐代替"无为而治"的政策。

儒家思想取代黄老思想，成为大势所趋。虽然儒学中包含有"仁政"的思想，但它恪守君臣之道、强调社会等级秩序等因素，又成为专制独裁者的福音。儒家在捍卫皇帝尊严与权威方面，是大有好处的。

建元元年（前140），年轻气盛、一直想有所作为的汉武帝下诏征贤良方正直言极谏之士，由皇帝亲自策问古往今来治理国家的方法，总计有一百余人参加应对。这次应对以庄助为第一，被提拔为中大夫，六十岁的儒士公孙弘被任命为博士。从这次对策可以看出，政府在取材上已经有明显的偏向性，凡是学申（申不害）、商（商鞅）、韩（韩非）的法家，以及师法苏（苏秦）、张（张仪）的纵横家，一概不予录取。

曾经盛极一时的法家思想，怎么成了过街老鼠，人人喊打呢？秦帝国的快速没落，使人们不得不反思其原因，秦帝国只讲强权，只讲严刑峻法，不讲仁义道德，大失民心，最后只能被推翻。秦的垮台，法家也随之凋零，在汉初被视为"乱国政"的思想，故而汉武帝上台后，对法家学派之人，一概不予录用。

汉武帝本人喜爱儒家学说，他提拔窦婴为宰相，田蚡为太尉。窦、田两人均崇尚儒学，推荐儒学大师申培的门生赵绾、王臧为御史大夫和郎中令。赵绾又向汉武帝推荐恩师申公，汉武帝求才若渴，以厚礼迎接申公，授太中大夫。

不过，汉武帝推行儒学并非一帆风顺，最强有力的反对者就是祖母窦太后。

窦太后信奉黄老之学，最喜欢读《老子》，并奉之为经典，她不仅自己读，还要儿子、家人都认真读这本书。老太后极度仇视儒学，她有自己的看法，认为儒者"文多质少"，只会夸夸其谈，其实没有多少本事。

汉武帝上台后，虽有雄心壮志，但不敢得罪严厉的祖母，事事都得向窦太后禀报。新上任的御史大夫赵绾不知天高地厚，冒冒失失地上疏汉武帝，建议皇帝不要事事向窦太后禀报。窦太后大怒，派人暗中调查赵绾与王臧，收罗一堆不利于赵、王两人的证据。

窦太后突然反击，把收集来的证据出示给汉武帝过目，并训斥他不应该任用儒生。汉武帝不敢得罪窦太后，只得将赵绾、王臧两人下狱，这对师兄弟在监狱中自杀身亡。推崇儒学的宰相窦婴与太尉田蚡因举荐不当被免职，赵绾与王臧的老师申公被解职还乡。

这是汉武帝登基以来所遇到的最大挫折。年轻的汉武帝知道自己还不能与窦太后发生正面冲突，遂小心翼翼地避免明目张胆地任用儒生，以免遭到窦太后干涉。

建元六年（前135）五月，窦太后去世。

仅仅过了一个月，汉武帝再次重用儒家分子，他迫不及待地将田蚡扶为宰相。窦太后之死，意味着黄老政治时代的结束，儒学政治将迎来春天。

第二年（前134），汉武帝再次下诏，举贤良文学，皇帝亲自问策。著名的儒学大师董仲舒参加对策。董仲舒是汉代儒学的代表人物之一，以治春秋公羊学而著称，在汉景帝时曾担任过博士。他精进好学，据史书记载："盖三年不窥园，其精如此。进退容止，非礼不行，学士皆师尊之。"

在这次对策中，董仲舒提出一个极为重要的建议："臣愚以为诸不在六艺之科、孔子之术者，皆绝其道，勿使并进，邪辟之说灭息，然后统纪可一而法度可明，民知所从矣。"这就是后来所说的"罢黜百家，独尊儒术"。

董仲舒的观点得到了汉武帝的认同。这是中国政治思想史上的一个重大改变，也是继秦始皇焚书坑儒之后，又一次对自由思想的遏制。从此，儒学成为西汉的官方之学。虽然汉武帝并没有采取极端的手段，压制其他各家的学术，但儒学作为正统学术思想的地位由此得以奠立。

汉武帝为什么欣赏"独尊儒术"，大力推崇儒学思想呢？在诸子百家中，儒学思想最有利于专制统治，换句话说，最容易被统治者所利用。黄老思想崇尚寡欲，清静无为，主张节省财力民力，真正能实行黄老思想的帝王并不多见；墨家思想则有平民化的倾向，扶弱除强，强调社会正义，更多反映下层民众的政治要求，向来不为帝王们所喜欢；法家思想推崇君权，固然迎合帝王所好，但赤裸裸地标榜权力，容易引火烧身，秦帝国的迅速没落就是一例。与上述三家相比，儒家思想既标榜"仁义"，又强调"尊卑"秩序，这就容易为帝王所接受。

这里必须指出，汉武帝从来不是一个真正的儒者。他外表爱好儒学，骨子里则是个法家分子。表面上看，汉武帝排斥法学分子，实则不然。武帝时代最正直的大臣汲黯对皇帝有一句大胆的批评："陛下内多欲而外施仁义，奈何欲效唐、虞之治乎？"一针见血地剖析汉武帝伪儒学的本质。汉武帝的统御术，其实说穿了，就是挂羊头卖狗肉，打着儒家的招牌，沿袭法家的治术，外儒而内法，因而在武帝一朝，酷吏横行，一手遮天，严刑峻法实为汉朝之登峰造极。

如何看待"罢黜百家，独尊儒术"呢？

当专制制度发展到一定阶段，思想专制是大势所趋。专制制度必定要有一个官方意识形态，就算不是"独尊儒术"，也会是像秦朝那样"独尊法术"，或者"独尊道术""独尊墨术"等，这些先秦伟大的思想都避免不了被改造利用。只要思想被专制，再伟大的思想，也会成为暴政的借口。

汉武帝"独尊儒术"，可有没有"罢黜百家"呢？其实没有。想要"罢黜百家"的是董仲舒，他认为对儒学之外的学说，要"皆绝其道，勿使并进"。汉武帝并没有实行，他没有像秦始皇那样采取严厉手段打击异端思想。

自秦始皇一统中国建立专制政权之后，百家争鸣的土壤已经不复存在。光荣已经远去了，秦汉之交时，墨家几乎就已绝迹，名家也不知所终，连儒家的经典都残缺不全，还谈什么百家争鸣呢？在学术衰落的背景下，汉武帝似乎没有必要采取强权手段打击异端思想，他的做法，实际上是独尊儒术，让其他各家自生自灭罢了。

从某种程度上讲，汉武帝推动了学术发展。在武帝一朝，有几本重量级的著作问世——《史记》《淮南子》《春秋繁露》。《春秋繁露》是儒学大师董仲舒的代表作，《史记》是中国历史上最伟大的史书，《淮南子》则是混杂多家思想的巨著。因此，汉武帝"罢黜百家，独尊儒术"这个提法，并不太确切。

"独尊儒术"的提出，在中国学术史上产生很大的负面影响。它不可避免地引导学术传统转向儒学，使儒学的地位一下子跃居于其他学派之上，成为思想领域的权威。之后两千年，虽然各思想流派之间势力在不同时间段彼此消长，但儒学作为主流，特别是官方意识形态，这一点大体是没有太大变化的。这在某种程度上决定了中国古代思想，跳不出前人所界定的框架，在没有强大的异端思想挑战的背景下，也难以维持其活力。

道家思想固然在"独尊儒术"的背景下遭到重创，但仍然是中国最重要的思想流派。墨家思想在专制的土壤下已经无法生存，而法家思想则在"儒家"的外衣下，继续发挥着重要的影响力。汉武帝时代，真正受到致命打击的，是民间盛行的游侠精神。

有人认为，中国的侠义精神，源于先秦的墨家思想。这个结论是否正确，暂且不说。韩非子说过："儒以文乱法，而侠以武犯禁。"儒学一旦与政治同流，成为立法的根据，便完全合法化了；而以锄强扶弱为己任的侠义思想，必然走向强权政府的对立面，成为强权专制政权的眼中钉、肉中刺。

侠士在初汉时还很有社会影响力，随着君王专制的发展，这些以武力行使道义的人，越来越被政府所深恶痛绝。这点我们从《游侠列传》中可以看出端倪。汉景帝时，皇帝派遣使者诛杀以豪侠闻名的济南人瞷氏、陈地人周庸；一代侠客郭解的父亲也是侠士，在汉文帝时被诛杀，而郭解本人则在汉武帝时被诛杀。

汉代武帝时期，政府对侠士的打击，不仅仅是因为侠"以武犯禁"或"杀人"，而是"为任侠行权"，就是侠士公然行使君王法令之外的一套权力。这一点无疑极大地刺激君王"履至尊制六合"的尊严与权力。所以，以尊卑定秩序的儒家思想一兴起，游侠精神便一蹶不振。

"罢黜百家，独尊儒术"思想的提出，虽然是大势所趋，有其合理的一面，但加剧了中国思想领域的保守色彩。此后君权愈盛，而民权愈衰矣。直到两千年后，西学东渐，民权、自由的思想彻底颠覆了传统的儒学，儒学作为官方意识形态，才最终退出历史舞台。

十二 / 大帝国的反击战

自刘邦开国,匈奴便成为汉帝国北方最大的威胁。吕后、文帝、景帝三朝,中央政府推行休养生息的政策,对外以和亲手段羁縻匈奴。这一手段并不能抑制匈奴南下的冲动,但在客观上也取得一定效果,汉匈冲突维持在一个可控的范围。

汉武帝上台后,民富国强,对匈开战的呼声越来越高。

元光二年(前133),朝廷政策终于发生了根本性的变化。

朝廷大员中,主战派领袖是大行令王恢。他强烈反对和亲政策,主张出兵攻打匈奴。王恢得到朝野很多志士的支持,其中有一名爱国志士,名为聂壹,是雁门郡马邑县的一名富豪。雁门地处边关,匈奴骑兵入侵,每每首当其冲,饱受战争摧残。聂壹颇有豪杰之志,志在驱逐匈奴,精心策划一个巨大的战略计划,该战略的核心是:诱使匈奴主力深入中原境内,以重兵集团围歼之,一战而解决北方之患。

王恢对聂壹的计划大为赞赏,略作修改后,上报给汉武帝。事关重大,汉武帝采取谨慎的原则,召集公卿公议,商议此事。会议的焦点集中在主战派领袖王恢与主和派领袖韩安国两人身上。

韩安国是"七国之乱"中保卫梁国的名将,力主与匈奴延续和亲政策。他认为,汉高祖曾被冒顿围困于平城七天七夜,脱险之后,反倒与匈奴和亲,这是以天下为重,不存个人私怨,故而国家在高皇帝、吕后、文帝以及景帝时获得长期和平。和平局面来之不易,不可轻启战端。

王恢反驳道:"高祖披坚执锐,纵横天下几十年,之所以没有报复平城之辱,非能力不足,而是想让经战乱的人民得以休养生息。如今汉匈边境,警报不断,士兵死伤惨重,柩车相望,百姓流离失所。现在是反击的时候了。"

两人你来我往展开大辩论,最后王恢围歼计划亮出来:"匈奴单于贪得无厌,正好利以诱之,使之深入。我则挑选精兵强将,埋伏于险要之地,待敌落入罗网,则可一举全歼,生擒单于。"

王恢的计划得到了年轻皇帝的支持。根据这个计划,汉军将动员三十万兵力,在马邑设伏,毕其功于一役,彻底打垮北方劲敌。马邑伏击成败的关键,在于能否将匈奴主力成功引诱到既定战场。

聂壹是汉武帝时代最成功的间谍之一,他假扮成一名逃亡者,逃往匈奴。他拜见军臣单于,并说:"我有办法杀掉马邑县令与县丞,献城归降,单于只要出兵接应,必可尽获城内财物。"有利可图,军臣单于何乐而不为呢?遂答应聂壹,若马邑得手,他必大举出兵南下。

一切计划都按事先安排好的进行。聂壹返回马邑后,杀死两名关押在牢狱中的死囚,诈称是县令、县丞,将两颗头颅挂在城门上。军臣单于接到情报,当即率十余万精锐骑兵,穿越边塞,直奔马邑。

这时,汉军已经布下天罗地网,设伏兵力为五个兵团,分别由护军将军韩安国、材官将军李息、骁骑将军李广、轻车将军公孙贺、将屯将军王恢指挥,埋伏在马邑附近的山谷中。只要军臣单于一进入包围圈,五路兵马将从四面八方合围,届时匈奴骑兵插翼难逃。

这个军事计划非常高明,立足打大歼灭战,如果能实现作战的目标,将从根本上改变汉匈两国的军事格局。可惜的是,这个看似无懈可击的计划,竟然存在一个小小的漏洞,正是这个漏洞,令王恢的心血付诸东流。

匈奴大军一路挺进,距离马邑不到百里。军臣单于发现异常现象,一路上只看到成群的牛羊,却看不到牧民的影子。以游牧为生的匈奴人对此怎能不生疑心?既然有牛羊,必定会有放牧牛羊的人,可是人呢?谨慎小心的军臣单于下令暂停进军,派出一支小分队到四周搜索,攻下一个汉军的亭堡(汉代的碉堡)。亭堡指挥官为了保命,把汉军的围歼计划和盘托出。

军臣单于大惊,紧急后撤,在即将钻入汉军口袋的前一刻,悬崖勒马,逃之夭夭。汉军发现军臣单于逃走,倾巢而出,追击匈奴军队,可是已经来不及,无法追上。

这场旨在消灭匈奴有生力量的马邑伏击战,最终无果而终。

汉武帝大为震怒,归罪于主战派领袖王恢。王恢被捕入狱,自杀身亡。

马邑之谋,成为汉匈战争全面爆发的标志。这是汉帝国对外政策发生重大

· 十二 / 大帝国的反击战 · 083

变化的标志，清静无为、休养生息的政策，被积极进取、开疆拓土的新政策所取代。

马邑之谋后，汉匈边境的冲突日益增多。

元光六年（前129），匈奴大举进犯上郡。有强烈进取精神的汉武帝选择以攻代守，帝国发动第一次大规模的反击战，投入反击的汉军总计四万人，卫青、李广、公孙敖、公孙贺各率一万骑兵，深入匈奴腹地，意图寻歼匈奴主力。然而，这次作战准备不充分，暴露出汉军的短板，战果不尽如人意。

在茫茫的荒漠草原，汉军既不熟悉地形，也不适应干旱的气候，时常迷失方向，不仅难以追踪到匈奴主力，反而容易陷入敌人的埋伏。

李广的部队遭到匈奴重兵的伏击，伤亡惨重。在战斗中，李广身负重伤，力竭被俘，只是他运气不错，侥幸逃跑，奇迹般的生还。同样倒霉的还有公孙敖，他的一万骑兵遭遇匈奴优势兵力的围攻，伤亡超过七千人。另一名将领公孙贺根本找不到匈奴人的影子，在草原上溜达一圈后，无功而返。

只有卫青略有斩获。他率一万骑兵奔袭龙城，歼敌七百余人。龙城是匈奴人的圣地，每年五月，这里都举行盛大的集会，祭祀祖先、天地、鬼神。从歼敌的数量上看，龙城之战只是小胜，但是卫青一把火把圣城烧了，却极大地打击了匈奴人的士气。

大汉帝国的第一次反击战，就这样草草而终。这是一次相当失败的军事行动，四个兵团中有两个遭到毁灭性的打击。战后，表现糟糕的李广与公孙敖被贬为庶民；卫青则一战成名，成为汉武帝的心腹爱将。

从此，汉匈战争进入全面对抗时期。

第二年（前128），匈奴展开大规模报复，两万名骑兵进攻辽西，杀掠两千多人，辽西太守战死；紧接着，草原骑士向西挺进，进攻渔阳、雁门，又杀掠两三千人。东北边境频频告急。国危思良将，汉武帝重新起用李广，出任右北平太守。

李广是汉匈战争中最著名的汉将之一。他是陇西人氏，出身于武将世家，自幼习箭，勇猛过人。文帝十四年（前166），匈奴集十四万骑兵大举入侵，国难当头，年轻的李广毅然报名参军，初出茅庐便一鸣惊人，在战斗中射杀匈奴骑兵数十人。此后，李广长期驻守边关，在汉匈战争全面爆发之前，他就经历了与匈奴人大小数十战，名震塞外。

出任右北平太守期间，他有一桩广为流传的佳话。

一天傍晚，李广与几个战士巡逻，路经一山麓，见草丛间有一黑影，看似一只趴着的猛虎。他眼疾手快，拔箭引弓，朝向草丛中的大虫便是一箭。箭飞出去了，草丛里却没有动静，卫兵们上前一看，哪有大虫啊？只是一块形状有点像虎的石头。李广射出的箭竟深深没入石头之中，只有箭羽还留在外头。李将军把石头都射穿啦？士兵们啧啧称赞，佩服不已。李广也有几分纳闷，他跑回原地，拉弓射了几次，但都没法再射入石头之中。可见情急之中，人所迸发出来的潜力，要远远超过平时。

这件事，很快就传开了。匈奴人本来就悍忌李广之勇，听闻射石，更视其为天神，称之为"汉之飞将军"。李广在右北平待了五年，匈奴人不敢前来骚扰，烽燧不惊。

汉匈战争的全面爆发，大大刺激了国民的爱国热情，尚武精神成为时代的主旋律。从皇宫深处到寻常乡村，年轻人抱着建功立业、驱逐北虏的信念走向战场，"宁为百夫长，胜作一书生"。近世大学问家章太炎称"汉人坚强好勇"，又感慨"汉人之强健，恐十百于今人。"这是中国历史上最生机勃勃、最刚强勇猛的时代。

时代呼唤英雄，大英雄卫青应运而生。

卫青的崛起，一半靠才干，一半靠裙带关系。

谁曾想到，丑小鸭有一天能变成白天鹅。卫青的少年时代，充满屈辱与艰辛。母亲卫氏是平阳侯府的一名女仆，地位卑贱，婚后生育有三个女儿。有一次，卫氏红杏出墙，与平阳县一名小吏郑季相好，并生下了一名男孩儿。郑季只得把孩子带回家中抚养，这个私生男孩儿就是卫青。

郑季是有家室的男人，突然从外面带回一个小野种，家人气急败坏，把怒气都发泄到小孩儿身上。卫青虽是郑季亲生儿子，从小却被当作奴仆使唤，稍有不称意，便受鞭打棍揍。郑季自己做了亏心事，无法制止家人虐待卫青。等到卫青稍长，父亲想来想去，还是将他送回平阳侯府，由母亲卫氏及三个姐姐照顾。

入了平阳侯府，卫青成为一名打杂的家奴。童年的不幸并没有使他灰心沮丧，反而培养了他强烈的自尊心。曾经有一个会看面相的囚徒，邂逅卫青之后，惊异地说："你是个贵人，以后将封侯。"当时还是奴仆身份的卫青笑答道："像我这样过着奴隶生活的人，能够不受到鞭打责骂就心满意足啦，还谈什么封侯呢？"

平阳侯府大有来头，平阳公主是皇帝刘彻的亲姐姐。一个偶然的事件，彻底改变了卫氏家族的命运。

建元二年（前139），汉武帝刘彻大驾光临平阳侯府。在迎接皇帝的酒席上，卫青的三姐、平阳侯府的歌伎卫子夫登台献技。只见她素装淡抹，拨弦引吭，清音婉转，如同芙蓉出水，亭亭玉立，汉武帝一见钟情。卫子夫与汉武帝的偶然邂逅，不仅改变了她的人生，也改变了弟弟卫青的命运。

卫子夫入宫后，成为汉武帝最宠幸的女人。与此同时，陈阿娇没能为皇帝生育子女，这使她的皇后地位摇摇欲坠。为了夺回皇帝的欢心，阿娇不惜冒险采用旁门左道之术。有个名叫楚服的女巫，向皇后献上巫术。这种巫术又称为巫蛊，就是把仇人刻成一个小木偶，埋在地下，用各种咒语诅咒。巫蛊在民间大为流行，但在宫廷是绝对禁止的。陈阿娇以邪门歪道对付卫子夫，汉武帝得知后，勃然大怒，责令御史张汤追查此事。在张汤的穷追猛打之下，女巫师楚服被枭首示众，受牵连被处死的人数超过三百。陈阿娇再也保不住皇后的位置，汉武帝下诏："皇后失序，惑于巫祝，不可以承天命。"收其玺绶，幽居于长门宫。

姐姐卫子夫的得宠，使卫青得以平步青云。他以外戚身份领军出征匈奴，首战袭龙城，歼敌七百，封关内侯；元朔元年（前128），二度出击匈奴，取得歼敌数千人的辉煌战绩。这一年，产下皇子的卫子夫被册立为皇后。卫氏家族鸿运当头，皇帝的信任与器重，使卫青有了更广阔的表演舞台。

元朔二年（前127）是汉匈战争的转折点。卫青率数万精兵，进攻匈奴盘踞的河南地。河南地，即河套以南之地，卫青从云中出发，沿黄河北岸西进，直指河套平原的要塞高阙。围攻高阙一役，斩杀匈奴两千三百人；而后汉军乘胜追击，攻克榆溪要塞，翻越梓岭，渡过北河，攻破符离，斩俘三千零一十七人。卫青沿黄河继续南下，一路如入无人之境，夺取宁夏平原，河南地全部落入汉军手中。此役匈奴损兵折将，丢失最肥沃的平原，损失牛羊马数量多达数十万头。

至此，汉帝国与匈奴的边境北推到阴山山脉。此役的胜利，有着重大的历史意义，开启了汉帝国开疆拓土的新时代。为了巩固河南地战役的成果，汉武帝大耗血本，在河套平原上修筑朔方城，作为抗击匈奴的坚强堡垒。经过两年艰辛的努力，一座崭新的巨大城堡建成了，巍巍矗立在河套平原之上，面朝阴山。在未来战争中，朔方城作为帝国最重要的军事基地，发挥了重要的作用。

匈奴意识到朔方城对漠南地区构成巨大威胁，元朔五年（前124），右贤王出兵攻打朔方城，面对铜墙铁壁般的堡垒，无功而返。

为保卫朔方城，汉武帝决定扫荡漠南匈奴右贤王部。卫青率三万精兵，从高阙出发，渡黄河，进入漠南；游击将军苏建、强弩将军李沮、骑将军公孙贺、轻车将军李蔡等，各率一万人马从朔方出发，翻过阴山山脉。四将军均受卫青节制，投入漠南战场的汉军兵力达到七万之多。同时，在两千里外的右北平，李息、张次公率领三万汉军同时发动进攻。

右贤王不敢应战，明智地选择撤退，一口气后撤六百余里。然而，即便他小心谨慎，很不幸遇到一位伟大的将军。卫青跟踪追击，终于发现了右贤王的踪迹。

善于把握战机的卫青当机立断，麾下三万人马衔夜前行，直扑右贤王大本营。同时，他派快马通报其他四路兵马，分进合击，围歼右贤王。

时值初春，天气严寒，冷风似刀，右贤王显然没料到危险正在临近。在黑夜的掩护之下，七万汉军已悄悄包围匈奴营地。卫青一声令下，总攻开始了。疏于防备的匈奴人很快土崩瓦解，右贤王没能在关键时候稳定军心士气，反而落荒而逃，带数千名亲兵从北面突围而去。刚逃窜二三里，又遇上伏兵，损失惨重，最终仅带数百人冲破包围圈。

群龙无首的匈奴人很快陷于混乱，汉军如铁桶般堵住敌人逃亡之路。从夜晚战到清晨，一场大战尘埃落定，只留下满地狼藉与累累尸骨。除了右贤王侥幸逃跑外，其余十来个匈奴裨王全部被俘；被杀死和被俘虏的人数超过一万五千人，损失牛、羊、马等牲畜将近百万头之多。

这次会战发生在大漠以南，史称"漠南之战"。匈奴无论在军事上还是经济上均遭重创，此战的胜利，消除了右贤王部对朔方城的威胁。

漠南之战是汉匈战争全面爆发以来，汉军取得的最大胜利。卫青的个人声望达到巅峰，成为帝国胜利的一面旗帜。

作为外戚，卫青给皇后卫子夫挣足了面子，也给汉武帝挣足面子。汉武帝拜卫青为大将军，其他将军均受其节制，实际上就是全国最高军事统帅。从奴隶到大将军，卫青的人生经历了戏剧性的变化。这一切近乎做梦，却是真实的。

卓著的功勋与皇帝的恩宠，使得卫青位极人臣。包括宰相公孙弘在内的满朝文武，都全力巴结奉承、讨好大将军。面对巨大权势，卫青不是得意忘形，而是战战兢兢，如履薄冰，如临深渊，更多的不是欣悦，而是恐惧。功高震主难有好下场，危机总会到来的，只是时间迟早罢了。

当卫青名望拔地而起时，有一个女人对他的爱慕之心与日俱增。此人正是他的昔日主人、皇帝刘彻的姐姐平阳公主。

平阳公主的丈夫曹寿已经去世多年，她的年龄史书中没有很明确的记载，估计比卫青大七八岁。她对卫青心生爱慕，但难以启齿，卫青毕竟曾经是自己的家奴。平阳侯府大管家看透公主的心思，一语道破："卫青如今是大将军，不再是当年的家奴，不是很相配吗？"

公主大喜，可怎么开口呢？聪明的平阳公主先找皇后卫子夫商量，卫皇后能有今天的地位，当然离不开平阳公主，故而爽快答应为公主提亲。紧接着，她又找汉武帝，姐弟俩的感情本来就不错，皇帝岂会拒绝这种美事呢？最后，汉武帝以下诏书的方式，撮合卫青与平阳公主的姻缘。这也成为卫青传奇生涯中一段有趣的小插曲。

十三 / 从河西到漠北

说到卫青，便不能不说霍去病。

霍去病是卫青的外甥，两人有许多共同点，生活轨迹亦有类似之处。有趣的是，故事的开始，还是发生在平阳侯府。汉武帝登基的那一年（前141），平阳侯府来了一个打杂的，此人名为霍仲孺，他本是平阳县的一名小吏，被派往侯府当差。侯府内的女人，总有红杏出墙的故事。这一回，故事的主人轮到卫青的二姐卫少儿。她与霍仲孺好上了，并怀上一个男孩儿，这就是后来名垂史册的霍去病。

与卫青一样，霍去病也是私生子，可是他比舅舅幸运得多，没遭遇很多坎坷。霍去病出生的第二年，汉武帝光临平阳侯家，卫子夫蒙宠，卫家开始飞黄腾达。

"一人得道，鸡犬升天。"卫子夫得宠于皇帝，姐姐们自然也沾光。二姐卫少儿进了京城后，嫁给陈平的曾孙陈掌；大姐卫君孺也找到好婆家，嫁给公孙贺，后来公孙贺当到帝国宰相。

霍去病幸运地成为帝国最有权势的家族中的一员。

如果从遗传学的角度来看，私生子的父母，都是敢于挑战生活常规的人，在血管中跳动着不安分的血液，充满着追求的渴望，这种激情会遗传到下一代人身上。霍去病长大后，壮硕有力，意志坚强，善于骑射。十八岁那年（前123），汉武帝召他入宫当侍中，这是许多人梦寐以求的职位，但霍去病并不喜欢。他认为自己应当建功立业，做出一番事业，便主动请缨，要追随舅父卫青，征战沙场，一展拳脚。

这时，卫青正以大将军的身份挥师北伐。霍去病前来报到，舅甥两人开始联袂作战，将抗匈战争推向高潮。

卫青任命外甥为票姚校尉，选拔八百名勇士，组成了票姚营。几乎没有人会想到，初上战场的霍去病将崭露其军事天才的锋芒。

霍去病带着八百名勇士，开始他的光荣之旅。初生牛犊不怕虎，他一路寻觅匈奴人的踪迹，在没有后援的情况下，横穿匈奴腹地数百里，如入无人之境。他有一种超乎常人想象的勇敢与坚忍，根本不把对手放在眼中，无所惧畏的精神，也许正是其取胜之道。他以区区八百之众，横扫荒漠，杀、俘敌二千零二十八人，光这个数量，就是自身兵力的二点五倍。在被斩俘的匈奴人中，有藉若侯栾提产，有匈奴的相国（宰相）、当户（匈奴高级军官），还有伊稚斜单于的叔父罗姑比。

在这场北伐战争中，卫青以十万大军取得歼敌一万的战果，而霍去病仅仅凭借着八百人，就斩俘两千多敌人，在所有将领中独领风骚。

汉武帝喜出望外，下诏封霍去病为冠军侯，因为他在杀敌数量与俘虏敌军首领上，都列全军第一。霍去病一战成名，由此开始平步青云，成为与卫青并驾齐驱的大汉名将。

大将军卫青的风头很快被外甥霍去病盖过。

背后的原因，是卫青的姐姐皇后卫子夫逐渐失宠于武帝。皇帝的爱，是最靠不住的，原因很简单，一个女人再美，总有人老珠黄的时候。来自赵地的王夫人，取代卫子夫，成为皇帝最宠幸的女人。卫子夫的失宠，间接影响了卫青在皇帝心中的分量。霍去病异军突起后，汉武帝有意让这位后起之秀，取代卫青的地位。

经过十几年积极的开拓进取，汉帝国在探索西域上取得重大进展，著名的探险家张骞从西域带回大量有价值的情报。汉武帝脑海中开始形成一个明确的战略：联合西域诸国，共同对抗匈奴。要联合西域诸国，必须打通一条通往西域的狭长道路，这就是河西走廊。

夺取河西走廊，成为大汉帝国的第一战略目标。汉武帝在用人上极其大胆，他做出一个惊人的决定，将指挥河西战役的重任交给年仅十九岁的霍去病。

霍去病年轻的肩膀，能扛得住这份重压吗？

元狩二年（前121），霍去病从票姚校尉升迁为骠骑将军，开始独当一面的军事生涯。该年三月，他率领一支精锐骑兵，从陇西出发，对河西走廊作一次试探性的进攻。

河西走廊上分布着匈奴控制的一些部落，势力最强大的是休屠王和浑邪王，此外还有数十个小王。为加强河西走廊的防务,伊稚斜单于派自己的儿子前来,意在监视诸部落首领,以阻止汉军西进。

霍去病率领一万骑兵,翻越乌鏊山,首战遨濮部落。这只是一场以石头砸鸡蛋的战斗,遨濮部落全军覆没,遨濮王被斩首。汉军渡过狐奴河,河对岸分布有五个小部落,他们得知遨濮王被砍了脑袋,心惊胆战,放弃抵抗,任由汉军过境。霍去病一路畅通无阻,用六天的时间,向前推进一千里,越过焉支山,直插浑邪王的地盘。

汉军宛如天兵,从天而降。浑邪王、休屠王、折兰王、卢侯王等部落组成一支联合军队,在皋兰山下迎战霍去病兵团。这不是势均力敌的战斗,而是一边倒的战斗。在战斗中,折兰王被汉军强弩射杀,卢侯王被斩于马下;浑邪王的儿子被生擒,相国与都尉均落马被俘;休屠部落的宝物,一尊祭天金人——这是当地人宗教信仰的偶像——被汉军作为战利品收缴了。

河西之战,汉军深入河西走廊一千里,降服与击败十余个匈奴部落,斩俘八千九百六十人。霍去病不负皇帝重望,第一次独立指挥大兵团作战便大获全胜。

第一次河西战役达到了预期的目的,展露了霍去病非凡的军事才华。汉武帝很快把第二次河西战役提上议事日程。

河西走廊地形狭窄,军队难以展开,不利于大兵团作战。如果采取正面进攻,无法切断敌军的退路,只能打追击战,不能打歼灭战。要歼灭敌军主力,必须要出奇制胜。霍去病提出一个超乎寻常的大胆战略,就是避开正面交锋,从河西走廊东部沙漠地区迂回到敌军的后方,断敌退路,一举歼灭其主力。

这一作战计划极富创意,但实施的难度巨大。从沙漠边缘迂回前进,行军里程超过两千里,沙漠地区植被稀少,又值夏季高温,水源没有保障,对远征将士是一大考验。虽然困难重重,霍去病没有退却,只有闪电般的奇袭,才能收到最佳战果。

这是一次军事大冒险。

西征军从北地(甘肃省宁县)出发,兵分两路,一路由霍去病统率,沿着沙漠南缘进军;另一路由公孙敖统率,沿沙漠北缘进军。两路大军各数万人,目标是在两千里外的居延会师。为什么选择在居延会师呢?那里有一片湖泊,叫居延海，又称为居延泽，有一条弱水注入，可以补充数万大军所需之淡水。

霍去病挥师西渡黄河，折向沙漠南缘，渡过狐奴水，沿弱水北上，直奔居延海，等待与公孙敖会师。然而，公孙敖并没有出现，他在茫茫荒漠中迷了路，没有抵达会师地点。

公孙敖误期失约，霍去病失去一支重要的力量。怎么办？是撤退，还是继续前进？

即便是孤军，也要继续深入！

横穿两千里沙漠后，霍去病突然出现在敌人后方。这是小月氏的地盘，月氏曾与东胡、匈奴并列为北方三大势力，冒顿单于崛起时，东灭东胡，西破月氏。月氏被迫举国大迁移，迁往中亚，但仍有一小部分月氏人留下来，臣服于匈奴，称为小月氏。

小月氏大大小小部落有数十个，其中单桓王与酋涂王比较识相，举部向霍去病投降。稽且王负隅顽抗，被鹰击司马赵破奴击破生擒，全军覆没。汉军校尉高不识率军征服呼于耆部落，呼于耆王落荒而逃。霍去病横扫小月氏，一直追击到祁连山脚下。小月氏之战，使匈奴河西诸部的力量遭到前所未有的重创，被斩杀与俘虏的人数多达三万零二百。小王被俘获五名，小王的母亲、妻妾、王子被俘虏五十九人；各部落的相国、将军、当户、都尉等高级官员被俘六十三人。

在孤军深入、外无援兵的情况下，霍去病仍取得了令人震惊的战绩。此役斩获敌人数量之多，为历次战役之冠。不过，由于没能与公孙敖会师，霍去病的兵力不足，加上一番恶战，伤亡颇大，不能继续作战。霍去病遂率部沿河西走廊返回，第二次河西之战结束。

两次河西战役，匈奴诸部落损失四万人。

伊稚斜单于大发雷霆，征召浑邪王与休屠王前往单于王庭问责。浑邪王与休屠王自知凶多吉少，两人商量一下，与其去王庭送死，不如举部投降大汉帝国。浑邪王的使者秘密抵达长安，向汉武帝递交请降书。汉武帝对浑邪王、休屠王的投降将信将疑，慎重起见，他做了两手准备：既欢迎浑邪王与休屠王归降，同时严阵以待，以防止胡人诈降的诡计。

受降的重任，又交给年轻的冠军侯霍去病。

霍去病统率大军，渡过黄河，前往接受浑邪王与休屠王的投降。除浑邪王与休屠王外，归降的头目还包括三十一位小王，部众总计五万人。行近边境时，休屠王突然反悔，打算率自己的部众返回河西走廊。浑邪王大吃一惊，休屠王手握重兵，一旦内部起讧，后果不堪设想。他牙关一咬，痛下杀手，计杀休屠王，逮捕其妻儿，吞并其部众。

然而，反悔的不止休屠王一人。

临近黄河岸边，浑邪王已经远远望见霍去病阵容齐整的受降兵团，就在这时，匈奴一些裨王与将领开始动摇，不愿远离故土，军队突然哗变，近一万人突然掉转马头，夺路而逃。浑邪王试图拦截，但无能为力。在受降的前一刻，局势突然恶化，变得不可收拾。

霍去病必须要当机立断，稍有迟疑局面将无法控制。

在此千钧一发之际，霍去病孤身一人，骑上一匹快马，独自奔向匈奴军营。这一幕简直把所有人吓呆了，要知道哗变还在继续，只要有几个亡命之徒，就可以结果霍去病的性命。霍去病不是在受降，而是在玩命！他以奋不顾身的勇气、超乎寻常的英雄壮举，镇服所有匈奴人，兵营内的喧哗与骚动渐渐平息。他置生死于度外的精神，真诚地传达朝廷的立场，给举棋不定的匈奴人服下一粒定心丸。

对于真心归附者，霍去病张开双臂欢迎；对于哗变逃亡者，则一概杀无赦。他派遣一万名强弩骑兵，追击哗变者，一路穷追猛打，射杀八千多人，自己无一伤亡。

凭借机智与勇敢，霍去病以雷厉风行的强腕，终于完成受降的使命，居功至伟。

战略要地河西走廊终于落入大汉帝国之手，通往西域的交通要道终于打通。大汉帝国在河西走廊设酒泉、武威、张掖、敦煌四郡，领土向西扩展九百公里，取得大约十五万平方公里的土地。这是中国开疆史上最伟大的成就之一。

从公元前133年的马邑之谋到公元前121年的河西之战，十二年的战争彻底扭转了汉匈两方攻防格局。汉武帝凭借几代帝王留下的政治、经济资本，在卫青与霍去病两名天才将领的指挥下，夺取河南、河西两块军事要地，将匈奴的势力驱出漠南。反观匈奴一方，虽然不断发动报复性的战争，但缺乏明确的战略方针，只是破坏性的袭扰，未能从根本上改变被动的局面。

为了彻底击垮匈奴，汉武帝在公元前119年发动旨在歼灭匈奴主力的漠北战役。这是汉匈战争史上规模空前的大决战。

这场决战也是卫青与霍去病军旅生涯的巅峰之战。汉军投入远征的兵力达三十万，分东、西两线同时展开。东线由霍去病指挥，西线由卫青指挥，兵力各十五万，其中五万是骑兵，配备最优良的粟马（普通马喂草，粟马吃粟米，特别强壮），另有步兵及后勤运输队五十万人。除了帝国政府准备的十万匹粟马之外，不少将士们还带上私人战马，总有四万匹。

卫青兵团下辖五位将军：前将军李广、左将军公孙贺、右将军赵食其、后将军曹襄、中将军公孙敖。霍去病兵团中没有将军，只有校尉级的军官，包括路博德、赵破奴、卫山、李敢等。很明显，霍去病年轻气盛，不愿意受到老将们的掣肘。为了适应在环境恶劣的大漠中作战，霍去病大胆吸纳匈奴降将与降兵，他们具有丰富的荒漠作战经验，特别是在识路、寻找水源等方面，将起到很大的作用。

先来看看西线卫青兵团的进展。

大汉帝国以倾国之兵北征，匈奴伊稚斜单于为避锋芒，主动后撤到大漠以北。卫青兵团从定襄出发，一路畅通无阻，长驱直进一千余里，挺进到漠北。

以逸待劳的伊稚斜单于见卫青兵团前来，率先发起进攻，一时间万箭齐发，箭如雨下。卫青有备而来，以武刚车列阵防御。据史料记载，武刚车是一种"有巾有盖"的战车，就是有车皮，有车盖。武刚车并拢构成一条环形防线，士兵们躲在车后，毫发无损。眼看弓箭的打击失效，匈奴单于采取骑兵强攻。一万名慓悍的匈奴骑兵，向汉军阵地发起冲击。卫青一面下令弓弩手以箭矢还击，一面派出五千骑兵上前迎战。

双方在沙漠边缘展开大战，战至日薄西山。忽然天色顿变，刮起强风，飞沙走石。卫青敏锐地抓住战机，当机立断，命令大军倾巢而出，从左、右两翼包抄匈奴军队。大血战在飞沙走石的一片昏暗中进行，近身的肉搏战，考验着双方统帅与战士的意志力。卫青意志刚强如铁，伊稚斜单于露出怯色，思想开小差了，他丢下士兵，驾着六匹骡子拉的骡车向西北方向逃跑了。

大家想想，单于都逃了，士兵们还有心恋战吗？一时间军心大乱，匈奴战士争先恐后地逃窜。卫青抓住机会，扩大战果，纵兵追击。匈奴伤亡惨重，被杀与被俘的人数，超过一万九千。

美中不足的是，卫青未能逮到伊稚斜单于。单于那六匹健骡，脚力十分好，卫青追了一晚上，行了二百里，仍未能找到单于的身影。不仅卫青找不到，连匈奴人也找不着单于。直到十几天后，蓬头垢面的伊稚斜单于才狼狈逃回兵营，带着残兵败将，逃到更北的荒凉地带，以避开卫青的锋芒。

伊稚斜单于逃跑后，卫青转而进攻匈奴囤粮基地赵信城，一举捣毁之。城内囤积的军粮能运走的都运走，带不走的便放一把大火烧光。

卫青在西线战场高奏凯歌，在东线作战的霍去病，更是青出于蓝而胜于蓝。

霍去病打击的目标，是盘踞在漠东的匈奴左贤王部。面对来势汹汹、装备精良的汉军，左贤王采取的策略与伊稚斜单于如出一辙，撤至大漠东北部，静观其变。

为了追上左贤王部，霍去病决定率骑兵先行出发，只带上少量的辎重，全速北进，将后勤补给车队及步兵远远抛在身后。清一色的骑兵横穿沙漠，终于捕捉到左贤王的主力。

一场恶战在大漠的东北部展开。

霍去病正面之敌，乃是左贤王的精锐部队。一阵对射之后，汉军骑兵率先发起攻击，匈奴骑兵纵马迎战。汉军骑兵及将领几乎都是霍去病一手挑选出来的，路博德、赵破奴等将领后来均成为名将，此外还有李广的儿子李敢，有乃父之风，作战非常勇猛。此役打得十分激烈，双方的将领都上阵搏杀，匈奴小王比车耆被汉军斩杀，另一名小王章渠受伤被俘。在进攻匈奴左大将部的战斗中，李敢勇冠三军，斩将夺旗，如入无人之境。

匈奴人无力再战，开始向后撤退。

霍去病岂肯罢休，一路跟踪追击。部将路博德追击至寿余山，歼敌两千余人；霍去病则率主力深入漠北，翻越离侯山，抵达弓卢河。两军在弓卢河畔再度交锋，汉将卫山擒获屯头王与韩王，匈奴一方被俘的将军、相国、当户、都尉合计八十三人，士兵不计其数。

左贤王率领残部退至狼居胥山，霍去病一鼓作气，攻下狼居胥山。他堆土为坛，搞了一个盛大的祭天仪式，向上天传达胜利的消息。稍作休整之后，汉军继续西进，一路横扫，直抵姑衍山。在霍去病的狂追狠打之下，左贤王如惊弓之鸟，哪敢恋战，头也不回逃命去了。汉军攻克姑衍山，霍去病设坛祭祀大地。

东线战事以汉军全胜而告终，霍去病横扫匈奴，斩获七万零四百四十三人。

漠北之战，匈奴总计损失九万人，遭到前所未有的惨败，发出了"失我祁连山，使我六畜不蕃息；失我焉支山，使我妇女无颜色"的哀叹。经此重创，匈奴人被迫向更北的区域撤退，从此"漠南无王庭"，在之后很长一段时间里，无力与中原对抗。汉军方面损失也极大，伤亡数万人，出塞前共有十四万匹战马，回到塞内时仅剩下三万匹。至此，汉匈第一期的大规模会战告一段落。

漠北战役过程中，最令人扼腕叹息的一幕，当属李广之死。

李广是抗匈名将，身经百战，但岁月不饶人，他已经六十多岁了。大军出发前，汉武帝曾下一份密诏给卫青，认为李广年龄大，个性张扬，难以约束，不适合担任前锋的任务。卫青只得改派李广与赵食其担当兵团右翼掩护的任务。不想李广大怒，他自认宝刀不老，应该担任主攻，卫青这样做是瞧不起他。更糟的是，李广被调往右翼后，在大漠行军时迷失方向，错过与卫青约定好的会师时间。

漠北之战结束后，卫青派一名长史带着一些干粮与酒，前往李广兵营慰问，并询问迷途失期的情况。在汉代，迷途失期是非常严重的过失，按律当斩。不过这只是表面的规定，很少有将领因为迷途失期被杀，一般只要缴纳一些钱，就可以赎罪，但将被贬为庶人。

面对长史的询问，李广默不作声，没有回答。他是个荣誉感很强的人，在大战前突然被调离前锋的位置，缺席漠北大战，没有完成他痛扁匈奴单于的心愿。这已令他极其不满，如今还被问责，老将军这口气怎么咽得下去？

长史见李广不作声，催促说："请将军的幕府人员随我到大将军处对质吧。"长史话中暗藏玄机，分明暗示李广，将迷途的过失推给部下。

李广岂会听不出弦外之音，但光明磊落的他怎么可能把罪责推给别人呢？李广想也不想，很坚决地说："校尉们是无罪的，我身为将军，军队迷失道路的罪责，理应由我承担，我将亲自前往大将军处当庭对簿。"

他回到自己的营帐，对诸将说："我李广自从结发以来，与匈奴大小七十余战。如今有幸与大将军出征迎战匈奴单于，大将军却把我调往右翼，迂回绕行远路，致使中途迷路。这是天意啊！我老了，终究不能面对刀笔吏的侮辱。"说罢抽出宝刀，引刀自尽。

英雄竟然以此结局收场，令人唏嘘泪下。

李广与卫青、霍去病并列为抗匈战争中的三大名将。虽然他的战功不及卫、霍两人，但他的传奇生涯与人格魅力，使之成为千年传诵的英雄楷模。作为一名将军，李广十分清廉，每有战功得到奖赏时，他从不独占，而是分给部下，与士兵同甘苦共患难，深受部下的尊敬与爱戴。他为官四十余年，从不敛财，最大爱好是射箭，其箭术之高超，旷世无双。

　　当李广自杀身亡的消息传出，全军上下为之痛哭。不仅是军队，就是内地居民，寻常百姓，闻之亦落泪，斯可见李广实为人民之英雄、国家之英雄。

　　李广之死，引发了一系列的事件。儿子李敢是霍去病的部将，他认为父亲是被卫青逼死的，心中怨恨难平，千方百计想找机会报复。他虽然十分勇猛，但脑子简单，容易冲动、感情用事，终于酿祸，刺伤卫青。

　　刺伤大将军是砍头的重罪，但卫青把这件事压下来，没有问罪，这是卫青高尚人格的体现。然而，霍去病却咽不下这口气，为了给舅舅报仇，他顿起杀机。

　　元狩六年（前117）春，霍去病与李敢追随武帝前往游猎。狩猎途中，霍去病乘李敢不备，一箭将他射死。擅杀将领当然也是大罪，但霍去病是皇帝身边的红人，这件事最后不了了之。

　　半年后，年仅二十四岁的霍去病突然暴死。他的死因，史书中没有记载。这时霍去病官拜大司马，与大将军卫青平起平坐，权倾天下。他向来身强体壮，武艺高强，怎么突然暴死呢？有人认为他死于政治阴谋，有人认为他患不治之症，民间认为是李敢的冤魂前来索命。

　　无论是哪一种原因，霍去病如一颗彗星，一闪即逝，扫过夜空，光芒四射。

　　霍去病为人沉勇有大略，敢于任事，遇事果断而坚决。有一次，武帝想让人传授霍去病孙子兵法与吴起兵法，没想到他居然不以为然，回答说："行军作战，关键要看谋略如何，没必要学习古代的兵法。"武帝非常宠幸霍去病，给他建了一座豪华的大宅院。霍去病看都不看，说了一句足以激励每一个国人的名言："匈奴未灭，无以为家也。"

　　卫青与霍去病都想不到，漠北之战，既是他们军事生涯的巅峰之作，也是封笔之作。霍去病英年早逝，卫青的军旅生涯也提前结束。由于卫子夫的失宠，汉武帝对卫青的信任度下降，卫青心知功高震主，故而明哲保身，低调行事，不愿过多染指兵权，最后得以善终。

十四 / 冒险家的故事

汉武帝是位雄才大略的皇帝，他以自己坚忍不拔的意志改变着这个国家的历史。公元前 138 年，有一批匈奴人前来归降，从他们那里，武帝了解到月氏国的消息。自遭冒顿单于、老上单于打击后，月氏国力大衰，国王被杀，脑袋被匈奴人割下来当饮酒器具。月氏人被迫向西大迁移，在遥远的西域重新立国。

倘若能与月氏国联合从东、西两面夹攻匈奴，不是可以彻底击垮这个北方劲敌吗？但是月氏国在哪呢？没有人知道。祁连山以西的土地，汉人未曾涉足，只知道那里沙漠广袤，戈壁遍布。刘彻毅然下诏：征募国内勇士，出使西域。

这几乎是一项不可能完成的任务。出使西域，必须通过匈奴控制的河西走廊、穿越莽莽沙漠与戈壁，克服变幻莫测的天气，面对随时可能出现的土匪强盗以及怀有敌意的国度。这个任务，明摆着就是九死一生、荆棘密布、险象环生的一次大探险。

在一个富于冒险、开拓的时代，危险并不能阻止冒险家前行的步伐。

郎官张骞慨然应征。张骞也许没有意识到，这次出使西域，将是一次改变历史的伟大冒险，其对中国的意义，不亚于哥伦布美洲探险对欧洲人的意义。使团共计一百余人，张骞担任正使，还有一名叫甘父的胡人向导，身份是奴仆。

对绝大多数人来说，这将是一条不归路。

使团出发后，面临的第一个难题，是能否安全通过匈奴人控制的河西走廊。当时汉匈全面战争尚未爆发，两国处于相对平静期，张骞存有侥幸之心。

然而，张骞的侥幸心很快便破灭了。刚出国门，张骞使团便遭休屠王扣押，全体押解到匈奴军臣单于的王庭。汉使敢胆擅自入境，军臣单于勃然大怒，将汉使团成员全部软禁，放逐到寒冷的北方，以放牧为生。张骞沦为阶下之囚，过上了游牧民族的生活，在匈奴一住就是十年。

匈奴是个崇武的民族，对勇士很崇敬。军臣单于十分欣赏张骞的勇气，想留为己用。他挑了一个匈奴女子，嫁给张骞，想以此来羁縻这位胆气非凡的探险者。几年后，匈奴老婆生了个儿子，这固然给张骞的生活带来快乐，但是勇士一刻也没忘掉自己的使命。他精心保存着皇帝授予的使节，只要有机会，他就会想方设法逃出匈奴。

光阴如梭，十年过去了。匈奴人对他的戒备越来越松，张骞心中明白，是时候离开了。由于使团成员被流放在不同地方，可以一起逃跑的，只有少数几人。

一天深夜，张骞与奴仆甘父及其他几人成功出逃，他没忘带上精心保存的符节。张骞并非要逃回国，而是要继续完成未竟的使命。他们一路向西，风餐露宿，靠着甘父精湛的箭术猎杀走兽飞禽以充饥。就这样，张骞等人饱一顿饥一顿，经过十几天的艰难跋涉，终于逃出匈奴，进入西域。

西域是一个特定的地理概念，意指祁连山以西的广大地区，包括今天的新疆与中亚。张骞的到来，打开了大汉帝国认识世界的新窗口。

张骞抵达的第一个国家是姑师（新疆吐鲁番西北）。姑师国王听说汉使前来，大吃一惊。汉匈战争正如火如荼地进行，汉与西域的交通线完全中断，怎么冒出个汉使来呢？张骞把来龙去脉说了一遍，国王听后非常钦佩，说道："月氏国距离姑师尚且有数千里，道路极为艰险，葱岭（帕米尔高原）难以逾越，须绕道而行。我派个向导给你们，先去大宛，过了大宛，便可抵达月氏。"

在姑师向导的指引下，张骞一行人沿着天山南麓向西行进。这是一个巨大的盆地，即塔里木盆地，盆地内沙漠广布。沙漠的南北两侧绿洲地带，分布有大大小小数十个国家，北侧的通道称为北道，南侧的通道称为南道，是东西交通的两大要道。张骞走北道，行经危须、焉耆、乌垒、龟兹、姑墨、温宿、尉头、疏勒、捐毒等国。他很留心这些国家的地理位置、面积、地形、河流、人口等信息。

数十日后，张骞到达大宛。大宛约在今天吉尔吉斯斯坦、乌兹别克斯坦、塔吉克斯坦等国交界地带，在崇山峻岭之间有一个费尔干纳盆地，是西域一块风水宝地。大宛以农耕业为主，种植小麦水稻，国内有许多城镇。

大宛王听说大汉使节不远万里前来，非常高兴。张骞向大宛王许诺，倘若他帮助汉使完成出使月氏的任务，帝国政府必定馈赠丰厚的礼物。大宛虽与月氏相邻，但受阻于高山，不易直接通行，大宛王派遣使者和翻译与张骞同行，绕道康

· 十四 / 冒险家的故事 · 099

居国，再从康居南下进入月氏。

十年前，张骞应征出使月氏时，没人知道它在什么地方。经过十年的磨难，张骞不辱使命，终于来到月氏。为了这一天，他付出了太多。然而，月氏人对张骞联合对抗匈奴的建议毫无兴趣。好了伤疤忘了疼，他们早已把国破家亡的旧事忘得一干二净。自从老国王被匈奴人砍了脑袋当作酒器之后，月氏人西迁到沩水（阿姆河）附近（阿富汗和塔吉克斯坦交界处），征服居住在这里的大夏人，重建月氏国。月氏地处高原之上，外敌很少，北部的康居与南部的大夏都臣服于它，月氏国王乐不思蜀，再也不去想着报仇的事。月氏离匈奴很远，离汉帝国更远，既不担心匈奴来进攻，也不担心汉帝国来犯。月氏国王虽对张骞客客气气，却绝口不提报仇雪恨的事，令张骞非常失望。

张骞在月氏待了一年多，他利用这段时间，深入了解西域的政治格局与风土人情，还到附近的国家游历，大开眼界。由于月氏无意与汉帝国合作，张骞决定启程回国。

公元前127年，张骞离开月氏，踏上回国的路途。

一个最严峻的问题摆在张骞面前：如何穿过匈奴领地，安全返回国内？如果不走河西走廊，就只剩下一个选择：翻越青藏高原。张骞打算选择后者，他翻过阿尔金山，进入青藏高原，然而，不幸又一次降临。他被高原上的羌人发现并扣押，此时的羌人臣服于匈奴，便将张骞等人交给军臣单于处置。

军臣单于仍然网开一面，不仅未处死张骞，还让他与匈奴老婆和儿子团聚。人非草木，孰能无情。历经劫难后，张骞与家人团聚，多少感到一些安慰。但他仍是大汉的使臣，必须想方设法回国向天子复命。

一年后，匈奴政局风云突变，给张骞提供了千载难逢的逃亡机会。公元前126年，军臣单于去世。左谷蠡王拥兵自重，自立为伊稚斜单于，发兵攻打太子单于，匈奴内战爆发。此时不逃，更待何时？这一次，张骞没有抛下妻儿，他带着妻儿与忠诚的奴仆甘父再度踏上逃亡之路。经过一番磨难，终于返回汉帝国。

十三年前，以张骞为首的一百三十人使团出发后，便石沉大海，杳无音信。十三年过去了，张骞奇迹般的回来了，只是一百三十人的使团，最后返回的只有他与甘父二人，其他人都有去无回。在此期间，张骞遭遇被捕、囚禁、逃亡、再被捕、再囚禁、再逃亡的生涯，九死一生。但他终于活下来了，不仅活下来了，他还带回地理上的大发现。这些大发现，将完全改变汉人对外部世界的认识，推动帝国进入一个大外交时代。

张骞的伟大，与汉武帝的英明是分不开的。没有武帝的雄心，就没有张骞伟大的探险。张骞带回关于西域的情报，令雄才大略的武帝意识到，这具有无可估量的价值。

张骞通西域的第一个意义，是促成汉帝国打通河西走廊，这几乎是通向西域的唯一通道。元狩二年（前121），霍去病两次横扫河西，浑邪王投降，将河西走廊拱手相让。

公元前119年，卫青与霍去病发动漠北战役，重创匈奴。匈奴远遁北方，漠南无王庭。汉匈战争的焦点，转向匈奴人控制的西域地区。受封"封望侯"的张骞提出一项宏大的战略计划，核心是：与西域强国乌孙结盟，强势介入西域，控制西域诸国，斩断匈奴的右臂。

汉武帝对张骞的计划极为赞赏，派他第二度出使西域。

乌孙是西域最强大的国家，国王昆莫是一个杰出的领袖。军臣单于多次派出大军，企图剿灭乌孙，竟屡屡受挫。然而，张骞来得不是时候。昆莫年老，他的儿子大禄与孙子岑陬争权夺利，拥兵自重。乌孙国实际已处分裂边缘，国内政局的混乱，使昆莫没有心思考虑与汉帝国结盟。继联月氏抗匈失败后，联乌孙以断匈奴右臂的计划也难产。

不过，张骞第二次出使西域仍然取得巨大的成就。他派副使出使西域各国，汉使的足迹广布，从天山到塔克拉玛干沙漠的南缘，从锡尔河到阿姆河，从帕米尔高原到里海的沿岸，从兴都库什山脉到印度河流域。向西最远到达安息国的首都番兜城（今伊朗达姆甘）；向南到达身毒，即今天的印度，这是中国与印度两个伟大国家的初次接触，具有划时代的意义。

庞大的汉使节团频繁出使各国，中国开始走向世界。这是中国外交史光辉的一页，也是积极主动进取的开拓时代。

元鼎二年（前115），张骞返回国内。他被任命为大行，主管藩夷事务，约相当于外交部长，一年后病逝。

张骞是中国历史上最伟大的人物之一。他之前的中国，是中国人的中国，除了自家的地盘，只知道周围的邻国，视野狭窄；他之后的中国，是世界意义上的

・十四/冒险家的故事・101

中国，在与中亚、南亚、西亚频频接触中，开拓出古代最重要的贸易运输通道：丝绸之路。

丝绸之路从中国经河西走廊，在西域分为两支：一支沿昆仑山的北麓，经楼兰，顺塔里木河直抵莎车，越过葱岭进入月氏、安息，到达西亚，再从西亚直入欧洲，形成一条漫长的路上交通要道；另一支沿天山南麓，到达疏勒，越过葱岭，抵达大宛、康居。丝绸之路的开通是世界交通史上一件极为重要的事件，中国的丝绸产品就是通过这条通道销往欧洲。

张骞的地理大发现，促成汉武帝时代大规模的开疆拓土。直接的结果是经营西域：帝国的势力强势介入塔里木盆地、天山以北以及中亚的费尔干纳盆地，西域从此成为汉帝国对外经略最重要的战略方向。

汉武帝时代，是中国历史上最重要的扩张期。除了张骞通西域之外，帝国在西南也有地理大发现，这归功于另一位冒险家：唐蒙。

建元六年（前135），番阳县令唐蒙奉命出使南越国。在南越，他见到蜀郡出产的枸子酱，觉得很奇怪，就问当地官员："蜀郡离南越这么远，为什么蜀郡的枸子酱会出现在这里？"南越官员说："是通过牂牁江运过来的。"但是如何从蜀郡运到牂牁江，南越官员却说不清。

从南越回来后，唐蒙找到蜀郡的商人，打听详情。蜀商告诉他，商人是把枸子酱卖到蜀郡南边的夜郎国，夜郎国有一条牂牁江，可以行船，与西江相通，船只可以直达南越首都番禺城。

唐蒙听罢大喜，他是个既精明又有远见的人，意识到蜀商透露的信息有重大军事价值。他整理思路后，写了一道奏折，提出自己的战略构想，核心是：从巴蜀打通一条通往夜郎国的通道，控制夜郎国，沿着牂牁江顺流而下，攻取南越首都番禺。

雄心勃勃的汉武帝批准唐蒙的计划，并任命他为中郎将，率一千人从巴郡符县（四川合江）出发，前往夜郎国。唐蒙拜见夜郎国王多同，代表汉帝国政府，给了大把银子，并乘机提出由朝廷向夜郎委派官吏，实际上就是将夜郎纳入大汉政府的管辖。夜郎及其附近的小国，一来看到唐蒙出手大方，再者认为汉帝国遥远，奈何不了他们，就纷纷表示愿意缔订盟约。

于是汉武帝诏设置犍为郡，负责管理夜郎国及其周边的小国，夜郎王改称为夜郎侯。由于汉地与夜郎的交通十分不便,必须修筑一条通往牂牁江的道路。筑路的重任落在唐蒙身上。唐蒙征发巴、蜀两郡的民工与士卒数万人,修筑从僰道(今宜宾市)到牂牁江的通路。由于地形非常复杂,修路难度大,很多人活活累死,致使巴、蜀两郡民怨沸腾。

为平息众怒,汉武帝派司马相如前往巴蜀安抚民众,唐蒙被免职。这条通道修筑两年,最终因人员死亡太多,耗费钱财过巨,不得不停工。

位于巴、蜀西南的邛都、筰都、冉等夷国,听说夜郎与中国交通,捞到不少好处,心中好是羡慕,纷纷派出使者到长安,表示愿归附中国,请求朝廷派出使者前往沟通。

汉武帝遂任命司马相如为中郎将,持节出使西南夷。诸夷国得到大量金银帛物,纷纷内附中国。在司马相如主持下,拆除巴蜀与西南夷国交界处所设的关卡,大汉帝国的疆界大大扩张,西南边境西抵沫水(大渡河)、若水(雅砻江),南达牂牁(贵州黄平)。司马相如还修筑灵山道并在孙水(四川安宁河)修建桥梁,打通了邛都、筰都的交通线。汉政府设十县,派遣一位都尉负责管理新开拓的土地,行政上属于蜀郡管辖。

然而,西南诸夷之所以内附汉帝国,主要是见钱眼开,且自认为地形险峻,帝国的势力根本无法扩张到他们的地盘。不过,他们很快发现自己错了。汉帝国动用巴、蜀、广汉、犍为四郡的民力,大力开拓西南交通,西南诸部落大为恐慌,纷起叛变。

汉武帝以武力镇压西南夷的叛变,然而收效甚微。西南地势多崇山峻岭,易守而难攻,汉军长距离行军作战,困难重重。到元朔三年(前126),汉匈战争进入高潮,朝廷已无财力在西南大规模开拓。皇帝下令停止对西南夷的经营,倾尽国家之力,全力迎战劲敌匈奴。

直到张骞从西域返回后,才又一次刺激了武帝开拓西南的念头。

原来张骞初通西域时,曾经游历大夏国的首都蓝布城(今阿富汗的瓦齐拉巴德)。他意外地发现城里竟然出售邛地产的竹杖与蜀地产的布料。邛与蜀都位于汉帝国的西南,生产的商品怎么会出现在万里之外的大夏国呢?

细节决定成败。张骞与唐蒙一样非常细心,不放过微小的细节。由于汉匈战争爆发,交通断绝,这些商品不可能通过河西走廊、经塔里木盆地进入中亚的大夏国。那么只有一种可能性，在汉帝国的西南地区，一定还有另一条路可以抵达月氏、大夏。

向商人仔细盘问后，张骞弄明白，这些来自邛、蜀的商品，乃是从大夏国东南的身毒国（即印度）转送过来的。张骞判断，身毒国一定与汉帝国的西南相距不远。这意味着，从中国的西南，可以打通一条南方通道，经身毒国直抵西域诸国。

当时河西走廊还控制在匈奴人手中，汉武帝认可张骞的判断，决心打通一条西南国际交通线，直抵西域。

张骞负责打通西南交通线。元狩元年（前122），他派出四路使团，分道出发，寻找通向身毒的道路。不料，四路使团最后都碰了一鼻子灰回来。原因是他们都遭遇到沿途诸夷部落的阻挠、袭击与抢劫，死了不少人，也损失了不少物品。

四路使团在西南的探索均告失败，可并非一无所获。

返回国内后，他们向皇帝汇报沿途的情报，最重要的信息有两条：其一，滇国是西南夷中比较大的一个国家，应该让滇国归附帝国，加强帝国对西南的控制。其二，昆明附近有一个大湖，名为滇池，这一带多劫匪，袭杀了不少帝国使团成员。

按照当时惯例，两国交兵不杀来使。西南诸夷根本不理会这套，杀人越货。汉武帝心高气傲，吃不得亏，一定得报复。由于杀人越货的诸夷出没于昆明滇池，汉武帝在长安西南开凿一个二十平方公里的人工湖，命名为昆明池，用以训练水军。

元鼎六年（前111），西南诸夷再度爆发大规模的叛乱。

最先叛乱的是且兰国（今贵州都匀），且兰王杀死汉使，率兵袭击犍为郡，杀死犍为太守。邛都、莋都纷起响应，加入叛乱的行列。

汉武帝紧急下令，调八名校尉率军镇压西南的叛乱。然而西南地区地形太复杂，八校尉与西南诸夷陷入苦战，无法取胜，双方陷入僵持状态。

朝廷起用中郎将郭昌，他是一名非常优秀的将领，曾经多次追随卫青出征匈奴。郭昌作战以勇猛著称，他采取各个击破的战略，先解决且兰国的叛变。且兰国的军队武器低劣，焉是汉军的对手，很快便被击破。郭昌进驻且兰都城，斩首数万，国王在逃跑途中被杀，且兰的叛乱完全平定。

然后，郭昌挥师西向，击破邛都、莋都，杀死两个国王。汉军进攻势如破竹，西南诸夷大为恐慌，冉等夷国纷纷表示归附，请求汉帝国派官吏管理。

武帝刘彻诏令在西南设立五郡：牂牁郡（管辖区为且兰国，位贵州都匀）、越嶲郡（管辖原邛都国，四川西昌一带）、汶山郡（管辖原冉国，位四川茂汶）、沈黎郡（管辖原莋都国，位四川汉源）、武都郡（管辖白马氏部落，武都在今甘肃成县）。

这次出兵西南，一举将叛乱之夷国置于郡政府的管辖之下，朝廷对西南的控制力更强了。

平定诸夷叛乱后，汉武帝遣使出使滇国，要求滇王归附汉帝国。滇王仗着自己有数万军队，而且与邻国劳浸、靡莫等属于同族同姓，以为汉军无法深入此地，傲然拒绝汉使的要求。劳浸与靡莫曾多次出兵偷袭汉使团，掠夺使团的财物，与滇国一样，拒绝归附汉帝国。

元封二年（前109），汉武帝决心武力征服滇国、劳浸与靡莫。

巴蜀两郡的大军深入南方，由在西南战场立下卓越功勋的将军郭昌任总司令，中郎将卫广任副司令。劳浸与靡莫两国位于滇国的北部，首当其冲。汉军势如破竹，轻松击破劳浸与靡莫，进入滇国境内。滇王大惊失色，自思不是汉军的对手，决定举国投降，归附汉朝。

刘彻下诏，在滇国、劳浸、靡莫这一地区设益州郡。

从元光五年（前130）唐蒙出使夜郎，到元封二年（前109）滇国并入帝国版图，前后共计二十一年的时间，汉帝国领土向西南方向大大扩张，共设立七个郡（犍为郡、牂牁郡、越嶲郡、汶山郡、沈黎郡、武都郡、益州郡），归降的西南夷国家及部落共计一百多个。

由于西南诸夷的归附，汉武帝雄心壮志，欲再次开拓西南国际交通线。此后几年，每年派出打通西南交通线的使团，多达十个以上。这些使团每到昆明就受阻，无法通过。这里的"蛮夷"太多，神出鬼没，杀人越货，截击使团。

早想征服昆明的汉武帝，在元封六年（前105）任命郭昌为拔胡将军，南下征讨昆明。昆明夷族部落众多，各自为战，但是在战术水平上与武器方面，与汉军相比，差距过于悬殊。郭昌率军猛攻，采用各个击破的战术，逐一清除，大开杀戒，前后斩杀昆明夷数量，达数十万人之多。

汉军虽然控制了昆明，但打通西南到身毒（印度）交通线的努力最后仍然以失败告终。这条通道确实太难行走，既有横断山脉崇山峻岭阻断，又有茫茫的热带雨林，这些天然屏障，难以逾越。汉武帝打通西南交通要道的宏伟计划，最终不得不搁浅。

至此，中国开拓西南的事业告一段落。

十五 / 开疆拓土：从南越到朝鲜

汉武帝是汉代武功极高的皇帝，平定了南越与东越，开拓了南方万里之地。他是中国历史上最杰出的帝王之一。

我们先来了解一下南越的往事。

南越王国的建立者赵佗是秦朝时驻南海郡的一名官员。

秦始皇三十三年（前214），秦军大举南征，扫荡南方诸少数民族，平定岭南，置桂林、南海、象郡三个行政区。几年后，爆发陈胜、吴广大起义，天下大乱，中原逐鹿，英雄纷起。远在南岭以南的南越，很快便脱离中国的版图。

时任南海郡军事长官的任嚣，胸有大志，想借此时机，割据自立，独霸一方。可惜他已年老，还未来得及起事，便病死了。临死前，他指定龙川县令赵佗接替自己的职位。赵佗一上任，首先阻断通向北方的通道，南海郡实际上成为一个独立王国。公元前207年，短命的秦朝灭亡。赵佗更加有恃无恐，出兵吞并桂林、象郡，自立为南越武王。

汉王朝建立后，南越并没有臣服，高祖刘邦派陆贾出使南越，打算封赵佗为"南越王"，使之成为汉帝国的藩臣。

公元前196年，陆贾抵达南越。赵佗听说汉使前来，摆出一副妄自尊大的架势，衣冠不整坐在堂上。陆贾大喝道："足下本是中国人，如今自甘沦为南蛮，尽丧中国之风俗，想凭借区区南越之地，与帝国天子抗衡，我看足下要大祸临头了。"

赵佗吓了一跳，慌忙正坐，谢道："我在蛮夷地待得时间久了，差点忘了中国的礼仪。"

陆贾乃一介书生，能说会道，他软硬兼施道："大汉天子怜悯百姓受战争之苦，不想对南越用兵，遣我前来，授予足下南越王印，互通使节。足下不仅未出郊相迎，北面称臣，反而倨傲自大，坐井观天。倘若天子闻此，必定掘足下先祖的坟墓，屠灭宗族，遣偏将率十万雄师南下，取南越易如反掌。"

赵佗问道："我与皇帝相比如何呢？"

陆贾怫然道："足下不过数万人马，皆蛮夷之辈，国土比不上汉帝国的一个郡，跟大汉皇帝有什么可比的！"

赵佗哈哈笑道："我没在中原起兵，只好在此地称王，倘若我居住中原，未必不如汉皇帝呢！"

陆贾在南越住了好几个月，与赵佗日夜饮酒，畅谈天下大事。赵佗说："南越这个地方，没有人可以畅谈得如此痛快，先生此来，说了许多话，我闻所未闻，真是收获良多。"陆贾向赵佗晓以利害，劝他早日归附汉帝国。赵佗表示愿意称臣，归附汉廷，互通使节。陆贾圆满完成外交的使命，准备回国，赵佗依依不舍，临别赠送许多南越珍宝物产，价值千金。

南越成为汉帝国的藩国后，相互通商通使。南越从汉帝国进口大量的铁器、农具以及牛、羊、马等，每年也献上特产给朝廷。

数年后，汉高祖刘邦去世，吕后当权。吕后一反刘邦的政策，对南越限制出口铁器、农具，牲畜只出口雄性，不准出口雌性。这些贸易制裁措施使赵佗怒从心生，发兵攻打汉帝国，大掠而归。吕后派周灶为将军，率军讨伐南越，但受制于南岭的丛林，最后无功而返。

这样一来，赵佗更加横行无忌，挥师东向，攻打闽越国。闽越国是汉之藩国，第一任国王无诸，是越王勾践的后代。在秦末时，无诸率领闽越人参加灭秦之战，后被刘邦封闽越王。赵佗大兵压境，闽越国被迫屈服，成为南越的从属国。赵佗以同样的手段，迫降西瓯国（现广西境内），这是南越的黄金时期，雄踞南方，东西土地万余里。

四处出击，屡屡得手，赵佗好不得意，自称皇帝，乘黄屋（皇帝专用车），建左纛（皇帝车上专用的装饰），跟大汉皇帝仪制相同，好不威风。

汉文帝继位后，决定通过外交手段，效法高祖刘邦的做法，使赵佗称臣。这项艰巨的外交任务，又一次落在陆贾身上。为了国家利益，陆贾不顾年老力衰，不远万里之遥，前往南越。在他的行李中，有一封文帝刘恒写给赵佗的亲笔书信。

自从陆贾第一次出使南越，整整过了十七个年头。赵佗听说老朋友再度光临，亲自设宴为陆贾接风洗尘。陆贾把汉文帝的亲笔信递给赵佗，信中写道："一旦战事兴起，必定会使大量士兵惨遭屠戮，大批将吏血洒疆场，许多妻子将成为寡妇，许多儿童将成为孤儿，许多父母将无所依靠。战争所得到的，远远不及战争所破坏的，所以我不忍心做这种事情。"汉文帝又说，只要赵佗放弃帝号，汉与南越将恢复使节往来，和平相处。

赵佗是个精明的政治家，合计跟强大的汉帝国对抗并非上策，故而谢道："老夫自当接受天子的诏书，从此以往，永远作为中国的藩臣，每年向中国进贡，永不犯中国。"当众宣布："我听说两雄不并立，两贤不并世。当今汉朝皇帝，乃是真正的贤明天子。从今日起，我将除去帝号，撤去黄屋左纛。"

汉文帝恩威兼施，令南越重新回归藩国之列，化解了一场战争危机，使黎民百姓免遭战争之苦，此后汉与南越维持数十年的和平局面。

赵佗去世后，孙子赵胡继任国王，称为南越文王。

建元六年（前135），赵胡派遣太子赵婴齐到汉帝国都城长安，充当皇帝的侍卫官。赵婴齐在长安结识了一个美丽的女人，此女姓樛，史不载其名。樛氏是邯郸人，她曾有一个情人，叫安国少季，两人曾恋爱过。但樛氏最终选择南越太子，为赵婴齐生下儿子赵兴。

赵婴齐在长安住了十余年，直到父亲赵胡病逝。汉武帝批准赵婴齐返回南越，继任国王，樛氏名正言顺成为南越王后，儿子赵兴成为太子。几年后，赵婴齐不幸染疾，竟英年早逝。年幼的赵兴当上国王，太后樛氏不谙权术，国家军政大权实际掌握在三朝宰相吕嘉手中。

因为樛太后是汉人，汉武帝想借此机会，将南越国从汉帝国的藩国变为封国。藩国虽臣服于中国，但主权是独立的，封国则受中央政府的管辖。这件事，得派一名得力的外交使臣去办，谁是合适的人选呢？汉武帝想到一个人：樛太后早年的情人安国少季。

公元前112年，安国少季以特使身份出使南越。孀居多年的樛太后，见到老情人安国少季，旧情复燃。安国少季频频出入宫禁，与樛太后重温旧日之好，做一对戏水鸳鸯，好不快活。

宫禁传出的丑闻，令南越大臣们私论纷纷，认为樛太后身为南越国母，与汉使如此暧昧，实在有损国体。樛太后意识到大臣们的不满情绪正悄悄地滋长，她油然而生一种无力感，发现自己无法控制南越的局势，政变随时会爆发。她决定

・十五/开疆拓土：从南越到朝鲜・109

寻求汉帝国的保护，便同意汉武帝提出的要求，放弃国家独立主权，变更为大汉的封国。

樛太后的决定，令南越国朝野上下一片哗然。宰相吕嘉成为反对派的轴心，他三朝为相，家族成员中有七十多人在各机要部门任职，势力极其庞大。

怎么办呢？樛太后顿起杀机，决定铲除吕嘉。于是乎一场鸿门宴紧锣密鼓地上演，太后设宴邀请宰相吕嘉，安国少季负责刺杀行动。

饮酒过半，樛太后对吕嘉说："归附中国，是利国利民之事，宰相为何百般阻挠呢？"吕嘉不吭声，只顾饮酒。樛太后瞅了安国少季一眼，暗示他动手。然而，安国少季优柔寡断，瞻前顾后，迟迟未敢下手。

吕嘉看出酒宴上布满杀机，便起身告辞，向大门口疾走。眼看吕嘉就要走出宫门，樛太后大为焦虑，情急之下操起一把矛，国王赵兴心中一惊，慌忙拉住母后。吕嘉大惊失色，撒腿便跑，一溜烟跑出宫外，躲进兵营去了。

铲除吕嘉计划的流产，使樛太后与宰相的矛盾白热化。吕嘉躲在兵营中不敢出，称病不朝，秘密联络朝中大臣，坐观事态的发展。双方僵持了几个月，谁都没有进一步的行动。

武帝刘彻认为安国少季缺少魄力，决定对南越施加军事压力，便派遣一支两千人的部队，由韩千秋为总指挥，樛太后的弟弟樛乐为副指挥，启程前往南越。

得知汉军南下后，吕嘉迅速发动政变。他发布通告，指责樛太后与汉使秽乱春宫，出卖国家。乱军攻入王宫，樛太后与国王赵兴被愤怒的士兵乱刀砍死。紧接着，乱军们又杀向汉使馆，杀死安国少季。吕嘉控制王宫，另立赵兴的异母弟弟赵建德为南越国王。

樛太后的弟弟、南下兵团副指挥樛乐得知姐姐遇害，悲痛欲绝，挥师急进，连续攻下几座城邑。吕嘉探得汉军只有两千人，故意诱敌深入。韩千秋一路无阻，直逼南越都城番禺。行进到距离番禺只有四十里处时，突然鼓声四起，杀声震天，韩千秋才发觉，已中南越军队的埋伏。这支两千人的小部队，全军覆没，韩千秋与樛乐都力战而死。

南越政变、使臣之死、韩千秋兵团的覆灭，宣告汉与南越的战争全面爆发。

为了征服南越，汉武帝大赦天下，将囚犯编入远征军。短短的五个月时间，以囚犯为主力的南征军团组建完成。远征军总兵力在十万人以上,兵分四路:第一路由伏波将军路博德指挥,从桂阳出发,顺着湟水南下,进攻番禺;第二路由楼船将军杨仆指挥,从豫章出发,顺横浦南下。另两路分别由南越降将指挥,一路从零陵出发,沿湘江支流溯流而上,再经灵渠进入珠江水系;另一路从牂牁江出发,经盘江,下西江,然后东进番禺。

杨仆指挥的兵团是南征的王牌,由精锐的正规军组建,战斗力最强。他一路沿江而下,在寻陕(广东曲江县)与南越军队第一次交锋,大获全胜。首战告捷后,杨仆继续南下,到离番禺二十里处的石门要塞,再次攻陷要塞,南越军队被迫躲进番禺城中,据险而守。路博德的运气比较差,他的兵团主要由大赦的囚犯组成,一路上逃兵不断,与杨仆兵团会合时,只剩下一千多人。

杨仆仗着人多势众,对番禺城发动轮番的猛攻。路博德手头只有千把人,只得让士兵们把旌旗插得满山遍野,虚张声势,把招降书射进城内,劝守城将士快快投降。杨仆在东南面攻打,南越守兵纷纷向西北面逃窜,向路博德投降。

经过一番激战,杨仆攻破番禺城的东南城墙,汉军一拥而入,在城内纵火。南越宰相吕嘉见大势已去,与新任国王赵建德分乘几艘船,逃离番禺城。由于路博德采取劝降的策略,在杨仆攻破城池后,南越将士多数选择向路博德投降。路博德从降兵口中打探到吕嘉与小皇帝的下落,马上派几十艘快船,在南海进行拉网式搜捕。经过一夜的搜捕,终于追上吕嘉与赵建德的逃亡船只,并将两人全部擒获。

南越王国至此灭亡,此时距赵佗立国,共计九十三年。汉武帝将南越分割为九个郡:南海、苍梧、郁林、合浦、交趾、九真、日南、珠崖、儋耳,范围包括今天的广东、广西、海南、越南的北部与中部。平定南越是一场影响深远的战争,是汉帝国开疆拓土的重要组成部分。至此,幅员广阔的南方地区,成为中国永久性的领土。

汉武帝时代,开拓是全方位的:从匈奴人手中夺取河南地与河西走廊;在西南吞并降服百余个小国与部落;武力征服南越。除此之外,汉帝国权力的触角还伸向东北的朝鲜。

汉时朝鲜半岛上有几个国家,包括朝鲜、真番、临屯、辰国等。朝鲜只是半岛北部的一个国家,而且是汉人统治的国家,史称"卫氏朝鲜",其政权的创立者是卫满。

卫满是秦末汉初时的人物，原本是卢绾帐下一名将军。汉王朝建立后，卢绾被汉高帝封为燕王。汉高帝十二年（前195），卢绾谋反不成，逃入匈奴。汉将周勃率军队征讨卢绾残部，卫满率军抵抗，吃了败仗，带着一千多残兵败将，向东逃窜，逃到朝鲜半岛。卫满脱去汉服，改穿朝鲜的服饰，在异国他乡逐渐站稳脚跟。凭借一千多人的部队起家，卫满居然在几年内扫荡朝鲜，夺取政权，自立为国王，定都王险城（今朝鲜平壤）。

刘邦去世后，吕后当权，派辽东太守前往朝鲜，与卫满达成协议，朝鲜成为汉之藩国。作为藩国，朝鲜有独立的主权，同时对汉王朝负有一定的义务，即藩卫汉帝国东北安全，监视东北边境的少数民族部落。作为回报，朝廷赏赐卫满大量财物。卫满利用这些金钱，添置武器，训练军队，陆续打败南部的真番国、临屯国，成为半岛上最强大的政权。

卫满去世后，又传二代，孙子卫右渠成为朝鲜国王。

卫右渠心高气傲，作为汉的藩臣，他从来没去朝见皇帝。不仅如此，还阻挠半岛上其他国王前去朝见皇帝。汉武帝认为卫右渠的做法，违背当年卫满与吕后达成的协议，便派出使臣前往与朝鲜政府交涉。

元封二年（前109），汉使涉何抵达朝鲜首都王险城，会见国王卫右渠。卫右渠态度强硬，导致双方的谈判破裂。涉何回国时，卫右渠派一位裨王护送出境。到了边境，涉何不甘心空手而归，竟杀死前来送行的裨王，斩下首级，回国邀功请赏。涉何瞎编故事，把自己的卑鄙行为吹嘘为英雄壮举。汉武帝信以为真，拜他为辽东东部都尉。卫右渠大怒，发兵攻打辽东，杀死涉何。

涉何事件，终于导致汉与朝鲜兵戎相见。

涉何擅杀裨王，朝鲜政府本可采取外交手段讨回公道，卫右渠却采取侵略的手段，确实是下策。汉帝国如日中天，北驱匈奴、平定南越、开拓西南。在这样的背景下，朝鲜悍然入境杀汉将，这是很不明智的，最终只是激怒了汉武帝。

元封二年（前109）秋季，刘彻赦免全国死囚，编入远征军。曾在南越战场立下赫赫战功的楼船将军杨仆，担任海军统帅，率领庞大的战船，下辖五万名士兵，出渤海，直指王险城。陆军统帅由左将军荀彘担任，从辽东出发，进逼朝鲜。

杨仆率海军进攻朝鲜，开创中国军事史上远距离跨海作战的先例。他立功心切，带领七千人的先头部队，率先登陆，进逼王险城（平壤），朝鲜军队出城迎战，杨仆寡不敌众，被打得大败，窜入山林。陆路的进展也很不顺利，左将军荀彘率辽东兵团东进，首战不利，进攻受挫。

与此同时，汉朝特使卫山抵达王险城，与朝鲜国王卫右渠会晤。卫右渠深知两国实力相差悬殊，马上表示愿意投降。为了谢罪，卫右渠遣太子入中国朝见汉武帝，派一万名官兵护卫随行。按理说，诚心投降不应该派一万人护卫，但是卫右渠信不过汉使，当年涉何就是一例。最后事情卡住了，左将军荀彘要求一万名官兵放下武器，朝鲜太子不同意。双方互不信任，太子愤而返回王险城，投降一事便不了了之。

和局不成，双方只好继续兵戎相见，在战场上一分高下。

左将军荀彘在兵力得到补充后，终于凭借优势兵力突破朝鲜军队的防线，挺进到首都王险城。此时，楼船将军杨仆的五万名海军士兵也完成登陆，与荀彘兵团合围王险城。

汉军的指挥中枢的缺点暴露无遗。武帝任命荀彘为陆军统帅，杨仆为海军统帅，相互不受对方节制，没有一个明确的指挥系统，导致协同进攻出现极大的问题。

荀彘从西北方向进攻王险城，杨仆从南面进攻。但是两人战略不同，杨仆主张与朝鲜政府和谈，以达到不战而屈人之兵的目的。荀彘则坚决主战，屡屡要求杨仆兵团配合攻城，杨仆虚于应付，每次都按兵不动。

杨仆之所以消极作战，乃是因为卫右渠秘密派出使者前来，诈称要投降。杨仆自以为胜券在握，坐等卫右渠将王险城拱手相让，好抢下朝鲜之战的首功。

其实，卫右渠根本就不打算投降，只是以派出使者羁縻杨仆，耍了一个计谋罢了，同时离间两名汉军主将。两位大将相互拆台，导致王险城久攻不下。

汉武帝很不高兴，派公孙遂前往朝鲜，调查两位大将失和的原因。荀彘见到公孙遂，抱怨杨仆按兵不动，还认为杨仆私下跟卫右渠频繁往来，有叛反的可能。公孙遂听了荀彘一面之词，召楼船将军杨仆前来，当即逮捕下狱。杨仆被押回长安，汉武帝没想到公孙遂竟自作主张，把前线大将抓回，一怒之下，处死了公孙遂。

荀彘吞并杨仆五万人马，实力大增，重新发动对王险城的进攻。眼看王险城危在旦夕，朝鲜一些官员发动政变，刺杀卫右渠，打开城门，向荀彘投降。

至此，卫氏朝鲜灭亡，土地并入汉的版图，分置为四郡：乐浪郡、临屯郡、玄菟郡、真番郡。

战争的胜利并没有给前线将领带来荣耀与富贵，其结局令人大跌眼镜。作为第一功臣的左将军荀彘，不仅未受封赏，反而被刘彻以"争功相嫉乖计"的罪名，绑赴街市斩首。楼船将军杨仆被判处死缓，罪名是他在朝鲜登陆后，没有等待荀彘大军南下，便率先发动攻击，以致伤亡惨重。杨仆缴交赎金后，免于死罪，被夺去官职爵位，贬为平民。

朝鲜战争是汉武帝一生武功的分水岭。这场战争暴露出汉军内部很多问题，前方将领争功，相互拆台。同时，在整场战争过程中，"有功不赏""无罪获诛"，极大挫伤汉军将领的积极性。大汉的军事力量由是开始走下坡路，以至于在汉武帝后期，军事行动频频遇挫，难以再现昔日的雄风。

十六 / 十万尸骨换来汗血马

荀彘攻陷王险城的同一年（前108），大汉帝国的军事力量开始介入西域。

张骞通西域后，汉政府派出大批使者，出使西域诸国。楼兰与车师两国地处交通咽喉之处，暗地与匈奴相勾结，提供汉使团的情报，导致使团经常受到匈奴骑兵的攻击。要保证丝绸之路的交通安全，就必须控制楼兰与车师。

元封三年（前108），汉武帝任命赵破奴为远征军的总指挥，率数万人马远征楼兰、车师。赵破奴乃是一员悍将，曾追随霍去病参加过河西战役与漠北战役，屡建战功，勇猛善战。他的作战风格与霍去病相近，强调勇气与快速突击。

为了达到闪击效果，赵破奴将大部队甩在后面，只率领七百名精锐骑兵，快马加鞭，轻装疾进，直奔楼兰。楼兰的军队不多，军事力量不强，在赵破奴出其不意的袭击下，猝不及防，很快被攻陷，楼兰王成了俘虏。赵破奴仅凭七百人的小部队，便攻破楼兰，西域诸国无不震骇。当他挺进到车师时，车师军队做了象征性的抵抗后，便放下武器，举部投降。

汉军第一次在西域亮相，一亮剑便寒气逼人。占领车师后，赵破奴继续西进，炫耀兵威，直抵乌孙与大宛。乌孙、大宛都是西域大国，尚且震慑于汉军之威，更别提其他小国了。诸王纷纷派出使者前往赵破奴兵营，向汉军谢罪。

楼兰、车师一役，意味着汉在西域的政策做了重大调整，由和平外交走向军事控制。这一转变的背后，仍然是为了对抗匈奴。自漠北战役遭重创后，匈奴人远遁北方，经十余年的蛰伏，元气慢慢恢复。匈奴力图控制西域诸国，将西域当作其后花园、补给基地。对匈奴人的战略，张骞是看得明白的，他提出"断匈奴右臂"的计划，这一计划成为汉对外军事外交的重点，并被长期坚持下来。

帝国的势力渗透进西域后，汉武帝的目光便盯住西域优良的马匹。

汉军能在对外战争中战无不胜，得益于拥有强大的骑兵力量。骑兵的战斗力与马匹的性能有直接的关系，为了提高马匹性能与耐力，汉军的马匹用粟米喂养，称为粟马。粟马在漠北之战中发挥了重要作用，但是饲养费用昂贵，成本很高。尽管粟马比普通马要优良，但与游牧民族的良马相比，仍有一定的差距。

汉与西域交通后，获得不少西域的良马。比如乌孙国曾献给汉帝国一千匹良马，汉武帝非常高兴，命名为"天马"。不过后来他发现来自大宛国的汗血马更为出色，便把"天马"的头衔给了汗血马，而把乌孙马称为"西极"，意为西域之极品。

汗血马乃是西域宝马，产于大宛国。张骞第一次通西域，在大宛国看到一种奇特的马，马的四肢强健有力，奔跑时迅疾如风。更特别的是，奔跑时渗出的汗滴，竟如殷红的血珠，故称为"汗血马"。汗血马是大宛的宝贝，大宛人惜之如命，将汗血马集中在贰师城内（在大宛首都贵山城东南一百公里处），不对外开放，谢绝参观。

为了得到汗血马，汉武帝不惜血本。他派出以车令为首的使节团前往大宛，以千两黄金及一个黄金铸成的马匹金像，开出天价交换汗血马。

不料大宛国君臣称汗血马乃是国宝，不对外输出，拒绝以黄金换宝马的要求。车令大怒，当着大宛王的面破口大骂，将金像当场击碎，然后裹起碎片，扬长而去。作为外交使节，车令过激的举动无疑令大宛王十分难堪。大宛王一怒之下，也做出一个不计后果的决定：命令郁城王截杀汉使团。

郁城王接到命令后，派出军队拦截汉使团。包括车令在内的所有使团成员，一个也没活下来，全部死于大宛军队的刀下。这是一桩国际大屠杀，元凶就是大宛王。

可以想象，当使团覆灭的消息传到长安时，汉武帝暴跳如雷。自登基以来，帝国经略四方，开疆拓土，连匈奴这么强大的对手都被打趴下，小小的大宛王竟敢太岁头上动土。是可忍，孰不可忍。皇帝很生气，后果很严重。

大宛虽远，虽远必诛！

汉武帝召来曾经出使过大宛的使节姚定汉，询问其军事力量。姚定汉认为只需三千精兵，就可轻取其国，生擒大宛王。这个判断，严重有误。大宛距汉有数千里之遥，隔荒漠崇山，国内有大小城邑七十余座，民众数十万人，以区区三千人，怎么可能取之呢？可见此时帝国上下有一种盲目的乐观与自大，自大要是过头了，是很危险的。

令人颇感诧异的是，汉武帝把远征大宛的任务交给从未上过战场的李广利。这是怎么回事呢？原来李广利的妹妹是汉武帝最宠幸的李夫人，只是红颜薄命，年纪轻轻就死了。临死之前，李夫人请求皇帝关照她的兄长李广利。汉武帝想当然地以为远征大宛是手到擒来之事，不如让李广利有个立功的机会，也好名正言顺地封他为侯。

就这样，对军事一窍不通的李广利成为西征军统帅。汉武帝拨给他的军队远不止三千人，而有数万之多，其中包括六千名胡人兵团（以归降的匈奴人为主）。远征大宛的目的，除了为车令使团复仇之外，更重要的是夺取大宛贰师城内的汗血宝马。汉武帝拜李广利为贰师将军，从这个头衔可以看出，得不到汗血宝马，皇帝是不会善罢甘休的。

贰师将军李广利率数万人马向西域挺进，出玉门关后，沿着塔里木盆地北道行军。很快，他就意识到问题的严重性了。

首先是补给的问题。越往西行，离边境越远，粮草、水的补给都得就地解决，可是沿途经过的西域国家，都拒绝为汉军提供粮食物资，人家没这个义务。李广利不得已，只得下令攻打拒绝提供粮食的国家。大家想想，士兵们饿着肚子，想要攻下这些国家的城堡，也不是容易的事情，很多时候只能放弃，绕城而走。

越往西去，气候越干旱，缺水少粮的远征军数量锐减，死亡人数与日俱增。这几乎是死亡行军，从玉门关出发时有数万人，行至大宛国境时只剩下数千人。仗还没有开打，远征军已经减员八九成。活下来的几千人，经长途行军与饥饿的折磨，也毫无战斗力可言。

大宛郁成王发现他面对的只是一支人数稀少、疲惫不堪的汉军时，毫不犹豫地出击。这一战，李广利兵团大败。千辛万苦才到大宛，第一次交锋就被打残了，剩下的乌合之众，就是打土匪也不见得有胜算。无奈之下，李广利被迫撤退。

疲惫之师又踏上通往茫茫沙漠之路，仍是一次死亡行军。数千人撤退，回到玉门关时仅剩下数百人。李广利心里明白，这件事没法向皇帝交代。他没敢踏入玉门关内，在关外给皇帝上了一折奏疏，为失败的军事行动辩解，将原因归结于饥饿与兵力不足，请求班师回京。

• 十六／十万尸骨换来汗血马 • 117

汉武帝闻讯目瞪口呆，无法相信这样的结果。你李广利丢的是朕的面子！他简直快发疯了，派人快马传谕李广利："胆敢入玉门关者，杀无赦。"李广利吓得魂不附体，提心吊胆地等待皇帝下一步的指示。

怎么办？大宛还打不打？大臣们力主放弃远征大宛，偏偏汉武帝死要面子，不达目的不肯罢休，他一意孤行，决心将战争进行到底。

这次投入的兵力更加庞大，除了征调部分边关骑兵外，又从各郡国征发囚犯与恶少年参军入伍总计有六万多人。汉武帝还嫌不足，又征天下七科谪。所谓七科谪，就是七种没有社会地位的贱民，包括吏有罪（犯了法的小吏）、亡命（流浪汉）、赘婿（男人入赘妻家）、贾人（做小买卖的零售商人）、原有市籍者（曾经在官府登记注册从事小买卖的商人）、父母辈有市籍者、祖父母辈有市籍者。汉代重农抑商，你做小买卖，就是奸商，即便你没做生意，你爹娘、爷爷奶奶做过生意，你就躲不过贱民的身份。

除此之外，为解决补给问题，朝廷给远征军配备大量后勤人员，以及十万头牛、三万匹马、一万多头驴和骆驼，还补充大量的兵器以及粮秣。这样，远征军总人数加起来不下十万。

西征军的统帅，仍是贰师将军李广利。

早年的汉武帝颇有识人、用人之明，大胆起用卫青、霍去病，成就两位军事天才之名。然而越到晚年，汉武帝在用人上越发混乱，比如其在朝鲜战争中任用的两员大将，竟在前线相互拆台。至于用李广利，则完全是看在李夫人的面子上。李夫人虽死，在汉武帝心里分量确实挺重，否则李广利早就被砍了脑袋。

李广利又一次兵进西域，而且兵力更强。原先不合作的西域诸国开始害怕了，大汉帝国是动真格了，万万不能得罪。于是许多国家来了一百八十度的转变，主动向汉军提供粮食与住所。但仍然有些国家不合作，其中态度最强硬的是轮台。

远征军行经轮台，轮台政府关闭城门，拒绝汉军入城。李广利大怒，下令攻打轮台。汉军兵强马壮，轮台如何抵挡，经过几天的血战，终于陷落。为杀鸡骇猴，李广利下令屠城，血洗轮台。大屠杀的消息传出，西域诸国无不骇然，轮台以西的国家，没有一个敢违抗李广利，全都大开城门迎接汉师。

西征兵团一路通行无阻，抵达大宛。

郁成王见汉军人多势众，不敢出城迎战，只是固守郁成城。李广利留下部分兵力监视，主力则绕城而过，直扑大宛首都贵山城。

汉军先头部队三万人抵达贵山城外，大宛王想先声夺人，率军出城作战。一战下来，大宛王自知不是汉军对手，只得收罗残兵败将，退入贵山城固守。为了应对汉军报复，大宛王做了充分的准备，事先储备大量粮食，足够贵山城军民吃一年以上。

不过，大宛王忽略一件事，光有粮食还不够，还得储备足够的淡水才行。这回，李广利带来一支特殊的部队，是一支水利工程队。这支部队有一个特殊的使命，便是截断流向贵山城的河水，迫使河流改道。一旦没有足够的淡水，贵山城很快就会陷入瘫痪，不攻自破。

李广利这一招实在厉害，幸好大宛王急中生智，想起城内关押一批汉军俘虏。这批俘虏来自汉地，不少人懂得凿井技术。大宛国地处费尔干纳盆地，地下水资源丰富，大宛王利用战俘凿井，渐渐地淡水可以自给了。

截流困城计划失败，李广利只能强攻。

贵山城之战持续整整四十天，汉军终于取得重大进展，攻克贵山城的外城，生擒其大将。大宛守军被迫退入内城，继续顽抗，并向邻国康居求援。康居援军出动，行至大宛边境，见汉军人多势众，未敢贸然行事，只是按兵不动，静观事态的发展。

自贵山外城丢失后，大宛贵族们开始恐慌失措。他们将责任推到国王身上，若不是大宛王下令屠杀汉使团，怎会招致汉军报复呢？想到李广利在轮台的大屠杀，贵族们个个心寒，为了保全自己小命，只能借大宛王的人头与李广利谈和。

贵族们秘密协商后，发动政变，杀死大宛王，斩下首级，交给李广利，并说道："截杀汉使的命令，乃是大宛王下达，我们把大宛王的人头献上。您若停止进攻，我们就交出汗血马，任由你们挑选，并为贵军提供粮食。若决意再战，我等将杀死所有汗血马。我们已向康居国求援，若康居参战，结局尚未可知呢。"

李广利远离国土作战，颇担心康居国卷入大宛战争。如今首恶元凶大宛王已伏诛，贵族们答应献上汗血马，任务算圆满完成了，应该见好就收，便同意与大宛讲和。大宛贵族们信守承诺，贰师城内的汗血马任由汉军挑选，总计挑了上等良马数十匹，中等马匹以及母马三千多匹，以为繁衍所用。

另一位战争元凶、杀害汉使的郁成王逃往康居，上官桀率追兵紧咬不放，一直追击到大宛与康居的边境。由于大宛已投降，康居王不愿得罪李广利，遂交出郁成王。郁成王步大宛王的后尘，被斩首以祭车令。

第二次大宛战争以汉军胜利而告终，但赢得不漂亮，代价惊人。

出玉门关时，汉军仅战斗人员就有六万多人，还不包括运输部队。当李广利第二度返回玉门，生还者仅一万多人。第二次西征是比较顺利的，汉军并没有发生缺粮的情况，战斗中的伤亡也不大，是什么原因导致士兵的大量死亡呢？

根据史料所记："贰师后行，军非乏食，战死不能多，而将吏贪，多不爱士卒，侵牟之，以此物故众。"原来是贰师将军纵容手下官吏虐待士兵，由于士兵的组成主要是囚犯、恶少年及七科谪，均来自社会底层，受到各级官吏的压榨迫害，在不缺粮食的情况下，居然导致数万人抛尸于野外。

两次远征大宛，汉军死亡人数估计有十万人左右，绝大多数是非战斗性死亡。对此，李广利负有不可推卸的责任。

一将功成万骨枯，十万汉军尸骨铺就李广利的锦绣前程。凯旋回国后，他不仅未受到汉武帝的批评，还被封为海西侯，日后还成为汉军最高统帅。朝鲜之役，荀彘有大功却被诛杀；大宛之役，李广利有大过却被封侯。这种差别，足见汉武帝任人唯亲，赏罚尺度只是凭着自己的喜好。

当然，大宛战争并非一无所获，至少表明帝国政府有能力在远离国门之外，打赢一场区域战争。这场战争，令大汉帝国威震万里之外，对日后经营西域，产生了巨大的影响。

十七 / 李陵与司马迁

太初二年（前103），平静了十六年的北方风云突变，汉匈战争烽火重燃。

在汉匈休战的十六年间，汉帝国开疆拓土，全面扩张，匈奴韬光养晦、卧薪尝胆，渐渐恢复元气。新一轮战争爆发的诱因，是匈奴的内讧。匈奴左大都尉密谋政变，诛杀单于，秘密约请汉帝国出兵相助。汉武帝派遣赵破奴率两万名士兵，深入匈奴境内，接应左大都尉。然而，左大都尉政变失败被杀，匈奴单于以八万骑兵包围赵破奴部，赵破奴被擒，两万名汉军集体投降。

赵破奴兵团的覆灭，标志着汉匈新一轮战争的开始。

公元前99年，贰师将军李广利率领三万人马，从酒泉出发，进击匈奴右贤王部，歼灭匈奴军队一万余人。眼看汉军胜利在望，匈奴单于的援军及时赶到，反而包围李广利兵团，战场形势出现大逆转。在生死存亡之际，军中司马赵充国挺身而出，率一百名壮士，勇闯匈奴人的包围圈，打开一个缺口，李广利才得以逃命。然而是役，汉军战死两万多人，又一次惨遭败绩。

在后卫青霍去病时代，汉军屡屡战败，狼狈不堪。这时有一人挺身而出，他就是李陵。

李陵是名将李广之孙，父亲李当户死得早，他自小就是孤儿。在性格上，李陵与祖父李广有很多相似之处，善于骑射、为人豪爽，重义轻利，在江湖上是响当当的人物。

汉匈烽火重燃后，汉武帝曾派他率八百骑兵，出居延泽，深入匈奴境内两千余里，刺探匈奴国内虚实。李陵不负众望，圆满完成任务，被提拔为骑都尉，驻守在酒泉、张掖一带。当时汉军士兵充斥着很多囚徒、地痞、流氓，素质不高，战斗力低下，李陵深感担忧，他打算以招募勇士的方法，组建一支具有超一流战斗力的铁军。

荆楚向来是勇士的故乡，李陵前往荆楚，招募当地勇士。他礼贤下士，很多人前来投奔，最后挑了五千人。这五千人都身怀绝技，有些是大力士，可扼杀猛虎；有些是剑术高手，武术奇才；有些是神箭手，百发百中。这一群人，组建起一支铁血兵团。

李陵求战心切，向汉武帝请缨出击。汉武帝起初并没有同意，当时战局不利，军队中的马匹已经全部调拨给李广利、路博德等军队，朝廷无法给李陵提供战马。不料，李陵却口出狂言："我不需要骑兵，愿以少击众，以五千步兵，踏平单于王庭。"

五千步兵踏平单于王庭，真是好大的口气。要知道匈奴地处荒漠地带，地域辽阔，作战距离动辄上千里，即便是骑兵也人疲马困，何况靠双脚走路呢？李陵的慷慨陈词打动了皇帝，因为皇帝太需要一场胜利来鼓舞士气。

天汉二年（前99）九月，李陵率这支由勇士剑客所组成的兵团，从居延泽出发，向匈奴进发。全军只有寥寥几匹战马，少数马车，士兵们全部徒步行军，走入茫茫荒漠。他的目的地是东浚稽山南部的龙勒水，沿途寻歼敌人，而后返回受降城休整。

李陵雄心勃勃，但他没有料到，这只是噩梦的开始。

经过三十天的徒步行军，李陵兵团抵达浚稽山，根据事前的计划，开始掉头返回边界。然而，匈奴且鞮侯单于已打探到李陵只有区区数千步兵，遂点兵三万，将李陵的步兵团围困在两座山之间的狭长地带。

李陵并没有惊慌，他当即排兵布阵，将辎重车辆靠拢围成一圈，当作防御线，五千勇士排成战斗队列。前排战士手持盾戟，后排战士把强弩拉满弦，引而不发。

仗着人多势众，匈奴骑兵率先发起进攻。令匈奴人大为惊诧的是，这绝不是一支普通的军队，铁骑居然无法冲破汉军防线。由武林高手、剑侠刀客组成的荆楚兵团，个个身怀绝技，以一当十，杀敌如砍瓜切菜。且鞮侯单于大惊，仗着人多势众，三万人一拥而上，兵力对比是六比一，还怕打不赢吗？

李陵不愧是战术大师，马上鸣金，前排持刀剑砍杀的勇士退下，后排的强弩射手千弩齐发。在这里，我们看到一种新型的武器：连弩。关于连弩，说法不一。有些人认为是一发多箭，有些人则认为是可以连续发射箭矢，类似自动步枪。不论哪种说法正确，有一点可以肯定，连弩的威力要比传统弩强很多。

在连弩的射击下，匈奴骑兵纷纷中箭落马，伤亡惨重，只得暂停进攻。

首度交锋，李陵的荆楚兵团告捷，杀敌两千。然而敌强我弱，李陵不敢恋战，徐徐撤退。汉军是步兵，匈奴是骑兵，不论李陵逃得多快，匈奴人总紧咬不放。再厉害的勇士，也是人，不是钢铁，依靠脚力长途跋涉，总有累垮的时候。只要把李陵拖垮了，且鞮侯单于就可以从容收拾。

为了歼灭李陵兵团，匈奴单于再调援兵，兵力增加到八万人，十六倍于李陵兵团。

形势对李陵相当不利。他一边战斗，一边向南撤退，伤员成为行军的最大问题。李陵下命令：身受三处箭伤者，可以坐在辎重车上；身受两处箭伤者，充当驾驶；身受一处箭伤者，裹创再战。在匈奴的尾随追击下，荆楚兵团伤亡很大，行军缓慢，士气越发低落。李陵知道，只能通过一场胜利来挽回士气，遂行至中途时，反戈一击，再次取得大捷，射杀匈奴三千人。

这一胜利迟缓了敌人的追击，李陵乘机折向东南，行军四五日，到了一片芦苇沼泽地带。沼泽地形不利于马匹通过，倘若李陵能涉过沼泽，全身而退的可能性很大。但老天爷不帮忙，突然刮起西北风，匈奴人乘机纵火焚烧芦苇丛，由于李陵在下风向，火势很快蔓延过来。为了避开熊熊大火，李陵只得进入南部山区。

山地崎岖难行，对步兵更加不利。匈奴骑兵又追了上来，纵马登上山顶，李陵兵团的一举一动尽在掌握之中。李陵只得撤入树林之中，以茂密的树木为掩护，匈奴骑兵追至树林，遭到迎头痛击，又损失数千人。

且鞮侯单于简直失掉了信心。自己以八万骑兵围歼李陵五千步兵，竟然三战惨败，损失近万人，真是奇耻大辱。他甚至怀疑汉军设有重兵埋伏，李陵兵团不过是故意放出的诱饵。追击一千多里，竟然还消灭不了李陵，还是撤兵算了。就在且鞮侯单于心志动摇时，其他将领提出一个折中的方案：倘若无法在山区消灭李陵，出了山地便撤军。

这时，李陵只要再前进四五十里，就可以进入平原。然而，匈奴人已是孤注一掷，在一天之内发动数十次攻击，李陵兵团英勇反击，再杀敌两千。且鞮侯单于完全崩溃，打算放弃了。就在这个时候，一件意外的事情发生了。这个意外终于导致李陵兵团全军覆没。

李陵麾下一名军侯叛变，向匈奴单于和盘托出：李陵兵团既无援军，箭矢也

· 十七 / 李陵与司马迁 · 123

即将用光，除了李陵与韩延年麾下各八百人，建制比较完整外，其余各部伤亡惨重。只要单于以精锐骑兵猛攻，汉兵箭矢用尽，就只能束手待毙。

叛徒的告密，泄露了李陵的底牌。且鞮侯单于大喜过望，速令急攻李陵，攻击的猛烈程度，远远超出以前。李陵殊死抵挡，就在这一天，汉军所有的箭矢全部用尽！

从撤退以来，李陵兵团已经阵亡将近两千人。这个损失不算多，可是没有武器，如何杀敌呢？能不能冲出重围，只能看运气了。李陵下令丢弃辎重车辆，毁坏强弩，把车辆卸了，拿车轮上的辐条当作武器轻装疾行，退到鞮汗山峡谷。

匈奴骑兵已经抢占峡谷两侧的山地，从山上扔下巨石，把峡谷通道堵死。天色快暗了，李陵心里很清楚，大部队突围已不可能，现在只能赌一把。他决定孤身一人，潜入匈奴营地生擒单于，这是唯一的出路。

要生擒单于，谈何容易。夜幕降临，李陵潜到匈奴营地附近，根本找不到机会下手，不得不放弃生擒单于的计划。他回到部队，叹了一口气说："兵败死矣。"

有个部下说："将军何必求死呢？将军此役威震匈奴，当年赵破奴将军兵败被俘，后来逃回中国（赵破奴在公元前100年逃出匈奴），皇帝仍优待他，更何况是将军呢？"

李陵摇摇头说："我不死，非壮士也。"下令斩尽旌旗，把军中值钱的东西掩埋于地下。看着剩下不到三千的疲惫之卒，李陵忽然涌出一种悲戚之情，长叹道："如果每人还有数十支箭矢，便可以突出重围。可是没有武器了，只要等到天一亮，必定成为匈奴的俘虏。从现在开始，大家各自为战，或许有一部分人可以杀出重围，回报天子。"

说罢，李陵涕泪长流，这支荆楚勇士组成的铁血兵团，最终难逃全军覆灭的下场。

这时，李陵距离汉边境遮虏障仅有一百余里，可他已是强弩之末。众将士每人携带两升粮食与一片冰块，相约如果得以突出重围，就在遮虏障会合。军队化整为零散开，战士们以几个人为一组，在夜幕的掩护下，分道突围。

李陵自己带十几名勇士突围，很快被匈奴人发现。在激战中，李陵的随从全部战死，最后只剩下他一人，被匈奴人团团围住。他原本已下必死的决心，到最后关头，他并没有选择一死。他曾说过："不死，非壮士也。"可是他竟然没有选择像英雄一样死去，而是选择投降，为什么会这样呢？我们无法知道李陵的真实想法。多年后，他曾向挚友苏武透露过，投降的初衷，是想效法春秋时代的英雄曹沫，劫持匈奴单于返回汉地。不过计划赶不上变化，人算不如天算，最后发生种种悲剧，使他永远留在匈奴。临降前，李陵说了一句话："无颜面以报陛下。"

这次突围行动，绝大多数战士英勇战死，最终杀出重围，返回汉地的只有四百多人。这支汉军历史上特殊的铁血兵团就这样瓦解了。

兵团覆灭的原因，细细推究起来，主要是李陵过于自信。他吹嘘能以五千步兵横扫匈奴，未免是痴人说梦。匈奴乃是汉帝国的头号劲敌，以卫青、霍去病的天才，倾尽帝国之财力，也仅能重创之，而无法消灭之，何况是区区五千步兵呢？

胜败乃兵家常事。问题是，别人都死了，主将李陵却还活着，投降了。

起初汉武帝颇为后悔，后悔当初没给李陵提供援兵，以致其孤军深入最终覆没。他派公孙敖率骑兵深入匈奴以解救李陵，公孙敖深入匈奴，无功而返。为了推卸责任，他诬陷李陵变节投降后，教给匈奴人攻守战法，导致他出师无功。

公孙敖的诬陷，害死李陵全家。汉武帝勃然大怒，把李陵的母亲、弟弟、妻子、儿女等，全部绑赴刑场，斩首示众。李氏家族，为汉家奋斗数十年，却成为那个时代的悲剧家族。李广与李敢之死，前文已详述。李陵家人被诛杀，李敢的儿子李禹被诬告企图叛逃匈奴，也被捕杀。

远在匈奴的李陵得知满门抄斩的噩耗，惨叫一声，当场晕死过去，从此心念俱灰。

倒是匈奴单于非常爱惜李陵的才华，将自己的女儿嫁给他，并封为"右校王"。李陵是汉代一位悲情将军，他的投降不仅累及全家，还引发一场千古冤案，冤案的主角就是中国历史上最伟大的史学家司马迁。

司马迁出生于史学世家，父亲司马谈是一位著名的学者，曾担任过太史令。他从小接受系统的古文教育，博览群书，深受儒学影响。二十岁后，他游历长江、淮河一带，走访名山胜迹，到礼仪文化最发达的齐鲁访问讲学，细心体会中原的民风习俗，参观孔子的遗迹，又游梁国、楚国等地。这次出行令他大开眼界，也实地考察地方文化与风俗。后来，司马迁被汉武帝任命为郎中，此时汉帝

· 十七 / 李陵与司马迁 · 125

国正大力开拓西南，司马迁随军参加了西南战争。

父亲临死前，希望儿子能继承自己的事业，担任太史令，整理史料，完成一部历史著作。司马迁在父亲死后三年，终于成为太史令，他全身心地研究国家各种历史书籍、文献、档案，写作《史记》一书。但是在不经意之间，他卷入李陵事件的旋涡之中。

李陵兵败投降，当时所有朝廷官员，齐声口诛笔伐，只有司马迁为李陵说了几句辩解的好话。他说："李陵对母亲孝敬，对朋友有信义，为国事奋不顾身，有国士之风范。他率领不足五千人的步兵，深入匈奴戎马之地，对抗数万精锐骑兵，使敌伤亡惨重，救死不暇。匈奴以倾国之兵追击围攻，转战千里，直到矢尽路穷，士兵以空弩对抗白刃，仍然顽强苦斗。李陵部下的效死，即便是古代名将也未必可以做到如此。"

司马迁所说的是实情。李陵以五千步卒，转战数千里，歼敌过万，名震塞北，虽然兵败而降，并没有做什么对不起朝廷的事情。

可是，这一席话却令汉武帝勃然大怒。都说伴君如伴虎，司马迁毕竟是文人，直言不讳，谁知就触怒了皇帝。你要跟独裁者讲道理，这是文人的思维方式，不是独裁者的思维方式。汉武帝简单粗暴地惩罚司马迁：处以腐刑。腐刑是割去男性的生殖器，这不仅是身体的创伤，更是心灵的创伤。司马迁后来说："太上不辱先，其次不辱身……其次毁肌肤断肢体受辱，最下腐刑，极矣。"

他曾经想到一死了之，因为大丈夫可杀而不可辱。死生，昼夜事也，可是就这样一死了之吗？在这个人生的十字路口，伟大先贤的事迹，是他活下去的精神支柱。他想起古代伟人们在困厄之中，顽强地与命运抗争，留下宝贵的精神遗产："西伯拘而演《周易》；仲尼厄而作《春秋》；屈原放逐，乃赋《离骚》；左丘失明，厥有《国语》……"人固有一死，或重于泰山，或轻于鸿毛。他要向先辈学习，在困厄中奋起，完成他的伟大著作："所以隐忍苟活，函粪土之中而不辞者，恨私心有所不尽，鄙没世而文采不表于后也。"

在忍辱含垢之中，司马迁以坚忍不拔的意志，完成《史记》一百三十篇。这是中国最伟大的一部名著，鲁迅赞之为"史家之绝唱，无韵之《离骚》"。

国家给了他耻辱，他却给国家带来了荣光。他是那个时代的卑贱者，却是中国五千年史上的伟大者。他受到时人的嘲讽，却赢得后人的尊敬。

十八 / 血流成河的巫蛊之祸

汉武帝一面是雄才大略的一代明君，另一面则是残忍暴戾的专制魔王。

"七国之乱"后，地方诸侯难以撼动皇帝的权威，中央集权制度更加完善。汉武帝上台后，独尊儒术，大力提倡春秋的大一统思想，损抑诸侯，一统于天子，建立起皇帝独裁的意识形态基础。

为了进一步削弱诸侯的力量，汉武帝采纳主父偃的建议，颁布"推恩令"，把诸侯国由嫡长子继承，变更为多子继承。一个大诸侯国，在"推恩"之后，就分割为几个小诸侯国，最终"大国不过十余城，小侯不过数十里"，再也没有力量构成对皇权的威胁。

"推恩令"的颁布，是对诸侯王权力的一大打击，引起诸王的强烈反抗，是意料之中的事情。在削弱诸侯权力的背景下，发生了淮南王刘安与弟弟衡山王刘赐图谋造反的事件。这两起谋反很快败露，淮南王刘安、衡山王刘赐自杀身亡，其王后、太子以及参与谋反者全部族诛。两次大狱株连者甚众，共处决数万人，其中很多是无辜者。为了维护皇权，武帝刘彻可谓是心狠手辣。

抑制诸侯的同时，汉武帝大肆任用酷吏，以巩固集权专制。

在文景之治期间，汉的法律是比较宽松的。自汉武帝始，法律开始苛严。公元前135年，由著名酷吏张汤与赵禹共同制立各项律令，务在深文峻法，法网愈加严密。这一年制定"见知法"，规定官吏如果知有人犯法而不举告，与犯者同罪。这项法令目的是让官吏相互监视，相互检举，导致诬告之风蔓延，冤案数量剧增。

张汤与赵禹制定的法律，首要目的并非为了维护公正，而是维护皇权的至尊无上。在这方面，张汤是一位行家里手，他善于察言观色，投皇帝之所好。他执法以严酷著称，譬如在淮南、衡山两大谋反案中，杀戮数万之多。

公元前119年，张汤依皇帝旨意，推出"告缗令"，引起天下骚动，民怨沸腾。告缗令是政府为应对财政空虚，对民间课以沉重资产税，同时规定，如果不按实核报资产，一旦被告发，将罚戍边一年，资产没收，并将一半资产赏给告发者。如果说"见知法"引起官员之间检举揭发之风，"告缗令"则引起民间检举揭发之风。根据史料的记载，中等以上的商人，基本上都被抄家，政府没收财物数以亿计，大量商人家庭破产。告缗令的执行，使得曾经生机勃勃的商业陷入低谷，经济开始恶化，社会矛盾激化。

张汤曾任廷尉、御史大夫，由于他令人发指的严刑峻法，以及皇帝的支持，使他的权势盖过宰相。他拼命地为皇帝扫清独裁专制的种种障碍，而在汉武帝眼中，他也不过是鹰犬罢了。张汤善于网罗罪状，打击异己势力，不过他得罪了太多同僚，宰相庄青翟联合其他朝臣，共同检举、构陷张汤，这位汉代第一酷吏被免官治罪，愤而自裁。

张汤死后，法网深密的情况不仅未得以改变，反而变本加厉。张汤虽然严酷，办案大多还是依据法令行事，其他的酷吏，在执法上更是不择手段。不过，酷吏也只是皇帝的走狗罢了，武帝一朝的酷吏多不得好死。张汤获罪自杀，义纵因有违圣意被处死。王温舒更惨，他自杀后，还被屠灭五族。

晚年的汉武帝，没有强大外敌的挑战，没有强有力诸侯的威胁，没有权臣的掣肘，甚至连社会上的豪强也被铲除，他的专制统治达到登峰造极的地步，没有任何制约的权力终于导致了一场场惨祸不断发生。

公元前 92 年，导致数万人死亡的巫蛊之祸爆发了。

汉武帝十分迷信，他一生孜孜不倦地求神寻仙，企图长生不老，永享富贵荣华。他拥有人世间无限的权力，却不能不提防别人以超自然的鬼神力量来陷害他。巫蛊就是一种在时人看来具有超乎想象、不可思议的鬼神力量，这自然成为皇帝必须杜绝的法术。

当时巫蛊术相当流行，一大堆在江湖混饭吃的方士巫师，纷纷聚集于京城，故弄玄虚，妖言惑众，专搞歪门邪道。在宫廷以及王侯将相府中，这种法术受到空前的欢迎，特别是皇宫侯府内的女人特别多，争风吃醋，相互斗争，互相搞巫蛊来诅咒对方。

公元前 96 年，曾经陷害李陵的公孙敖，被查出夫人搞巫蛊，他也受到牵连，被抓起来砍头。此时以巫蛊治罪，还仅是个案。四年后（前 92），建章宫发生一起离奇的事情，最终导致血流成河的巫蛊惨祸。

这年某天，汉武帝在建章宫时，突然见到一男子挟剑入中龙华门，他派人前去捉拿，这名男子转身就逃，没能抓住。性本多疑的汉武帝确信，有人想置他于死地。不久后，他又做了一个梦，梦到数千小木偶人，持着武器攻击他。他惊醒了，吓出一身冷汗，坚信有人以巫蛊术加害于自己。从此，巫蛊成为朝廷打击的首要目标，只要卷入巫蛊之中，必死无疑。

首个卷入巫蛊案的大人物，便是帝国宰相公孙贺。

公孙贺的妻子是皇后卫子夫的姐姐卫君孺，他也是卫青的姐夫。他的儿子公孙敬声因父亲的关系，当上太仆，仗着老爹的权势，骄横霸道，干了不少违法乱纪的事，甚至挪用北军公款一千九百万。坏事干得太多，公孙敬声终被人举报入狱。

当时朝廷正通缉捉拿一位绿林好汉，江湖人称阳陵大侠的朱安世。公孙贺向汉武帝请求，他愿尽全力抓获朱安世，以赎儿子之罪。经过一番努力，公孙贺终于抓到朱安世，岂料朱安世被捕时非但无惧，反对他说："丞相你要大祸临头了。"

作为著名的游侠，朱安世消息颇为灵通，掌握了丞相府中的一些秘密。在狱中，朱安世上疏汉武帝，检举揭发道："公孙敬声与阳石公主私通，在甘泉宫驰道上，埋藏有木偶人，让巫师诅咒皇上。"

汉武帝大为震惊，派酷吏杜周调查此事。杜周按照朱安世提供的线索，果然挖出木偶人，汉武帝下令逮捕宰相公孙贺。经过调查，巫蛊案属实，父子两人在狱中被处死，整个家族全部被杀。

这起巫蛊案并没有结束。

与公孙敬声通奸的阳石公主，是汉武帝与皇后卫子夫的亲生女儿。卫子夫为汉武帝生了两个女儿，另一位诸邑公主也被卷进巫蛊案之中，具体她参与了什么事，史载不详。俗话说，虎毒不食子。但汉武帝绝对是个例外。他对他人的生命漠视到极点，即使自己的女儿、儿子的性命，他也毫不在意。涉案的两个亲生女儿，竟然都被他下令处死。

同时被杀的人，还有卫青的儿子卫伉。这件巫蛊案，是卫氏家族遭遇到的最大打击。被处死的人，都与皇后卫子夫有密切的联系。从卫子夫在平阳公主家中遇宠，到巫蛊案的爆发，已经过去四十五年了。卫子夫从一名歌伎成为一国之后，可如今年老色衰的她，早失去皇帝的宠幸。唯一令她安慰的，是儿子刘据被立为了太子。可是现在，两个女儿竟然被残暴的父亲处决，姐姐卫君孺一家遭到灭族的命运，侄儿卫伉被杀。她忽然觉得山崩地裂，天旋地转。

这一切，似乎都是冲着皇后与太子而来，卫子夫有一种大祸临头的强烈预感。

山雨欲来风满楼。皇后与太子的命运，早就岌岌可危。

皇太子刘据的性格，与父亲刘彻明显不同，倒与曾祖父文帝有些类似，性情温和，富有同情心。在武帝看来，皇太子这些性格是缺点，他以后要继承皇位，就应当雷厉风行。随着卫子夫的失宠，汉武帝对太子刘据开始疏远。

汉武帝喜欢任用酷吏，用法严苛，刘据打心眼里反对这种暴政，他总是反复核对案件，发现了不少冤情，救了不少人。可是，太子的做法引起当权派酷吏集团的强烈不满，只是惮忌大将军卫青，未敢大肆报复。公元前106年，卫青病逝，使得皇后与太子失去一座靠山，酷吏集团便反攻倒算，频频陷害太子。不过，一来太子做事谨慎，没有给当权派抓住致命的把柄；二来汉武帝虽然残暴，还不是老糊涂，刘据虽然不受宠，仍然得到信任。

自从汉武帝梦到被小木偶人攻击后，性情大变。他身体欠佳，精神状态不好，容易忘事。这使他深信有人在搞巫蛊法术，企图以此摧残其意志。他的疑心更重，对谁都不信任。在公孙贺父子一案中，他的两个女儿居然卷入其中，更使他震惊。

这一切，被当权派酷吏看在眼中。皇帝现在是六亲不认，正好可以乘机整垮太子。一场针对太子的阴谋已在悄悄的酝酿之中，策划这个阴谋的，是酷吏江充。

江充是汉武帝后期最凶残的酷吏之一。

他本是赵国人，因告发赵国太子立功而得到皇帝的器重，被指派为绣衣直指。绣衣直指是朝廷的特派官员，专门督察巡视地方官员，权力很大。江充很懂得维护皇帝的权威，有一回，太子刘据栽在江充手上，他的马车违规驶入皇帝专用驰道（高速马路），被江充逮个正着。刘据向江充求情，江充铁面无私，告发到皇帝那里。这样，江充便与太子刘据结怨了。

眼看着汉武帝一天天地老去，要是驾崩，刘据将成为帝国的继承人。江充忧心忡忡，若是刘据上台，自己肯定没有好下场。正好宫中传出皇帝梦到受小偶人的攻击，江充便心生一计。他对皇帝说："皇上的疾病，乃是因为有巫蛊作祟。"汉武帝深信不疑，便令江充为特使，专治巫蛊案。一时间巫蛊案掀起腥风血雨，只要被诬为巫蛊，立即被判处大逆不道。从京城到全国各地，因卷入巫蛊案而被处死的，前后多达数万人。

在取得了反巫蛊的重大"胜利"后，江充将矛头对准皇太子刘据。

江充指使巫师檀何向皇帝密告："皇宫中的蛊气，如不铲除，皇上的病不能康复。"汉武帝急令江充入皇宫，掘地搜寻巫蛊道具。江充将嫔妃后宫、皇后宫、太子宫等掀了个遍，掘地三尺，结果在太子宫挖出许多木偶人，还有写着大逆不道文字的帛书。

其实这些所谓的木偶人，只是江充栽赃嫁祸。太子刘据明知是江充搞的鬼，可是有口难辩。他陷入深深的恐惧之中，怎么办呢？

此时汉武帝在长安以西八十里处的甘泉宫养病。太子少傅石德建议太子刘据矫诏抓捕诛杀江充，并暗示皇上病重，奸臣当道，不要被奸臣算计，落得个像秦朝太子扶苏一样的下场。

刘据本打算前往甘泉宫向父亲解释，可是江充步步紧逼。事到如今，与其坐以待毙，不如铤而走险。他听从石德的建议，派心腹冒充皇帝的使者，逮捕江充。与江充一同办案的韩说怀疑使者身份，不肯受诏，当即被格杀。江充被绑到太子刘据面前，刘据怒责道："你以前陷害赵王父子还不够，现在又要害我们父子！"说罢，亲自操刀，一刀结果了江充的性命。

事到如今，刘据不得不考虑自保了。他把矫诏诛杀江充之事，报告给母亲卫子夫，而后打开武器库，将兵器分发给长乐宫侍卫。长安城内一片混乱，"太子谋反"的传言四起。

有官员逃出长安，出奔甘泉宫，向汉武帝报告太子谋反。汉武帝不相信，只是淡淡地说："太子肯定是害怕了，对江充等人很气愤，才会有此激变。"便派人返回长安城，召太子前往甘泉宫。当使者到了长安后，怕死不敢前去见太子，跑回来谎报道："太子已经谋反，还想杀我，我逃了出来。"

汉武帝大怒，认定太子谋反属实，指示丞相刘屈氂，对叛逆者格杀勿论，不许一人漏网。

刘屈氂指挥大军进攻长安，太子刘据困兽犹斗。刘据赦免首都监狱中的囚犯，发给武器，以乌合之众对抗政府军。双方血战五天，死亡数万人，长安民众纷纷逃离太子阵营，形势对刘据相当不利。无奈之下，太子刘据只得逃出长安城。汉武帝下诏收回皇后卫子夫的玺绶，卫子夫自知无法置身事外，遂以自杀的方式，结束了自己的生命。

太子逃出长安城后，藏身在湖县一穷人家中，隐姓埋名，生活极为艰难。过不惯穷日子的太子冒险向一位朋友求助，不幸暴露行踪。地方官府派兵围捕，刘据无处可逃，无奈之下上吊自杀，两个儿子一并遇害。

汉武帝大开杀戒，太子门客以及追随叛乱者，一律诛灭全族。一时间，长安城一片腥风血雨。

太子死后，巫蛊之祸仍在蔓延。

很快，恐怖的巫蛊案落到镇压太子的宰相刘屈氂身上。刘据死后，太子位出现空缺，究竟哪位皇子可以继承皇位呢？宰相刘屈氂与贰师将军李广利争取扶刘髆成为皇太子。刘髆是李广利的妹妹李夫人所生，刘屈氂与李广利是儿女亲家，只要刘髆日后能成为皇帝，两人便可永保荣华富贵。

不料此事被人告发，称宰相刘屈氂的夫人大搞巫蛊，诅咒皇帝早死，与李广利合谋拥立刘髆为皇帝。又是一个巫蛊案！只要与巫蛊沾边，必死无疑，连太子刘据、皇后卫子夫都不能身免，宰相算什么呢？

刘屈氂被逮捕，汉武帝命令将他囚在厨车上游街，进行一番人身羞辱后，绑赴东城腰斩。刘屈氂的妻子儿女未能幸免，被拉到华阳街斩首示众。同时，李广利的妻子与儿子也被逮捕下狱。

此时李广利手握重兵，率军北伐匈奴。汉武帝投鼠忌器，暂时没处决他的家人。当刘屈氂全家被屠的消息传来时，李广利吓得魂不守舍。他抱着一丝侥幸心理，希望能够以一场辉煌的胜利，换得皇帝的宽恕。偏偏事情节外生枝，军中长史密谋逮捕李广利向皇帝邀功。李广利先下手为强，诛杀长史。然而内讧一起，士气低落，军队不堪再战，只得撤军回国。

撤退途中，李广利遭遇鹿姑单于五万骑兵的包围，绝望之下，向匈奴人投降。冷血无情的武帝刘彻闻讯，立即下令将李广利家族全部屠杀。

从公元前 92 年到前 90 年的三年间,是巫蛊阴影下的恐怖时期。帝国皇后、太子、两任宰相都死于非命,从政府高级官员到平民百姓,都陷入深深的恐惧不安之中。

公元前 90 年,从民间发回的调查报告显示,所谓的巫蛊案,基本上都是属于诬告栽赃。这时,汉武帝有所醒悟,他开始体会到太子刘据叛乱是出于恐惧不安,并非真的想夺权谋反。想到太子的悲惨下场,他有所悔意,建了一座思子宫、一座归来望思台,以寄思念之情。

是到反思的时候了。

曾经盛极一时的大汉帝国,如今一团乱麻。对外战争一败涂地,自从汉匈重新开战以来,没有赢得过一次重大胜利,反而连遭败绩,赵破奴兵败被俘,李陵兵团全军覆没,最后李广利也投降。与对外战争相比,内政更是一片混乱。几年巫蛊事件下来,血流成河,酷吏横行,冤狱屡兴,民不聊生,各地武装起义纷起。这个曾横扫四方的大帝国,岌岌可危!

也许是太子之死刺激了汉武帝,在他生命的最后几年,一改以前的暴政与对外扩张政策,为结束帝国政治混乱局面打下了基础。

公元前 89 年,一次面对群臣时,汉武帝说了一番忏悔的话:"自我即位以来,所作所为,狂妄而有悖于事理,使天下百姓陷于愁苦之中,现在想起来,不可追悔。从现在开始,凡有伤害百姓、浪费天下钱财之事,一概停止。"

治粟都尉桑弘羊、丞相田千秋等人上疏,提议政府增派士兵到西域轮台屯田。汉武帝没有批准这项军事计划,他发了一道诏令,即"轮台诏令":"今有大臣请求屯田轮台,修筑碉堡、开凿山道,这将扰劳天下,这样做并非优待百姓,这是我所于心不忍的。"又说:"当今急务,是禁止官员对百姓的苛暴与擅自征收额外的赋税,力耕务本,发展农业,重修'马复令'(马复令是指民间养马,给予优惠政策,可以代替差役),以补战马的缺乏,勿使武备荒弛。"

在这道诏令中,武帝刘彻改变长期奉行武力扩张的国策,使百姓得以休养生息,以缓和国内日益严重反抗政府的暴动,鼓励发展农业。

汉武帝已经六十多岁,自知时日无多,要考虑接班人的人选。在所有儿子中,他最喜欢的是小儿子刘弗陵。但是刘弗陵还年幼,若是继位,大权肯定会落入母亲钩弋夫人之手,到时会不会重演吕后专权的故事呢?汉武帝一咬牙,决定杀掉钩弋夫人，以除后患。宫廷内向来母以子贵，但情形总有例外。为皇帝生下皇子，是后宫女人们的心愿，这也是保持地位与富贵的手段。对于钩弋夫人来说，产下皇子，竟然惹来杀身之祸。

钩弋夫人被赐死后，汉武帝面临的第二个问题是：刘弗陵年幼，一定要有贤臣辅佐，谁是最佳人选呢？他暗中观察很久，选定四位辅佐大臣，分别是大将军霍光、车骑将军金日磾、左将军上官桀、御史大夫桑弘羊。

不久，汉武帝病逝。他在位五十四年，是中国历史上最杰出的帝王之一，他既是明君，也是暴君。司马光曾有一段评价："孝武穷奢极欲，繁刑重敛，内侈宫室，外事四夷，信惑神怪，巡游无度，使百姓疲敝，起为盗贼，其所以异于秦始皇者无几矣。然秦以之亡，汉以之兴者，孝武能尊先王之道，知所统守，受忠直之言，恶人欺蔽，好贤不倦，诛赏严明，晚而改过，顾托得人，此其所以有亡秦之失而免亡秦之祸乎！"颇为中肯。

十九 / 放逐北海的硬汉子

武帝死后，年仅八岁的刘弗陵继任皇帝，是为汉昭帝。

汉昭帝虽年幼，帝国之舟却得以平稳过渡，这得益于汉武帝的识人之明。霍光作为第一辅政大臣，老成持重，知人善任，任用一批严而不酷的官吏，一改武帝时酷吏当权的局面。在国家政策上延续汉武帝晚年"轮台令"的精神，采取休养生息、富民劝农的经济措施，使国家很快从巫蛊案的恐怖中走出。

尽管如此，围绕最高权力的政治斗争仍然暗流涌动。

刘弗陵作为武帝幼子登基，引起其他皇兄的不满与愤怒，特别是燕王刘旦。朝中辅佐大臣中，金日磾已去世，上官桀与桑弘羊对霍光大权在握强烈不满。于是乎燕王刘旦、上官桀、桑弘羊等人联合起来，企图整垮霍光。

公元前80年某日，霍光前往京城郊外检阅禁卫军。上官桀等人乘机设计一个阴谋，伪造一份燕王刘旦的奏章上呈汉昭帝，诬陷霍光出行时搞皇帝的排场，僭越礼仪，擅自从军队中抽调校尉军官进自己幕府，图谋不轨，称他"专权自恣，疑有非常"。

汉昭帝览罢所谓燕王的奏章后，不动声色，只压在案头。得知政敌发难后，霍光惶恐不安，次日上朝时不敢进殿。汉昭帝问道："大将军在哪里？"上官桀得意扬扬地站出来说："燕王告发他的罪行，他不敢来上朝。"昭帝下诏，宣霍光进殿。

霍光根本不知道等待自己的命运是什么，他硬着头皮进殿，见到皇帝后，当即脱去帽子，叩头请罪。汉昭帝平静地说："大将军请戴回帽子，朕知道奏章有误，将军无罪。"霍光惊愕道："陛下何以知奏章有诈？"年轻的皇帝答道："将军出城检阅禁卫军是最近几天的事，调校尉入幕府也不过是十天前。燕国距京城遥远，燕王如何能这么快得知情况？"

要知道皇帝只是个十四岁的孩子，却有如此智慧，怎不令人刮目相看呢？汉昭帝下令调查所谓燕王奏章的事件。伪造奏章的上官桀、桑弘羊等人惶惶不安，索性一不做，二不休，只有干掉霍光，废掉汉昭帝，将燕王刘旦扶立为皇帝，才能永保无患。

上官桀、桑弘羊与鄂邑公主串通一气，打算在公主府中摆上鸿门宴，邀霍光参加。只要霍光一来，就将其干掉，发动政变，迎立燕王。如意算盘打得不错，岂料阴谋被鄂邑公主的一个手下举报。汉昭帝当机立断，逮捕上官桀、桑弘羊等人，全部处死。涉案的鄂邑公主、燕王刘旦自杀身亡。

至此，权力场上的生死大战尘埃落定，霍光赢得最终胜利，成为四位辅政大臣中的硕果仅存者。霍光全力辅佐年轻的汉昭帝，在内政外交上，均取得重大成绩。史学家班固评论道："武帝之末，海内虚耗，户口减半，霍光知时务之要，轻徭薄赋，与民休息。至是匈奴和亲，百姓充实，稍复文、景之业焉。"斯可见其功。

在昭帝一朝，有一件大事，就是被囚匈奴达十九年之久的苏武，经历千辛万苦后，终于返回祖国。他的事迹惊天地、泣鬼神，乃汉民族气节之完美写照。

昭帝始元六年（前81），当苏武手持早已旄旌落尽的符节回到长安时，长安城内万人空巷，以一睹英雄的风采！去时年轻力壮，回来时白发苍苍，只有坚毅的眼神一如往昔。

故事要从十九年前说起。

武帝天汉元年（前100），第二次汉匈战争爆发。匈奴且鞮侯单于无意扩大战争，便派使者出使汉帝国，谋求和解。为表示和谈诚意，汉武帝派中郎将苏武为正使、副使张胜、随从常惠等人出使匈奴。

苏武是将门之后，父亲苏建曾是卫青麾下一员战将，因功受封平陵侯。在一次北伐匈奴的战争中，他的军队遭到匈奴人伏击，全军覆没，只有他只身逃回来。汉武帝法外开恩，苏建得以保全性命。因此，苏武内心一直感激皇帝，希望自己有机会报答浩荡皇恩。

汉使团抵达匈奴后，副使张胜竟然瞒着苏武，暗地里策划一个大阴谋。原来张胜有个好朋友，名唤虞常，曾追随赵破奴伐匈奴，兵败投降。虞常身在匈奴心在汉，老想着逃跑，但没机会。正好苏武使团前来，他便想借使团之力，发动叛变，劫持且鞮侯单于的母亲作为人质，以此为筹码达到逃回中国的目的。

虞常与张胜两人的阴谋，瞒着其他使团成员。某日，且鞮侯单于外出打猎，虞常纠集七十多人，打算攻入王庭，抓住单于母亲。不过，计划赶不上变化。有一人思想开小差，半夜跑去向单于告密。单于闻讯火速返回，将虞常等七十余人全部擒获。

政变失败后，参与阴谋的副使张胜慌了手脚，只得向苏武交代整个事情的来龙去脉。苏武大惊，你想想，使团是为着和平使命而来，副使却参与搞政变，这像话吗？虽说是张胜个人行为，这口黑锅，还不得整个使团来背吗？苏武叹了口气道："单于追究到我头上是迟早的事。与其被捕羞辱而死，不如死得痛快些。"说罢拔刀欲自刎，张胜、常惠等人眼疾手快，把刀夺了下来。

果不其然，且鞮侯单于顺藤摸瓜，很快查到使团头上，将所有汉使逮捕下狱，指定卫律审理此案。卫律原本是定居在中国的匈奴人，与李延年（音乐家，李广利兄弟）是好朋友。李延年后来犯了事被处死，卫律怕受牵连，便逃回匈奴，被封为丁灵王。

卫律九死一生逃出中国，一心想报复，企图挑拨汉、匈两国矛盾，全面挑起事端，点燃战争导火索。故而他对苏武等人穷追猛打，欲迫使他承认汉使团乃是政变的主谋。

要知道使团乃是代表国家、代表朝廷、代表皇帝，怎么能给国家、朝廷抹黑呢？其实卫律心里有数，虞常被捕后供出副使张胜参与此事，而苏武等其他人并不知情。但卫律有自己的算盘，想把事情闹大，把责任推给整个使团，进而推给大汉政府，为升级两国战争寻机借口。

苏武当然不承认卫律的指控，他宁死不屈。人争一口气，堂堂大汉使节与其受辱，不若自行了断。他又一次拔出刀，卫律还没来得及夺下，刀便插入腹部。所幸刺得不深，好歹保住一条性命。

苏武的身体渐渐恢复后，卫律开始新一轮的心理攻势。他将苏武及其他使团成员带到营帐内，将虞常押上来，当着众人的面，将他斩首，一颗血淋淋的人头滚落在地上，令人不寒而栗。

卫律威吓苏武说："副使张胜参与谋反重罪，你作为正使，也须连坐。"

苏武冷冷答道："我跟他既无相谋，也非亲属，他犯罪，我为什么要连坐？"

卫律劝说道："我以前逃离中国投靠匈奴，受单于重用，封为丁灵王，拥众数万，马畜满山，也算是富贵了。你若肯投降，便能享荣华富贵。否则，身体腐烂

・十九／放逐北海的硬汉子・　137

在草野之上,谁又能知道呢?"

苏武怒斥道:"你本是中国臣子,背信弃义,投降到蛮夷之地。单于信任你,让你审理此案,你掌握生杀大权,却不能公正处理,扣押汉使,施予威胁,企图挑起汉、匈两国的战争。南越擅杀汉使,国家被屠灭;大宛王截杀汉使,首级悬挂在长安北门;朝鲜击杀汉使,遭灭国之灾。你明知我不会投降,不过是为达到你个人报复的目的,匈奴就要大祸临头了!"

面对苏武铮铮铁骨,卫律无计可施,只得交给匈奴单于处置。

为摧毁苏武的意志,且鞮侯单于将他囚禁在冰冷的地窖中,不提供水和粮食。寒冷、孤独、饥饿一齐袭来。苏武饮冰噬雪,以皮衣上的毛皮充饥。几天后,单于料想苏武已是奄奄一息,意志力被击垮。当地窖大门打开时,出乎所有人意料,苏武虽瘦削许多,但目光仍是那么沉毅有神,手臂还牢牢地握着符节,顽强地站立着,凛然不可侵。

那一刻,单于感到自己在一场决斗中被打败。但是他还不甘心,因为他还掌握着生杀大权。单于下令将苏武流放到荒凉无比的北海(贝加尔湖)去放牧公羊,并说:"等到公羊生小羊的那一天,你才可以回到中国。"

苏武从此被囚于北海,与冰雪为伴。

除了苏武,常惠等人在万般利诱与威胁下,也铮铮铁骨,坚决拒绝投降,表现出汉使的崇高气节。倒是副使张胜成事不足,败事有余,贪生怕死,变节投降了。

苏武在寒冷的北海湖畔度过了十九个年头!

北海是荒凉之地,也是流放犯人的地方,粮食经常无法按时供应,苏武就在野地里挖掘老鼠洞,以野鼠充饥,就这样饱一顿,饥一顿的。但无论走到哪里,那支代表汉使身份的符节,始终没有离身,符节上的旄毛早已全部脱落,光秃秃的。

岁月的沧桑,磨不去苏武的节操与信念;思乡的渴望,霜白了他的鬓发;寒冷与荒凉,驱不散他内心热火般的激情。

在这里,他没有朋友,直到李陵的到来。

李陵与苏武曾同为侍中,共事多年,交往甚密。自兵败投降匈奴后,李陵知道苏武被流放,心中挂念,却没有脸面前来相见。直到十余年后,匈奴单于派他到北海劝降苏武，李陵才硬着头皮前往。

李陵摆下酒筵，与苏武对饮。饮酒过半，李陵叹了口气，对苏武说："子卿（苏武的字）兄，没想到十余年前，长安城一别，竟然是在此相见。我来之时，听说令母已经仙逝，你的两个弟弟苏嘉与苏贤，几年前都因为受一些事的牵连而自杀身亡。子卿兄的媳妇，听说已经改嫁他人了。家里还有两个妹妹、两个女儿与一个儿子，现在也生死未明。"

自从被囚禁以来，苏武对家乡之事，一无所知，突然从李陵口中得知这么多噩耗，不由得心中大悲。李陵又说："人生短促，就像朝露一样，子卿兄何必折磨自己？当初我兵败投降，内心狂乱恍惚，既痛心愧对国家朝廷，又牵挂着被收监的妻儿老母。我不想投降匈奴之心，恐怕不亚于子卿兄。不想皇帝听信谗言，杀我全家，致使李陵肝胆俱裂，万念俱灰。如今皇帝年事已高，法令无常，大臣无罪被夷灭全族的多达数十家（公孙敖、公孙贺、刘屈氂、李广利、赵破奴等），连太子与皇后都不能免。子卿兄啊，你却在这里受尽苦难十余年，为的是谁啊？"

苏武答道："皇帝于苏家恩重如山，苏武无半点功德，却与将军侯爵同列，常愿肝脑涂地以报答天恩。今天即便以斧钺汤镬加诸苏武，我也受之如甘。您不必再说。"

李陵默然无声。一连几天，两人天天饮酒。

到了离别那天，李陵说："子卿兄，请再听我一句话。"

苏武打断道："自从离开中国，苏武已把自己当作一个死人。如果大王（李陵被封为右校王）一定要劝降苏武，我喝完这杯后，便死在大王面前。"

李陵唷然叹道："古代忠义之士，没有超过子卿兄的。李陵与卫律所犯下的罪行，上通于天！"说罢，泪下沾襟，与苏武诀别而去。

几年后，李陵又一次来到北海，给苏武带来一个更大的噩耗。

他对苏武说："匈奴兵掳掠一些云中郡的百姓，得知郡太守以下官吏及百姓全部身着白色的衣服，说是皇帝已经驾崩。"

苏武一听到这个噩耗，跪倒在地，向南叩拜号哭，悲痛欲绝，最后竟然口吐鲜血，晕死过去。李陵大吃一惊，忙差人实施抢救。苏武醒来后，再度号哭吐血。从那一天起，苏武连续几个月，每天早晚都要向南跪拜，表达哀伤之情。

公元前86年，匈奴狐鹿姑单于去世，国内各方势力争权夺利，在卫律的支持下，壶衍鞮单于即位。实权派左贤王、右谷蠡王心怀不满，拒绝前往龙城参加单于主持召开的大会。

匈奴的内部分裂，使新上任的壶衍鞮单于深感无力与强大的汉帝国抗衡，希望谋求与汉帝国的和亲之路。要与汉帝国和好，被扣押的使节是敏感问题，于是苏武的生死下落便成为汉匈两国关系的焦点。

昭帝始元六年（前81），汉派遣使者到达匈奴，商谈具体事宜。

汉使提出必须释放遭扣押达十九年之久的苏武。匈奴方面使诈，谎称苏武已经死了，只把副手常惠等人交还给汉使。也许是李陵将苏武被囚禁在北海的消息告诉了常惠，常惠与汉使商量解救苏武的方法，最后想出一条妙计。

汉使节再度求见匈奴单于，说："中国皇帝在上林苑狩猎，射落一只飞雁，飞雁足上系有一帛书，称苏武被囚禁在某某湖的湖畔。"

壶衍鞮单于哑口无言，愣了半天说："我再向左右问个明白。"假惺惺与左右交谈片刻，满脸愧疚的样子说："是我弄错了，苏武真的还在人世。"

李陵亲自到北海为苏武饯行，摆下酒筵，与苏武觥筹交错，一醉方休。好友要返回中国，李陵既喜且悲，喜的是自己挚友终于获得自由，悲的是自己凄惨的心事，从此再无人诉说。他举起酒杯，说："子卿兄，你此番归国，扬名于匈奴，功显于汉室，古代竹册帛书所记载的英雄人物、丹青浓墨所绘的伟人，何有过于子卿兄！李陵虽然驽怯，但倘若汉室宽宥陵的罪过，保全老母妻儿，陵愿意忍辱含垢，奋起武士之心，效法齐鲁曹柯之盟中的曹沫，劫持匈奴单于以归汉室，这是李陵往昔的夙愿。可是汉室竟族诛我家室，屠戮之惨状，陵每思之，心中滴血，痛心疾首，我还有回头路可走吗？一切都过去了，只是想让子卿兄知晓我内心无言的悲痛。"

一杯酒后，两人洒泪而别。

十九年啊，苏武出使匈奴时，尚是壮年，回到祖国时，却已是白发苍苍的老翁。十九年的囚徒生涯，他在一场没有硝烟的战场上战胜了敌人。他以自己惊人的意志力，为伟大的中国增添了一段传奇，为坚忍不屈的中国精神做了最好的诠释。

汉室辅佐大臣霍光与上官桀，同李陵是旧日的好友。武帝刘彻去世了，李陵也该返回了。他们派任立政等人,前往匈奴见李陵,劝他归国。任立政是李陵的同乡与好友,他的到来,令李陵稍感安慰。任立政说:"少卿兄,时过境迁,李家的悲剧,我也十分悲痛。现在朝廷上下,都希望少卿兄能够返回中国,继续为汉室效力。少卿兄意下如何呢?"

李陵摇摇头说:"回中国很容易,但大丈夫不能再次受辱了。"

最后,李陵老死在异国他乡。

苏武与张骞一样,是汉代最伟大的人物之一,他是民族精神之碑。血溅虏廷,威武不能屈其节,饮雪吞毡,厄境不能移其志;牧羊北海,人生有几个十九年春秋,冰雪霜白其发,风沙落其节旄;茹毛穷海,不为大汉羞,死有所不避,生只为报国恩;天地茫茫,万物卑微,唯其精神可超越生命而千年不朽矣。

二十 / 从囚徒到天子

昭帝刘弗陵是一位明君，可惜英年早逝。元平元年（前74），刘弗陵去世，死时只有二十一岁。昭帝没有子嗣，谁将成为下一任皇帝呢？

当年与刘弗陵争夺皇位的武帝诸子，有燕王刘旦、广陵王刘胥与昌邑王刘髆。燕王刘旦因参与上官桀、桑弘羊的谋反而自杀，刘髆已经去世，剩下来的只有广陵王刘胥。但是刘胥好勇斗狠，霍光比较讨厌他，便决定立刘髆的儿子、昌邑王刘贺。

前文说过，刘髆是汉武帝最宠爱的李夫人的儿子。当年刘屈氂、李广利欲拥他为太子，不想反而事泄遭族诛，也使刘髆失去继承权。从血统上说，刘贺是汉武帝的孙子，当然有继承权。但是霍光没想到，刘贺竟是个坏小子。

自继承昌邑王位后，刘贺行为放荡，整天跟一群善于拍马的侍从混在一起，吃喝玩乐，无所事事。这个坏小子做梦也没想到，皇冠从天而降，自己居然成了皇帝。收到以上官太后名义颁下的继位诏书后，他急不可待，带了队人马向长安城狂奔。他沿途搜罗美女，藏在车上，准备带回皇宫去享用。

快到长安城，下属龚遂提醒说："根据礼法，昭帝刚驾崩，此行也是奔丧，望见都城时应该要哭。"刘贺不高兴地说："我喉咙疼，不能哭。"一直到未央宫东门时，他才假装号哭几声。

继位登基后，刘贺并不忙于政事，除了泡美女外，就是饮酒作乐，斗虎豹熊罴。不仅如此，他还把自己以前的下属都调入长安城内，一口气封了好多官。一朝皇帝一朝臣，以大将军霍光为首的朝中重臣明显有一种受到冷落的感觉。

刘贺的倒行逆施，令霍光大失所望。他决定要反击，让刘贺见识一下，他是掌握有废立大权的辅政大臣。

亲信田延年献言道："大将军是国家柱石，如果认为刘贺不能胜任皇帝，何不向太后禀白，另选贤能立之？"霍光沉吟道："大臣废黜君主，这种事情古代有没有呢?"田延年博学多才,回答说:"有的。商代宰相伊尹曾流放国君太甲,以安定宗庙,后世称赞其忠心为国。将军如果能这样做,就是当代的伊尹。"霍光大喜,吩咐田延年秘密联络车骑将军张安世,共图大计。

成败在此一举。

霍光召集宰相、御史、将军、列侯、高级官员、大夫、博士等在未央宫举行会议。他开门见山地说:"昌邑王行为昏乱,恐怕危及社稷,怎么办?"大多数人并不知晓霍光的计划,听后大惊失色。田延年按剑厉声道:"先帝托孤给大将军,就是认为大将忠良贤明,能够安定刘氏江山。现今昌邑王无道,社稷将倾,如果汉家垮了,大将军就是死了,有何面目见先帝于地下呢?今天所议之事,没有回旋的余地,如果有人迟迟不肯响应,我就杀了他。"

大家一听,心里明白了,这不是讨论会,而是表态会。霍光的手段,大家是见识过的,反对大将军者,即便是燕王刘旦、辅政大臣上官桀、桑弘羊都难逃一死,估摸一下自己的斤两,有必要为一个昏君卖命吗?大家一致表态:"万姓之命,在于将军,唯大将军令!"

霍光率文武大臣,觐见上官太后,列举刘贺的种种恶行,直言他没有资格继承皇位。上官太后是霍光的外孙女,从法律上来说,她是唯一可以废除皇帝的人。

上官太后移驾未央宫承明殿,下诏书禁止原昌邑国的官员进入皇宫。霍光秘密吩咐车骑将军张安世将昌邑国的一帮臣僚共计二百余人全部逮捕。刘贺很不高兴地说:"我这些旧臣僚有什么过错,大将军怎么将他们都抓起来?"

这时,太后下诏召见刘贺。刘贺大为恐慌地说:"我犯了什么错,太后要召我去?"进了承明殿后,只见殿上数百名侍卫,全部操着兵器,全副武装,杀气腾腾。刘贺心惊胆战,走到上官太后面前,伏地听诏。

霍光与文武大臣联合弹劾刘贺,由尚书令宣读弹劾书,一五一十地罗列刘贺的罪状,当念道:"与孝昭皇帝的宫女淫乱,并恐吓掖廷令:敢泄露消息者,腰斩。"皇太后对其他政事可能不太敏感,一听到刘贺居然与先帝的后宫女人淫乱,这下子可气坏了。她插了一句:"停一下,作为先帝的臣子,胆敢悖乱到这种地步。"刘贺更加惶恐,趴在地上不敢抬头。

尚书令念完控告书后,请示皇太后:"宗庙重于君,陛下不可以承天序,奉祖宗庙,子万姓,当废!"上官太后诏曰:"可。"同意废掉刘贺的帝位。

刘贺哪肯甘心啊？他脱口而出："我听说天子有诤臣七人，即便没有道义，也不会失去天下。"霍光厉声喝道："太后已经下诏废去你的帝位，你还敢妄称天子！"马上解下刘贺身上的玉玺，呈交给太后。就这样，刘贺当了二十七天的皇帝后，被霍光拉下马。

在君臣的较量中，皇帝并不总是赢家。

刘贺被废除帝位后，谁将是皇帝人选呢？霍光将目光锁定在汉武帝的曾孙刘病已身上。

帝王之家并不意味着就拥有荣华富贵，皇子皇孙也可能有悲惨的命运。

前太子刘据就是一例。这位汉武帝与卫子夫的亲生子，最终身陷巫蛊之祸，不仅自己命丧黄泉，还连累了家人。刘据的三个儿子、一个女儿以及所有妻妾，都死于巫蛊之祸，只有孙子刘病已侥幸活下来。

刘病已的父亲刘进，是刘据与史良娣的儿子。他刚出生后不久，巫蛊之案爆发。父母都死于这场惨案中，刘病已只是个婴儿，没有被诛杀，关押在监狱中。一个婴儿关在狱中，没有人抚养必死无疑。廷尉监丙吉为人正直，有同情心，怜悯刘据一家悲惨的遭遇，便尽自己的能力保护、抚养这个可怜的婴儿。

监狱的环境很恶劣，黑暗而潮湿，一个婴儿在这种环境要活下来很难。丙吉很细心，把刘病已安排在比较高、比较干燥的牢房，并安排两位乳母喂奶。这两人都是监狱中的女犯，为人善良，一个叫胡组，另一个叫郭徵卿。丙吉公务再繁忙，都要抽空看望刘病已。

两年后，武帝刘彻身体不适，有士称："长安城的监狱有天子气，与皇宫的帝气相冲，导致龙体不安。"刘彻是个颇迷信的人，下令凡京城各处收押的囚犯，不论罪行轻重，一律处死。

一时间，京城监狱血流成河，狱吏的屠刀上血迹斑斑。内臣郭穰怀揣皇帝的诏令，深夜直奔向关押着刘病已的郡邸监。眼看这里要成为人间地狱，怎么办？廷尉监丙吉把心一横，豁出去了，拒绝奉诏，绝不打开监狱的大门。他对内史郭穰喊道："皇帝的曾孙在此！他人无辜而死尚且不可，更何况是皇帝的亲曾孙呢？"郭穰暴跳如雷，怒气冲冲返回皇宫，向武帝禀报。

武帝刘彻心中一动，莫非监狱冲出的天子气，就是我的曾孙？难道这是天意？那一刻，他突然动了亲情，非但没有追究丙吉抗诏，还发布大赦令，以委婉的方式把曾孙刘病已释放出狱。

此时，刘病已只有三岁，没有自理能力，父母双亡，无依无靠，释放出狱后要安置在哪里呢？丙吉没有办法，只好让刘病已以监狱为家，由乳母胡组照看。后来乳母胡组刑期满要出狱，刘病已想念乳妈，日夜哭个不停。丙吉只好自己掏钱，雇用胡组继续留在监狱中。这样，胡组又在监狱中多待了几个月。

监狱的条件很不好，不利于刘病已的身心健康。丙吉多方打探，终于打听到刘病已的外曾祖母贞君以及舅舅史恭尚在人世，便把他送到史家，交给他们抚养。外曾祖母贞君年事已高，白发苍苍，见到自己的曾外孙时，想起死于非命的女儿，老泪纵横，亲自抚养刘病已。这样，刘病已总算结束了漂泊不定的生活，过了几年平静的日子。

昭帝刘弗陵继位后，了解到刘病已生活困苦，心中甚为怜悯，就派人将他接到宫中，由掖廷（宫女居住的地方）的宫女代为抚养，并且把他重新列入皇族名簿册中，算是承认其皇族身份。

掖廷令张贺曾经是太子刘据的门客，巫蛊案发后，张贺被判宫刑，成了太监，掌管掖廷。因为刘病已是刘据的后人，同病相怜，张贺对他关心备至，拿出自己的钱，供他读书。

刘病已聪明好学，受教于名师，学习《诗》《书》。他虽恢复皇籍，但与平民无异，经常出入市井，为人侠义。身处社会底层的他，比其他贵族公子更了解社会现实。张贺很喜欢刘病已，说服好友许广汉，把女儿嫁给这位皇曾孙。刘病已贫困潦倒，娶老婆时出不起聘礼，幸好张贺帮他出钱，还一手操办其婚礼。

当时没有人会想到刘病已有朝一日竟会成为皇帝，张贺对他的期望也不过是封个关内侯（有爵位无封邑）。但是命运有时如此不可思议，不能不让人感慨人生充满变数。

霍光之所以选中刘病已，与丙吉的推荐分不开。丙吉称赞刘病已精通各种典籍，才华横溢，行为举止端庄，品性温和。霍光等人慎重考虑后，认同丙吉的建议，由上官太后下诏，将刘病已推上皇帝的宝座。这就是汉代著名的汉宣帝。

汉宣帝刘病已（后改名刘询）是西汉最有传奇色彩的皇帝之一。从囚犯到天子，他的早年充满苦难与艰辛，遍遭困厄，但他没有向命运低头，非凡的经历熏陶出非凡的人格，也培养了他过人的才识。否极泰来，应验了这古老的格言。

刘病已的传奇，与丙吉是分不开的。没有丙吉，他早就死在监狱里了；没有丙吉，霍光也不可能立他为天子。在他登基后几年，丙吉迁为太子太傅、御史大夫，可汉宣帝并不知道这位朝夕相处的忠臣，就是自己的救命恩人。

一个偶然的事件，才令真相大白于天下。

当时，掖庭一位宫婢贪功，上疏声称自己对皇帝有保育之恩，并且说丙吉就是证人。汉宣帝大为惊异，召丙吉入见。丙吉见到宫婢，说道："你是曾经养育过皇曾孙，却没有尽心竭力，还曾因为犯有过失而遭到鞭罚，怎么敢冒称有功呢？"丙吉想起曾经含辛茹苦养育刘病已的乳母胡组、郭徵卿两人，便给皇帝上疏，叙述两位乳妈的功劳，但仍只字不提自己。

皇帝的童年往事开始浮出水面，他下诏寻找两位乳母的下落，可惜两人都去世了，便重赏其家人。同时，汉宣帝以乳母为线索，调查究竟谁才是自己的救命恩人。查来查去，结果令皇帝大为吃惊，近在眼前的丙吉就是当年冒死拯救自己的恩人！可是丙吉没有提过一句话，足见其高风亮节。这一刻，皇帝有一种说不出的感激之心。他立即封丙吉为博阳侯，丙吉坚持要推掉侯印，皇帝回复说："您上疏要归还侯印，这不是要彰显我的无德吗？"

从此以后，丙吉成为皇帝最信任的人。后来他出任帝国宰相，直到去世。去世前，汉宣帝亲自到病榻前看望恩人，并问他："您如果有什么三长两短，谁能接替您呢？"丙吉推荐了杜延年、于定国、陈万年三人。此三人后来成为宰相或御史大夫，表现杰出。

汉宣帝是继汉武帝之后，最有作为的西汉皇帝。在他统治的时期，大汉帝国终于制服匈奴，成为唯一的超级大国。

汉宣帝登位之初，没有自己的一帮亲信与心腹，全赖大将军的支持。在霍光面前，皇帝多多少少有点自卑心，战战兢兢，如履薄冰。在他眼里，霍光就像是上帝，既能给他带来权力，同样也能使他失去。为了表示对霍光的尊重，汉宣帝下令，国家大事，均先通过霍光裁决，再通报皇帝。霍光大权独揽，成为实际的执政者。

为了巩固权势，霍光打算把小女儿霍成君嫁给皇帝，立为皇后。不过，自小备尝人世艰辛的汉宣帝不愿冷落结发妻子许平君，他下了一道诏令，寻找穷困时遗失的一把剑。聪明的大臣们揣测出皇帝不忘旧情的深义，纷纷见风使舵，请求立许平君为皇后。

霍光的妻子霍显（史不载其姓，一般称之为霍显）非常不满，想方设法要让女儿取代许平君。为了达到自己的目的，她竟然不择手段。

汉宣帝继位第四年（前71），皇后许平君怀孕。当时宫中有一位有名的女医生，叫淳于衍。她也是霍家的常客，霍显突然眼前一亮，想出一个大胆而阴毒的诡计。她对淳于衍说："大将军向来宠爱小女儿成君，希望她大富大贵，这件事得拜托您。"淳于衍一头雾水，不解道："这是怎么说呢？"

霍显靠近淳于衍，压低声音说："女人怀孕生子是一件大事，九死一生。皇后快分娩了，如果在她的药中下毒，让她在分娩后中毒而死，到时别人自然会认为是死于生产，不会怀疑。只要皇后一死，成君就可以名正言顺地成为皇后。这事情要办成，富贵荣华少不了你的。"

淳于衍听后大骇，说道："给皇后开药治病的大夫多，而且药一定事先要由下人先尝过，要投毒怎么可能？"

霍显阴阴一笑道："能否办成，关键就看你。如今天下大权，操之大将军之手，谁敢说三道四呢？就算出了差错，也可以保护你的，只怕你无意相助罢了。"淳于衍有得选择吗？霍显既然开口了，她若不答应，不照做，只能是死路一条。她无奈地从口唇中挤出三个字："愿尽力。"

回到家后，她找了一种名为附子的毒药，捣碎后秘密带入宫中，等待机会下手。许平君顺利产下一个女儿，轮到淳于衍进药时，她哆哆嗦嗦地将附子粉末掺和到太医开的药丸中，让皇后服用。许平君服下后，不一会儿的工夫，觉得头昏脑涨，便说道："我头很晕，会不会是药中有毒？"淳于衍吓一大跳，赶紧掩饰说："没有毒的。"可是许平君开始口唇肢体发麻，心慌气促，最后渐渐失去知觉，毒发而死。

皇后之死，令汉宣帝非常难过。起初他认为是产后症引起的，后来有人上疏，告发宫廷御医犯有严重的失职。汉宣帝下诏将所有相关御医全部逮捕下狱审问，包括淳于衍在内。霍显害怕事情露馅儿，只好向霍光全盘托出。霍光听后大恐，他万万没有想到，妻子竟然是谋杀皇后的幕后主使。毒杀皇后，那是诛灭全族的罪啊。不该做也做了，无可挽回，霍光无奈之下，只能选择隐瞒真相。他上疏力保淳于衍，在奏章中注明淳于衍与皇后之死没有关系。

有大将军担保，皇帝没有追究此事，淳于衍终被释放。

毒杀皇后之事被霍光摆平，霍显更神气了，她将女儿霍成君送入宫中。第二年（前70），霍成君被立为皇后。

公元前68年，执掌朝政达十八年之久的大将军霍光病逝。

汉宣帝终于喘了一口大气。多年来，他虽然是皇帝，却只能躲在霍光的阴影之下，朝政大事，由霍光说了算。霍光死后，汉宣帝才开始亲政。他亲政后励精图治，为政的最大亮点是重视吏治，特别是地方官吏的选派与委任，十分谨慎。

霍氏集团的权势仍然很大。霍禹为右将军，手握兵权；霍山为奉车都尉，兼领尚书事。霍显是皇后霍成君的母亲，也是上官太后的外祖母，可以自由进出太后的长信宫。其他霍氏成员多在朝中居显要职位，实力不可低估。

在朝廷中，对霍氏专权反感的大有人在。御史大夫魏相上了两道密折给皇帝，皇帝对他的建议言听计从。首先，拜张安世为大司马兼车骑将军，避免军权落到霍氏子弟之手。其次，册立刘奭为皇太子。刘奭是前任皇后许平君所生之子，这可把霍显气坏了。她气得吐血，许平君都死了，怎么阴魂不散呢？

霍显打算重施故伎，毒杀太子刘奭。这件事交给谁来做呢？当然是她的女儿——皇后霍成君。她教唆女儿下药毒死太子，霍成君答应了。霍成君数次召刘奭入后宫，想要找机会毒死他。可是刘奭的保姆很尽责，每次都要亲自先尝吃，令霍成君无法下手。

为了对付霍氏集团，汉宣帝任命魏相为宰相，许平君的父亲许广汉也得以随时进出宫廷。在丰满自己羽翼的同时，不断削弱霍氏的力量。

首先是削夺霍氏的兵权。霍光三女婿范明友、二女婿邓广汉、五女婿任胜、孙女婿王汉等均手握兵权，汉宣帝把他们全部调离军职，出任地方太守或其他文职。紧接着，汉宣帝任命张安世为卫将军，同时兼任长乐宫、未央宫的守备司令。凡是在羽林军、未央宫、长乐宫守备部队和长安城防部队中的霍氏将领，全部被调离，改由许、史二家的子弟接任。许家就是许皇后家族，史家就是汉宣帝祖母史良娣家族。

霍氏集团的权力不断被削，霍显恐惧不安。当时民间都说是霍氏毒死许皇后，此事闹得沸沸扬扬，霍山问霍显："这件事到底有没有呢？"纸是包不住火的，霍显吞吞吐吐说出实情，承认许皇后是被自己暗中串通御医毒死的。霍禹等人大吃一惊，这可是满门抄斩之罪。为今之计，只能铤而走险，发动政变，推翻汉宣帝。

恐慌笼罩着霍家，与其坐以待毙，不如绝地反击。霍山拟订了一个政变的计划：由上官太后出面宴请汉宣帝的外祖母，同时召魏相、许广汉赴宴。在宴席上，刺杀魏相、许广汉，然后以上官太后之命，废掉汉宣帝，拥霍禹为皇帝。

霍家沉不住气，他们政变的阴谋，已经不再是阴谋，聪明的汉宣帝早就死死盯住霍氏的一举一动。看似精心设计的政变计划很快就被皇帝得知，是到清算的时候了，宣帝下诏，逮捕霍氏家族成员。

大势已去的霍云、霍山等选择自杀，霍显与她的儿女兄弟被捕后斩首，想称帝的霍禹被处腰斩。谋反案牵连数十家，死者甚众。

自从汉武帝去世，大权落入大将军霍光之手，直到镇压霍氏谋反后，汉宣帝才彻底夺回大权。对汉宣帝来说，权力赢来不易。他自小流落民间，被推上皇帝宝座时没有丝毫的根基，他一边忍让，一边培植自己的力量。在霍光去世后，汉宣帝以种种巧妙的措施一点一滴地剥去霍氏的权力，最终轻而易举地平定叛乱。从这一点看，汉宣帝确实有过人的统御才华。

汉宣帝是西汉最富传奇色彩的一位皇帝，也是一位很有作为的皇帝。扫除霍氏集团后，他独揽朝政，开创继文景之治后的又一盛世。

二一 / 勇士们的表演舞台

汉宣帝时代，是两汉历史乃至中国历史最强盛之时期，几乎把所有敌人都打趴下了。宣帝之武功，主要有三：其一，完成对西域的经略。其二，平西羌之乱。其三，降服南匈奴。

宣帝神爵二年（前60），西汉政府在西域设置都护府。自此，汉的号令行于西域，此乃宣帝时代最辉煌的成就之一。

汉对西域的经略，始于汉武帝时期。汉武帝先后发动楼兰、车师战争以及大宛战争，强势介入西域，对西域的争夺，成为汉匈战争的第二战场。昭帝刘弗陵上台后，国家政策转向休生养民，无意对外扩张。曾经归降大汉的楼兰开始倒向匈奴，楼兰王安归屡屡帮助匈奴人截杀汉使团。

曾多次出使西域的傅介子自告奋勇，向大将军霍光请缨前往刺杀楼兰王。他带了一队使团，以出使西域各国为名，途经楼兰。楼兰王做贼心虚，没敢召见傅介子。傅介子以金钱为诱饵，假称是大汉皇帝的赏赐，楼兰王见钱眼开，前往会晤傅介子。不料这一去，有去无回。傅介子摆下鸿门宴，在宴席上刺死楼兰王，砍下其头颅。

傅介子一刺成名，威震西域，汉帝国重新控制楼兰，并改名为鄯善。

除楼兰之外，龟兹对汉帝国也阳奉阴违。

当时汉军在轮台屯田，忠于汉室的扜弥国太子赖丹担任屯田校尉。轮台靠近龟兹，龟兹十分不安，贵族姑翼怂恿龟兹王派人刺死屯田校尉赖丹。宣帝即位后，汉驻乌孙使节常惠上疏皇帝，自告奋勇讨伐龟兹。

在大将军霍光的支持下，常惠采取"以夷制夷"的策略，征调乌孙、焉耆、姑墨等国的军队共计四万七千人，分三路进攻龟兹。大军兵临城下，龟兹王只好交出杀死赖丹的元凶首恶姑翼。常惠下令将姑翼斩首，然后撤兵。

傅介子刺杀楼兰王、常惠围剿龟兹，汉对西域的影响力不断增强。但西域东部的车师国却反反复复，时降时叛，成为汉为了控制西域必须拔除的钉子。

车师与楼兰一样，是进入西域的咽喉通道。公元前 67 年（宣帝地节三年），匈奴扶植乌贵继承车师王位，车师投入匈奴的怀抱，车师争夺战不可避免。

郑吉脱颖而出，成为光芒四射的英雄。他年轻时报名参军，随军到西域屯垦，虽出身低微，但胸怀大志，才干非凡，逐渐成长为一名优秀的将领。匈奴人重新控制车师，郑吉当机立断，征调渠犁等国的军队，与屯田守军一千五百人，共同出击车师。车师还没反应过来时，联军已兵临都城交河城下，郑吉一战攻破交河城。车师王乌贵无奈之下，只得向郑吉投降。

匈奴急急忙忙拼凑一支军队，杀气腾腾地扑向车师。车师王乌贵自知不敌，索性弃位而逃，到乌孙去避难。匈奴另立兜莫为车师王，兜莫害怕郑吉报复，举国东迁。车师迁都后，交河城成了一座空城，郑吉令三百名士兵前往屯田。匈奴在西部边境集结两万人马，企图剿灭郑吉的屯田部队。

郑吉的处境十分困难，此时莎车国突然叛乱，西域之局势急转直下。

宣帝元康元年（前 65），莎车国叛变。

莎车王万年原本是乌孙王子，母亲是嫁到乌孙的汉公主刘解忧。莎车老国王膝下无子，将万年当作儿子看待。老国王去世后，由万年继承莎车王位。然而，万年暴戾无度，令莎车臣民极其失望。莎车老国王的弟弟呼屠徵振臂一呼，起兵反抗万年，莎车内战爆发。残暴的万年失去民众的支持，兵败被杀，同时被杀的还有汉使节奚充国。

呼屠徵自立为王，他知道杀死汉使的下场，心中恐惧不安，密谋勾结匈奴以自保。此时匈奴正集结重兵，准备进攻郑吉的屯田部队。莎车王呼屠徵乘机散布小道消息，谎称汉屯田守军已经被匈奴击破。西域诸国，面对汉与匈奴两大势力，都采取骑墙政策，一听说匈奴占优势，便纷纷倒向匈奴一边。西域局势急转直下，驻守交河城的郑吉屯田部队既要面对匈奴的猛攻，又要防止后院起火，处境更加艰难。

此时，又一位英雄挺身而出。此人是冯奉世。

冯奉世是个大器晚成之人，文武双全，精通《春秋》，颇有学问，同时也学习兵法，富有韬略，为人果断敢当大任，有胆有识。元康元年（前 65），冯奉世被任命为使节，任务是护送大宛使者回国。行到半途时，突然爆发莎车叛乱，南北两道诸多小国或是受莎车的欺骗，或是受威胁，纷纷扯起反叛大旗，情形非常危急。

面对复杂的局面，冯奉世没有慌乱，认为必须当机立断，平定莎车之乱。问题是冯奉世只是个使节，哪来军队平乱呢？他很机智，以手中象征皇帝权力的符节为信物，向未参与叛乱的西域诸国征调部队，总共征来一万五千人。冯奉世指挥这支杂牌军，以迅雷不及掩耳的速度直逼莎车。莎车抵挡不住，终被攻陷，莎车王呼屠徵自杀身亡。

冯奉世的果断行动，化解了一场严重的危机，他的神勇表现，威震西域。南北两道跟随莎车反叛的国家大为惊恐，纷纷上书谢罪。

正当莎车叛乱之际，郑吉的屯田部队遭到空前的压力。

为了加强守备，郑吉将渠犁的屯田部队全部调往交河城。匈奴派出两万两千名骑兵发动进攻，城内守军只有一千五百人，兵力相差悬殊。郑吉又从诸国征调七千人支援交河城，但人数上仍然居于劣势，形势十分不利。郑吉上疏汉宣帝，请求增派屯田部队。

汉宣帝命令常惠率领张掖、酒泉的骑兵部队，前往解救郑吉之围。第二年（前64），常惠率军北进一千余里，抵达车师。匈奴得知汉帝国生力军来援，不敢恋战，遂解围而去。由于交河城离屯垦区犁渠的距离有一千里，宣帝下诏放弃交河城。郑吉撤退后，匈奴重新占领交河城。

匈奴人夺回车师，不过这是回光返照罢了。西域绝大多数国家已经臣服于汉帝国，匈奴只能控制车师等少数几个地方，其势力被驱逐出西域只是时间问题。

四年后，神爵二年（前60），匈奴新上台的握衍朐鞮单于与实力派首领日逐王矛盾重重，势不两立。日逐王经深思熟虑后，决定向汉帝国投降。他派人前往犁渠，与郑吉取得联系。郑吉马上征调渠犁、龟兹等国的军队五万人，前往匈奴边境线迎接日逐王。

日逐王率本部共计一万二千人向郑吉投诚，包括十二名匈奴小王与将领。日逐王的投降令匈奴单于震惊，他派出大军企图歼灭日逐王的部队，但郑吉已经抢先一步接应。面对郑吉的五万大军，匈奴单于望而却步，只能坐视日逐王远去。

日逐王投降后，郑吉再次出兵占领交河城，车师王慑于兵威，终于选择归附中国。至此，匈奴在西域的势力被驱逐一空。

郑吉击破车师，降服日逐王，威震西域。至此，"断匈奴右臂"的计划完美收官。这个计划构想始于张骞，而成于郑吉。汉帝国设立西域都护府，郑吉在西域所开拓的伟大事业，使他当之无愧地成为第一任西域都护。

宣帝时代，汉帝国对外经略战无不胜，其中最大的一场战争，便是爆发于公元前61年至前60年的西羌战争。

羌是一个大族，又称为"西羌"或"氐羌"，部落繁多，主要分布在汉帝国的西部与西南部。羌部落又称为"种"，部落首领称为"豪"，其中最强大的一支，是分布于青藏高原上的先零羌。元康四年（前62），汉宣帝派光禄大夫义渠安国出使西羌。先零羌的酋豪请求返回湟水流域，义渠安国答应羌人的请求。

羌人的行动非常迅速，大批大批地渡过湟水，如潮水般地涌入汉帝国的西部。羌人虽分布极广，却部落众多，一直是一盘散沙。然而这次不同，在先零羌酋豪的主持下，二百多个羌部落空前团结，做了三个方面的努力：第一，化解历史上各部落间的仇恨。第二，互相交换人质。第三，结为同盟，并订下誓言。

汉宣帝注意到羌人的反常之举，召来老将赵充国询问。熟悉边事的赵充国一针见血地指出，匈奴一直煽动羌人进攻河西走廊，羌人解仇结盟，一定与匈奴有关。赵充国的推测是正确的，不久后，有消息传来，羌人秘密派使节到匈奴，密谋进攻鄯善与敦煌。

针对羌人的密谋，赵充国提出两个建议：第一，派人前去与羌人谈判，设法瓦解其同盟，和平解决事端。第二，储备三百万斛的粮食，只有充分备战，羌人才不致轻举妄动。可惜的是，朝廷所用非人，仍然派义渠安国前往羌地，此公成事不足，败事有余，非但未与羌人和解，反而大开杀戒。义渠安国的鲁莽导致汉羌战争爆发，而此时边疆的粮食储备不到二十万斛，与赵充国提出的三百万斛相差甚多。

事到如今，汉宣帝不得不采取武力手段解决。谁能担任西征统帅呢？老将赵充国已经七十五岁，他毛遂自荐："若要带兵出征西羌，没有比我更合适的人。"这句话，充满"舍我其谁"的英雄气概。赵充国乃是汉军之名将，早在武帝时代便多次出征匈奴，以英勇无畏著称。如今他年迈力衰，犹然一腔热忱，汉宣帝岂能不感动呢，遂任命他为西征军统帅，率军开赴前线。

赵充国率一万名骑兵西渡黄河，抵达西域都护府。远征军来得正是时候，西域都护府正遭先零羌猛烈攻击。赵充国下令坚壁清野，固守城池，以乱箭击退羌

· 二一／勇士们的表演舞台 · 153

人骑兵。

都护府监狱关押着一名囚犯，名叫雕库，是羌人罕、开部落首领的弟弟。当时罕、开两个部落尚未叛乱，赵充国认为雕库无罪，下令释放，并让他转告本部落，不要追随先零羌起事，否则是自取灭亡。

赵充国对形势的判断是，羌人部落虽然解仇结盟，联盟并非铁板一块。汉军的对手，主要是实力最强的先零羌，对其他部落必须要采用分化瓦解的手段。倘若不分别对待，会把所有羌人拖入战争，那就永无宁日。不战而屈人之兵，是老将军的战略原则。他按兵不动，对罕、开等部落展开外交攻势，但这一战略，引起帝国高层的强烈不满。

酒泉太守辛武贤认为罕、开部落与先零羌关系密切，应该全力进攻，以剪除先零羌之羽翼。辛武贤的意见得到朝中大臣的一致认同，连皇帝本人对赵充国按兵不动的做法也相当不满。汉宣帝写信批评道："如今战争爆发，马匹车辆万里转输，致使天下百姓烦忧，将军不考虑政府的难处，统率万人之众，却不积极进击……战争的消耗巨大，将军却不念此，准备将这场战争拖延数年之久。要是打仗这么轻松，谁不乐意当将军呢？"

赵充国回复道："罕、开两个部落，虽与先零羌关系紧密，然而并未正式叛乱。陛下将首恶先零羌放在一旁，反倒要攻击罕、开部落，岂不是释有罪、诛无辜吗？"他认为只要击破先零羌，罕、开部落可不战而降。

赵充国运气很好，他遇上千载难逢的明君。汉宣帝对老将军的意见极其重视，下诏停止对罕、开部落的攻击，集中力量打击先零羌。

先零羌围攻西部都护府失败后，数番挑战，赵充国置之不理，坚壁清野。先零羌久战无功，士气低落，赵充国抓住机会，发动突袭，先零羌被打个措手不及，夺路而逃，慌忙向湟水的对岸撤退。赵充国命令军队不紧不慢跟着，部将大惑不解，不是应该快马疾鞭追杀吗？老将军笑道："穷寇不可逼得太急。我们慢慢进逼，他们就会头也不回地逃窜，要是逼得太急，困兽也会拼死相斗。"

果然，先零羌人争先恐后渡河，乱成一团，被挤下水淹死者达数百人，另有五百余人来不及渡河，成了阶下囚。先零羌此役损失千余人，更要命的是，损失牛、羊、马等牲畜十余万头，车辆达四千辆。

汉军渡河西进，进入罕羌的地盘。赵充国严令禁止士兵放火焚烧村落，也不准在田里割草放牧。罕羌见汉军秋毫无犯，心中感激，首领靡忘亲自前来归顺，并承诺撤离湟水谷地。罕羌退出与先零羌的同盟，赵充国兵不血刃，便瓦解了先零羌最重要的盟友。

在汉军的逼迫下，先零羌被迫退入贫瘠的山区。进入深秋后，缺衣少食，大量羌人向汉军投降。仅几个月，赵充国已收容先零羌一万多人。他估计先零羌内部已经矛盾重重，便给皇帝写了一折奏章，请求将骑兵撤走，只留下屯垦部队，打算长期待下去，坐等先零羌的崩溃。

赵充国要以和平手段解决羌乱，朝中大臣都希望能以武力早日解决。对此，赵充国在奏章中分析说："民族之间的问题非常微妙，失之毫厘，差以千里，先零羌固然不足为虑，但如果不妥善处理，反叛蔓延到其他部落，到时纵然有智慧超群的英雄，也无能为力……羌人习性悍勇无比，容易用计谋瓦解，难以用重兵粉碎。《孙子兵法》云：百战而百胜，非善之善者也；先为不可胜以待敌之可胜。高明的将领击败敌人，并不损伤自己的实力，以谋略取胜为上策，力战取胜只是下策。"

宣帝从善如流，堪称千古楷模。他没有轻易否决赵充国的建议，再次致书："依将军的计划，羌虏几时可以诛灭？战争何时可以结束？"

赵充国再奏："先零羌的精锐部队，剩下的不过七八千人罢了。因为没有肥沃的土地，先零部落只得分散在各个山区，忍饥挨饿，前来归附投降者络绎不绝。老臣认为，先零羌的覆灭，最迟在明天春季。"

汉宣帝认可赵充国的分析，然而，他又不能忽视其他将领的要求。辛武贤等人坚决主张速战速决，力主出击，否则兵力集中于青藏高原，河西走廊的防御将长时间空虚。这听起来也有道理，宣帝干脆双管齐下：赵充国的部队继续留守湟水谷地屯垦；强弩将军许延寿、破羌将军辛武贤、中郎将赵卬，兵分三路，进击先零羌。

汉军势如破竹，许延寿兵团降服先零羌四千人，辛武贤兵团斩俘两千人，中郎将赵卬斩俘两千多人。而静守在湟水地区进行屯田的赵充国兵团，不动一刀一枪，自动跑上门投降的羌人达五千之多。事实证明，赵充国以和平手段降服先零羌是卓有成效的。汉宣帝于是召回许延寿、辛武贤、赵卬，只留下赵充国的屯垦兵团。

赵充国以守代攻，派出归降的羌人前往先零部落，极力劝降，对先零羌的瓦解起到至关重要的作用。第二年（前60）五月，前来投降的先零羌人已达三万之多，负隅顽抗者仅剩四千余人。赵充国将战争扫尾工作交给归降的䍐羌部落，䍐羌酋豪靡忘不负所望，收降剩余的四千人。至此，羌乱得以平息。

平羌之役，乃是赵充国军旅生涯的代表作。这场战争，是"不战而屈人之兵"军事原则的典范。正由于赵充国采取分化瓦解敌人阵营的高明政策，最后使得羌乱局限于一个很小的范围，以最小的代价迅速平息了一场边疆危机。

二二 / 犯强汉者，虽远必诛

宣帝时代最伟大的事业，便是降伏百年劲敌匈奴。

自从张骞提出"断匈奴右臂"计划以来，汉室先后将公主刘细君、刘解忧嫁给乌孙王，与西域强国乌孙结为战略同盟，以威胁匈奴西部。

匈奴当然不甘示弱，于宣帝本始二年（前72）派出使者出使乌孙，威胁乌孙王翁归靡交出汉公主刘解忧，断绝与中国的关系。与此同时，匈奴大军入侵乌孙，占领车延、恶师两地。汉公主刘解忧紧急上疏朝廷，希望皇帝出兵以拯救乌孙。

在大将军霍光策划下，汉军出动十六万人马，分五路进攻匈奴；同时，乌孙也出动五万大军，反击匈奴。本始三年（前71），五路兵团分别从西河、张掖、云中、酒泉、五原出发，北伐匈奴。然而，北伐并没有达到预期的目的，雷声大，雨点小，战果微乎其微。匈奴获知汉军大举进攻后，大为恐慌，撤至北方荒凉地带。五路大军全部扑空，历时五个月，仅仅斩获游兵散勇一千余人，几乎是空手而回。

不过，正是由于汉军在南线的牵制，使得乌孙军在西线取得辉煌的胜利。在汉使常惠的指挥下，五万名乌孙军越过边界，出其不意进攻匈奴右谷蠡王部。以前都是匈奴欺负乌孙，哪曾想到乌孙竟敢杀来呢？此役，乌孙军取得令人难以想象的战果。斩俘四万余人，其中包括匈奴单于伯叔辈的长老、单于的兄嫂，还有小王、犁汙都尉、千人长、骑兵军官等。此外，还掳获牛、羊、马、驴、骆驼共计七十万头。

这是漠北之役以来，匈奴损失最惨重的一役！

张骞在数十年前提出的"断匈奴右臂"的战略计划，终于显现出其巨大的威力，此役是匈奴迅速走向衰弱的标志。

吃了败仗后，匈奴单于岂会善罢甘休！

很快，壶衍鞮单于亲率数万名精兵，杀气腾腾扑向乌孙。乌孙王翁归靡主动后撤，避其锋芒。时值冬季，天气严寒，对进攻一方的匈奴人十分不利，壶衍鞮单于只得先撤兵回国内。不想天灾突降，大雪纷飞，仅仅一天的工夫，积雪厚达一丈，天寒地冻，匈奴人后撤的道路被封死了。大军被困在雪地之中，寒冷与饥饿无情地吞噬着匈奴人的生命，一路上遗弃无数倒毙的尸体。这是一次死亡行军，出征时数万人，生还者只有数千人，最精锐的匈奴骑兵，在雪地之中死亡超过百分之九十。

然而，噩梦远未结束。

匈奴先是在战场上损失了四万人，又在暴风雪中死了数万人，精锐尽失，雄风不在。正是虎落平阳遭犬欺，周边的丁令、乌桓、乌孙等国瞧准机会，分别从北、东、西三面发动入侵，张牙舞爪地扑上来。匈奴人疲于应战，连战连败，又损失数万名骑兵，牛羊等牲畜被掠去无数。

曾经席卷草原的北方之王，遭遇到冒顿单于以来最狼狈的局面。

牲畜被大量掠夺后，匈奴陷入严重的饥荒，牲畜的数量锐减一半以上，饿死的人数超过十分之三。曾经归附匈奴的各属国、部落纷纷背叛，国内盗贼纷起。

三年后（前68），运气不佳的匈奴人再次陷入灾难之中。又是一场可怕的大饥荒。这次饥荒的后果更为严重，全国饿死的人与牲畜，占到总数的百分之六十到七十。

至此，匈奴再无实力与汉帝国相抗衡，其超级军事强国的地位不复存在。

宣帝神爵二年（前60），是一个不平凡的年份。这一年，赵充国在西部平定羌乱；同时，日逐王率部向郑吉投降，匈奴的势力被驱逐出西域。

内忧外困之下，匈奴国内权力之争愈演愈烈。

虚闾权渠单于去世后，继任者握衍朐鞮单于凶狠残暴，大失人心。部分贵族拥立虚闾权渠单于的儿子稽侯狦，这就是著名的呼韩邪单于。公元前58年，握衍朐鞮单于在内战中兵败自杀。然而，又有四个人自立为单于，连同呼韩邪单于，史称"五单于时代"。公元前56年，呼韩邪单于击败其他四个单于，结束五单于并立的局面。

城头变幻大王旗是乱世的写照。不久后，匈奴又冒出两个单于：闰振单于与郅支单于。公元前54年，闰振单于进攻郅支单于，兵败被杀。最后只剩下呼韩邪与郅支两位单于，两人是亲兄弟，郅支是哥哥，呼韩邪是弟弟，兄弟二人仍要拼个你死我活。郅支单于挟击灭闰振单于之余威，大破呼韩邪单于，占据王庭以北的大片土地，史称"北匈奴"。呼韩邪单于败退到大漠以南，史称"南匈奴"。

为了自保，走投无路的呼韩邪单于只有一条路可以选择：向大汉帝国求援。当然，求援的前提是俯首称臣。他先派遣儿子、右贤王铢娄渠堂投石问路，入朝谒见汉宣帝。宣帝大喜过望，双方就匈奴归附的具体细节反复磋商。

甘露三年（前51），呼韩邪单于亲抵长安朝见汉宣帝。皇帝给予呼韩邪单于最高级别的待遇，接待规格超过任何一国元首以及封国的亲王。这是大汉帝国历史上最为光辉的一刻，呼韩邪单于的归降，象征漫长的汉匈战争以大汉帝国的胜利而结束。当然，除了呼韩邪单于之外，还有未归附的郅支单于。即便如此，这在汉匈关系史上仍是空前的胜利。

当汉宣帝与呼韩邪单于并肩走上渭河大桥，早已等候多时的围观百姓，难抑激动的泪水，"万岁"之声此起彼伏。这是举国若狂的一刻，这是大汉声威远扬的一刻，这是汉匈两国走向和平的一刻，这是令人热血沸腾、激情洋溢的一刻。见证这历史性一刻的百姓，怎能不欢呼雀跃呢？

呼韩邪单于得到汉帝国的鼎力相助。汉宣帝承诺，如果南匈奴遇到紧急情况，可退守受降城。同时，长乐卫尉董忠、车骑校尉韩昌率一万六千人进驻南匈奴王庭，协助呼韩邪单于镇压叛乱，并为之提供三万四千斛的粮食援助。

呼韩邪单于降汉的消息传出，从乌孙到安息（伊朗）的广阔中亚地区，原本归附匈奴的国家无不震惊，大汉帝国的声威远达万里之外。

甘露元年（前53），陷于被动的郅支单于也派儿子入朝，表示愿意臣服。汉宣帝置之不理，仍然继续扶持亲汉的呼韩邪单于。

很明显，郅支单于已经无法吞并呼韩邪单于的南匈奴，唯一的出路，就是向西、向北拓展。于是郅支单于挥师西进，大破乌孙，继而向北进攻，接连击灭乌揭、坚昆、丁零诸国，并将首都迁到坚昆。郅支颇有些本领，打仗很少失败，但为人极其残暴。逃遁北方后，自认为山高皇帝远，可以高枕无忧，竟然冒天下之大不韪，残忍杀死汉使谷吉。

杀死汉使是郅支走向覆灭的开始。由于担心遭到汉政府的报复，郅支决定再次向西迁移。正巧中亚的康居与乌孙爆发战争，康居战败，向郅支单于求援。郅支单于本就有意西迁，正好借此时机挥师西进，只是他运气不佳，行军途中遭遇暴风雪，伤亡惨重，到达康居时只剩下三千多人。

虽然兵力不多，郅支单于仍欲证明自己是军事天才。他率匈奴与康居联军，大破乌孙，一路追击至首都赤谷城，沿途烧杀抢掠，无恶不作。回到康居后，郅支单于反客为主，自命为救世主，以太上皇自居，不把康居国王放在眼中。

康居很快沦为郅支单于的殖民地。他发号施令，只要敢违背者，格杀勿论。他大开杀戒，处死数百人，残忍地肢解后抛尸河中。连嫁给郅支的康居公主，都因为一言不合被一刀杀死。很多百姓被抓去修筑单于城，这座城堡整整耗时两年才完工。

郅支又以匈奴单于之名，派使节向周边国家勒索，胆敢不进贡者，便派军队攻打。不过，对于大汉帝国，郅支单于则不敢得罪，他给西域都护府写了一封信，假惺惺地说："我居住在这个困厄之地，愿意归附强大的汉帝国，派我的儿子入质中国。"事实上，他哪有臣服之心，不过以为康居国遥远，汉朝军队无法到达罢了。

可是谁能料想得到，一位伟大的英雄横空出世，竟然万里远征，斩下郅支单于的首级，完成史无前例的英雄壮举。

这位英雄便是陈汤。

在郅支远遁康居期间，雄才大略的汉宣帝去世。他是西汉王朝最后一位杰出的帝王，继任者元帝刘奭才能平庸，帝国开始走下坡路。不过，陈汤的伟大事业，为这个平淡的时代画上绚丽的一笔。在家乡混不出头，陈汤决定到长安闯闯。总算运气不错，他谋了个太官献食丞，总算摆脱了穷困潦倒的生活。

在长安，陈汤结交了一位好友富平侯张勃。正好元帝刘奭下诏由各侯爷向朝廷推荐可用之才，张勃便推荐陈汤。不巧的是，陈汤的父亲去世了。按照礼制，陈汤应该立即回家奔丧，但眼看升迁机会就在眼前，他岂肯放过？儒家信徒汉元帝大怒，你陈汤居然不奔父丧，这种人怎么能升迁？不仅没提拔他，反而把他逮捕下狱。

出狱后，陈汤又成了无业游民。当时朝廷外交频繁，需要大量的使节，陈汤便毛遂自荐。朝廷给他一个郎官的头衔，出使西域。几年后，陈汤在西域如鱼得水，迁为西域副校尉，他的顶头上司是西域都护甘延寿。

此时，西域的政治十分微妙。北匈奴郅支单于独霸康居，他野心勃勃，出兵攻打乌孙与大宛，乌孙与大宛连吃败仗。陈汤隐隐感到郅支的杀气。他对甘延寿说："西域诸国向来畏惧匈奴，如今郅支控制康居，侵逼乌孙、大宛，一旦得手，西域将有重大的变化。到时郅支以康居、乌孙、大宛为根据地，北击伊列，西取安息，南夺月支，不用多久，西域各国必陷入危险。"

甘延寿听后连连称是。陈汤分析说："康居守备很弱，没有坚固的城堡，没有强弓劲弩。如果我们动用屯田部队，外加乌孙等国的夷兵，出兵直指单于城下，郅支欲逃无路，欲守不能，千载之功可一朝而成！"

擅自调动西域诸军的军队，这种事甘延寿可做不来，他打算先上疏朝廷，待皇帝批准后再展开军事行动。陈汤摆摆手道："朝廷公卿，见识平庸。这种大谋略，非平庸之辈所能了解，交由他们商议，这事准不成。"将在外，君命有所不受，何必受制于朝廷呢？

这么大的事，自作主张成吗？甘延寿心里没底，病倒了，也不知是真病还是装病。陈汤才不管什么朝廷旨令，瞒着甘延寿，擅自矫诏，命令西域诸国军队及汉屯垦兵团前来集结。陈汤做事雷厉风行，西域各国不敢怠慢，短短几天时间就拼凑了一支联合军队。

甘延寿大吃一惊，吓出一身冷汗，从病床上跳了起来，匆忙前来阻止。陈汤手按剑柄，呵斥道："正是建立千载奇功之时，各国大军已集结，你是不是想阻止？"甘延寿被他排山倒海般的魄力给震慑住，只好豁出去一拼了。

陈汤集结了四万余人的军队，包括汉屯垦部队及西域诸国部队。远征军团编为六个纵队，分别由六名校尉指挥：扬威校尉、白虎校尉、合骑校尉、戊校尉、己校尉及西域副校尉陈汤。总指挥是西域总督甘延寿，真正的灵魂人物是陈汤。

大军出发前，陈汤与甘延寿一同上疏朝廷，自劾矫诏之罪，阐述出兵缘由。奏章发出后，陈汤不等朝廷回复，即日率军启程，直指康居单于城。大军兵分两路，一路沿南道（塔克拉玛干沙漠的南缘）行进，翻越帕米尔高原，进入大宛，折向北，进攻康居。另一路沿北道（塔克拉玛干沙漠北缘）行进，抵达温宿，翻越天山山脉，借道乌孙，直逼康居。

远征军抵达阗池（巴尔喀什湖，哈萨克斯坦境内）西岸，遭遇康居军队。陈汤率部反击，击溃康居军，斩杀四百六十人。

进入康居国后，陈汤严令部队不得烧杀抢掠，不得掠夺百姓的粮食牲畜，以彰显仁义之师的本色。陈汤的目标是诛杀郅支单于，康居军民只要投降，既往不咎。

镇过东部边界的康居贵族屠墨对郅支单于的倒行逆施早就不满，只是迫于他的淫威，敢怒而不敢言罢了。陈汤派人秘密联络屠墨，晓以大义，告之必诛郅支的决心。屠墨遂与陈汤签订秘密条约，将东部门户洞开。陈汤兵不血刃，通行无阻，直扑单于城。

距单于城六十里处，陈汤抓获一个名为开牟的康居男子。很巧的是，他是与陈汤签订秘密条约的康居贵族屠墨的舅舅。开牟对郅支的暴行深恶痛绝，自愿当向导，并把单于城防卫虚实全盘托出。

次日，陈汤继续挺进三十里，安营扎寨。郅支单于听说汉军杀到城外，不由得大惊，急忙派人前往交涉。陈汤对来使说："单于曾上疏称欲归附强汉，皇帝特派西域都护率军来迎接。"当然，这是骗人的话。

郅支单于哪敢出城相迎呢，陈汤等了一天没动静，厉声对匈奴使者喝道："我等远道而来，人马俱疲了，粮食也快吃完，再拖下去，恐怕回不去交差。"面对甘延寿与陈汤的最后通牒，郅支单于六神无主，只得坚守城池，一面备战，一面向康居求援。

第二天，郅支单于没有开城投降。

甘延寿命令四万大军开进距单于城三里之处，与陈汤登上小山丘，遥望城池。城墙上悬挂五彩旗帜，城楼上有数百名匈奴兵在巡逻，城门两侧有百余名士兵正操习"鱼鳞阵"。历史学界有一种观点，认为"鱼鳞阵"可能就是古代罗马兵团擅长的"龟甲阵"，郅支单于的麾下可能有一支罗马兵团。参照西方史料，在十七年前（前53），罗马发动帕提亚（即安息国）战争，遭遇惨败，两万名罗马士兵被杀，一万人被俘。郅支单于所在的康居国，是帕提亚（安息）的邻国，这些罗马战俘很可能成为了郅支单于的雇佣军。

郅支麾下精兵久于战阵，骁勇异常，看到甘延寿大军兵临城下，没有惊慌，反而表现很勇敢，甚至有一百多名骑兵高声吆喝，策马出城门发起冲锋。勇气固然可嘉，可是没有用。陈汤下令以弓弩还击，匈奴人很快便掉转马头，逃回城中，关闭城门。

陈汤有条不紊地指挥进攻：工程兵负责在城墙上打洞挖穴，填堵敌人的瞭望孔与射箭孔；持刀盾的步兵冲在前头，长戟兵紧随其后，弓弩手掩护先头部队破城。单于城的外城是木城，陈汤以火攻之计，放火烧城。大火沿着木城墙蔓延，躲在木城内的守军来不及逃跑的，便被大火吞噬了。

战事吃紧，郅支单于亲自上阵，身披战甲，登上城楼。冷不防一支箭飞过来，不偏不倚，正好射在郅支的鼻子上，他顿时血流满面。见势不妙，他赶紧下了城楼，躲到城内。

到了午夜，外城已全部烧毁。匈奴残余士兵退守内城，他们仍然非常英勇，高声呐喊以壮声威。突然间，他们发出一阵欢呼声，原来援军来了。一万多康居军队的到来，令郅支吃下一粒定心丸。康居骑兵挥动着火把，也高声叫喊，与城上的呼喊声遥相呼应。

甘延寿与陈汤沉着冷静，分兵对付康居骑兵。康居骑兵的战斗力不强，接连几次攻击均被联军击退。与此同时，攻坚战仍在激烈地进行着。单于内城四处着火，火光冲天。内城混乱不堪，远征军士兵也高声呼喊，把钲鼓声敲得震天响，把前来支援的康居士兵吓坏了。康居骑兵见匈奴人快顶不住了，索性一溜烟，撤了。

天将拂晓，东方已露出熹光。远征军勇士们用大盾牌装土，在城墙边堆起一个小土坡。甘延寿下达总攻令后，大家沿着小土坡奋勇攀上城墙，杀入城内。

郅支单于走投无路，带着妻妾及百十名士兵，慌慌忙忙地躲进单于宫殿，把大门紧紧地关上。联军士兵一路杀到单于住所，见大门紧闭，就放了一把火，木头门被烧得残破不堪，然后一拥而入。一百多名匈奴卫兵便被联军士兵砍瓜切菜般地剁为肉酱了。郅支单于绝望了，他猛吼一声，冲出来拼杀。军候假丞杜勋一刀结果了郅支单于的性命，这位一代枭雄，就这样命丧单于城。单于的妻妾、太子、手下的名王等，或死或降，单于城最终完全陷落。

陈汤一手导演的万里远征，是大汉历史之传奇，见证了帝国的伟大与威严。这是距汉帝国本土最远的一次征战，第一次击杀匈奴单于，整个战争没有耗费汉帝国一钱一粮，完成伟大事业的远征军只是一支杂牌军。

这场伟大的胜利将永载史册，并成就陈汤千古不朽的英名。

郅支单于的首级被割下来，快马送抵长安城。甘延寿与陈汤共同上疏皇帝，这折奏章是出自陈汤之手，写得非常精彩："臣闻天下之大义，当混为一，昔有唐虞,今有强汉。匈奴呼韩邪单于已称北藩,唯郅支单于叛逆,未伏其辜,大夏之西,以为强汉不能臣也。郅支单于惨毒行于民,大恶通于天。臣延寿、臣汤将义兵,行天诛,赖陛下神灵,阴阳并应,天气精明,陷陈克敌,斩郅支首及名王以下。宜县头槁街蛮夷邸间,以示万里,明犯强汉者,虽远必诛。"

"犯强汉者,虽远必诛。"光凭这句千秋不朽的名言,陈汤足以不朽矣。陈汤的万里远征,乃是代价最小、影响深远的一次战争,也是西汉王朝最后的辉煌。

二三 / 帝国的转折

诸葛亮在《出师表》中评价两汉政治："亲贤臣，远小人，此先汉所以兴隆也；亲小人，远贤臣，此后汉所以倾颓也。"其实，"亲小人，远贤臣"不独东汉所有。自汉元帝始，西汉王朝就离光荣与梦想渐去渐远了。

汉元帝刘奭是汉宣帝的皇后许平君所生，他从小喜欢儒学，深受"独尊儒术"的社会风气熏习，崇尚道德。父亲汉宣帝曾训斥他："帝王之家自有制度，本以王、霸道杂之，怎么可能单纯以德治国呢？世俗的迂儒不识时务，喜欢厚古薄今，搬弄一些'名实'的概念，这些人怎么可以委以大任呢？"他又叹了一声："乱我家者太子也！"

知子莫若父，明知是扶不起的阿斗，又存一丝侥幸的想法。正是这一丝不忍之心，最终葬送了强大的帝国。公元前49年，汉宣帝病逝，刘奭继承皇位，是为汉元帝。元帝没有其父的才干与魄力，有点书呆子气。他性情宽厚，这既是优点，也是缺点。他不懂得统御之术，很快被几个宦官玩得团团转，开了宦官乱政之先河。

石显是一名宦官，曾掌管中枢机要，熟悉各种典章制度。元帝即位后，体弱多病，鉴于熟悉石显宫廷事务，既无背景，也无党羽，便放心地把大权交给他。凡是朝中事务，均由石显转呈，再交元帝裁断。

不过，汉元帝低估了石显。石显为人精明能干，聪明过人，他利用皇帝信任的优势，在短短几个月里，便权倾朝野，文武百官，无不畏惧。权力导致腐败，一旦大权在握，他便积极结党营私，与宦官弘恭连同许氏、史氏外戚集团，共同对抗以萧望之为首的重臣集团。

萧望之是著名的经学家，曾担任太子太傅，是汉元帝的老师。汉宣帝去世前，拜他为前将军、光禄勋，以辅佐新帝。萧望之与周堪、刘更生等人成为汉元帝的左膀右臂，时不时进谏良言，汉元帝对三人言听计从。

宫廷向来是无风三尺浪，萧望之得到重用，以史高为首的外戚集团深感威胁。善于察言观色的石显便主动与外戚集团联合，共同对付萧望之。

当时宦官在宫内弄权，外戚在宫外胡作非为，萧望之多次进言，要求解除宦官掌控中枢的权力，并且劝汉元帝疏远外戚，以防止外戚集团权力过大。萧望之对宦官集团与外戚集团同时开火，石显等人当然不肯坐以待毙。很快，在石显等人暗中指使下，一折控告萧望之"离间皇上与外戚之间感情"的奏章上呈皇帝。弘恭与石显联合诬陷萧望之与周堪、刘更生等人结为朋党，专擅权势，请求皇帝下令召致廷尉。

爱好儒学的皇帝，在政治上的无知有点令人吃惊。"召致廷尉"的意思是"下狱"，皇帝没听懂，稀里糊涂同意弘恭与石显的请求。就这样，周堪与刘更生被抓进监狱，萧望之遭软禁。过了一段时间，汉元帝才知道自己搞错了，下令释放三人，官复原职。

大司马兼车骑将军史高阻挠说，陛下刚即位就把太傅萧望之、周堪、刘更生软禁关押，现在又要官复原职，如此反复，朝廷未免威信全无，不如先将他们免职。

汉元帝一听，好像有点道理，便以年迈为由，解除萧望之前将军、光禄勋的职位，同时将周堪与刘更生两人罢官，贬为庶民。对汉元帝来说，这只是权宜之计。不久后，他又想将萧望之提拔为宰相，周堪、刘更生二人为谏大夫，自然遭到石显、弘恭、史高等人的强力反对。

正好这个时候，萧望之的儿子上疏为父亲鸣冤。石显等人抓住把柄，弹劾萧望之对朝廷心怀不满，犯了不敬之罪，应当逮捕下狱。优柔寡断、缺乏主见的皇帝竟然在石显等人的逼迫下，勉强同意逮捕萧望之。性格刚烈的萧望之哪堪受此羞辱，愤而自裁。

石显略施小计，便逼死了头号政敌萧望之。遇到汉元帝这样的呆皇帝，石显越发胆大妄为了。

萧望之死后，汉元帝重新起用周堪为光禄勋，以周堪的学生张猛为光禄大夫。在石显与外戚集团眼中，周堪是萧望之的同党，必除之而后快。

宦官集团与外戚集团联手陷害周堪、张猛，他们以日食借口，推出灾变论，认为周堪的复出引起上天的灾变。由于宦官与外戚势力庞大，群臣纷纷附和，毫无主见的汉元帝竟被一小帮小人绑架，被迫将周堪与张猛调离京城，出任地方官。

三年后，汉元帝又一次把周堪、张猛调回京城，然而，他们已无法改变石显把持朝政的局面。不久后，周堪患病去世，剩下张猛一人，独木难支。石显乘机诬陷张猛，张猛步萧望之的后尘，含屈自杀身亡。即便朝中正义力量凋零，仍然有人坚守道义，与石显进行不懈的斗争，京房便是其中一人。

京房是西汉一位著名的学者，师从著名的易学大师焦延寿，学问精深。当时，石显权倾朝野，陷害忠良，而皇帝却每每被蒙在鼓里。京房悲愤交加，决定为皇帝拨开云雾，看清石显奸佞本色。于是有了京房与汉元帝的一段对话。

京房："周幽王与周厉王使国家陷于危乱，他们都任用什么人呢？"

汉元帝："两位君王昏庸，任用的都是奸佞之人。"

京房："是明知奸佞仍要任用呢，还是认为他们是贤能之辈？"

汉元帝："当然认为他们是贤能之辈。"

京房："为什么我们说这些人是奸佞之臣呢？"

汉元帝："他们将局势搞得一片混乱，陷国君于危险之中。我们事后来看，可以看出他们的真面目。"

京房："周幽王、周厉王为什么发现不了？"

汉元帝："他们相信所任用的都是贤能，要是能察觉到自己的错误，岂不都成为明君了。"

京房："齐桓公、秦二世曾经讥讽周幽王与周厉王，可齐桓公还是用了奸臣竖刁，秦二世用了奸臣赵高。他们都知道前世君主犯下的错误，为何自己还会犯同样的错误呢？"

汉元帝："只有圣明的君主才能以古鉴今啊。"

京房："陛下任用的是什么人呢？"

汉元帝："幸好，我用的人比起上述几个君王要好。"

京房："古代帝王跟陛下的想法一样。后世的人看现在的我们，就像我们看待前人一样。"

不识庐山真面目，只缘身在此山中。京房苦口婆心，就是要向皇帝说明，奸臣就在身边。汉元帝抓耳挠腮，没想出谁身边有奸臣，只好说："我确实不知道谁是奸臣，否则怎么还会任用他呢？"

这个皇帝确实够糊涂的。京房不得不提醒说："就是皇上最信任的、与他在帷幄之内计议大事、拥有任免大权的那个人。"皇帝听明白了，京房说的是石显。他只是轻声说："我知道你说的意思了。"

京房煞费苦心布了一个局，从古代说到当代，剖析相当深刻。有没有达到效果呢？没有！汉元帝与古代昏君一样，对身边的奸佞小人不知不觉，对石显的信任依然如故。

京房亮出底牌后，便被石显视为最危险的敌人。很快，石显设计把京房逐出京城，并最终将他陷害致死。这证明汉元帝与周幽王、周厉王一样，都是昏庸帝王罢了，无可救药。大汉帝国的衰败，正是从汉元帝开始的。

元帝一朝平淡无奇，只有两件事可大书特书：其一是陈汤万里远征，擒杀郅支单于；其二是王昭君出塞。这两件事并非孤立，而是有联系的。

郅支的灭亡，结束了匈奴的分裂局面，呼韩邪单于得以实现国家统一。公元前33年，呼韩邪单于入朝觐见皇帝，重提中断许久的汉匈和亲。汉元帝答应挑选五名宫中女子嫁给呼韩邪单于，可匈奴地处荒寒之地，谁愿意去呢？别的女子躲之犹恐不及，却有一名奇女子自愿前往，此人便是王昭君。

王昭君是中国历史上最著名的女人之一，与西施、貂蝉、杨贵妃并称为史上"四大美女"。她的故事，在民间广为传诵，并被文人墨客写进各种诗歌、文章、戏曲、小说之中，至今仍然被津津乐道。

王昭君，名嫱，出生于湖北秭归。汉元帝选秀，王昭君以良家子的身份入选掖庭，成为一名宫女。她天生丽质，可是在美女如云的后宫中，要脱颖而出不仅要美丽，也需要机遇。据说宫廷中有位画师，名为毛延寿，专门为宫女们画像，然后再把画像交给皇帝过目。宫女们都希望自己能被画得漂亮点，纷纷给毛延寿送礼。王昭君不肯行贿，毛延寿心里不高兴，便将王昭君画得丑了，她自然没能引起皇帝的注意。

在宫中待了几年，王昭君连皇帝的面都没有见过。后宫就像一座监狱，少女的青春岁月就在无聊中消磨打发。王昭君对未来几乎绝望，她如同戴着枷锁生活，看不到脚下的路会延伸向何方。看着年老的宫女在寂寞中死去，她心中一阵迷惘，这难道就是宫女的宿命吗？

呼韩邪单于的到来，改变了王昭君的命运。王昭君在封闭的囚室中看到一条窄窄的缝，通向外面的自由之地。皇宫虽极尽奢侈豪华，却不是乐园，而是地狱，她只是皇宫的囚徒，渴望高墙外的自由。与其老死红墙，何不与命运赌上一局！

王昭君勇敢地迈出改变人生的一步。她主动向掖庭令提出请求，愿意嫁给呼韩邪单于，情愿到荒凉的北方。

当王昭君出现在汉元帝与呼韩邪单于面前时，穿着美丽的衣服，戴着华美的首饰，艳而不俗。她的光彩照人令所有人无不震惊。这位超凡脱俗的女子，在宫中沉默多年之后，突然如女神降临，带着倾国倾城的美丽与光辉。史书用十六个字描述："丰容靓饰，光明汉宫，顾影徘徊，竦动左右。"她如一道光，照亮皇宫。在浩如烟海的史书中，我们很难看到如此形象地形容一个女人的美丽。

史书中还有一句非常精彩的点睛之笔："帝见大惊，意欲留之，然难失信，遂与匈奴。"见惯后宫美女的汉元帝，他的表情是大吃一惊，悔意写在脸上。老子都还没泡，就要拱手送人，真是悔青了肠子。而对呼韩邪单于，则是天大的意外惊喜，他感激涕零，信誓旦旦愿为大汉帝国拱卫北疆。

王昭君追随呼韩邪单于离开汉宫，以自己的勇气改变了命运。半年后，汉元帝死了，如果她仍在深处皇宫之中，高墙深院将永远埋没她的天生丽质。嫁到匈奴后，王昭君被封为"宁胡阏氏"。"宁胡"二字，表明她的到来使胡人得到安宁。

后来王昭君与呼韩邪单于生有一子，名为伊屠智牙师，封为右日逐王。两年后（前31），呼韩邪单于去世，雕陶莫皋继单于位，称复株累若鞮单于。根据匈奴的习俗，王昭君嫁给新的单于，生育有两个女儿。

王昭君在匈奴的生活记录，很遗憾，没有留下什么史料。因为没有史料，所以引发后世文人丰富的想象力，留下大量与王昭君有关的诗词文章。其中，以杜工部的《咏怀古迹》与王安石的《明妃曲》最为有名。

杜甫把王昭君出塞想象得很凄婉悲凉。他在诗中写道："群山万壑赴荆门，生长明妃尚有村。一去紫台连朔漠，独留青冢向黄昏。画图省识春风面，环佩空归月夜魂。千载琵琶作胡语，分明怨恨曲中论。"

白居易也写过一首《王昭君》："满面胡沙满鬓风，眉销残黛脸销红。愁苦辛勤憔悴尽，如今却似画图中。汉使却回凭寄语，黄金何日赎蛾眉。君王若问妾颜色，莫道不如宫里时。"同样认为王昭君出塞，是鲜花插在牛粪上，把王昭君写得对汉元帝一往情深。这根本与史实不符，王昭君在宫里那么多年，汉元帝压根没见过她,还谈什么"莫道不如宫里时",况且她前脚刚走,汉元帝一蹬后脚就死了。

宋代王安石则有不同的看法,他写了两首《明妃曲》,其中第二首:"明妃初嫁与胡儿,毡车百辆皆胡姬。含情欲语独无处,传与琵琶心自知。黄金千拨春风手,弹看飞鸿劝胡酒。汉宫侍女暗垂泪,沙上行人却回首。汉恩自浅胡自深,人生贵在相知心。可怜青冢已芜没,尚有哀弦留至今。"这首诗把王昭君写得洒脱、有主见、有追求,更加贴近历史上真实的王昭君。

昭君出塞绝对是个正确的选择,她逃离皇宫监狱般的生活,并且成为千年流传的不朽神话,成为文学史上永恒的题材。

王昭君是中国民族融合史上的重要人物,她嫁到匈奴,大大加强了汉与匈奴的交流、沟通。呼韩邪单于恪守为汉守卫北藩的诺言,临死前留下遗训,要求后世子孙永远保持与汉的友好关系。继呼韩邪单于之后的复株累若鞮单于、搜谐单于、车牙单于等,基本上都遵从此遗训。汉帝国的北方边境获得数十年的和平,史书有如下记载:"是时边城晏闭,牛羊布野,三世无犬吠之声,黎庶亡干戈之役。"对此,王昭君功不可没。

即便王昭君去世后,影响犹存。她的女儿伊墨次居云及女婿骨都侯须卜当也为汉匈和平做出很大的努力。昭君出塞,对汉匈两大民族的融合起到推波助澜的作用,数百年后,匈奴彻底汉化,其后裔多数融入汉人之中。

昭君出塞后不久,汉元帝寿终正寝,在位共计十五年。这是石显把持朝政、呼风唤雨的十五年。汉元帝崇尚儒学,多用儒士,但吏治败坏到极点,多数官员与宦官集团狼狈为奸,党同伐异。班固在《汉书》中挖苦元帝所用的儒臣"皆持禄保位,被阿谀之讥,彼以古人之迹见绳,乌能胜其任乎!"

汉元帝死后,石显的运途也终结。他被新上台的汉成帝调离中枢,以前要风得风,要雨得雨,一旦失势,曾经巴结他的官员立即翻脸不认人。以宰相匡衡为首的官员向新皇帝弹劾石显的罪状,官场上的见风使舵是家常便饭,一朝失势,便成众矢之的。

石显被撤职遣返故里,他还没有落叶归根,便中途病死。他的病是心病,巨大的落差,让他心里无法接受,连饭也吃不下去,最后在郁闷与恐惧中结束自己的一生。

二四 / 浪漫皇帝：死在温柔乡

自汉元帝后，汉朝皇帝一代不如一代。

新上台的汉成帝刘骜，年轻时就是个花花公子，以好色而闻名。刘骜还是太子时，汉元帝每当想起母亲许平君被霍氏毒死的往事，总是十分悲伤。为表示对许家的恩宠，他选了车骑将军许嘉的女儿，许配给太子刘骜。刘骜登基后，许氏就成了许皇后。

最初几年，刘骜最宠爱许皇后，但是慢慢就移情别恋，宠幸班婕妤。班婕妤端庄贤惠，心地善良，并没有动摇许皇后的地位。她甚至把侍女李平进献给皇帝，李平也蒙宠幸，封卫婕妤。虽说后宫是女人们争宠之地，这几个女人却能相安无事。直到一对绝色姐妹的到来，后宫开始被搅得毫无宁日。

这对绝色姐妹，就是赵飞燕与赵合德。

汉成帝喜欢微服出行，四处寻欢作乐。有一回，他路经阳阿公主家，挖掘了一位绝色美女，她就是公主府的歌伎赵飞燕。赵飞燕原名宜主，"飞燕"是绰号，形容她的舞姿如飞燕一般的轻盈优雅。皇帝没有空手而归，将赵飞燕带回宫中，恩宠远甚他人。

不久后，赵飞燕的妹妹赵合德也被召进宫。赵合德的出场，仿佛当年王昭君，惊艳全场，震撼左右。她比赵飞燕更美，完美得毫无瑕疵。史书上写："左右见之，皆啧啧嗟赏。"当大家伸长脖子一睹为快时，有人却轻轻叹了一声："这女人是祸水，必定浇灭汉家之火。"所谓红颜祸水的典故，就是从这里来的。

皇帝的心，很快被赵飞燕、赵合德俘虏，姐妹俩皆被封为婕妤。刘骜天天与两姐妹淫乐，乐而不疲。后宫佳丽集体失宠，包括许皇后与班婕妤。赵飞燕是美人胚子，却是毒蝎心肠。既然上天赐给她绝色的外表，又让她受宠于皇帝，她就要当皇后，成为后宫之主。

赵飞燕极有心机，诬告许皇后与班婕妤因不满失宠，以巫蛊之术诅咒后宫妃嫔，还诅咒皇上。汉成帝就一猪脑袋，勃然大怒，废黜许皇后，把班婕妤贬到长信宫去服侍太后王政君。整垮了许皇后与班婕妤后，赵飞燕最终如愿以偿成为皇后。

有所得必有所失。赵飞燕当上皇后之后，汉成帝对她却冷落了许多，反倒妹妹赵合德是"三千宠爱在一身"。赵合德的美貌连姐姐赵飞燕都自愧弗如，她被册封为昭仪，地位仅次于皇后，所受的待遇却远远超过赵飞燕。赵合德的昭阳宫，其豪华奢侈的程度，为汉代以来所未曾有，以黄金为饰，白玉为阶，另镶有蓝田璧、明珠、翡翠。

这对姐妹花要风得风，要雨得雨，但她们都明白，凭姿色受宠，总有色衰爱弛的一天。一旦人老珠黄，她们将如何立足呢？要永保地位不受动摇，一定得为皇帝生下皇子才行。

汉成帝好淫乱的作风影响其生育，班婕妤曾经产下一子，但夭折了。赵飞燕很敢赌，为了怀孕，她竟与侍郎、宫奴私通，企图生个娃冒充龙种。娃没生下来，淫乱苟且之事却不胫而走，连皇帝都有耳闻。关键时候，赵合德挺身为姐姐担保，并泪眼潸潸，哀婉悲恻向皇帝倾诉她们姐妹遭人妒忌陷害。汉成帝把告密者抓起来砍头，宫内大骇，再没人敢说赵飞燕半句坏话。

赵氏姐妹未能生育，最担心的事，莫过于宫中其他女人怀上龙种。

宫中女史曹宫被汉成帝翻一次牌后，居然怀孕并产下一名男孩儿。这下子赵飞燕快疯了，曹宫在后宫地位那么低，竟然生了皇子，难不成这个小娃娃以后要继承皇位？绝对不行！她使出种种手段，逼汉成帝写了一张手谕，将曹宫母子囚禁起来。

赵飞燕将杀人灭口的事交给中黄门田客，田客找到掖庭狱丞籍武，出示皇帝的手谕，嘱咐道："不准问是男孩儿还是女孩儿，也不准问是谁的小孩儿。"曹宫心里明白，赵飞燕要斩草除根，她哀求籍武说："请你好好照顾孩子，他是谁的孩子，你心里清楚。"籍武听罢默不作声。

三天后，田客又来了，劈头就问："小孩儿死了没有？"籍武答说："还没死。"田客怒道："为什么还不杀他，皇上与昭仪很生气。"籍武跪倒磕头道："若违抗皇命，我死路一条；可若杀了皇上的骨肉，我也死罪难逃。我怎么办？"

田客觉得这事颇棘手，回去禀奏成帝："陛下一直没有子嗣，现在有一个了，亲骨肉没有贵贱之别，请陛下慎重考虑。"汉成帝为之一动，密令田客将婴儿从监狱里接出来，藏在宫中，派中黄门王舜找来一位乳母，并告诫他："好好抚养小孩儿，以后有重赏，但别泄露出去。"至于曹宫，则在监狱中被毒死。

汉成帝想秘密抚养小孩儿，不料被赵飞燕知道，她与妹妹赵合德向皇帝施压。可怜的皇帝被两姐妹耍得团团转，丧失理智。十余日后，小皇子被抱出皇宫，再也没有下落。

赵飞燕刚整死曹宫，不想又有一位妃嫔怀孕。

公元前11年，许美人产下一名男婴。赵合德在皇帝面前又哭又闹说："你每次都骗我，说只到过皇后的寝宫，许美人的娃从哪里来？皇后要换成姓许的吗？"赵美女又是捶胸，又是撞门，从床上滚到床下，哭哭啼啼的，饭也不吃，又怒道："我要怎么办？我还是回老家吧。"汉成帝一时间搞蒙了，不知如何是好，赵合德不吃饭，他也陪着饿肚子。

赵合德没好气地说道："陛下认为没错，干吗不吃饭。陛下曾对我说，永远不辜负我。你要没负我，许美人怎会怀上孩子，你都把发过的誓忘得一干二净了吧，还有什么好说的？"为博美人欢心，成帝拍胸脯说："不要担心，我不会册立许氏为皇后，没有人可以凌驾于你们两姐妹之上。"

皇帝密令中黄门靳严将新出生的婴儿抱走，装在箩筐内，放到赵合德的昭阳宫内，让所有侍从退出，只剩下皇帝与赵合德两人。成帝亲自关了门窗，过了一会儿，房门打开，皇帝吩咐一侍从将箩筐取走，交给掖庭狱丞籍武，并附上一张字条，上面写道："告籍武：箩筐中有名死婴，将他埋了，不要让别人知道。"籍武收到密令，只得遵从，在监狱墙脚处挖个坑，把婴儿尸体草草埋葬。

从此以后，赵氏姐妹对后宫的监视更加严厉，只要发现妃嫔宫女怀孕，便逼迫她们喝堕胎药。因为赵飞燕姐妹屡屡杀害皇子，汉成帝断子绝孙，所以民间称为"燕啄皇孙"。

在汉成帝一朝，赵氏姐妹在宫中呼风唤雨，而王氏外戚则在宫外一手遮天。

两汉四百年政治史，外戚是政坛上一支重要的力量。西汉晚期的王氏外戚集团，显赫程度无人可及，最终扮演了西汉王朝掘墓人的角色。

王氏家族的兴起，关键人物是王政君。王政君是汉元帝的皇后、汉成帝的母亲。公元前33年，王政君成了皇太后，哥哥王凤被提拔为大司马、大将军，王氏当权的序幕由此拉开。

王政君有八个兄弟，分别是王凤、王崇、王谭、王商、王立、王根、王逢时、王曼。除王曼死得早，其余七人全部封侯。特别是在公元前27年，王氏兄弟一日之内受封五侯，震动朝野。汉高祖刘邦曾立下规矩：无功者不侯。王氏兄弟并没有为朝廷立功，就捞得爵位，有违祖训。这引起一些官员的不满，纷纷上疏反对王氏封侯。

汉成帝是个酒色皇帝，有名的昏君，在政治上他主要倚靠王氏外戚集团。有王氏外戚帮他打点朝政，他才能腾出时间风流快活。这样，王氏外戚的权势迅速膨胀起来。

不知不觉之间，皇帝已经大权旁落。朝廷官员的任免，必须经过王凤的同意，皇帝居然成为象征性的摆设。有一回，汉成帝召见宗室子弟刘歆，打算授他中常侍之职。按理说，皇帝授人官职，金口一开就成了。左右侍从却提醒说："还没报告大将军哩。"汉成帝不高兴地说："这等小事，何劳大将军呢？"没想到左右侍从争先叩头诤谏，皇帝十分意外，只好通知大将军王凤。王凤不同意，皇帝竟然无法授予刘歆官职。

汉成帝一直没有儿子，担心若有不测，皇位会空缺，便召弟弟定陶王刘康入京，有意让他成为皇帝继承人。这事引起王凤的警觉，视刘康为一大威胁，但以日食天灾为由，勒令刘康返回封国。汉成帝贵为天子，竟然无法做主。

这件事，终于令汉成帝对王凤忍无可忍。

京兆尹王章上密奏，抨击大将军王凤专权，推荐由琅邪太守冯野王取代王凤。汉成帝与王章的谈话，却被王政君的堂弟王音偷听到。王音立即向王凤禀报，王凤采取双管齐下的策略，一面搬出大将军府，上疏请辞；一面由太后王政君出面，向皇帝施压。王政君以泪洗面，拒绝用餐，汉成帝便没了主见，只得妥协，下诏挽留王凤。

王凤很快便对王章打击报复，王章在监狱中被整死，他推荐的冯野王也被免去琅邪太守之职。汉成帝不仅未将王凤拉下马，反而使他权势更大。此后，朝廷公卿见到王凤，无不侧目而视。

大将军王凤能咸鱼翻身，告密者王音立下大功，王凤便保举他为御史大夫。公元前22年，执掌大权达十一年之久的王凤去世。临终之前，他向皇帝推荐由王音出任大司马。王音为人比较谨慎小心，而以王谭为首的王氏五侯（五兄弟同一天封侯，故称五侯）则腐败不堪。这五个兄弟是皇帝的亲舅舅，无功受禄，却不知检点，相互攀比摆阔。

无聊的人有无聊的游戏。五个兄弟整天就想着如何把别人比下去，如何炫富。成都侯王商为了把河水引入自家宅第的人工湖，擅自凿穿长安的城墙，引一条水渠，目的是为了在小湖里泛舟。有一次，汉成帝到王商府中，发现他穿城引水，心里气坏了。要知道长安城墙是首都的防御工事，凿了个洞，这还了得。汉成帝不好当面发作，闷在心里。过了段时间，他到曲阳侯王根家中，发现王家的土山渐台与皇宫中的建筑一模一样。汉成帝再也无法忍住怒火，下令调查王商与王根。

两位舅舅知道汉成帝的底细，只要太后王政君出面，保管没事。于是他们扬言要在太后面前自残身体，以示抗议。汉成帝更加气愤，对查办此案的王音说："外家舅舅为什么总喜欢惹祸败事呢？想在太后面前自残，唯恐天下不乱！外家宗族强大，以为皇上软弱可欺，朕非严惩不可。"

这下子把王商、王根吓坏了，皇上动了杀机，还是低头认输吧。他们放下架子，背上斧头请罪，表示甘心受戮。其实，汉成帝并没有诛杀五侯的打算，只是吓唬他们一下。这件事令王氏五侯的嚣张气焰有所收敛，但没有动摇王氏外戚的地位。

权位最重的大司马一职，成为王氏外戚的专利。

公元前15年，王音去世，王商接任大司马。三年后，王商病逝，由弟弟王根接任。如果说王凤与王音还勉强有些大局观，王商与王根完全就是暴发户与自私自利者。王氏当权久矣，引起朝野的广泛不满，纷纷上疏皇帝，将国内发生的灾异之象，归结为王氏专权的结果。

汉成帝没有主见，心中犹豫不决，便询问老师、儒学大师张禹。张禹年老，不想卷入过多的政治纷争中，和稀泥说了一通不痛不痒的话。王氏专权，人神共愤，这位儒学大师在大是大非面前，却含糊其词，实在令社会正义之士感到愤怒。

儒生朱云愤而上疏，在金銮殿上慷慨直陈，批评朝中大臣上不能匡主，下不能益民。说到动情处，他大喊道："臣请皇上赐给斩马剑，去砍断一个佞臣的头颅。"汉成帝问道："你说的佞臣是谁？"朱云答道："就是张禹。"

皇帝大怒，呼御史把朱云拖下去。朱云抓住殿上的栏杆，死不放手，几名卫兵上前拉他，竟把栏杆拉断了。幸亏左将军辛庆忌苦苦求情，才保住朱云的小命。后来，工匠要更换被拉坏的栏杆，汉成帝制止道："不用换了，修补一下就行，留着表彰敢斗胆直言的忠臣。"

看来汉成帝也不是一个糊涂蛋，他岂不知王氏擅权，只是自己沉溺于温柔乡无法自拔，朝政不交给自家舅舅，要交给谁呢？

在此期间，王氏外戚出了一位后起之秀，他就是大名鼎鼎的王莽。王凤及其兄弟是第一代外戚，王莽则属于第二代。王莽的蹿起速度十分迅速，历任黄门郎、射声校尉，二十九岁受封新都侯，迁光禄大夫、侍中，成为外戚集团第二代领军人物。

公元前8年，大司马王根因体弱多病，向汉成帝提出辞呈。谁将出任大司马呢？淳于长的呼声很高。

淳于长是王政君的外甥，优势在于资历很深，官职位列九卿，同时与王氏外戚沾了边。更重要的是，淳于长深得汉成帝的信任。当年赵飞燕扳倒许皇后，一心想登上皇后的宝座，太后王政君嫌她出身寒微，迟迟不肯答应。正是淳于长利用特殊身份，说服王政君同意立赵飞燕为皇后。淳于长为汉成帝与赵飞燕立下大功，地位扶摇直上，权势水涨船高。

然而，淳于长过于胆大包天了。首先，他与被废的许皇后的姐姐许嬿通奸，又娶她为偏房，这是很犯忌的。其次，他接受许皇后的大量贿赂，承诺在皇帝面前说好话，争取让她当左皇后。还有一点更要命，他甚至经常写信给许皇后，充满轻佻挑逗的言语。

皇帝不要的女人，也不是别人可以随便碰的。王莽有心染指大司马之位，他不动声色地收集淳于长的罪状。当汉成帝得知脸都气黑了，以大逆不道，将淳于长逮捕问斩。可怜许皇后赔了钱财，最后还赔了命，被皇帝赐死。

王莽勇于揭发淳于长的罪行，忠直可嘉，王根推荐王莽为大司马人选。水到渠成，王莽终于位极人臣，一人之下，万人之上。这一年他三十八岁。

不过，仅仅几个月后，汉成帝暴死。皇帝暴死，改变了许多人的命运，包括王莽，也包括赵飞燕、赵合德姐妹。

公元前7年的某天，汉成帝突然暴死。

汉成帝虽然好色，身体却颇为强壮，且只有四十六岁，怎么会暴死呢？根据野史记载，成帝之死，与服用壮阳药物慎恤胶有关。这种药是赵合德从术士那里得来的，一般一次只能服用一丸，汉成帝那天竟服用七丸。清晨起床时，皇帝弯下腰穿鞋子，站起身时忽然全身麻痹，衣服滑落，说不出话，不久即暴死。

自从赵合德进宫，十余年，汉成帝对她的宠爱丝毫没有减少，他把赵合德称为"温柔乡"，说"宁愿终老于此温柔乡中，不愿像武帝追求白云乡"。最后果然如自己所说，死在温柔乡中。

皇帝之死震惊朝野，太后王政君下令调查死因。皇帝死时，只有赵合德一人在场，她便成了调查的重点。

赵合德十分清楚，皇帝一死，她就像断了线的风筝，无依无靠。在皇帝眼中，她是女神，可在别人眼中，她是扰乱皇宫的妖妇。昨天，她是天下最有权势的女人；今天，她要像阶下囚一样面对别人的审问。仅仅一夜，乾坤逆转，这就是命吧。后宫女人的命，有时像风筝的线，一扯就断了。赵合德并不像姐姐热衷于权力，她只是想永远被男人宠爱罢了。她也做过一些坏事，不过总的来说，不是很坏的人。她的生活圈子很小，只想与所爱的男人一起缠绵，是比较单纯的，她的话皇帝百依百顺，可她并没有因此染指政治。她与刘骜恩爱十年，男人突然暴死，足令她肝肠寸断了，还要面对冷冰冰的审问，她如何受得了呢？

她选择了一死了之。自杀之前，她悲凉地喊："帝何往乎？"皇帝到哪去了呢？黄泉之下能不能相见？来生还有缘吗？没时间想这些了，一代绝色美女，又是红颜薄命的下场。

赵合德香消玉殒，姐姐赵飞燕则成了皇太后。由于汉成帝没有子嗣，皇位由侄子刘欣继承，史称汉哀帝。失去大靠山后，赵飞燕处境不好，她的政敌们开始挖掘她与赵合德谋害皇子的事实真相，企图秋后算账。但赵飞燕毕竟是皇太后，哀帝刘欣得以继位，她是出过力的，因此追究"燕啄皇孙"的事，最后不了了之。

不过，该来的，终究还是会来的。

六年后（前1），哀帝死了，王政君任命王莽出任大司马，主持政事。赵飞燕立即遭到报复，王莽指责赵飞燕姐妹"专宠锢寝，执贼乱之谋，残灭继嗣以危宗庙，悖天犯祖。"将她废为庶人，遣往汉成帝的陵园守墓。从皇太后到守墓人，

· 二四/浪漫皇帝：死在温柔乡 · 177

赵飞燕体会到人世的辛酸与凄凉。天地茫茫，曾经倾国倾城的她，沦落到与死人相伴，生已无趣，死亦何苦？她选择与妹妹同样的路，在她守墓的第一天，以自杀的方式孤独地离开人世。落叶别树，飘零随风，人无所托，悲与此同，悄悄来到人世，又悄悄离去。

二五 / 皇帝的畸形之恋

汉成帝没有子嗣,只有两个弟弟,分别是中山王刘兴与定陶王刘康。汉成帝与刘康的关系不错,有意传位给刘康,不料刘康早死,其子刘欣继任定陶王。刘欣的祖母傅太后是个有心机、权力欲很强的女人。为了让孙子成为皇位继承人,她四处活动,以奇珍异宝贿赂赵飞燕、赵合德及大司马王根。在赵氏姐妹及王根的推荐下,十七岁的刘欣被册立为太子。

说到刘欣的祖母傅太后,与成帝刘骜的母亲王政君有过一段恩怨,这是二十多年前的事。王政君是汉元帝刘奭的皇后,傅太后是最宠爱的妃子,当时称傅昭仪。王政君的儿子刘骜是嫡长子,贪酒好色,元帝很不喜欢,打算改立傅昭仪的儿子刘康。不过,王政君在哥哥王凤、大臣史丹、中书令石显等人的帮助下,终于巩固了刘骜的地位。在这场太子争夺战中,傅昭仪败北。

平心而论,王政君是个不错的女人。她曾与傅昭仪争风吃醋,甚至争权夺利,但并没有对傅昭仪打击报复,甚至对其母子还颇为关照。

事过境迁,当年的美女现在都是老太婆了。皇太子刘欣,是由傅太后抚养长大的,但根据古代宗法制度,刘欣继承大宗正统,应该尊奉供养太后王政君,撇清与小宗的关系。按照规定,傅太后必须返回封国,不过,王政君却网开一面。她特许傅太后留在京城,每十天可以探望刘欣一次。

然而,王政君低估傅太后了。当年争嫡之战,傅太后败给王政君,她一直耿耿于怀,如今孙子成为太子,她有望夺回权力。

一年后,汉成帝暴死,刘欣登基,史称汉哀帝。

傅太后精于权术,工于心术,性格刚强,为人暴戾。王政君允许她留在京城,十天见刘欣一次。傅太后完全不满足,如果不能频繁接近,她就不能控制皇帝,不能控制皇帝,就无法拥有权力。汉哀帝将傅太后安排在北宫居住,北宫有一条阁道,可以直达皇帝的住处。傅太后利用这条通道,早晚都去见皇帝,毫不掩饰对权力的渴望。

从地位上说，傅太后是比较低的。她是定陶王刘康的母亲，尊号是"王太后"，王政君是"太皇太后"，赵飞燕是"皇太后"。同样是太后，级别是不同的。"王太后"只是诸侯级别的，与皇室级别相差很远。傅太后要提升自己的地位，就要在尊号上做文章。

朝廷中不乏善于拍马屁的人，提议将傅太后尊为"帝太后"，"皇"与"帝"两字是从三皇五帝里来的，都是至尊之意。这个提议遭到大司马王莽的迎头痛击，拍马屁的官员很快被免职。傅太后大为震怒，把怒气发泄到皇帝身上，汉哀帝不知所措，只好向太皇太后王政君求助。

王政君做了折中的处理，将汉哀帝的生父刘康尊为"恭皇"，傅太后尊称"恭皇太后"。同时，傅太后堂弟傅晏封为"孔乡侯"，其女立为皇后，称傅皇后；傅太后另一个堂弟傅喜为右将军。一朝天子，一朝外戚。王政君不想与傅太后有新的冲突，令大司马王莽辞职，主动削减王氏外戚的权力。鉴于王氏外戚根基很深，汉哀帝下诏挽留王莽继续担任大司马。

一山难容二虎。王氏与傅氏两大外戚集团很快就起了冲突。

汉哀帝在未央宫设置酒宴，傅太后的座位设在王政君之旁。不料，大司马王莽毫不给她面子，指责道："傅太后不过是藩臣之妾，怎么配与太皇太后坐在一起呢？"傅太后得知后气得发抖，拒绝出席酒宴。

王莽自知得罪傅太后，留在宫中没有好日子过，第二次递交辞呈。迫于傅太后的压力，汉哀帝只得同意王莽辞职。王莽虽失去大司马之职，却赢得朝臣们的称赞，也算是捞足了政治声望。

哀帝上台伊始，傅太后便染指朝政，可见野心极大。右将军傅喜不断向傅太后进言，规劝堂姐不要卷入政治中。傅太后很不高兴，不愿意让傅喜掌握大权，逼迫他辞去右将军之职，回家养病。为了控制皇帝，她将堂侄傅迁安插在汉哀帝身边，以便掌握皇帝一举一动。傅迁仗着太后撑腰，无法无天，汉哀帝十分讨厌他，下诏将他免职，遣回故里。傅太后大发雷霆，吓得皇帝收回成命，把傅迁留在京师，再任侍中。

太皇太后王政君以大局为重，对傅太后颇为忍耐。终有一件事，使她与傅太后势不两立。成帝暴死后，司隶校尉经过一年多的调查，查知刘骜曾经有过几个孩子，都被赵氏姐妹害死。赵合德已经自杀，但皇太后赵飞燕还没得到应有的报应。傅太后以铁腕保护了赵飞燕，有两个原因：其一，刘欣能继承帝位，赵飞燕是出过力气的。其二，赵飞燕是皇太后，可以用来制衡王政君。

在铁娘子傅太后面前，王政君节节败退。

傅太后毕竟是女流之辈，汉哀帝要统治国家，还得倚重傅氏外戚。傅氏家族中出色的人才不多，只有被傅太后赶回故里的傅喜深孚众望。汉哀帝重新起用傅喜，任命为大司马。然而，傅喜一心为公，不愿附和傅太后。傅太后对尊号仍不满意，希望将"恭皇太后"改为"皇太后"，傅喜坚持己见，不肯让步。傅太后大怒，对哀帝施加压力，罢免傅喜大司马之职，又一次将其踢出京城。

软弱的汉哀帝最后向祖母屈服了，将尊号改称为"帝太太后"。这个名字着实不伦不类的，但总算与"太皇太后"属于同一级别。只是"帝太太后"实在叫得不顺，傅太后又想办法改为"皇太太后"。傅太后忽地神气起来。她甚至当着王政君的面，直呼她为"老妪"，就是老太婆。

汉哀帝原本是一位聪明少年，颇有文才，即位时也想干一番事业。性格决定命运。他既受制于傅太后，又经常遭到大臣的批评，两头不讨好。这位年轻的皇帝很快就泄气了，开始回避现实，躲进温柔乡。只是这个温柔乡很特别，乃是男色温柔。

汉哀帝刘欣堪称历史上最有名的同性恋者。

有一个成语"断袖之癖"是同性恋的代名词，典故正是出自汉哀帝与董贤的故事。汉哀帝常与董贤同床共眠，有一天，汉哀帝先醒，发现衣服的袖子被董贤压住，董贤还呼呼直睡。哀帝不忍把他弄醒，就拔出佩剑，将衣袖割断悄然离去。男色董贤受宠到这样的地步，可谓古今绝无仅有。

董贤是什么人，为何让皇帝倾心呢？

他本在太子宫当差，职位不高，当时只有十六岁。太子刘欣登基为皇帝后，董贤也入皇宫，当了一名郎官。两年后，十八岁的董贤长成一个美男子，容貌不输美女。他在宫中的职责之一是报时。有一天，正好哀帝路过，一眼望见一个面如美玉的美男，定睛一看觉得很眼熟，想起来了："你是太子舍人董贤吗？"董贤赶紧答说："是。"突然间，哀帝觉得对董贤有一种异样的感情，这种感情很奇怪，也很美妙。

汉哀帝为什么成为同性恋者，可能跟他的成长有关。哀帝刘欣是傅太后一手

・二五／皇帝的畸形之恋・

养大的，他一直很怕这位严厉的祖母。当了皇帝后，傅太后仍然牢牢地控制住他，令他有一种受压迫感。可能由于缺乏女人的疼爱，甚至有某种对女人的恐惧，导致他有同性恋的倾向。

与董贤的偶遇，彻底改变了汉哀帝的生活。哀帝将董贤提拔为黄门郎，万分宠幸，竟坠入爱河。哀帝对董贤是满满的真爱，董贤是否有这种爱呢？这个不好说。根据史书记载，董贤性情柔和，"善为媚以自固"，有某种女性化的倾向。汉哀帝对董贤的宠幸，一天比一天深，提拔他为驸马都尉侍中，出宫同乘一车，进宫陪侍在旁。汉哀帝出手阔绰，对情人的赏赐累积起来是个天文数字。

一人得道，鸡犬升天。董贤的父亲董恭升为光禄大夫，妹妹入宫立为昭仪。其时董贤已经结婚，由于受宠于皇帝，不能时常回家，皇帝考虑周全，索性将其妻召进宫中，腾出房子让他夫妻俩居住。皇帝虽宠幸董贤，也不拒绝女人，董贤夫妻与妹妹董昭仪，日夜服侍皇帝。这种关系，看起来颇为古怪。但在皇宫，一切皆有可能。

爱使人疯狂，使人不理智。皇帝也是如此。汉哀帝在未央宫北门外，为董贤修了一座豪华府第，在土木建筑设计上，穷极技巧，精致无比。董府上下，连童仆都受到皇帝的赏赐。为了体现无尽之爱，哀帝把武库中最好的宝刀宝剑，皇家宝库中的奇珍异宝，统统搬到董贤家中。董贤享用上品的宝物，皇帝只享用次品。

这样够了吧？还不够。哀帝还有更绝的想法，死后看不到董郎怎么办？皇帝都有一种习惯，生前早早给自己修墓。哀帝选定的墓地是义陵，他在义陵旁边，给董贤预修一个陵园。这样，生前相聚，死后也不分开。

问题是，汉哀帝是一国之君，耗费国家巨额财富去养小白脸，远远超出应有的限度。尚书仆射郑崇为人正直，猛烈地抨击皇帝对幸臣的过分宠爱。汉哀帝大怒，将他抓起来投入监狱，拷打至死。然而，反对之声浪仍此起彼伏。

执金吾毋将隆上疏说："董贤不过是一个弄臣，而皇上却把天下的公共财产，赏赐给他作为私用，将国家精锐的武器，当作家中的摆设。"谏大夫鲍宣批评道："陛下上为天子，下为百姓父母，理应一视同仁，如今贫困的人吃不饱穿不暖，父子、夫妻不能相养，实在令人闻之落泪。陛下却不施救援之手，独对外戚与董贤诸多赏赐，动辄数以万计，连他们的奴仆、宾客都有酒有肉吃，个个都发财致富，这实在有违天意！"

在发难的大臣当中，以宰相王嘉的态度最为激烈。

王嘉连上密奏，写道："高安侯董贤不过是佞幸之臣，陛下却恨不得以至高爵位使之尊贵，恨不得用尽天下财货使之暴富，甚至屈天下至尊的身份去宠爱他。皇上的威信已经严重受损，国库的储备已经耗尽，陛下却仍然还嫌不够。国家的钱财都来自民力，以前孝文皇帝想盖露台，预算百金便作罢，就是怕劳民伤财。如今董贤却把公家的税款当作自家的钱财，动辄一掷千金。自古以来，没有一个臣子显贵到这种程度，天下人知道这事，都非常愤怒。"

看完密奏，汉哀帝气疯了。你们哪里了解朕是真爱呢？普天之下，莫非王土，朕拿钱给情人享用，关你们什么事呢？皇帝顿起杀心。

汉哀帝找了个理由，把宰相王嘉抓到监狱。王嘉受尽狱吏之苦后，仰天长叹道："我担任宰相，却不能推荐贤能，像董贤这样的佞人扰乱朝纲，我又不能黜退他们，我确实该死。"于是绝食二十几天，吐血而死。

宰相一死，其他人噤若寒蝉，不敢再公开批评皇帝。

公元前2年，飞扬跋扈的傅太后终于死了。汉哀帝彻底解脱了。六年来，傅太后像一座山压着他，现在好了，可以为所欲为了。董贤的地位一飞冲天，升任大司马兼卫将军，成为第一权臣。大司马掌控全国军事力量，董贤对军事懂个屁？他才只有二十二岁，除了家里摆设几件宝刀宝剑之外，压根连武器都没碰过，更不要谈军国大事。董贤的势力很快就超过傅氏外戚，他的弟弟担任驸马都尉，亲戚多人担任侍中、诸曹。

皇帝陷入畸形之恋，不可自拔，他已经给了董贤一切，除了皇帝位之外。董贤一人之下，万人之上，算是半个皇帝了。然而，哀帝竟然动了念头，想把皇帝位送给董贤。

有爱美女不爱江山的帝王，但像哀帝这样爱美男不爱江山的人，古今中外，恐怕是找不出第二人。在一次宫廷宴会上，皇帝喝了些酒，以痴情的目光凝视董贤，对左右说："我想要效法尧把帝位禅让给舜，你们看怎么样呢？"侍中王闳正色地说："天下乃是汉高祖的天下，非陛下的天下。陛下继承宗庙，应该传之子孙，不应该说这种戏言。"哀帝听后沉默无言。

有皇帝这把保护伞罩着，董贤要风有风，要雨有雨，可是万一保护伞倒了呢？

世界上的事情，真是说不准。汉哀帝只有二十五岁，可是生命却走到尽头了。

公元前1年，汉哀帝死于未央宫。

死得太突然了，汉哀帝还没有来得及准备后事，特别是心爱的董贤，以后怎么办呢？他没有安排。理论上说，皇帝一死，大司马董贤便是最有权力的人，只是他这个大司马就是个花瓶。他没有任何才能，既不能统御别人，也不能掌控军队。在汉哀帝生前，皇帝亲自为他打点一切，他不用去跟别人争权夺势。

当董贤得知皇帝驾崩的消息，一下子傻了，除了哭，他不知道该干什么。政治经验丰富的太皇太后王政君反应敏捷，先把皇帝的印玺控制在手中，握着印玺就握着大权。之后，王政君召见大司马董贤，询问丧葬之事。董贤六神无主，以男色起家，哪里懂得怎么办丧呢？王政君这一招相当高明，立马让董贤知难而退。董贤身居大司马的要职，对太皇太后所问的事，无法回答，大汗淋漓，脱帽谢罪。王政君乘机说："新都侯王莽，以前担任大司马，曾办理过先帝的丧事，很懂得规矩，让他来协助你吧。"董贤听了叩头谢道："这样太好了。"

董贤太年轻，政治经验又不足，轻而易举地将权力拱手让出了。

王政君果断召集大臣，收回发兵符节，交给王莽。王莽一下子就把兵权牢牢地握在手中，董贤被架空了。太皇太后王政君的意图十分明显，董贤是不能胜任大司马之职的。王莽对此心知肚明，指使大臣弹劾董贤，罪名是皇帝生病期间，他没有好好照顾，导致皇上暴死。董贤失魂落魄，他想进宫，王莽下令禁止他踏入半步。这位有名无实的大司马神情恍惚，不知如何是好，只是到皇宫门外长跪，脱去官帽，打着赤脚，叩头谢罪。

王莽根本都不出面见董贤，只是派人持着王政君的诏令，当面宣读："董贤年少，不懂事理，身为大司马，不合众望，特收大司马的印绶，免职回家。"董贤听后，脸上一片苍白，没有血色，瘫倒在地。

回到府中后，董贤知道自己完蛋了。当天夜里，他与妻子双双自杀。

董家人很害怕，当晚将两人草草埋葬。王莽得知董贤自杀的消息后，怀疑有诈，一定得见到尸体才可放心。他派人挖开董贤的墓，把棺材抬到监狱，由监狱官员验明正身，确认是董贤的尸体无疑，这才放下心来。

赵合德曾因为美艳而被认为是祸水，董贤的故事，犹如赵合德的翻版，只是性别做了一下改变。他们都曾经富贵一时，最后都以自杀的方式结束生命。美，有时是一种幸运，有时又是一种不幸。

董贤死后，家中财产被悉数拍卖，拍卖所得是天文数字，总计四十三亿之多。百姓的血汗钱，国库中的储备，都流入董府。这也从一个侧面看出汉哀帝昏乱到何等地步。

清算完董贤后，大司马王莽开始清算傅氏外戚集团。

傅太后已经去世，王莽仍要剥夺其封号，那个古怪的"皇太太后"，变成"定陶恭王母"，连"王太后"的名号也失去了。傅皇后与她的父亲傅晏被控告"同心合谋，背恩忘本，专恣不轨"。剥夺傅晏爵位，贬回故里，傅氏家族的大大小小官员，一律免职。傅皇后被贬为平民，为死去的皇帝丈夫守墓，她与赵飞燕一样，在守墓的第一天，便自杀身亡。傅皇后一生很不幸，虽贵为皇后，丈夫却是个不好女色好男色的变态皇帝。她之所以被王莽逼死，倒不是她做了什么坏事，仅仅因为她是傅氏家族成员。

将傅氏外戚全部拉下马后，王莽还不知足。五年后（公元5），他做了件更绝的事情，把傅太后的坟给挖了。傅太后死后，葬在汉元帝的渭陵，王莽认为她没资格葬在这里，要挖她的坟。傅太后都死了七年，王政君觉得很不妥，说："事情都过去了，不要再追究。"王莽不为所动，坚持到底，王政君没有办法。

王莽兴师动众，动员了十余万人，花了二十余天，把傅太后的墓给铲平，棺材被抬出来。王莽一看，棺木是以上等香梓木制成，身着珠玉之衣，这不是藩妾应该享有的葬服，下令将棺木换成普通的木头，把傅太后尸身上的珠玉衣扒走。傅太后这位女强人在死后，还受到王莽这样折腾，挖墓剖棺，这真是她生前做梦也想不到的。

曾经显赫一时的傅氏家族，就这样无声无息地沉沦了。

二六 / 圣人还是阴谋家？

王莽可以称得上是中国历史上最复杂的人物之一。

唐朝大诗人白居易曾写过一首诗："周公恐惧流言日，王莽谦恭未篡时。向使当初身便死，一生真伪复谁知。"以白居易的观点，王莽是个极其虚伪的人，善于伪装自己。这个观点，未免把历史人物简单化了。

我们先来看看王莽的发家史。

西汉末期，王氏外戚权倾朝野，贯穿于王氏家族兴衰的人物是王政君。她是汉元帝的皇后，汉成帝时，她是皇太后，汉哀帝时，她是太皇太后。王政君的八个兄弟，七人封侯，唯一没有受封的是王曼，因为他死得早。王莽就是王曼的儿子，父亲死的时候，他还在娘胎里。

与叔伯兄弟相比，王莽一家显得很寒酸。七个叔伯都是侯爵，堂兄弟也都身居高位，过惯了奢侈糜烂的生活。王莽并没有因此感到自卑，他发愤图强，精于学业，研究儒学。他虽然家贫，好歹有那么多强势的亲戚，总不至于很落魄。但他还是选择了俭朴的生活，把时间花在学习上，广泛涉猎群书，成为王门中的佼佼者。

年轻时的王莽行为很检点，严格按照儒家的规范做事。他也时常要去拜会几位叔伯，不卑不亢，进退有礼。有一回，伯父大将军王凤病倒，王莽前去服侍，每次端药上来，总要先尝尝冷热，照顾得很周全。王凤临死前，特地请求太后与皇帝关照王莽。汉成帝任命王莽为黄门郎，后迁为射声校尉。

在叔伯眼中，王莽是个好人，人品修养都好。他们并没有意识到王莽内心深处，有着不可对人言的雄心壮志。入朝当官后，王莽结交了一批朋友，都是当时很有名望的人士，包括传奇英雄陈汤。王莽给人留下很好的印象：温文儒雅，学识渊博、谦恭有礼。

公元前 16 年，王莽受封新都侯，出任骑都尉、光禄大夫兼侍中。这一年他二十九岁。他负责皇宫的值宿警卫，做事极谨慎，有条不紊。官职越大，他反而越发谦虚。他的内心世界不为外人所知。他以严格的儒家行为规范要求自己，砥砺操行。为施助他人，他把马车、衣裘卖了，周济贫穷的宾客，家里一点积蓄也没有。

其实，王莽很懂得心理学。身为显贵外戚的一员，高调做事，低调做人，很容易引来一片赞美声。当人们看惯外戚的霸道专横时，突然冒出一个慷慨好义、乐善好施又平易近人的人物，怎么能不令人眼前一亮呢？朝中官员举荐他，在野名士吹捧他。很快，王莽身上便罩上一层光环，几乎成为完美人格的楷模。

其中不免有几分作秀的成分，可是仅用作秀二字来评价，未免不够全面。一个人若在一个时间段内作秀是可能的，若十几年，甚至几十年如一日地作秀，可能性就不大。其实，在王莽谦和的外表之下，内心有一种狂热。这是一种宗教信徒式的狂热，他的宗教就是儒家。有时，人们经常用过于世俗化的眼光来看待历史人物，王莽的所作所为，既有世俗化的一面，也有生命信仰的一面。前半生，他以儒家的理想把自己塑造成正人君子的完美形象，这是他宗教般狂热信仰下产生的强大力量，这种力量使他充满克己复礼的热情，治国平天下的理想驱使他锲而不舍地朝着权力顶峰迈进。

不可否认，王莽确实很有表演的天分，这使得他引得满堂喝彩。在家族同辈兄弟中，他脱颖而出，叔伯们对他寄予厚望，认为他可以光大家族的事业，巩固外戚集团的利益。

不过，有时他的表演太过火，显得有点矫情。

比如儿子结婚那天，很多宾客前来祝贺，喝喜酒，王莽母亲因生病没有出席。有一位宾客懂得医术，便说，老夫人的病，应当服用某种药才行。王莽立即跑回内堂，为老夫人煎药，然后又回到厅堂招呼客人，一会儿又跑进去给老夫人服药。在众多宾客面前，王莽生动地上了一堂"孝母"的课程，把在场的宾客全都感动了。要知道，"孝"在汉代具有非凡的意义，汉家帝王提倡"以孝治天下"，能孝敬父母者，方可治理天下。可见，王莽表演这出孝戏，实在是意味深远。

王莽给人的形象是个道德修养很高的人，没做过落井下石的事。然而，有一件事暴露出他绝非淳朴之人，他的城府深不可测。为了当上大司马，他不动声色地收集头号竞争对手淳于长的种种罪过，一击致命，把淳于长打倒在地。清除政敌后，王莽如愿以偿地升任大司马，马上找了个罪名，将淳于长的儿子斩草除根。

这时王莽三十八岁，年富力强。王莽仕途一帆风顺，既有外戚家族的原因，也有个人奋斗的因素。他严于律己，追逐声名，有敬业精神，办事谨慎周密，有很强的领导能力。

王莽志向高远，想干出一番大事业，勤奋工作，不辞辛苦。担任大司马后，比以前更加俭朴节约。为了追求名望，他采取苦行僧似的做法，不仅自己俭朴，还要求家人不得奢侈，与他人形成鲜明的对比。有一回，王莽的母亲病了，公卿列侯们派自己的夫人前去慰问。夫人们绫罗绸缎，锦衣绣袍，王莽夫人则身着布裙，还仅仅只遮到膝盖处。大司马的夫人穿得像婢女，令所有人目瞪口呆。

这可能是一种标榜的作秀，也可能是王莽想要扭转奢侈风气的一种表现。当然，王莽后期的表现与前期有很大不同，因此被怀疑早年所谓高风亮节，只是为了显示与众不同的一种手段。不过，在笔者看来，更可能的是，此时的他确实以严格的儒学教义来约束自己。儒家一直强调"乐道安贫"，王莽虽然不贫，但他要证明自己决不奢慕荣华富贵。

正当王莽雄心勃勃之时，政局突变。公元前7年，汉成帝暴死，汉哀帝继位。

一朝天子，一朝外戚。傅太后以铁腕手段掌控大权，傅氏外戚取代王氏外戚已成定局。太皇太后王政君审时度势，要求王莽辞职回家。后经汉哀帝的极力挽留，王莽继续担任大司马，但好景不长，很快他与傅太后发生直接冲突。王莽估计斗不过傅太后，没有胜算，干脆以退为进，第二次上交辞呈。

无官一身轻。王莽成了一个闲人，但在傅太后眼中，他始终是眼中钉、肉中刺。傅太后对王莽耿耿于怀，王莽不仅反对他加封尊号，还直呼她是"藩妾"，这个耻，一定要雪。在傅太后的指使下，宰相朱博站出来抨击王莽："王莽以前有意压制皇太太后的尊号，有亏孝道，应当伏罪诛杀。幸得皇上赦免其罪，但不宜再拥有侯爵之位与封邑，请皇上削去爵位，贬为庶人。"

汉哀帝心里明白，这些都是傅太后的主意。他不敢不从，又有所不满，便做了折中处理，保留了王莽的爵位与封邑，但把他逐出京城。

王莽知道傅太后决不会轻易放过他，他做了一个极为明智的决定：闭门不出，谢绝一切来访，不与任何朝中官员来往。傅太后想置他于死地，狡猾的王莽表现得安分守己，滴水不漏。然而，意外总是有的。

问题不是出在王莽身上，而是儿子王获惹了大祸。不晓得什么原因，他杀了一名奴婢。奴婢在侯门被杀，在当时社会，是可大可小的事。说小，因为很多类似的事件最后都不了了之；说大，这是犯法的事情，若严肃处理，也是死罪一条。你若没得罪权贵，这就是小事一桩，若得罪权贵，就是大事一件。王莽得罪的是傅太后，那么儿子杀人就是大事，而且是天大的事，搞不好王莽要被牵连进去。

怎么办？与其让傅太后抓住把柄，不如自己大义灭亲！王莽把心一横，勒令儿子自杀偿命。这一反常之举，不仅令傅太后没了报复借口，还赢得士大夫的称赞。大家一致认为王莽的道德修养，已经到了圣人的水平。

公元前2年，老太婆傅太后终于死了。

汉哀帝顺理成章地召王莽入京，侍奉于王政君左右。但是皇帝并未让他官复原职，而是让董贤出任大司马。在王莽看来，这简直是荒唐，不过也是件好事，凭董贤那点本事，万一朝廷有变，还不得他王莽出山吗？

一年后，汉哀帝病死，王政君把军政大权全部交给王莽。王莽隐忍多年后，重出江湖，马上以雷霆般的手段整饬朝纲。首先，董贤被罢自杀，王莽再度官拜大司马。其次，迎立中山王刘箕子为皇帝，是为汉平帝。刘箕子只有九岁，皇帝年幼，王政君临朝称制，具体政务交给王莽处置。

王莽大权独揽后，重拳出击，清算傅氏外戚集团，将傅皇后贬为平民，迫使她自杀。这时他已成为汉王朝最有权力的人，表面上对王政君太后尊敬，实则往往以胁迫的手段，挟制太后以达到自己的目的。他的个人野心开始一点点暴露出来，凡是反对他的官员，往往被免职、流放甚至杀戮，而拍马屁的顺从者，则得到提拔与重用。王莽开始致力于罗织个人庞大的势力网，政治野心已初现端倪。

何以一个被认为是道德高尚的君子，却变为政治野心家呢？

依笔者的看法，王莽本质上是儒家狂热教徒，他有一种强烈的使命感，驱动着他去营建一个儒家天堂式的国家。

王莽已是位极人臣，但他并不满足，以自己圣人般的修养，难道不应该像尧舜禹汤那样成为一代明君吗？他排除万难，一步步逼近权力的巅峰，要去摘取那顶至尊的皇冠。

在他精心策划下，造神计划在一片锣鼓声中隆重出笼。

公元1年，西南一个少数民族部落向朝廷进贡一只白雉。当然，所谓的进贡是王莽暗中指使的。为什么进贡白雉呢？据史书记载，周公辅佐周成王时，曾经获得一只白雉，被认为是国泰民安的祥兆。王莽熟读史书，利用这个历史故事，为自己造势。

果然，一批善于阿谀奉承的拍马分子纷纷站出，向王政君太后提议说："大司马拥立新帝，安定朝廷，与先前的大将军霍光功劳相同，应该增加封邑三万户。"王政君不以为然道："你们是认为大司马有功劳呢，还是仅仅因为他是我的近亲，想讨好他呢？"

这群拍马分子慷慨陈词："大司马的功德，可与周公相比。当时周公辅佐周成王获得白雉，如今大司马辅佐汉室，蛮夷献上白稚，这乃祥兆。大司马在稳定国家、安定汉室上实有莫大的功劳，臣等以为应该要赐封为安汉公。"

王政君见群臣执意请求，同意封王莽为"安汉公"。王莽偏要作秀，再三推辞。王政君太后还真当他十分谦逊，没有勉强。这下好了，王莽称病不上朝。他那帮拍马党羽群情激愤地说："大司马虽然谦让，朝廷还是要给予表彰，增加封赏，以表明不忘元勋的功劳，不要让百官同僚与民众失望。"

看来那些阿谀奉承的党羽比王政君太后要看得明白，他们与主子有了一种默契：他们在太后面前极力称赞王莽，为他捞好处；王莽则极力推辞，营造大公无私的形象，最后不得不被迫接受这些好处。说白了，这就是王莽与他的党羽上演的双簧戏。

这样，在群臣的"固请"之下，王莽终于被封为"安汉公"，外加一个"太傅"的头衔。

进贡白雉一事为王莽捞取了不少好处，又提升了他的声望，从此王莽便不断地造假，粉饰太平，制造万邦来贡的假象，以彰显自己的无量功德。

公元2年，远在南海的黄支国前来进贡犀牛，马屁精们开始一同吹捧王莽威德远播。过了不久，越嶲郡的官员上报，称见到一条黄龙在长江中游动。太师孔光等吹捧说："王莽的功德可以同周公相比了，应该祭告宗庙才是。"这种赤裸裸的拍马屁，惹得大司农孙宝很不快，他以挖苦的语气说："如今风雨失调，百姓不能丰衣足食，每有一件小事，诸大臣便众口一词，称赞是王莽的功劳，这也太过分了吧。"孙宝此言一出，所有大臣们都脸色一变，说不出话。孙宝很快被王莽认定是异己分子，找了个罪名，免职回家去了。

由于皇帝年少，王政君临朝听政。王莽知道，要巩固自己的地位，得要太皇太后的支持。他对王政君太后极尽吹捧，以博取欢心。当时，王政君已七十二岁，不愿对政事过于操心，这让王莽一步步地把大权掌控在手中。在一帮大臣的鼓动下，王政君太后将百官任免权交给王莽，只保留了封侯的决定权。这时，王莽的权力已经跟皇帝差不多了。

王莽知道，自己不是皇帝，虽说皇帝年龄还小，可是终究会长大，得未雨绸缪才行。首先，他将皇帝的外戚家庭排斥在权力中枢之外。其次，打算将自己的女儿嫁给小皇帝，以巩固权势。

这时汉平帝只有十一岁，尚未到谈婚论嫁的年龄，但是提早选皇后，这是有先例的。为了表示公平竞争，凡是殷商王室后裔、成周王室后裔、孔子后裔以及诸侯爵后裔均可参加皇后海选。其实，商周都是极久远的朝代，哪有几个人选呢，最主要的竞争者还是本朝侯爵的女儿们，特别是王氏家族支脉众多，各家女儿都在候选人的名单里。王莽一看，糟了，人这么多，自己的女儿就有可能落选了，怎么办？

王莽有个特点，他想要的东西，总是故意说不要，旁人以为他很谦让，只有那群马屁精最有默契。王莽跑去对王政君太后说："我没有贤德，女儿又不成才，不应该与其他女子一起参选。"王政君还当侄儿诚心诚意，便下诏："王莽的女儿是朕的外戚，就不必挑选了。"

马屁精们当然不肯放过立功的机会，纠集一大群人，有平民百姓，有儒生，有小官吏，天天到皇宫外上疏抗议，每天都有一千多人的盛大集会，抗议说："安汉公有这么伟大的功勋，如今要册立皇后，怎么只少了安汉公的女儿呢？我们坚持由安汉公的女儿做皇后。"

这事情越闹越大，王莽假惺惺出来制止，可是这群马屁精相当有专业精神，更加勤奋地上疏朝廷，不达目的誓不罢休。王莽说："选皇后一事，应该从诸多的女子中挑选。"小喽啰们强烈地反对道："那不行，只有安汉公的女儿才合正统，其他人统统不行。"

王莽又像以往一样，非常"无奈"地接受众人的要求："我只好让女儿出来了。"

经过这么一折腾，王莽的女儿终于在选秀中杀入决赛，勇夺冠军，成为皇后。为了表示自己的谦让美德，皇帝价值两亿的聘金，王莽只收下了六千三百万，又拿出其中四千三百万施舍，自己只收两千万。其实，依汉家最初规定，皇后聘金原本是两百万，两亿是最高的纪录。即便王莽非常谦虚只收了十分之一，仍然超过定制十倍哩。

二七 / 从假皇帝到真皇帝

无论王莽早年是真善还是虚伪，他总算没有做什么坏事。随着权力趋于无限，他的野心急剧膨胀，打击异己分子的手段也越加严厉。

王莽做梦也没有想到，当他被一大群马屁精团团围住时，长子王宇竟然成为反对他的急先锋。王宇反对父亲对卫氏外戚的打压，秘密与汉平帝的母亲卫姬、舅舅卫宝联络，私通书信。他知道老爹比较迷信，便与老师吴章想了一个办法，打算半夜三更时，弄一桶血，泼在自家府第的大门上，以此来警告老爹。不料弄巧成拙，被门吏发现逮个正着。王莽惊愕得说不出话，他冷酷无情，把儿子投入监狱，逼其自杀，儿媳吕焉当时正怀孕，婴儿出生后，她也被处死在监狱中。参与泼血事件的吴章被处腰斩酷刑，涉案的卫氏外戚，除了皇帝的母亲卫姬之外，全族屠灭。王莽借此案大兴冤狱，将平常对他不恭敬的敬武公主（汉元帝的妹妹）、叔父王立、堂兄弟王仁全部列入黑名单，逼迫三人自杀。不亲附王莽的官员，都在捕杀之列，随便加上个罪名，就处决了，总计数百人之多。

他一面残杀异己，一面鼓动溜须拍马之徒大造声势，制造民意效果。在古代专制社会，王莽堪称最擅长利用所谓的"民意"，大搞个人崇拜，有不少人上当受骗。

公元 4 年，又一场闹剧开演。太保王舜带着官员及民众代表八千多人，集体强烈要求王政君太后将王莽尊为"宰衡"。为什么叫"宰衡"呢？古代名臣伊尹曾为"阿衡"，周公曾为"太宰"，现在王莽功德盖过伊尹、周公，便各取一字，称为"宰衡"。根据溜须拍马者的建议，宰衡地位在三公之上，甚至说，他已经不在大臣之列，而是统治者了。

王莽不急不躁地推进篡位计划，每推进一步，便冷眼旁观，谁是敌人，谁是奴才，是敌人便坚决铲除，是奴才便提拔利用。

从"安汉公"到"宰衡"，不要小看这个文字游戏，王莽最擅长的莫过于此。"安汉公"表示他与周公、霍光等前辈并驾齐驱；"宰衡"则表示他超过周公与伊尹，成为旷世伟人。王莽的喽啰们又开始献媚，向皇帝奏称："以前周公摄政，花了七年才制定国家制度，如今安汉公王莽辅政四年就大功告成，应将宰衡的地位，提升到诸侯王之上。"

就是靠这种手段，王莽的权力扶摇直上，在越三公之后，又超越诸侯王。除此之外，王莽又得到"加九锡"。所谓九锡，就是九赐，赐予九种封赏。后世的篡权者很多步王莽之后尘，在篡权之前，先搞加九锡这一套把戏。

随着地位的不断上升，王莽得到的封赏越来越多，谦逊的他一而再地谢绝朝廷追加的封邑。当然，王莽之所以谦逊，不是没有原因的，如果他不谦逊点，那帮摇旗呐喊的人岂不丢了饭碗？果然，当众人得知主子辞让封邑，大家又开始折腾，纷纷上疏抗议，这次来了多少人呢？说起来吓一大跳，前后有四十八万多人。

谁都看得出王莽的闹剧，只有王政君太后蒙在鼓里，还被他的一片忠心打动呢。当然，王莽在太后身上花了很多气力，光打点太后左右，就花了不下千万的钱财。

是否因此就高枕无忧呢？王莽并不这样认为。公元5年，汉平帝已经十四岁，再过几年，就可以亲政，到时王莽的权力将会一点点地被收回。汉平帝每每想起王莽杀光母亲卫姬之家族，无不咬牙切齿，王莽则如履薄冰、如临深渊。不如干掉小皇帝，一了百了。

正逢腊日大祭，王莽向汉平帝献酒，他在酒里下了毒。汉平帝喝下毒酒，痛苦地呻吟着。王莽假惺惺地写了一篇策文，向天神祷告，情愿自己代替皇帝而死。几天后，小皇帝没能躲过一劫，毒入腑脏，不治身亡。

汉平帝一死，王莽加速篡权的步伐。就在同一月，民间有人献上一块奇石，石头上写有红字："告安汉公莽为皇帝。"于是，又有一批人大造声势，认为上天显灵，要王莽登上帝位。

王政君太后大梦初醒，意识到王莽有篡权的野心。可是太迟了，她已经无力约束王莽，满朝文武早已都是王莽的亲信，那些反对者早已被诛杀或流放了。王政君怒喝道："什么上天显灵，这分明是欺骗天下人。"可是她一大把年纪，还能怎么样呢？她能做的唯一一件事，就是拖延王莽正式称帝的时间。

公元6年，这一年有点特殊，偌大的帝国没有真皇帝，只有假皇帝王莽。在古代，假是"代理"的意思，假皇帝就是代理皇帝，对外则称为"摄皇帝"。六年的时间，王莽实现从大司马到假皇帝的巨大跨越。他已经是至高无上的统治者，从假皇帝到真皇帝，只隔着一层薄薄的纸，只要轻轻一捅，就破了。

漫不经心的刘氏宗族预感到大事不妙，眼看着王莽要篡夺刘氏江山，这口气怎么吃得消呢？安众侯刘崇率先发难，拼凑百余人的乌合之众，进攻宛城。这次以鸡蛋碰石头的自杀式袭击，最后只能以惨败而告终。

次年（公元7），东郡太守翟义暗中联络严乡侯刘信、武平侯刘璜等，发动兵变。翟义立刘信为天子，自己为大司马，发檄文通告全国，檄文写道："王莽鸩杀平帝，摄天子之位，狼子野心，打算灭绝汉室。如今宗亲刘信已即天子位，当替天行道，铲除恶贼。"翟义举兵后，招兵买马，兵力达到十万之众。

表面上看，义军人数不少，实际上多是乌合之众，没什么战斗力。翟义以为振臂一呼，刘氏宗亲王侯势必纷纷响应，事实却非如此。历代皇帝推行削藩政策的后果，便是使各诸侯国都是小不点，根本没什么力量来拱卫中央。

这些宗亲虽然对王莽夺权十分不满，但王莽这个人很有心机，他对这些刘氏王侯一直是加以笼络，并没有剥夺其特权，所以这些人对起义反应消极。其实，自从汉武帝推行"推恩令"后，原本的大诸侯国都被分割为许多个小诸侯国，这使得中央政府有难时，地方封国没有强大的实力来声援。

王莽见叛军孤军奋战，稍稍安心，派出战斗力超强的关西兵团以及关东甲兵，出函谷关，与翟义作战。翟义出师不利，首战惨败，只得退守圉城。为镇压起义军，王莽大肆封侯，一口气封了五十五位将领为列侯。重赏之下必有勇夫，这些将领卖力战斗，再次大败翟义。翟义被王莽军队抓获，酷刑处死，"天子"刘信不知下落，可能死于乱军之中。

正当王莽军队与翟义苦战时，长安一带也爆发大起义。

当翟义起兵的消息传到长安，附近二十个县发动武装暴动，暴动首领赵朋、霍鸿自称将军，乘机攻打长安城。不过，这些起义军的战斗力比翟义军还差，没有攻城的武器，对长安高大城墙无计可施。王莽军击败翟义后回师京城，与守军里应外合，大破起义军。赵朋、霍鸿全部战死，王莽下令夷其三族。

两次起义都失败了。

叛军如此不堪一击，王莽未免扬扬得意。要名正言顺当真皇帝，王莽必须证明自己乃是上天选定的帝王。怎么证明呢？且来看看天启的证据。

首先，齐郡某亭长梦到天使对他说："我是天公的使者，天公要我转告亭长：摄皇帝应当成为真皇帝。如果你不相信，你可以看看，这亭里将会出现一口新井。"亭长梦醒后，果然发现一口百尺深的新井。

紧接着，巴郡发现石牛，雍县出现一块刻有字的仙石。两块石头被搬到未央宫前殿，突然刮起大风，飞沙走石，天昏地暗。风沙过后，石头居然现出文字"天告帝符，献者封侯"。

这两则启示录，实在编得牵强。上天居然托梦给一个无名小辈，是不是有亵渎神灵之嫌呢？后者居然有"献者封侯"的文字，功利心也太过明显了。

王莽篡位之心，路人皆知。

有个路人名为哀章，本是一名学子，喜欢吹牛，没混出个名堂。他突然想到一个好主意，可以讨好王莽，混个一官半职。于是制了一具铜柜，柜中置两卷天书，一为"天帝行玺金匮图"，一为"赤帝行玺某传予黄帝金策书"。赤帝就是刘邦，天书写的是刘邦将皇帝位让给王莽，直言王莽是真命天子。

哀章扛着装有天书的铜柜到了高庙。两卷天书来得太是时候了！王莽毕恭毕敬向铜柜下跪叩拜，坦然接受上天的启示。然后，他戴上皇冠，前去见太皇太后王政君。

他把四处收罗来的神秘证物搬到长乐宫，让太皇太后过目，证物包括石牛、石文、铜符帛图以及装着两卷天书的铜柜。王莽不复谦虚，既然天意如此，他必须顺从天意，登基称帝。登基称帝为什么要找王政君呢？王莽需要她手上的玉玺。王政君目瞪口呆，不肯交出玉玺。

王莽没有拿到玉玺，这并不影响他正式登基称帝。既然改朝换代，新王朝就得有新气象。新的王朝名字就是"新"，史称"新莽"。接下来就是改正朔、易服色、变牺牲、殊徽制、异器制，就是改变历法、服装颜色、祭品、旗帜及礼器等，这样才能凸显与前朝的区别。

当然，王莽还挂念着玉玺，他派王舜前去向王政君索取。王政君大骂道："王莽自认为凭金匮符命可以当皇帝，就自己造一颗玉玺好了，要这颗亡国不祥的玉玺干什么呢？我是汉家的老太婆，早晚就要死了，想让玉玺随我下葬，看来也不太可能了。"

王政君老泪纵横，王舜说："王莽一定要得到玉玺，太后能不给他吗？"罢罢罢，王政君取出玉玺，扔在地上，又骂道："我是快死的人，但我知道你们兄弟一定会被灭族的。"

就这样，王莽得到传国玉玺，大宴群臣以示庆祝。

在一片觥筹交错声中，新的王朝诞生了。

公元前9年，汉的国号正式除去，改国号为"新"。

新王朝国号很"新"，但锅里煮的药却很古。

作为儒家信徒的王莽，他的理想是建立儒家复古的梦想，因为在儒家史观中，上古时代才是最完美的时代。平心而论，王莽是有雄心壮志的，他志在历史上最伟大的帝王，实现"治国平天下"的抱负。在迈向权力巅峰的道路上，他无所不用其极，坑蒙拐骗，弄虚作假，血腥杀戮，残害异己，这些与儒家信条似乎都格格不入。但他只把这些视为达到目的的手段，他的终极目的，是建立一个和谐的太平盛世。他的施政是以古代的儒学经典作为标杆，可是他似乎忘了，时代已经不一样了。

儒家说要先正名，改朝换代后，王莽开始热衷于改名。首先改革官名，什么"左辅""右拂""少阿""羲和""太阿""后承"等一大堆古代官名都冒出来。许多正在使用的官职改为古奥的名称，"大司农"改为"纳言"，"大理"改为"作士"，"太常"改为"秩宗"，"大鸿胪"改为"典乐"，"少府"改为"共工"等等一大堆。所有人备感苛烦，唯独王莽乐在其中。

熟悉儒学典籍的王莽又发现，封国国君称为"王"是不合古制的，《春秋》不是彰显大一统真义吗，"天无二日，土无二王"，这些王号必须全部撤除，仍沿用古代"公""侯""伯""子""男"五等爵位。于是，三十二位刘氏诸侯王，全部被降级为"侯"。

王莽是中国古代改革力度最大的皇帝之一，但他的改革几乎全盘失败，最终使国家危机四伏，社会动荡，并导致新朝的崩溃。

开国伊始，王莽便着手推行庞大的改革计划。他的社会改革是从土地改革开始的。西汉后期，土地兼并的现象十分严重，"强者规田以千数，弱者曾无立锥之居"。针对这种现象，王莽祭出古代"井田制"的法宝。宣布将天下的田地改为王田，实际上是将土地所有权收归国有，不允许买卖。八口男丁以下的家族，拥有的田地不得超过一井（九百亩），超出的部分，必须分给其他人使用。没有土地者，由政府分给土地。

这个土地改革措施，针对性很强，直指当时社会一小部分人占有大多数土地之弊。王莽决心以强有力的措施来保证土地改革的成功，如果有人胆敢违反或非议井田制度，便流放边疆。

王莽的错误在于这个方案完全不切实际。长期土地兼并后，豪强的土地远远不止九百亩，在没有任何过渡或补偿的情况下，谁甘心将多出的土地拱手让出呢？再者，井田制度瓦解已有数百年，凭借一纸诏令就想把私有土地变成公有，这谈何容易呢？即便是有土地的小农，也有可能因为经济困难而被迫卖地以求生存，全面禁止土地交易，岂非把这些人逼上绝路。

禁止土地买卖的同时，王莽同时严禁买卖奴婢。这条禁令，无疑是有人道主义精神的。王莽认为买卖奴婢有悖"天地之性人为贵"的古训。然而，这条禁令同样难以执行。奴婢都在豪强之家，当富豪的土地被夺走，如何有财力养活大批的奴婢呢？只有两条路可以走：其一，清退奴婢，这些低贱的人没有收入来源，连生存都成问题；其二，对奴婢采取克扣、虐待，以节省开支。所以，王莽改革的出发点是好的，但是缺乏一揽子解决方案。解放奴婢后，如何让他们有一个生存的环境，这点王莽没有考虑。

虽然王莽采取极为严厉的打击手段，导致许多人违反井田制法而被流放，但仍然无法根本解决土地问题。在推行井田法三年后，王莽最终承认改革的失败，恢复买卖田地与奴婢。

与土地改革相比，王莽的货币改革更是一团糟。

自汉武帝后期铸五铢钱以来，一直到西汉末年，五铢钱成为长期稳定的货币。王莽当上假皇帝后，居摄二年（公元7），他开始改革货币，铸错刀（值五千钱）、契刀（值五百钱）、大钱（值五十钱），再加上长期沿用的五铢钱，总共有四种货币。王莽对于金融其实并不在行，他这一改革，原本稳定的货币体系开始出现问题了。因为几种新币的币值高，民间大量私铸，严重扰乱金融秩序。

王莽篡汉后（公元9），开始第二次货币改革。这次改革并非原来货币在流通中出现什么新问题，而仅仅是他认为在货币上要消除汉朝的痕迹，所以西汉时发行的五铢钱就在取消之列。除此之外，他认为汉室姓刘，"刘"字中有"刀"字旁，所以错刀与契刀两种货币也禁止使用。另铸重一铢的小钱，与先前的大钱一起使用。可是五铢钱已经是使用一百多年的货币，币值稳定，流通量极广，人们使用惯了，而且对新发行的货币不信任，不愿意使用。

新货币的推广进展缓慢，王莽检讨原因，认为大钱与小钱两种货币币值相差比较大，在交易中存在不方便之处，便认为应该要让货币的币值有所差分，便开始第三次货币改革。频繁更换货币，就已经是大忌，让老百姓失去对新币的信任，而王莽居然推出金、银、龟、贝、钱、布六类货币，总共有二十八种币值。这么一来，整个货币市场顿时大乱。那么多种货币，使用起来多麻烦，而且不同货币的比值也是人为确定，不合理的成分很多。过了一段时间，王莽发现出大问题了，便暂停龟、贝、布三种货币。可是这么一来，政府的金融信用度降到最低，有哪个政府这么随便发行与停止货币的使用呢？当时谣言四起，谣传王莽所发行的六种钱币也要停止使用，于是大家不顾政府的禁令，仍然私下以五铢钱交易。王莽仍然以严厉的惩罚手段打击，大批人被流放蛮荒之地。

到了公元14年，王莽第四次改革货币。仍然是一团乱麻，他将暂时使用的龟、贝、布三种货币重新流通使用，同时更改几种货币的兑换比例。每一次货币改革，都造成社会民众大量破产，政府强行以劣币来驱逐良币。比如说，重一铢的小钱价值为一钱，而重十二铢的大钱却值五十钱，这种币值比例严重不合理。政府随便制定币值，等于变相把钱从百姓手中搜刮到自己腰包中，却导致大量百姓倾家荡产。而且，由于币值的失衡，导致私铸成为暴利行业，尽管王莽以极严厉的手段严惩，但仍无法禁止。

货币改革是王莽的最大失败，也是引起社会剧烈震荡的最重要因素之一。

・二七／从假皇帝到真皇帝・199

二八 / 有压迫就有反抗

王莽篡汉后，陆续收回前汉授予各封国、藩国的印绶，改用新朝的印绶。

建国二年（公元 10），朝廷特使抵达匈奴，向乌珠留单于要回汉朝所授的印绶，更换为王莽新朝的新印。单于以旧印换回新印后，发现有问题。旧印刻的文字是"匈奴单于玺"，新印刻的文字是"新匈奴单于章"。"玺"是王的大印，"章"是侯的大印；新印还增加一个"新"字，表明匈奴是新朝的一个封国，单于从"王"的级别降格为"侯"。

乌珠留单于不干了，请求更换大印，遭到王莽的一口回绝。大怒，骂道："呼韩邪单于深受汉宣帝之恩，我们不能背叛汉室。王莽本不是宣帝的子孙，凭什么当天子，我们不欠他什么。"于是率军南下，洗劫云中郡，和平数十年的北方边境风云突变，战火重燃。

王莽毫不退让，下诏组建十二个兵团，征兵三十万，调运三百日口粮，为北伐匈奴做准备。然而，王莽对军事实在外行，要把三十万大军一年的口粮运抵边疆，这得耗费多少人力物力啊。将军严尤上疏直言，称这个计划不切实际。王莽很不高兴，认为是杞人忧天，不听，依旧我行我素。折腾了几年，耗尽国力民力后，仍然无法凑足王莽指定的三百日粮食。北征匈奴不了了之，百姓却被折腾惨了，史书载："数年之间，北边虚空，野有暴骨矣。"

不仅匈奴拒绝接受"侯"的大印，西域诸国同样强烈不满。王莽采取极端的手段，处死车师后王须置离。新朝的高压政策引起强烈的反抗，屯驻在车师的戊己兵团指挥官陈良、终带发动兵变，以拥护前汉政权为由，自称"废汉大将军"。焉耆国出兵奇袭西域都护府，杀死西域都护但钦。一时间，西域诸国纷纷宣布脱离新莽政权。

王莽勃然大怒，任命李崇为新的西域都护，郭钦为戊己校尉，连同五威将王骏，率领一支兵团，重新进入西域，讨伐焉耆。焉耆诈称投降，伏击王骏，全歼七千余人。戊己校尉郭钦见势不妙，逃回国去，西域都护李崇则逃到龟兹避难。

王莽"改王为侯"的文字游戏导致非常严重的后果。

匈奴、西域诸国相续叛反，接下来轮到西南诸夷。当西南夷中的句町王也被降为"句町侯"时，夷王大怒，与诸夷部落取得联系，密谋反叛。天凤元年（公元14），各夷族部落联合起来，进攻益州郡。在王莽看来，西南夷只是一只容易捏死的蚂蚁罢了。他派平蛮将军冯茂统率巴蜀军队，扫荡西南夷叛军。

然而，战争持续两年，冯茂非但没能剿灭乱军，反而遭遇大瘟疫，非战斗死亡高达百分之六十以上。军队遭受重创，后方百姓更是陷于水深火热之中，巴、蜀等郡百姓所承担的赋税高达惊人的百分之五十。无论是前线的军队，还是后方的百姓，都无法承受这场旷日持久的战争。

气急败坏的王莽将冯茂召回京城，判处死刑，改任宁始将军廉丹为西南总指挥，以十万精兵讨伐西南诸夷。然而，已经被盘剥得一无所有的西南诸郡，再也无法提供十万大军的粮草。时值冬季，缺衣少粮的十万大军再遭瘟疫袭击，死者甚众。

廉丹在西南围剿三年，仍然不能靖乱。平定西南遥遥无期，规模更大的叛乱正在中原悄然酝酿。

王莽一心想开创儒家复古王国，开历史倒车的空想主义，最终导致新莽王朝的崩溃。土地改革失败，货币改革失败，贫富各阶层都没有从改革中获得好处，政府与民众的矛盾空前激化。北疆战火重燃，西域失控，西南叛乱令富庶的巴蜀陷于破产边缘，新朝大厦已是摇摇欲坠。

天凤四年（公元17），大起义爆发。

首先发难的是瓜田仪，在会稽长洲造反。紧接着，吕母拥众数千起义，杀死海曲县令，入海为寇。最著名的起义军则是大名鼎鼎的绿林军，首领是王匡与王凤，最初的队伍只有数百人，很快发展到七八千人，以绿林山为根据地打游击。有压迫就有反抗，后来人们把聚义山林对抗黑暗政府的英雄称为"绿林好汉"，其名称的来源，正是新莽时代的绿林军。

起义接二连三地爆发时，王莽并不在意。在他看来，这些只不过是山贼、乌合之众罢了，何足挂齿。不料，暴动的烽火越烧越旺。第二年，樊崇在莒县发动起义。起义军从一百多人发展壮大到数万人，转战于青州、徐州之间。这支武装便是日后赤眉军的前身，与绿林军齐名，成为反抗王莽统治的劲旅。

王莽对形势严重误判，他没有认识到民众暴动的威力。对他来说，首要大事，是平定西南夷的叛乱与北征匈奴。至于国内这些毛贼，只需地方官府就可剿平。然而，造反的范围不断地扩大，各地起义军如雨后春笋般冒出。

问题越来越严重。地皇二年（公元21），荆州牧亲自率两万人马前往讨伐绿林军。绿林军大帅王匡率部下迎战，官兵大败，阵亡数千人，荆州牧落荒而逃。绿林军屡败官兵，攻克竟陵县，大掠云杜、安陆两县，回到绿林山根据地后，兵力已达五万人。

同时，在青州、徐州地界，樊崇频频出击，给官兵予以沉重打击。当然，官府里不全是废物，翼平太守田况便是个智勇双全的人才。他组建了一支四万人的民团，"围剿"樊崇，连战连胜。他还写了一道奏折，分析民变无法遏制的原因，在于下级官吏对上层层隐瞒实情，"县欺其郡，郡欺朝廷"，并认为盗贼多的原因是"饥馑易动"，应该选用良吏，"明其赏罚"，采取坚壁清野的战略，便可"招之必降，击之则灭"。不料田况上疏大倒王莽胃口，索性把他调离。樊崇乘机反攻，反败为胜，势力得以重振。

为逆败局，王莽派出十几万最精锐部队，由太师王匡（此人与绿林军大帅王匡同名）、更始将军廉丹率领，浩浩荡荡地杀向青州、徐州。

在诸路义军中，樊崇的队伍纪律相对比较好。他的部众来源复杂，有慕名前来参军的，有小股义军前来投靠的，这些人来自社会各阶层各行业，不好约束。他与诸将约定："杀人者死，伤人者偿创。"这个约定，有点类似汉高帝刘邦的"约法三章"。为避免与官兵作战时敌我不分，樊崇命令所有将士将眉毛涂成赤色，容易辨别。此后，这支义军便以"赤眉军"而闻名天下。

太师王匡与更始将军廉丹凶残暴虐，手下官兵纪律恶劣，一路上抢夺民财，与土匪无异。老百姓都痛恨地骂道："宁逢赤眉，不逢太师！太师尚可，更始杀我。"廉丹曾指挥讨伐西南夷的战争，无功而返。到了青、徐两州，廉丹只顾着抢百姓的米粮，没心思与赤眉军开战。王莽气得半死，下诏严厉批评。

仗着兵强马壮，廉丹击破几支小股义军，旗开得胜。不过，赤眉军才是难啃的硬骨头。当时梁郡有一支赤眉军，将领是董宪，共有数万人。太师王匡完全不把毛贼放在眼里，打算一鼓作气攻下梁郡。廉丹认为士卒疲惫，理应休整再战。王匡不听，挥师进击董宪。双方战于成昌，赤眉军剽勇善战，以逸击劳，大破政府军。太师王匡仓皇而逃，廉丹毙命疆场，成为王莽的牺牲品。

与赤眉军相比，绿林军却不走运。

一种疫疾在绿林军中蔓延，很多绿林好汉染病不治身亡，死亡人数过半。绿林军的将领们决定离开绿林山根据地，分为两支：一支由王凤、王匡、马武率领，向北挺进到南阳郡，称为"新市兵"；另一支由王常、成丹率领，向西进入南郡，称为"下江兵"。

新市兵挺进南阳后，开辟武装对抗新莽的新局面。在绿林军的影响下，平林县豪杰陈牧、廖湛等人秘密召集一千多人，发动起义，称为"平林兵"，与王匡的"新市兵"遥相呼应。

新市兵与平林兵的声势不断扩大，南阳成为反抗王莽统治的一块基地。在这种背景下，居住在南阳郡舂陵县的汉宗室刘縯、刘秀兄弟毅然率当地子弟七八千人发动起义，沿用"汉"号，称为汉兵。

刘縯与刘秀是刘氏宗室中的佼佼者，他们的九世祖是汉高祖刘邦，六世祖是汉景帝的第六子长沙定王刘发。虽说兄弟俩是皇族后裔，但经历二百多年后，刘邦的子子孙孙已是枝叶茂盛，多得数不清，刘氏子弟大多平民化了。刘縯家族也是一路没落，曾祖父是郡太守，祖父是郡都尉，父亲刘钦，只担任县令。

哥哥刘縯，字伯升，是一位英雄豪杰，性格刚毅坚忍，慷慨好义，志向高远。自王莽篡汉后，他愤愤不平，立志要光复汉室江山。因此，他散尽家财，结交天下英雄，不愿意待在家里耕田种地。与哥哥不同，刘秀人如其名，比较秀气，温文儒雅，喜欢读书。他年轻时到长安求学，熟悉经史。回到家乡后，他勤于种田耕地，令大哥刘縯很不高兴，认为他没有志向，不去经营天下，反经营几亩薄田。

其实刘秀外秀内刚，他为人内敛，不愿锋芒毕露，旁人只当他是个庄稼汉，却不知他的心志极为高远。有一回，他与姐夫邓晨去拜访蔡少公，此人精通《河》《洛》之书，懂得图谶之学。当时流传有谶言说："刘秀当为天子。"要知道世上同名同姓的人很多，在场的没有人把预言书中的天子与眼前的庄稼汉刘秀相联系。有人说："想必是国师刘秀吧。"国师刘秀就是汉代著名的经学家刘歆。此时，刘秀突然冒了一句话："怎么见得就不是我呢？"此言一出，惹来哄堂大笑，只有姐夫邓晨暗暗称奇。

绿林军、赤眉军相继起义后，刘縯也加快了武装起义的步伐。随着新市兵涌入南阳，平林兵揭竿而起，南阳成为反莽战争的基地，刘縯起事的时机成熟了。

公元22年，刘縯召集多年结交的英雄豪杰，对他们说："王莽暴虐，百姓遭殃，又连年遭遇干旱，民不聊生，兵革纷起，此正是上天欲亡王莽、归复汉高帝大业之时机。"众志士群情激昂，热血澎湃，便分头行动，四处招兵买马。

春陵县刘氏子弟众多，听说刘縯要起兵造反，怕受牵连，有的人逃跑了，有的人躲了起来，暗地里骂道："刘伯升要害死我们。"此时，温文儒雅的刘秀一反常态，身着戎装，佩带宝剑，出现在众人面前。在刘氏子弟眼中，刘秀是个秀气、循规蹈矩之人，他们纷纷惊呼道："刘秀这样敦厚老实的人也要造反了！"庄稼汉刘秀都愿意参加起义，其他人有什么好犹豫的呢？于是逃走的人又回来了，加入起义军。

刘縯招募了七八千人的队伍，自称"柱天都部"。这一年刘秀二十八岁，刘縯可能三十五六岁。

刘縯深知要与强大的王莽政府军对抗，义军必须联合起来，否则容易被各个击破。从起事那一刻开始，他便有一个清晰的计划，就是与新市兵、平林兵并肩作战。他派人前往会晤新市兵首领王凤、平林兵首领陈牧，提出联合作战的计划。

王凤、陈牧与刘縯分属不同阵营，但他们有共同的敌人，于是很快走到一起。汉兵、新市兵、平林兵联合攻陷长聚、唐子乡，声威大振。在形势一片大好时，汉兵与新市兵、平林兵却出现内讧，险些酿成大祸。原因是军中财物分配不均，汉兵中的刘氏子弟，自以为是皇室之后，理所当然要多分点财物，引起新市兵与平林兵的强烈不满。眼看就要内部火并，刘秀果断勒令刘氏子弟把所得财物全部拿出来，分给新市兵与平林兵，才平息了这场内讧。

胜利容易令人冲昏头脑，即便刘縯也不例外。在兵力明显不足的情况下，他冒冒失失发动宛城之战，遭到起兵以来最大一次挫折。宛城有十万守军，轻而易举击退刘縯的进攻，并穷追猛打。刘縯的军队被冲散了，刘秀只身单骑逃走。他在半途中遇到妹妹伯姬，便带上妹妹，继续南窜。跑了一段路，又遇到姐姐刘元，刘秀急呼姐姐上马，当时追兵越来越近，一匹马驮三个人怎么跑得动呢？危急关头，刘元把逃生的机会让给弟弟与妹妹，拒绝上马。无可奈何之下，刘秀只得策马前行，侥幸摆脱王莽军队的搜捕，但姐姐刘元及她的三个女儿都被莽军抓获并杀死。在宛城一役中战死的人，还有刘秀的次兄刘仲以及刘氏宗族数十人。

进攻宛城的失败，令刘縯痛定思痛。他及时改变策略，成功说服下江兵加入联合阵线，会同新市兵、平林兵，终于力挽狂澜，取得一场空前的胜利，击毙敌军统帅甄阜，歼灭莽军两万多人。四路义军戮力合作，终于使南阳局势转危为安。

此时四路义军总兵力已达十万人，实力颇为强大，但问题也很多。四支队伍各不相属，没有统一的指挥系统，管理混乱。有人提出来，既然军队中有很多汉室宗亲，不如从中挑选一人，立为皇帝，这样就有了统一的领导。

立谁为皇帝呢？南阳豪杰与下江兵首领王常推举刘縯，但是新市兵、平林兵以及下江兵的其他将领，都不想立刘縯为皇帝。为什么呢？大家心里都有个小算盘，不是他们要听皇帝的，而是要皇帝听他们的。因此，最好立一个无甚本领的傀儡皇帝。于是他们推出一个候选人：刘玄。

刘玄的曾祖父是舂陵戴侯，他参加平林兵起义时，挂了一个"更始将军"的头衔。刘玄比较胆小怕事，没有魄力，让他当皇帝，绿林好汉们照样自在逍遥，不用受约束。少数服从多数，刘縯没有办法，只好委曲求全。这样，平庸的"更始将军"刘玄被推上帝位，称为更始皇帝。在新政权中，王匡任定国上公、王凤任成国上公、朱鲔为大司马（以上三人为绿林系），陈牧为大司空（平林系），而刘縯只当了个大司徒。这个结果，令南阳英雄豪杰很失望，为刘縯打抱不平。

南阳重新扯起大汉旗帜，王莽胆战心惊，日夜忧虑，头发胡子都愁白了。为了故作镇定，他把头发胡子又染成黑色。绝不能让汉政权死灰复燃，王莽下决心要不惜一切代价，铲除新政权。他派司空王邑坐镇洛阳，召集天下州郡的军队前来报到。一时间全国总动员，拼凑起一支四十三万人的大军，为了虚张声势，号称"百万"。

更始政权也没闲着，兵分两路：一路由更始皇帝、刘縯等，进攻宛城；另一路则由王凤、刘秀经略昆阳等地。刘秀被任命为太常偏将军，在战场上崭露头角，他以安抚为手段，劝降昆阳、定陵、郾县三县，兵不血刃，夺取三城。

这时，王邑大军已经从颍川郡南出发，一路南下。数十万军队旌旗猎猎，所经之处尘土飞扬，前不见其尾，尾不见其头。这个架势，把义军吓坏了，莽军所经之处，义军望风而逃，纷纷涌入昆阳城中。昆阳城位于荆州与豫州的交界线附近，乃是保护南阳根据地的第一道防御线。

昆阳城内的义军将士，认为这个弹丸之地无法抵挡莽军的进攻。大家无心恋战，打算携家带口，逃出昆阳城。危急之中，方显英雄本色。一直被认为是庄稼汉的刘秀，秀气的外表下有颗刚强的心，他力排众议，呼吁守城将士齐心协力，共守城池。恰巧这个时候，探子回报，莽军已经快到昆阳城北了，队伍长达数百里，望不到其尾。诸将大惊失色，想拖家带口逃跑已来不及，大家都没主意了，只得请刘秀出谋划策。

昆阳守军仅有八九千人，与王莽军的四十万人有天壤之别，若没有援军，根本无法坚守。刘秀提出计划，由王凤、王常坚守昆阳城，自己率十余名骑兵连夜出城，前往定陵、郾县搬援军。夜幕降临后，刘秀等十三名勇士乘着敌军尚未合围，在敌垒的空隙之间穿过，奇迹般地穿越封锁线，马不停蹄地直奔郾城与定陵。

莽军一方，将领严尤认为昆阳城虽小，却很坚固，几十万大军展不开。他劝王邑放弃昆阳，直接进攻刘縯，解宛城之围。王邑傲慢地答道："我率领百万雄师，遇到城邑却不能攻克，不能显示军威。必先屠灭此城，踏血而进，前歌后舞，岂不痛快。"这个浑蛋是个杀人魔王，说到屠城踏血，眉飞色舞。想到血流成河的场面，他竟然激动不已。在他看来，踏平昆阳，与踩死一只蚂蚁一样容易。

这场被王邑认为胜负全无悬念的战役，果真没有悬念吗？

二九 / 王莽覆亡与东汉开国

昆阳的外围密密麻麻分布着新莽军的营垒，不下百余座，简直是水泼不进，针插不入。王邑下令攻城，一时间钲鼓之声响彻数十里。莽军箭矢如雨一般射入城中，城内军民只得卸下门板，挡在头上，以免被射中。昆阳城虽小，防御工事却非常坚固，莽军动用冲车无法撞破城墙。然而，望着城外多如蚂蚁的敌人，主帅王凤几乎绝望，螳臂如何当车，他不等刘秀搬来救兵，便匆匆向王邑请降。

投降？门都没有，老子还准备要屠城，要踏血而进哩。王邑断然拒绝王凤的投降请求。

这下也好，想投降也不成，只能硬撑，撑一天算一天。绿林好汉们豁出去了，横竖是个死字。正所谓哀兵必胜，置之死地后，守军更加顽强，频频打退莽军的进攻。

莽军人数虽众，可城池就那么点大的地方，前排人一上，后排就挤不进去了。所以，虽有四十三万大军，绝大多数人只是看客，无用武之地。严尤献计道："兵法说：围城必阙。不如网开一面，让出一路让他们逃跑，便可不战而下。"人都跑了，找谁屠城呢？王邑一口拒绝了。

能否守得住昆阳，就看刘秀能否搬来救兵。

话说刘秀等人冒死夜闯封锁线，赶到定陵与郾县。两城尚有义军一万余人，以绿林军人数最多。绿林军都是穷苦人出身，贪恋城里的财物，不肯跟着刘秀走。刘秀没跟这些农民讲春秋大义，而是讲实际的利益："打败敌人，能得到的珍宝，比这里要多一万倍。要是打输了，脑袋都保不住，要财物有何用呢？"这个浅显的道理大家听得进去，唇亡齿寒，要是昆阳真被屠城，他们这区区两城能独存吗？不如合三城之力，还稍稍有点胜利的希望。

一万多名援军在刘秀的统领下返回昆阳。行至城郊，刘秀点了一千名士兵为前锋，开进距莽军兵营四五里处叫阵。王邑一看，只来了千把人，心里不以为然，随便派几千人出来迎战。刘秀拍马冲锋陷阵，手起刀落，一口气砍杀数十名敌人。绿林战士大骇道："以前刘将军看到小股敌人时小心谨慎，怎么遇到大敌却如此英勇呢？真是奇哉怪也。"被视为文弱书生与庄稼汉的刘秀如有神助，勇冠三军，战士们无不精神抖擞，越战越勇，莽军大败，遗下一千多具尸体。

首战告捷后，义军士气大涨。

即便搬来救兵，仍众寡悬殊，不仅要与敌人斗力，也要斗智。刘秀攻心为上，伪造信件，谎称更始皇帝与刘縯已攻克宛城，不日将增援昆阳。信的内容故意泄露出去，莽军不免人心惶惶，军心动摇。

打蛇要打七寸，击敌要击中要害。哪是要害呢？就是敌人的指挥中枢，王邑的中军。正所谓擒贼先擒王，只要打掉敌军指挥系统，莽军必陷于混乱。刘秀挑选三千壮士为敢死队，从城西渡河，直捣莽军的指挥中枢：王邑所在的中军。

一向轻敌的王邑亲率一万骑兵迎战，同时命令各营不得轻举妄动。一万打三千，按理说是胜券在握，但我们别忘了，"置之死地而后生"，对敢死队来说，此战只许成功，背后就是一条河流，后退必死。敢死队虽人数处于劣势，个个以一当十，锐不可当，竟把三四倍于己的莽军杀得丢盔弃甲，连指挥作战的司徒王寻也命丧疆场。不过莽军不是还有四十万人吗？一窝蜂冲上去不就得了。可是王邑早有命令，各营不得擅自出战。你想想王邑是何等凶残暴虐之人，何必违令去救他呢？这样，战场上出现了一个奇怪的现象，四十万大军冷眼旁观刘秀与王邑决战。莽军不动，昆阳城内的义军可是要出击的。王凤见刘秀得胜，果断打开城门，掩杀过去。

别看莽军有四十万人，整个指挥系统十分混乱，各州郡的军队各自为战，如何协同作战，简直如一盘散沙。各州牧与郡守打仗并不卖力，暗地里保存实力，一见大事不妙，拉着自己的队伍便走。谁也料想不到，四十万大军竟然被区区几万人打败，而且变成一场大溃败。原本实力悬殊的战斗竟然奇迹般的发生大逆转，两万名更始汉军把数十倍于己的敌人打得落荒而逃，伏尸百里，缴获的战利品不可胜数。

王莽以倾国之兵豪赌一把，最后输了个精光。只有几千人死心塌地随王邑回到洛阳，其他人走的走，散的散，四十几万大军就这样土崩瓦解。

这就是中国历史上最著名的以少胜多战役——昆阳之战。昆阳之战的胜利，实可称为奇迹。胜利的关键人物，便是刘秀。刘秀一战成名，有勇有谋，体现其临危不惧、处变不惊的大将风范。昆阳之战也是反莽战争的转折点。王莽的主力消耗殆尽，从此坠入深渊，直到覆亡。

昆阳大捷是刘秀伟大事业的开端，却差点因此丢了性命。
为什么呢？功高震主！
刘秀取得昆阳大捷的同时，哥哥刘縯攻下宛城，兄弟俩人为更始政权立下殊功，无人可及。功劳越大，名望越高，越引起其他派系的仇视。更始政权成立伊始，派系斗争便十分激烈。新市兵、平林兵的将领们早想借更始皇帝之手，除掉刘縯、刘秀兄弟。刘秀曾多次告诫哥哥要小心政敌的暗算，刘縯为人豁达，没放心上。

更始皇帝刘玄对刘縯早就心怀不满。他刚被立为天子时，刘縯的部将刘稷便破口大骂道："最初起兵干大事情的，是刘伯升兄弟，刘玄算什么东西。"刘玄怀恨在心，后来故意封刘稷为"抗威将军"，这个名称带有污辱的色彩，刘稷不肯接受。皇帝授你官你不要，这是蔑视天子吗？绿林军与平林兵头头们唆使更始皇帝，应该把刘稷抓起来杀头。更始帝遂派人逮捕刘稷，准备开刀问斩。刘縯闻讯大惊，当即前往制止，并与更始帝争吵起来。大司马朱鲔跳出来指责刘縯犯了大不敬之罪，唆使皇帝把刘縯一并处死。更始帝刘玄一直觉得刘縯看不起自己，恶从胆边生，竟然把开国元勋刘縯与刘稷一同杀死。

一代枭雄刘縯就这样死于非命。消息传出后，正在前线指挥作战的刘秀快马奔回宛城。他做的第一件事十分耐人寻味，见了皇帝后倒头便拜，连连谢罪，只字不谈昆阳之役的功劳，只字不为哥哥申冤辩解。他远离刘縯的部下，从不私下与他们相见，不穿戴丧服，吃饭睡觉一如既往。他的谦卑令更始帝找不到杀他的理由，这是他比韩信、彭越聪明的地方。韩信、彭越都向皇帝伸手要权，刘秀夹起尾巴、低调做人、小心翼翼，如履薄冰。

杀人也要有理由，何况是杀功臣。如果说刘縯还有对皇帝不敬，刘秀则是毕恭毕敬、服服帖帖，这能治罪吗？更始帝只得胡乱宽慰他几句，拜为破虏大将军。

昆阳之战后，新莽政权的崩溃速度大大加快了。
王莽精锐尽丧，全国掀起造反高潮。各地的州牧、太守纷纷被杀，民众反抗的浪潮一浪高于一浪。当千里河堤一旦决溃，洪流将一发不可收拾。

隗嚣在西部起兵，响应更始政权，自称大将军，勒兵十万，攻下关西七郡。公孙述起兵于西南，自称辅汉将军，自领益州牧。刘氏宗室刘望起兵于汝南，王莽手下大将严尤与陈茂前往投奔。其他大大小小的暴动，不计其数。

以绿林军为核心的更始政权开始大反攻，兵分两路：一路由王匡统领，进攻洛阳；另一路由申屠建、李松统领，进攻武关。

王莽已是六神无主，怎么办呢？他带着一帮大臣，到长安南郊向上天祷告，说明自己接受符命的本末。那些符命不都是王莽与马屁精造出来的吗？如果他相信有神灵，就不怕满口谎言会震怒上天吗？为了让上天垂怜，王莽仰天大哭，哭得声嘶力竭，伏地叩头。这还不够，他担心上天听不到哭声，又找来一大堆儒生与平民，早晚聚在一起哭。哭的人可以免费用餐，如果哭得相当悲哀，提拔为郎官。哭也可以成为一种职业，因哭得很精彩被授郎官者，有五千多人。

除了哭之外，王莽还有一套本事相当了得，就是文字功夫。将军们仗老打不赢，他认为名字不够威风，得有"虎"字才行。于是他任命九个将军，称为九虎，率北军数万精兵，前去"剿灭"义军。为了激励将士作战，他从宫中拨出一部分钱作为赏赐。当时，皇宫有六十万斤黄金，王莽只给每个士兵区区四千钱。以前散尽万金的那个王莽哪去了呢？

士兵们拎着四千钱，掂量一下，为这点钱卖命，值吗？谁也没有斗志可言。九虎与义军一交手，士兵们拖戈便跑，九虎成为九个光杆司令。除了更始军之外，关中豪强纷纷起兵，形形色色的暴动者都向长安城挺进，多达数十万人。

攻城之前，大家先关照王莽一下，把他先祖、父亲、妻儿的墓都挖了，把庙堂烧了。王莽喜欢挖别人的墓，现在别人投其所好、拜其为师。九月初一，义军攻破长安。次日，各路义军杀到皇宫前，高呼道："反虏王莽，何不出降！"开始放火烧宫门，破门而入。

王莽与公卿侍从一千多人，躲进宣室前殿。他突然放出一句话："上天赋予我这样好的品德，反贼能把我怎么样？"他想不明白，礼贤下士、恭良温俭的正人君子，为什么竟成人民公敌了。

九月初三凌晨，王莽最后一队卫兵被杀光，公卿侍从全死了。绝望的王莽到死没想明白一件事，自己极力要建造一个儒家天堂，何以人人对他恨之入骨。愤怒的造反者杀死他还不够，还要砍下他的头，把他的身体肢解为几十份。当王莽的头颅传到宛城，悬挂在闹市示众时，老百姓都拿东西砸他的脑袋。最后，他的舌头也被割下来，再也说不出那些欺己、欺人、欺天的话。

从昆阳之战到王莽之死，只有三个月的时间。

在王莽死后，更始政权继续扫荡王莽余孽，攻陷洛阳，更始帝刘玄定都于此。此时，天下英雄纷起，割据一方。新莽的败亡，并非战争的结束，而是群雄混战的开始。

王莽之亡，实亡于昆阳之战。

作为昆阳之战的英雄，刘秀却不得不夹起尾巴做人。虽然他挂了破虏大将军的头衔，却有职无权。定都洛阳后，更始帝授他司隶校尉，修整在战争中毁坏的宫殿、府第。正当群雄逐鹿之际，他却如笼中之虎，池中之龙，没有用武之地。怎么办呢？只有摆脱皇帝与绿林军首领们的监控，他才能轰轰烈烈地干一番事业。

机会来了。为了招降河北诸割据势力，更始帝打算派一位刘氏宗亲前往安抚。派谁去好呢？从能力上来说，刘秀当然是最佳人选。在刘赐的推荐下，更始帝任命刘秀为大司马，持节北渡黄河，镇抚河北诸州郡。

鉴于更始政权在反莽战争中的巨大贡献，以及更始帝刘玄的皇裔身份，河北诸势力也愿意归附。刘秀持节安抚河北州郡，废除王莽的种种苛政。每到一郡一县，他明察暗访，考量官吏的政绩，有才能的得以晋升，没才能的一律罢免，昭雪冤狱，释放无辜。

正当刘秀谋求在河北发展时，突然爆发王郎称帝的事件，令他措手不及。

王郎是邯郸城中一占卜算命的江湖术士，自称真实身份是汉成帝的儿子刘子舆。当时全国政局混乱，各自为政，王郎拼凑数百人占领邯郸，自立为皇帝。王郎是不是汉成帝的儿子呢，这个不好说。汉成帝曾有几个儿子，都被赵飞燕姐妹害死。当时有传言，有的皇子并未死，而是偷偷送出皇宫，流落到民间。很多人相信王郎的确是汉成帝之子，称帝也就有了合法性。因此，河北许多州郡纷纷倒向王郎政权。

作为更始政权大司马的刘秀，处境相当不妙。为了避开王郎的势力，刘秀北行至蓟县（今北京），殊不料蓟县已经接到王郎发出的文书，以十万户的悬赏，捉拿刘秀。王郎的使者将抵蓟县，当地豪强起兵响应，打算归附王郎政权。

刘秀很快发现自己身陷险境，他与邓禹、冯异、王霸等人驾车逃跑。车至蓟县南城门，城门已经关闭，邓禹、冯异操起刀斧，砸开城门，一行人狼狈鼠窜。当时河北局面非常混乱，搞不清哪些州郡归附王郎政权，为谨慎起见，刘秀不进城，不住店，吃饭睡觉都在路边。

时值正月，天寒地冻，刘秀一行人饥寒交迫。行至饶阳县，终于按捺不住，跑进一家客馆，点了酒菜，狼吞虎咽吃起来。客馆里来了几个差吏盘查身份，刘秀诈称说："我们是邯郸来的使者。"意指王郎的使者。差吏们有所怀疑，跑到客馆后面，擂了数十通鼓，高声喊道："邯郸将军到——"要是刘秀等人是冒牌货，肯定要吓得夺路而逃。果不其然，刘秀一行人大吃一惊，撒腿便要逃。关键时刻，还是刘秀冷静，识破差役们的诡计，不紧不慢地说："有请邯郸将军。"差吏们的把戏穿帮了，对刘秀的怀疑也烟消云散。

逃到下曲阳时，正好有一支王郎的军队往此行进，刘秀等人十分紧张，急忙奔往滹沱河，打算渡河而逃。打探路况的人回来报告说，找不到船只，无法渡河。倘若不能渡河，被王郎的军队逮住后，只有死路一条。怎么办？刘秀只能赌运气了，当他们抵达河岸时，奇迹发生了！河面竟然冰冻了！众人蹈冰渡河，安全抵达彼岸，此时的河冰又渐渐地消融了！

经历九死一生的逃亡，刘秀终于抵达效忠于更始政权的信都郡。

在信都郡站稳脚跟后，刘秀开始招兵买马，徐图发展，附近一些郡县陆续归附。为了对抗王郎，刘秀策反王郎手下的实力派人物真定王刘扬，娶其外甥女郭圣通。这场政治婚姻使刘秀一举兼并刘扬十余万军队，成为国内群雄中一支不可忽视的力量。

实力大增的刘秀，在对王郎的战争中，逐渐掌握主动权。上谷太守耿况、渔阳太守彭宠等先后归顺，并带来一大批卓越的将领，包括一代名将吴汉、耿弇等，令刘秀如虎添翼。有耿况、彭宠相助，刘秀一路高歌猛进，直捣邯郸，杀死王郎。

刘秀异军突起，令更始帝刘玄深感放虎归山，后患无穷。更始帝抛给刘秀一个"萧王"的头衔，命他火速进京，企图重施故伎，削其兵权。只是刘秀羽翼渐丰，以"河北尚未平定"为由，拒绝入京，正式与更始政权分道扬镳。事实上，刘秀已经成为一股独立势力，他割据一方，雄视中原，他的理想并非当个地方军阀，而是一统中国，再兴汉室。

由于新莽政权覆灭，而更始政权又不能获得民心，此时天下大乱，各路豪杰纷起，仅在河北便分布着大大小小农民军数十股，人数多达数百万。名称五花八门，有铜马、青犊、大肜、高湖、铁胫等。为平定河北，他对大大小小的农民军发起扫荡，前后收降几十万人。

在一次与农民军的作战中，刘秀险些丢了性命。当时他追击一股流寇到顺水以北，由于兵力太少，反而吃了败仗，战马也被打死。他一个人逃到高岸，眼看敌人如潮水般冲上来，难道这里就是他葬身之所吗？正好在这时，突骑王丰驰马而至，把战马给了刘秀，他才得以死里逃生。

经过数番扫荡，刘秀基本肃清了河北农民军。此时天下大乱，更始政权已无力控制局面，割据一方的军阀或称帝称王，或以"将军"的名义当起土皇帝。在这种情况下，刘秀倘若不称帝，打响自己的招牌，在政治上将陷于被动。

北征结束后，刘秀的同乡、将军马武便提出来说："大王应该要先登帝位，然后再来商议征伐之事，不然现在四处出击，到底谁才是贼呢？"耿纯、冯异等将领都认为更始帝必败无疑，振兴汉室的重任，全在刘秀一人，应该及早登基。对此，一向韬光养晦的刘秀一概拒绝。恰好有一名儒生叫强华，从关中地区带来一本《赤伏符》，以符命之说来劝刘秀登位。众将领趁机联合起来，再次进谏，刘秀这才"顺天应民"，答应登基了。

公元25年，刘秀于鄗县正式登基，年号建武元年，是为光武皇帝。该年他三十一岁，经过三年腥风血雨的考验，刘秀从一介书生兼庄稼汉，摇身一变成为皇帝。几个月后，光武帝定都洛阳。洛阳位于旧都长安以东，故而重生的汉王朝被称为东汉。

三十 / 赤眉军的兴衰

乱世的特点就是政权林立，相互杀伐。

在刘秀自立门户的同时，曾领导反莽战争的更始政权开始衰落。更始政权的前身是由四支义军组成的联合体，从成立之初，便矛盾重重，争权夺利，绿林军派系不惜杀害刘縯，排挤刘秀。更始帝是才能平庸之辈，没有雄心，没有抱负。要依靠一个傀儡皇帝来统一全国，这是不可能的事。于是乎投机家、冒险家纷纷登场，或自立为帝，或自称为王，整个中国陷入内战之中。

继更始帝刘玄之后，刘望在汝南起兵，自立为皇帝。两个月后，刘望被更始政权消灭。紧接着，王郎称帝于邯郸，仅仅六个月，就被刘秀击杀。

与刘秀称帝同年（公元25），不少人过了把皇帝瘾。正月，刘婴称天子，不到一个月被更始军队所斩杀；四月，盘踞西南的公孙述于成都登基，国号成家；六月，赤眉军拥立刘盆子为皇帝；十一月，刘永在睢阳自立为帝；十二月，卢芳在匈奴人的支持下，立为汉帝。除了一大堆皇帝之外，还有许多人称王或将军，割据一方。秦丰拥众万人，自称楚黎王；田戎据夷陵，聚众数万，自称扫地大将军；隗嚣拥众十余万，据天水，自称西州上将军；窦融据河西，自称五郡大将军；等等。

对刘秀来说，最强大的对手是赤眉军。

赤眉军与绿林军是新莽末期两大农民起义军，在反莽战争中做出卓越的贡献。然而在政权建设上，赤眉军却远远落后于绿林军。绿林军立刘玄为皇帝，建立更始政权，攻克长安，颠覆王莽政权，在政治上已经抢得先机。

王莽败亡后，天下并未太平。赤眉军显然不愿接受更始政权的领导，两大义军火并不可避免。公元24年冬季，樊崇的赤眉军兵分两路，直捣更始政权首都长安。赤眉军共计三十个营，每营一万人，总兵力超过三十万。更始帝先后派讨难将军苏茂、宰相李松阻击赤眉，均被打得溃不成军，战死数万人。

"鹬蚌相争，渔翁得利。"精明的刘秀可不愿浪费得利的机会。他派遣心腹之将邓禹为前将军，领兵两万西进，窥视关中。邓禹西进抵箕关，打败更始驻军，包围安邑（山西夏县）。为解安邑之围，更始帝派大将军樊参率数万人马渡过黄河，进攻邓禹。双方战于解县南郊，更始军队遭迎头痛击，樊参被击毙。气急败坏的更始朝廷集结十余万大军，由绿林军首领王匡、成丹统领，恶狠狠地杀向邓禹。

由于兵力悬殊，邓禹首尝败绩。奇怪的是，王匡并未乘胜追击，给了邓禹反败为胜的机会。邓禹收拢败军，重整部队，制订反攻计划。两天后，双方再战，邓禹利用王匡仗着人多产生的轻敌心理，将更始军诱入伏击圈，凭借有利地形，以少战多，剑走偏锋，出奇制胜。更始兵团大败，大将刘均、杨宝等被杀，王匡落荒而逃。

这场辉煌的胜利是邓禹给新皇帝刘秀送上的一份厚礼。刘秀大喜，把邓禹提拔为大司徒，位列三公，以褒扬其非凡勋绩。

与赤眉军、东汉军的战斗连遭败绩，长安城风雨飘摇，更始政权已穷途末路。其实，更始帝刘玄不过是个傀儡罢了，大权掌握在绿林军（新市兵、平林兵）与下江兵诸军阀手中。战场上一系列失败后，绿林好汉们开始打起退堂鼓。平江兵首领张卬首先跳出来，提出放弃长安、返回南阳根据地打游击的主张。大家想想，更始帝刘玄在长安过惯花天酒地的生活，现在要回南阳去过苦日子，这怎么可能？傀儡皇帝不想走，张卬想法很简单粗暴：发动政变，劫持刘玄，逃回南阳。

更始皇帝刘玄不是傻子，他有警觉心，见势不妙，便从长安城逃到新丰。他虽是个傀儡，如今人家把刀架脖子上了，狗急也要跳墙，不能不放手一搏。刘玄假意召见驻守新丰的绿林将领，诱杀陈牧、成丹，另一位首领王匡侥幸逃跑，返回长安与张卬会合。赤眉军还没杀入长安，更始政权内部就自相残杀起来了。

长安的内乱对樊崇来说，不啻为好消息。樊崇虽有卓越的军事才能，政治才能却不敢令人恭维。赤眉军长于破坏，短于建设，特别是政权建设，几乎一片空白。如今赤眉军马上要发动长安之战，攻克这座西汉首都后，总得有个像模又像样的政府才行吧。樊崇打算从刘邦后裔中找个人出来当皇帝，摆摆样子。

赤眉军找来七十多名刘氏子弟，根据与皇族血缘远近，挑选出三名候选人，用抓阄儿确定皇帝人选。抓阄儿的结果是，十五岁的刘盆子被推上皇帝的宝座。刘盆子是被赤眉军掳掠到军中牧牛的，当时还是一身牧童的装扮，披头散发，赤着脚，衣衫褴褛。樊崇顾不上牧童穿着破烂，一把将他推上交椅，有模有样地向他叩拜。刘盆子心惊胆战，神色慌张，不知所措，大汗淋漓，差点儿哭出来。樊崇抬出这么个皇帝，又岂能令天下人信服呢？

眼看赤眉军离长安越来越近，更始政权内斗愈演愈烈。更始帝刘玄设计除掉陈牧、成丹后，派宰相李松围攻长安城内的王匡、张卬。大混战持续了数月，王匡、张卬等人被赶出长安城，索性向樊崇投降，然后带着赤眉军围攻长安。一而再地遭战火破坏的长安城，如何抵挡樊崇三十万赤眉军呢？长安很快陷落，更始帝刘玄在逃跑途中被抓，宰相李松战死，更始政权垮台了。

长安沦陷、刘玄被俘后，更始政权的残余力量仍控制着一些重要城池，朱鲔据守的洛阳城便是其中之一。

洛阳曾是一座繁华的城邑，朱鲔是刘秀的死敌。当年刘縯被杀，他是始作俑者；后来更始帝派刘秀安抚河北，朱鲔担心放虎归山，拼命反对，差点坏事。可以说，朱鲔是对刘秀伤害最大的人，如今他困守孤城，刘秀的机会来了。

东汉兵团对洛阳城发动猛攻，朱鲔已无退路，抵抗特别顽强。光武帝刘秀几度派人劝降，朱鲔心虚，担心刘秀报复，拒不投降。刘秀麾下大将岑彭，本是朱鲔的部下，两人交情不错。刘秀便派岑彭前去游说，劝朱鲔投降。岑彭到洛阳城下，对城楼上的朱鲔喊话。更始政权都灭亡了，朱鲔何尝不想投降，只是想到手上的血债，心有顾虑。

光武帝刘秀让岑彭转告朱鲔，倘若投降，既往不咎，官爵一概保留，绝不食言。思考再三后，放下武器，把自己五花大绑，向光武帝负荆请罪。刘秀确有宽广之胸襟，马上令人松绑，亲自接见朱鲔，只字未提过去的恩怨。放过一个仇人，得到天下人的赞美，岂不是占得大便宜吗？刘秀确实是一名伟大的政治家。

夺取洛阳后，刘秀的进攻矛头直指长安。作为秦、汉旧都，长安一直是全国政治中心，据有长安，便能占据战略制高点。此时长安已落入赤眉军之手，樊崇虽然建立了以刘盆子为皇帝的政权，可是并没改变流寇习气。赤眉军进了长安后，四处打家劫舍，杀人放火。长安附近百姓为了自保，纷纷屯建营寨，据险而守。

局势对东汉军队无疑是有利的，攻打长安的重任又落在邓禹身上。

邓禹的东汉军队与绿林军、赤眉军不同，军纪严明，对百姓秋毫不犯。他每到一处，总有许多人前来归降，兵力迅速膨胀起来，号称"百万"。这一年邓禹年仅二十四岁，已是东汉独当一面的名将。将士们纷纷请战，请求进攻长安，赶走赤眉军。然而邓禹并不急着发动进攻，自己虽号称百万，实际上新参军的都是乌合之众罢了，粮食供应也很紧张，不宜轻易开战。

远在洛阳的光武帝对邓禹的战略大为不满，写信提出委婉的批评。刘秀与邓禹名为君臣，实如兄弟。当年刘秀离开长安，安抚河北时，与他素不相识的邓禹久仰其名，自愿跟随。邓禹虽然年轻，却有勇有谋，对刘秀忠心耿耿，同甘苦共患难。正因为如此，刘秀才把攻取长安的任务交给邓禹，以示莫大的信任。然而，邓禹突然止步不前，令刘秀颇为不满，便写这封信批评他不思进取。邓禹认为赤眉军刚占领长安，士气旺盛，物资充足，不可与之交锋。他坚持己见，缓攻长安，向北挺进夺取上郡，征兵收粮，静观时局之变。

赤眉军进了长安城后，不仅未能稳定局势，反而更加混乱。樊崇一手操纵的所谓朝廷，只是空有其表罢了。举个例子，在腊祭日的宴会上，傀儡皇帝刘盆子以及新政府官员齐聚一堂。赤眉出身的武夫们虽身穿朝服，不改流寇本性，酒一喝就乱了性，刚开始是口角，然后是武斗。整个宫殿里乱得像一锅粥，打的打，杀的杀，抢的抢。这像什么政府呢？皇帝刘盆子看得心惊肉跳，魂飞魄散。

看来皇帝不是好职业。新年（公元26）第一天，樊崇带着文武百官上朝。小皇帝刘盆子忽地从宝座上站起身，解下玉玺，对着底下一帮大臣扑通跪倒磕头："如今设立了政府与文武百官，大家却仍然干着强盗的勾当，招致四方怨恨。这都是因为你们选错了皇帝。我愿乞骸骨，做回平民，让贤明而有能力的人来担此重任吧。倘若诸将军一定要杀我以推卸责任，我只有一死了。"

樊崇一看，傻眼了。自古以来只有臣子拜皇帝，哪有皇帝跪着向臣子磕头的呢？别看樊崇是个粗人，这点常识还是有的。他只好带着大家一起对刘盆子，表示今后一定要自我约束，不再放纵任性了。他不管刘盆子同不同意，拉起来扯到皇座上。刘盆子一个小孩子，被众大汉架着，有什么办法呢？只能硬着头皮继续当皇帝了。

赤眉政府无所作为，既不能安定社会秩序，又不发展农业生产，坐吃山空。

长安储备虽丰，也禁不住数十万人无休止的挥霍。终于有一天，粮食告急了，不够吃了。对赤眉军来说，这不是问题。这里没有粮食，就到别的地方去呗。长安城被赤眉军洗掠一空后，几乎成为废墟。赤眉军出了长安，向西挺进，漫无目的地流窜，所过之处，城邑无不残破。

长安已是空城，邓禹乘机南下，不费吹灰之力便占领旧都，只是城内残垣断壁，萧瑟凄凉。然而，不久后，赤眉军突然又杀回长安，这怎么回事呢？原来赤眉军一路西行，窜入陇县，割据一方的"西州上将军"隗嚣全力阻击，遏制赤眉军的西进。时值冬季，一场大雪令赤眉军损失惨重，很多士兵冻死。樊崇西进已不可能，便再次杀回长安城。

赤眉西进时，雁过拔毛，能抢的早就抢了。现在杀回来，已经没什么东西可抢，索性挖开西汉皇陵，把陪葬的金银财宝洗劫一空，连皇帝尸体上的金缕玉衣，也被剥下来。邓禹无法抵挡如狼似虎的赤眉军，只得放弃长安，退守云阳。

撤出长安八个月后，赤眉军又耀武扬威地回来了。

然而，长安残破，肯定无法久留，赤眉军要何去何从呢？樊崇试图往南向汉中发展。然而，东游西荡后的赤眉军疲惫不堪，向南挺进遭到"武安王"延岑与"汉中王"刘嘉两大割据势力的阻击，损兵折将，实力大衰。

由于邓禹在长安之战表现不尽如人意，长安得而复失，又让赤眉军蹂躏皇陵，光武帝刘秀不得不考虑更换将领。要派谁接替邓禹呢？冯异是最佳人选。冯异本是王莽军队的将领，后归附刘秀。刘秀落难河北时，冯异与邓禹等人忠贞不贰，跟随亡命天涯，故而他在刘秀心中的地位绝非他人所能及。在历年的征战中，冯异战功赫赫，可是他为人谦逊，从不言功。每当战斗结束时，诸将领纷纷争说自己的功劳，独有冯异总是跑到偏僻的地方，找棵大树坐着休息，故而有了一个绰号，叫"大树将军"。当时有一个民意调查，士兵们被问及最想归属哪个大将，众人都说"愿属大树将军"。

在临行前，刘秀对冯异语重心长地说："征伐非必略地屠城，要在平定安集之耳。诸将非不健斗，然好掳掠。卿本能御吏士，念自修饬，无为郡县所苦。"冯异谨记光武帝刘秀的教导，受命西行。

光武帝的判断是，赤眉军西进遇阻，南下受挫，唯一的出路，就是向东逃回山东。赤眉军东进，正好可以将其一网打尽。果不其然，赤眉军已是穷途末路。长安饥荒的蔓延，使粮食越来越缺乏，樊崇意识到不能久留，只能抱着侥幸的心理向东挺进。

赤眉军的力量不容小视，仍有二十多万人，其行军作战是"流寇"模式，破坏性极大。为了合围全歼赤眉军，刘秀布下两枚重要棋子：破奸将军侯进率部驻防新安，建威大将军耿弇率部驻防宜阳。赤眉军出关中后，倘若向东走，则耿弇的军队前往新安会师；倘若向南走，则侯进的军队前往宜阳会师。总之，务必要将赤眉军歼灭在洛阳以西，不能让首都洛阳遭到劫掠。

樊崇的赤眉军向东流窜，冯异尾随而至，紧咬不放。追到华阴县，樊崇布下几道防线，阻击冯异。两军相持六十多天，大大小小的战斗数十次，冯异收降赤眉官兵五千多人，仍无法重创其主力。

建武三年（公元27）二月，冯异向樊崇下了一道战书，约期会战。樊崇不甘示弱，满口答应。会战那天，双方各自摆开决战的架势。樊崇自恃人多势众，率先发起攻击，以一万人为先头部队，冲锋陷阵。冯异故意示弱于敌，佯装不敌，樊崇一看先发制人，便下令全军出击。冯异把主力统统押上，双方从早上打到中午，都精疲力竭，饥肠辘辘。

这时，突然出现一支奇兵。

此乃冯异安排的一支伏兵，穿着跟赤眉军一模一样的服装，眉毛也都染红了。这支军队表面上看与赤眉军穿着打扮毫无二致，实际上还是有细微的差别，自己人认得自己人，不至于乱了套。但赤眉军看傻眼了，根本分辨不出敌我，冷不防就有一把刀捅过来。原来占有优势的赤眉军阵脚大乱，为了自保，有些人挥刀乱砍，谁靠近我就砍，管他是敌是友。冯异这一招，确实令樊崇没有料到，赤眉军心动摇，人人自危，樊崇也无力阻止部队的溃败。

是役，冯异大获全胜。他一路追击到崤底（渑池附近），赤眉军有八万人放下武器投降。胜利的消息传到洛阳城，光武帝刘秀龙颜大悦，给冯异发了一封贺信，全文录于下："始虽垂翅回溪，终能奋翼渑池，可谓失之东隅，收之桑榆。方论功赏，以答大勋。"这是成语"失之东隅，收之桑榆"的出处。

此时赤眉军虽有十万之众，却被包围于渑池、新安、宜阳三角地带，四面楚歌。樊崇向宜阳方向溃退，打算突破汉军的封锁，南下荆州。光武帝刘秀早有准备，他御驾亲征，赶在赤眉军之前进抵宜阳，布下几道封锁线，严阵以待。

・三十／赤眉军的兴衰・219

樊崇行到宜阳，漫山遍野都是东汉军队，心中惶恐不安。除了投降之外，别无出路？樊崇派小皇帝刘盆子的哥哥刘恭前去谈判，光武帝的答复是："只要投降，可饶你等不死。"二月十九日，赤眉政权小皇帝刘盆子、首领樊崇等三十余人，走出兵营，光着臂膀，向光武帝请降，同时交出传国玉玺。光武帝接受投降，十余万名赤眉将士放下武器，成千上万件武器堆积如山。

　　至此，赤眉军的历史画上了句号。

三一 / 下一个出局者

光武帝刘秀从舂陵起兵到鄗县称帝，仅仅用时三载，削平群雄却整整用了十二年的时间。统一海内的战争，可以分为两个阶段。第一阶段是从建武元年到建武六年（公元25—30），光武帝基本扫平中原诸雄与农民军；第二阶段是从建武七年到建武十二年（公元31—36），此期战事主要是东汉与成家政权两强相斗。

先来看看第一阶段的战争。此阶段战争的特点是战斗频繁，东汉帝国在几条战线上同时作战，光武帝凭借自己的非凡才能，一一消灭对手，牢牢把握战争的主动权，廓清中原。东汉的对手，除了自立为帝的刘永、李宪、公孙述之外，还有楚黎王秦丰、齐王张步、海西王董宪、燕王彭宠、武安王延岑、周成王田戎、西州上将军隗嚣、河西五郡大将军窦融等。各路军阀割据一方，整个中国四分五裂，战乱不休。

击破三王

赤眉军撤出长安后，冯异率部尾随而去，盘踞在汉中的"武安王"延岑乘虚而入，控制长安城。建武三年，刘秀击破赤眉军，派冯异重返关中，志在夺取长安。

征西大将军冯异率部且战且进，屯兵上林苑，逼近长安。他的对手延岑并非泛泛之辈，时人称之为"用兵之良将"。延岑自恃兵强马壮，打算趁冯异立足未稳之际，先下手为强，遂纠集精兵，进攻上林苑。冯异早有防备，在上林苑之战中，大破延岑兵团。关中归附于延岑的武装势力纷纷见风使舵，转而向冯异投降。

延岑见大势已去，遂率残兵败将退走南阳，又遭东汉建威大将军耿弇阻击，逃往东阳。惊魂未定之际，东汉建义大将军朱祐又杀到，延岑只得落荒而逃，投靠军阀秦丰。秦丰是东汉初割据军阀头目之一，他在王莽倒台后，聚众起兵，自号"楚黎王"。此时东汉政权占据洛阳、长安，秦丰深感威胁，遂将自己的女儿嫁给延岑，联手对抗东汉的进攻。

光武帝刘秀派遣岑彭为征南大将军，率领三万人马南下，欲剿灭楚黎王秦丰。秦丰得悉消息后，派出军队在邓县阻击岑彭。建武三年（公元27）七月，岑彭的南征兵团与朱祐兵团会师，大破秦丰部队，包围其老巢黎丘。要攻破黎丘并非易事，这座城池经秦丰多年苦心经营，兵多城固，粮食充足，岑彭多次强攻未能奏效，黎丘之围演变为一场旷日持久的包围战。

为了减轻秦丰的压力，延岑在南阳郡内兴风作浪，率军进攻顺阳县，企图迫使岑彭从黎丘前线回师。光武帝刘秀料知延岑在几番溃败后，已经是强弩之末，把收拾延岑的任务交给邓禹。邓禹铆足了劲儿，一鼓作气把延岑打得狼狈而逃。自从出了关中，延岑屡战屡败，兵力消耗殆尽，几乎成了孤家寡人。天地茫茫，他要何去何从呢？他左思右想后，逃到西南，投奔在成都称帝的公孙述。公孙述很器重延岑的才华，任命他为大司马，封"汝宁王"。

黎丘被围、延岑战败的消息传到夷陵（湖北宜昌东），周成王田戎惶恐不安。田戎也是东汉初一位响当当的人物，他是在王莽覆灭后兴师起兵，占据夷陵，自称扫地大将军，有数万人马。田戎自忖实力弱小，本想投降东汉。不料他的大舅子辛臣抢先一步，把金银财宝席卷一空后向岑彭投降，反过来污蔑田戎。田戎大怒，索性与秦丰联合，出兵对抗岑彭的南征兵团。

秦丰与田戎联手后实力大增，岑彭指挥的南征之战旷日持久。这场战事从建武三年持续到建武五年，前后三年。田戎曾试图解黎丘之围，被骁勇善战的岑彭击败，只得回到老巢夷陵。秦丰势单力孤、独木难支。建武四年（公元28）底，长期被围的黎丘城岌岌可危，东汉军队在包围黎丘之战中，前后歼敌九万余人。秦丰只剩下一千多名守军，粮食即将耗尽。

黎丘的沦陷只是时间问题，光武帝把岑彭调离黎丘，负责进攻田戎的老巢夷陵。建武五年（公元29）三月，岑彭发动总攻，田戎全军覆没，数万名战士缴械投降。田戎只身逃跑，前往成都投奔公孙述，被封为"翼江王"。三个月后，被困三年的黎丘城矢尽粮绝，秦丰打开城门投降，最终仍被处死。

刘永、刘纡的覆灭

在刘秀的敌人中，刘永是特殊的一个。他也是皇室后裔，登基为帝，自命为汉帝国的继承者。这就决定两人之间，势必要有一人败亡或撤去帝号，才能停止战争。

刘永的父亲刘立在王莽当权时被杀，王莽倒台后，更始帝封他为"梁王"。公元25年，公孙述、刘秀先后称帝，刘永于当年十一月，在睢阳自立为皇帝，仍用"汉"的国号。刘永心知实力不强，难以立足，便积极招降纳叛。当时山东琅邪郡有一个武装团伙，头领名为张步，刘永以"辅汉大将军"为诱饵，把张步招到帐下。张步果然有本领，他招兵买马，扩充军队，一连夺取泰州、东莱等七个郡，成为山东地界的土霸王。

建武二年（公元26），光武帝发动对刘永的战争，虎牙大将军盖延率部进攻睢阳城。刘永的军队根本不是东汉军的对手，被打得丢盔卸甲。睢阳城被包围，战争本无悬念可言，可是偏偏节外生枝。东汉将军苏茂突然叛变，杀死淮阳太守，占据广乐，归附刘永。刘永在睢阳沦陷之前逃跑，在苏茂的保护下，退到湖陵。

刘永收拢残兵，招募新兵，兵力很快扩张到十万人。同时，苏茂夺取广乐，与刘永互为掎角。建武三年，东汉大司马吴汉进攻苏茂的老巢广乐。刘永部将周建率领十万人马，前往救援。援兵抵达后，苏茂自恃兵力占优，主动出城与吴汉决战。岂料那十万援军多是新兵，中看不中用，反而被吴汉打得大败，伏尸遍野。苏茂精锐尽失，只得逃往湖陵与刘永会合。

这时，睢阳城突然发生兵变，乱兵赶走东汉官员，迎回刘永。东汉大司马吴汉与虎牙大将军盖延会师，包围睢阳城。睢阳之战持续了整整一百天，面对东汉军的凶猛攻势，刘永无力坚守，只得突围。在逃跑途中，刘永被部将所杀，可怜这位皇家宗室，皇帝的宝座还没有坐热，便命赴黄泉了。

刘永死后，苏茂与周建立其子刘纡为梁王，据守垂惠。建武五年（公元29），光武帝派捕虏将军马武、骑都尉王霸包围垂惠。马武率先出击，被苏茂打得大败，向王霸求援。王霸按兵不动，等到双方战得筋疲力尽时，才投入战斗，终于大败苏茂。

在东汉军的强大压力下，垂惠城内人心惶惶，周建的侄子周诵举旗投降。苏茂、周建大惊，弃城而逃，周建在途中病死，苏茂先后投奔海西王董宪、齐王张步。梁王刘纡的下场与其父如出一辙，被自己的部下所杀，这也意味着梁政权最终灰飞烟灭。

彭宠之死

彭宠与刘秀都是南阳郡人，王莽败亡后，更始帝拜彭宠为渔阳太守。当时天下群雄割据，在部将吴汉的劝说下，彭宠归附刘秀，并派吴汉、王梁、盖延等人率部前往协助作战。刘秀得以崛起，彭宠是帮了大忙的。在刘秀与王郎的战争中，彭宠派出精锐突骑开往支援，并千里转运粮食，确保后勤供给，功不可没。

刘秀称帝后，彭宠却心理不平衡了。东汉朝廷三公中的大司马吴汉、大司空王梁，都曾是彭宠的部将，现在官职反倒在他之上。彭宠有一种强烈的失落感，叹道："王梁与吴汉都位列三公，我理应封王才是，莫非陛下把我忘了吗？"

说实话，刘秀对彭宠的确不公。彭宠的官职仍是渔阳太守，毫无升迁。不仅如此，还派来一人当他的顶头上司，此人是幽州牧朱浮。朱浮喜欢附庸风雅，显摆自己的文才，看不起彭宠。彭宠好胜心很强，也瞧不上朱浮。朱浮时不时向朝廷打小报告，诬告彭宠购囤粮食及金银财宝，秘密集结部队，用意难测。

不久后，光武帝召彭宠入京。彭宠担心被小人陷害，便上疏刘秀，要求与朱浮一同进京，当面对质。这个请求没有得到光武帝的批准，彭宠担心遭遇不测，犹豫不决。彭宠的妻子是女汉子，她对丈夫说："天下还未安定，群雄割据，渔阳乃是大郡，兵强马壮，何必因为别人的一折奏章而离开这里呢？"

彭宠觉得有理，召集亲信臣僚前来商议，大家都劝彭宠不要进京，以免遭人陷害。彭宠一咬牙，好，不是我想谋反，如今人为刀俎，我为鱼肉，不能不反了。他拒不奉诏，宣布独立，点兵两万，攻打朱浮所在的蓟城。

在彭宠叛变这件事上，光武帝刘秀要负很大的责任，他的处理是不恰当的。从此以后，两人分道扬镳，从君臣变为战场上的对手。彭宠包围蓟城达数月之久，朱浮在城池陷落前逃走。攻陷蓟城之后，彭宠自立为"燕王"，再克右北平，成为北方一支不可忽视的武装力量。为了对抗东汉政权，彭宠以重金贿赂匈奴，向匈奴人借兵助战，同时与山东的张步武装集团联合。

在刘秀眼中，彭宠是最危险的敌人之一。可是彭宠的结局令人十分意外与震惊，他既非死于战场，也非死于部将的叛乱，而是死于几个奴仆之手。

整个过程令人难以思议。

彭宠夫人性格刚强，也很迷信。她曾经做了几个噩梦，在梦中看到许多怪异的事情。她把自己的梦告诉给卜筮者、望气者等江湖术士，术士们异口同声地认为，这是发生兵变的征兆。彭宠便把一些怀疑对象调往外地，可是偏偏没能料到，事变还是发生了，而且只是几个奴仆策划的。

这些奴仆又叫作"苍头"，苍头原本是指青巾裹头的军队，在战国时代是隶属贵族的私人武装，后来逐渐成为家奴的代称。这一天，彭宠在房间里斋戒，感觉有点累便睡着了。这时苍头子密等三个人闯了进来，用绳子把彭宠绑在床上。他们是出于什么目的呢？史书上没有写，原因是搞不清楚了。

绑架行动是精心策划的，子密的每个步骤都经过深思熟虑。他假传彭宠的命令，把彭宠的下属、侍卫全部支走；并把其他奴婢都抓起来，分开来关禁闭。子密把不知情的彭宠夫人骗到内室，彭夫人发现丈夫被五花大绑在床上，惊叫道："家奴反了！"可是晚了，子密等人揪住她的头发，将她甩出去，扇了一个大巴掌。彭宠以为几个家奴不过就是想捞些金银财宝，便对夫人喊道："你快去给他们几个准备行装吧。"

子密押着彭夫人，把金银玉器等贵重物品洗劫一空，装在一个大行囊里，备了六匹马。天色将暗，子密又强迫彭宠写了一封信，作为出城办事的信物。可怜彭宠一世英雄，被几个家奴耍得团团转。他以为家奴只要钱，哪知还要命呢？子密等人周密安排逃跑计划后，便举起屠刀，杀人灭口。彭宠夫妇的脑袋被砍下来，装在锦囊中。三奴仆挟着宝物，驾着马车从容离去，飞奔洛阳，向光武帝刘秀邀功请赏去了。

一代枭雄竟落得如此下场，徒令人唏嘘而叹。彭宠遇害后，下属见房门紧闭，便心生怀疑，遂破门而入，只见彭宠与夫人都倒在血泊之中，项上脑袋已不见。诸臣拥立彭宠的儿子彭午为燕王，国师韩利见彭宠已死，大势已去，遂发动政变，杀死彭午，向东汉朝廷请赏。彭宠、彭午父子先后死于非命，割据一方的彭氏武装集团土崩瓦解。

耿弇破张步

彭宠意外身死，令张步有唇亡齿寒之感。

张步曾经投靠自立为天子的刘永，捞了个"齐王"的封号。彭宠自立为燕王，东汉政府不得不把更多的兵力用于北线战场，张步乘机在山东攻城略地，地盘从七个郡扩展到十二个郡，完全占据齐地。彭宠死后，东汉政府终于可以腾出手来解决张步。建威大将军耿弇自告奋勇，请缨讨伐张步。耿弇是中国历史上著名的军事天才，足智多谋，二十二岁任建威大将军，是东汉最年轻的高级将领。光武帝刘秀任命他为东征军统帅，全权负责攻略齐地。

建武五年，耿弇率部东征。张步以重兵防守历下、祝阿、泰山、钟城等地，严阵以待。耿弇率部渡过黄河，率先进攻祝阿，仅用半天便攻陷城池。钟城的齐军听说祝阿才半天就沦陷，瞠目结舌，人心惶惶，也加入逃跑的行列。钟城几乎成了一座空城，耿弇兵不血刃，轻松占领城池。

连失两城后，张步麾下大将军费邑不敢懈怠，派弟弟费敢坐镇巨里，严防死守。耿弇派出先头部队，威胁巨里，下令全军积极备战，三天后对巨里发动总攻。他故意把消息泄露给齐国俘虏，并让他们有机会逃走。俘虏们逃回历下，把耿弇攻城计划带给大将军费邑，费邑亲自率领三万名精兵，前往救援巨里。

耿弇闻讯大喜，他放出消息，正是为了在野战中消灭齐军精锐，与其攻敌于城，不如战敌于野。耿弇留下三千人监视巨里，其余部队埋伏在费邑兵团必经之地。待费邑进入埋伏圈后，耿弇的伏兵从两侧杀出。齐军阵脚大乱，在一片混战中，统帅费邑被斩于马下。这是典型的围城打援战术，耿弇将费邑的首级悬挂在巨里城下示众。守军见大将军身首异处，人心震恐。费邑的弟弟费敢不敢恋战，弃城而逃。耿弇攻取巨里后，扫荡周边营垒四十余座，平定济南郡。

费邑败亡后，张步派弟弟张蓝率两万人防守西安（山东淄博西），另有一万人防守临淄。耿弇要先进攻哪一座城呢？他亲临前线，察看战场，发现西安城小但十分坚固，且张蓝的部队是精锐之师，不容易对付。临淄城虽大，守备却比较弱，反倒容易攻破。于是他又一次施展诡计，假称五天后将进攻西安。

这是典型的声东击西。耿弇貌似要攻打西安，实则虚晃一枪，进攻临淄城。

出其不意的奔袭大获成功，耿弇以快刀斩乱麻的方式，仅用半天便攻陷临淄。临淄失守后，张蓝退路已失，他不由得大惊失色，弃城而逃，逃回张步的大本营剧县。

连战连败，张步相当恼怒，他决定亲征，与耿弇决一死战，重新夺回临淄。张步集结一支大军，号称"二十万"，气势汹汹地杀向临淄。耿弇给光武帝刘秀写了一封信，阐述自己的战术："臣据守临淄，挖深堑，筑高垒。张步从剧县来攻，疲劳饥渴。如果敌人前进，我则诱敌深入然后反击；如果敌人退却，我将尾随其后追击。我军依靠坚固的营垒，士气旺盛，且以逸待劳，以实击虚。不出十天半月，定可得到张步的首级。"

在实际战斗中，耿弇严格遵守自己定下的战术法则。他先在淄水河畔布阵，这时张步的部将前来叫阵。耿弇佯装怯敌，向后退却，以诱敌深入。张步哪里肯放过？下令全线追击。耿弇一面阻击齐军，一面亲率精锐突骑出击，将张步大军拦腰截断。耿弇身先士卒，在战斗中，他的大腿被飞来的流矢射中。他没有退却，而是拔出配刀，把箭杆砍断，坚持战斗在第一线以鼓舞士气。双方血战到了天黑，齐军大败。

光武帝刘秀收到耿弇的信件后，颇感担忧，决定率军支援。耿弇不想让皇帝操心，要在光武帝到来之前打败张步。他主动出击，迎战张步，双方从早晨战到黄昏，汉军大破齐军，张步的士卒死伤无数，尸体填满沟堑。耿弇估计张步两度遭到重创后，肯定无心恋战，退回剧县老巢。于是他悄悄派出两支部队，埋伏在张步撤退所必经之地。果不其然，张步连败两场，又听闻光武帝前来，心里惶恐，遂下令班师。岂料半途又遭耿弇截杀，遗尸无数。耿弇追击八十里，张步两千辆辎重车全都落入汉军手中。

几天后，光武帝刘秀抵达临淄，慰劳耿弇的部队，高度评价耿弇伐齐的功绩，将其与西汉名将韩信相提并论。他对耿弇说："将军以前提出平齐大策，我常以为目标过于高远，难以做到，但事实证明，有志者事竟成！""有志者事竟成"，已经成为一句励志名言，其典故正是出自此。

光武帝亲自压阵，耿弇为先锋，直取张步老巢剧县。张步如惊弓之鸟，弃城而逃，逃往平寿。苏茂率一万多人前来救援，他原是刘永的部将，刘永父子先后败亡后，投奔齐王张步。苏茂对张步的战略战术提出尖锐的批评，令张步十分难堪。光武帝得知两人有矛盾，便放出风声：两人中的哪一人能杀死对方，就封为列侯。张步向来会盘计利益，于是翻脸不认人，杀死苏茂，出城向耿弇投降。光武帝没有食言，封张步为安丘侯。这样，又一支雄踞一方的军阀被东汉政权扫平。

董宪与庞萌

董宪是赤眉军的悍将之一。早在反莽战争时，他就是赤眉军的重要将领，指挥过著名的"成昌之战"。后来董宪脱离赤眉军，在东海郡割据自立。

建武四年（公元28），董宪的部将贲休突然叛变，献出兰陵城投降东汉政府。得悉消息后，董宪立即率军包围兰陵。光武帝派虎牙大将军盖延、平狄将军庞萌前往救援。董宪长于兵略，他故意放盖延兵团进城，而后卷土重来，又一次包围兰陵城。盖延见状大骇，赶紧杀出重围，突围而出。董宪一鼓作气，攻下兰陵城。

更糟的是，东汉大将盖延与庞萌严重不合。据史书载，庞萌"为人逊顺"，深得光武帝刘秀的信任，刘秀甚至多次说："可以托六尺之孤，寄百里之命者，庞萌是也。"然而，光武帝下达的诏书，却只发给盖延，没发给庞萌。庞萌认为光武帝对自己不再信任，而背后捣鬼的人一定是盖延。一怒之下，他率部袭击盖延，盖延全然无备，被打得落荒而逃。一不做，二不休，庞萌走上一条不归路，他与董宪联合，自称"东平王"，公然与光武帝为敌。

光武帝刘秀气疯了，怪自己有眼无珠，他对众人说："我向来把庞萌当作社稷之臣，各位将军不会笑话我说的吧！这个老贼，应当要诛灭他全家才能解恨。"

庞萌的叛变令光武帝十分狼狈。他大破盖延后，挥师攻破彭城，进而包围桃城。此时刘秀正在蒙县，听说桃城被围，亲率轻骑兵前往驰援，日夜兼程。所有将士都疲惫不堪，请求就地休整，刘秀不答应，直到离桃城仅六十里地的任城，方才允许安营扎寨。

光武帝刘秀急行军数百里，是为了给桃城守军吃一粒定心丸。果然，得知皇帝亲自前来救援，桃城将士相当振奋，深信皇帝不会弃他们于不顾。庞萌全力进攻，桃城守军英勇抵抗，城池始终固若金汤。在这期间，光武帝急令吴汉、王常、盖延、王梁、马武、王霸等前来会师。各路汉军赶到任城与光武帝会合后，对庞萌发起总攻，庞萌大败，连夜逃走，前往投奔董宪。

桃城解围后，刘秀移驾湖陵，把打击目标对准海西王董宪。董宪纠集数万人，驻守昌虑，同时联合五校农民军，据守建阳。光武帝继续进军，距离董宪约一百里地，安营扎寨。诸将纷纷请战，光武帝不许，坚壁清野。不久后，五校农民军粮食耗光，一哄而散。董宪的盟军不战而走，光武帝下令出击，董宪大败。汉军越战越勇，先后夺取昌虑与兰陵，董宪一败再败，与庞萌逃回郯县。

刘秀兵分两路，一路由吴汉围攻郯县，一路由自己指挥，攻克彭城、下邳，扫荡董宪的残余力量。在吴汉的强攻下，董宪与庞萌未能守住郯县，逃往朐县。建武六年，吴汉攻破朐县，杀海西王董宪、东平王庞萌。至此，江、淮、山东悉为东汉军队所平定。刘秀一统中国的障碍，只剩下盘踞在西北的隗嚣与西南的公孙述。

三二 / 得陇望蜀

建武六年（公元 30），中原初定，只有西北隗嚣、西南公孙述仍割地自雄。光武帝打算以和平手段收降隗嚣、公孙述，他对诸将说："暂且把两人置之度外吧。"可是隗嚣与公孙述并不想放弃权力，遂使战争又持续数年之久。

隗嚣成名很早，少年时代便以知书通经而闻名陇右。新莽后期，天下动荡，起义风起云涌。公元 23 年，隗嚣的叔父隗崔聚众起兵，推隗嚣为上将军。隗嚣确立"承天顺民，辅汉而起"的方针，很快得到各方响应，军队扩大到十万人，据有陇西、武都、金城、武威、张掖、酒泉、敦煌诸郡，成为西北王。

王莽政权垮台后，隗嚣归附长安更始政权，授右将军。不久后，更始政权内乱，隗嚣逃回天水，自封为"西州上将军"。隗嚣与刘秀一样文武双全，他统治下的西州成为一块净土，大量士人涌入西州避难，许多豪杰前来投奔，包括后来大名鼎鼎的马援。

光武帝开国后，太中大夫来歙与隗嚣是好朋友，他自告奋勇前往西州游说劝降。建武三年，来歙前往西州，劝隗嚣归降东汉。隗嚣没有答应。当时称帝的人很多，最有实力的是刘秀与公孙述。究竟投靠谁呢？隗嚣决定派马援到公孙述那里探个虚实。

马援与公孙述是光屁股玩大的好友，交情非常深厚。马援动身出发，到了成都。如今的公孙述已经是皇帝，见到马援时，不仅没有昔日好友的热情，反而高高在上，摆弄一套繁文缛节，摆明炫耀。回到西州后，马援对隗嚣说："公孙述只是井底之蛙，没有雄才大略，不如归附洛阳的刘秀。"隗嚣又派马援前往洛阳，去打探刘秀的底细。

见到光武帝刘秀时，刘秀以布包头，下殿相迎，完全没有皇帝的架子。马援叹道："当今之世，非独君择臣也，臣亦择君矣。我与公孙述是同乡，打小就是好朋友，可是我到成都时，他坐在宝殿之上，卫兵严密戒备后，才允许我进殿。如今我远道而来，陛下如此疏于防范，万一我是刺客怎么办？"刘秀笑道："你不是刺客，你只是说客！"马援拜道："天下反复，盗用帝王称号者不可胜数。今见陛下，恢廓大度，如同汉高祖，果然是真天子！"

返回西州后，马援称赞刘秀英明果断、豁然大度、博览经学、通达政事，劝隗嚣归顺东汉。隗嚣自来自视甚高，听后不以为然，不愿归顺。

为了劝降隗嚣，刘秀让马援、来歙两人去做思想工作。隗嚣集团内部有两种不同的声音：一是以马援为代表，力主归附东汉；一是以武将王元为代表，力主独立。王元认为群雄战争远未结束，成败尚不可知。隗嚣也自认为西州地势险要，易守难攻，足以自保。

光武帝可以确信，隗嚣终究不肯为他所用。不过，他仍给隗嚣最后一次机会。来歙再次出使西州，怀揣光武帝颁发的玺书。来歙希望老朋友能接受皇帝的诏书，隗嚣仍然迟疑不决，久久未答复。来歙情急之下，竟然做出过激之举，掏出刀子想逼隗嚣就范。隗嚣气急败坏，杀心顿起，若不是众人苦苦相劝，来歙的脑袋就得搬家。

事到如今，隗嚣与东汉政府正式决裂，战争机器隆隆运转了。三路汉军齐集西线，分别由建威大将军耿弇、征西大将军冯异、征虏将军祭遵统率。

隗嚣先下手为强，乘汉军尚未抵达，派大将行巡领两万人马，进攻栒邑。冯异得知消息，下令火速进军，必须在敌人发动攻击前赶到栒邑。汉军马不停蹄，昼夜兼程，抢先一步到达栒邑，然后紧闭城门，偃旗息鼓，假装什么事也没发生。行巡根本不知汉军主力已经抵达，他率领西州兵团直扑栒邑，仗着人多势众，在城外安营扎寨，毫无防备。冯异果断出击，猛扑敌人营地。行巡大骇，才知东汉援军已至，只是军心已乱，毫无还击之力，大败而回。

与此同时，征虏将军祭遵挫败王元的进犯。原本归附隗嚣的豪强们见风使舵，纷纷倒向东汉政权。

事实上，多数人并不看好隗嚣，包括他的好友马援在内。隗嚣与东汉兵戎相见，马援必须表明自己的立场。他上疏光武帝刘秀，与隗嚣划清界限，并当面陈述消灭隗嚣的战略。马援是隗嚣的部将与好友，光武帝刘秀用人不疑，把五千精锐突骑交给马援指挥。马援策反了许多人，大大削弱隗嚣的势力。

面对东汉的军事压力，隗嚣使出拖延战术，写了一封信给光武帝，假装要洗心革面。光武帝写了一封简单的回信，重申立场：只要隗嚣诚心归附，可保证爵

· 三二 / 得陇望蜀 · 231

禄双全。在信的末尾，刘秀写道："我年近四十岁，在军队中待了十年，厌倦浮华不实的辞令，你要是不想归顺，就不必回信了。"

这是对隗嚣的最后通牒。

不愿归降东汉的隗嚣，只剩一条路可走：投靠西南公孙述，与之结盟共同对付东汉。

来歙与隗嚣反目成仇后，昔日的好友变成仇敌。

建武八年（公元32），来歙带着两千多人，伐山取道，秘密开辟一条小路，偷袭并攻克一处名为略阳的险峻要塞。略阳是隗嚣阻击汉军西进的重要堡垒，它的失陷令隗嚣大惊失色。隗嚣马上集中了数万精兵围攻略阳，与旧日好友在战场上生死相搏。

略阳城保卫战持续了一个月，来歙以区区两千人，拖住数万西州军队，为光武帝刘秀从容布置反击争取到宝贵时间。为演示西州的山川地形，马援用米堆成地理模型，这是世界战争史上最早的沙盘（米盘），这个沙盘让刘秀对西州地势有了一个直观的了解，他兴奋地说："敌人的部署已尽在我眼中。"

刘秀又一次御驾亲征。上兵伐谋，不战而屈人之兵，是刘秀擅用的计策。他让隗嚣旧将王遵写信劝降其他将领，这一招乃是心理攻势。除了自负的隗嚣以及少数几个顽固派之外，其他人都认为与东汉为敌，无异于以卵击石，与其为隗嚣送死，不如自谋出路。于是隗嚣的部将纷纷变节，十三名将军、十余万名士兵以及所属的十六个县，全部向东汉投降。

正在略阳作战的隗嚣傻了眼，后院都起火了，他还有心恋战吗？于是一溜烟逃到西城（甘肃天水县西南）。刘秀派遣吴汉、岑彭包围西城，打算毕其功于一役。进入西州后，汉军粮食严重不足。刘秀指示吴汉，应该把来自各郡县的地方武装遣散，只保留战斗力最强的中央军。不过，吴汉急于消灭隗嚣，想仗着人多的优势荡平西州，故而迟迟未遣散地方武装。

西城抵抗之顽强，远远出乎吴汉的意料。隗嚣长年礼贤下士，麾下亦有忠勇双全、宁死不屈的汉子。攻城战成了一场持久战，粮食问题开始严重影响东汉军队的士气，吴汉没有按光武帝的嘱咐及时遣散地方武装，粮食消耗很快，地方武装逃兵不断增加，大大动摇军心。同时，隗嚣的部将王元、行巡等从西南公孙述处搬来五千援兵。

在五千援军的帮助下，隗嚣得以突出重围，转移到冀县。这时，东汉军队粮食耗尽，不能再战，吴汉只得下令烧掉辎重车辆，向东退却。刚刚死里逃生的隗嚣反戈一击，西州战局突然急转直下，形势出现大逆转。东汉军队先胜后败，在隗嚣的追击下，狼狈而逃。隗嚣的反扑令汉军西征取得的战果损失殆尽。天水郡与陇西郡又落入隗嚣之手，原先叛变的军队，又脱离东汉而归附隗嚣。在光武帝统一中国的道路上，隗嚣是最难缠的一位对手。他的防守反击战术十分成功，不仅在很短时间内收复失地，还占领了安定郡与北地郡。

尽管隗嚣侥幸反败为胜，西州经战火蹂躏，已经败敝不堪。次年（公元33），陇西、天水爆发严重饥荒，连隗嚣都只能吃粗粮，更不用说一般人。隗嚣终于病倒，一病不起，撒手人寰。这不知是幸还是不幸。说幸，因为与东汉对抗的群雄多数都没好下场，隗嚣好歹算善终。可是隗嚣若不死，三国鼎立的局面会不会提前出现呢？他与公孙述能否像后来孙权、刘备抵抗曹操那样，最终三分天下？

隗嚣一死，三分天下的可能性不复存在。西州大将王元等人拥立其子隗纯为朔宁王。

建武九年，光武帝以来歙为总监军，辖冯异等五名将军，进攻天水，讨伐隗纯。冯异击败公孙述的援兵，在进攻隗纯大本营冀县时，这位著名的"大树将军"因积劳成疾病逝于军中。另一路汉军在耿弇率领下，围攻高平城达一年之久，无法破城。

光武帝刘秀决定亲自出马，御驾亲征。他派寇恂前往劝降，寇恂以雷霆霹雳手段，斩杀强硬的谈判对手皇甫文。高平守将高峻大骇，献城投降。高平城的陷落，加速了隗纯政权的灭亡。

在来歙的指挥下，汉军对冀县发起总攻。大难当头，西州将领们明哲保身，多数人选择背叛。周宗、行巡等人把隗纯抓起来，献城投降。只有王元不投降，逃出城后，前去投奔公孙述。来歙跟隗嚣好友一场，不忍心杀死其子隗纯。光武帝对隗氏家人颇为善待，只是迁往洛阳东，没有斩尽杀绝。可是隗纯终究生活在恐惧之中，决定逃往匈奴。在逃亡途中，被汉军捕获，光武帝不再留情，下令处死隗纯。

隗纯死后，刘秀的对手，只剩下西南的公孙述。

公孙述称帝的时间比刘秀还要早两个月，他是东汉初年叱咤风云的人物。

王莽天凤年间，公孙述任蜀郡太守，以办事干练而闻名。王莽败亡后，天下大乱，英雄豪杰纷起。公孙述乘机起兵，伪造更始政权的印绶，自称"辅汉将军"兼益州牧。公元25年，他在成都自立为皇帝，国号成家，建元龙兴。

不久，赤眉军击破长安，更始政权覆亡。公孙述乘关中混战之机，夺取南郑，控制汉中，益州则完全落入其手中。公元27年，公孙述派数万精兵，进攻长安，被东汉名将冯异击败。后来他数次进攻关中，皆徒劳无功。

公元30年，经数年的血战，刘秀扫平关东群雄，东汉政权已是坚如磐石。光武帝希望采取和平手段招降公孙述，多次写信劝他放弃帝位。公孙述置之不理，你是皇帝，我也是皇帝，凭什么要听你指手画脚呢？一山不容二虎，天下也不能两位皇帝并立，不能和平解决，势必要武力解决。

建武九年（公元33），隗嚣在内忧外患中死去。这下公孙述慌了，东汉倘若"得陇"，下一步必然是"望蜀"。这位西南皇帝一方面派军队援助西州少主隗纯；一方面对东汉发动大规模的进攻。翼江王田戎率数万名蜀兵，向东挺进，连陷巫县、夷道、夷陵等，在长江江面搭浮桥，立木桩，修堡垒，以绝航道。在陆地则据险要之地，连山结营，以阻止汉军西进。

在汉军的围剿下，西州隗纯败亡，公孙述再无盟友可引为外援，光武帝刘秀可以集中力量来对付公孙述。

建武十一年，东汉征南大将军岑彭对田戎发起进攻，田戎拒险而守，岑彭久战无功。刘秀再遣大司马吴汉领六万五千人，与岑彭在荆门会师。

由于陆地地形险峻难攻，岑彭考虑从水面突破蜀军的防线，他收罗大大小小的战船数千艘，精心策划进攻方略。对汉军从江面发动进攻，田戎是有准备的，他搭浮桥以拦截江面，水面上立有木桩，木桩上有铁钩子，一旦船只靠近，就可能被钩住而不能进退。然而，这些障碍未能阻止岑彭，他选择的时机恰到好处。当时东风大作，汉军战船得以逆流而进，对田戎设下的浮桥、木桩，则采用火攻之术。汉军把火把投到木桩、桥板上，在强风下很快就把桥、桩烧为灰烬了。

眼看精心设计的长江防线如此轻而易举被突破，蜀军上下一片恐慌。岑彭乘风而进，所向无前，田戎麾下大将任满被杀，程泛被擒，蜀军溺死者多达数千人。田戎退保江州（重庆市巴南区），据险而守。江州城池坚固，粮草充足，岑彭认为短时间内难以攻破，遂留下一支军队包围并监视田戎，其余大军继续沿长江挺进，直指垫江，攻破平曲，缴获了数十万石的粮食。

东线岌岌可危，北线烽火又起。

公孙述派隗嚣旧将王元驻扎河池，来歙、盖延的东汉兵团发动攻势，大破蜀军，攻陷下辩。公孙述狗急跳墙，不得不采取暗杀手段。他派刺客潜入汉营，行刺来歙。来歙身负重伤，眼看性命不保，急派人召虎牙大将军盖延前来。盖延大为悲恸，伏地痛哭。来歙叱道："我被刺客所伤，性命不保，无以报国，召你前来，要把军事重担托付给你，你却像小儿女那样哭个没完。你别看我身上还插着一把刀，我还是可用军法斩你呢。"盖延收起眼泪，聆听来歙交代后事。来歙把军务移交给盖延，写遗书给光武帝，表示"臣不敢自惜，诚恨奉职不称，以为朝廷羞"。写完后，他把笔一扔，把插在身上的刀子拔出，顿时鲜血喷涌，气丧而绝。

来歙之死，未能让公孙述扭转败局。

岑彭沿着长江发起伐蜀之役后，节节推进，蜀军望风而降，投降的部队超过五万人。他把五万名降兵整编后，由辅威将军臧宫指挥，驻扎于平曲，营造汉军按兵不动的假象。实际上，岑彭暗中率领主力部队，以迅雷不及掩耳之势，奔袭黄石。这位东汉名将用兵灵活，不拘一格。连战连胜后，他马不停蹄，日夜兼程，急行军两千里，以雷霆之势攻下成都南部重镇武阳，兵锋直抵广都，距离成都仅有数十里。东汉军队狂飙突进，席卷西南，成都震动。

公孙述完全被蒙在鼓里，误判汉军主力仍然滞留于平曲，派延岑集结重兵于广汉阻击。不料岑彭已经绕到延岑兵团后侧，他火速驰告臧宫，前后夹击，围剿延岑兵团。臧宫从水陆进军，日夜疾进，纵兵攻击，延岑大败，死者万余人。眼看大势已去，延岑慌忙逃往成都。岑彭与臧宫穷追猛打，大破蜀军，降者达十万之多。岑彭的军队抵达平阳乡时，隗嚣的旧部王元放下武器投降。

鉴于岑彭的杰出表现，公孙述的覆亡已是指日可待。光武帝刘秀再次写信给公孙述，分析祸福，希望他能放弃帝号，归顺汉室。公孙述拒绝道："废兴都是天命，岂有投降的天子？"公孙述是个有骨气的人，可并不代表他有见识。说是天命，更是人谋。刘秀称帝时，无所凭恃，身处四战之地，无一日不为生存而战。相反，公孙述称帝时，据易守难攻之川蜀，无后患之忧。十余年过去了，刘秀雄视天下，公孙述仍蜗居西南。由是可见公孙述想当皇帝，又不愿艰苦奋斗，满足于小小的西南帝国，终究无法持久。他的失败，是天命呢，还是人为呢？

为了阻止岑彭发动最后一击，公孙述又采取暗杀手段。他派出刺客，潜入岑彭的帐篷，将其刺死。继来歙之后，又一员东汉虎将死于刺客之手。岑彭不仅是卓越的将领，同时品格高尚，带兵打仗时，军纪严明，对百姓秋毫无犯。岑彭死后，吴汉接替其职。嗜血的吴汉让成家帝国老百姓遭殃，也令公孙述付出惨重代价。

吴汉从夷陵出发，率三万人马溯江而上，接管岑彭的军队。吴汉夺取广都，成都已近在咫尺。成都守将知大势已去，纷纷逃出城向吴汉投降，公孙述恼羞成怒，采取族诛的严厉手段，仍无法制止大量叛逃事件的发生。

光武帝再次致信公孙述："尽管你刺杀来歙、岑彭，但不要怀疑我的诚意。你若投降，我可保全你的家族。这样的书信是不可能多次得到，请多多珍惜。"话说到这个份儿上，公孙述仍抱定宁为玉碎、不为瓦全的决心。

战场形势对公孙述越来越不利。孤守江州的田戎外无援兵，苦苦支撑一年，终于兵败被俘。光武帝深知困兽犹斗的道理，他告诫前线总指挥吴汉："成都仍有十多万部队，不可以轻敌。只要坚守广都，坐等敌人来攻，不要轻易与之争锋。若敌军不来，则步步为营以逼迫他们，等到他们精疲力竭时，就可以全线出击。"

吴汉认为自己已处于绝对优势，遂亲率步骑兵两万多人进逼成都，在距离成都约十里处设江北大营，并搭设一座浮桥，令武威将军刘尚率一万人驻扎于江南大营。公孙述派一万人马牵制刘尚，另以十万之众围攻吴汉。吴汉陷于被动，狼狈不堪。幸好他还算机敏，采取疑兵之计，在晚上神不知鬼不觉地通过浮桥撤向江南。吴汉不得不承认，他对战局的把握，还不如远在数千里之外的光武帝刘秀，于是上疏检讨自己的指挥失误。之后，吴汉采用光武帝的战法，不主动攻击，坐等有利战机。

公孙述寝食难安，问延岑道："事当奈何？"延岑慷慨答道："男儿当死中求生，岂可坐以待毙？"他建议公孙述，散尽钱财，组织一支敢死队。正所谓重赏之下，必有勇夫，公孙述把库藏的金银都拿出来，拼凑五千人的敢死队。延岑声东击西，佯装正面进攻，实则亲率敢死队绕到吴汉后方，发动奇袭。这次奇袭差点要了吴汉的命，若不是他在失足落水前揪住马尾巴，早就淹死了。

更严重的问题是：汉军的粮草仅能供应七天！

怎么办？是继续进攻，还是撤退？

蜀郡太守张堪进言，公孙述已在崩溃边缘，应咬紧牙关坚持到底。吴汉决定兵行险招，示弱于敌，以引诱敌人出击。他派臧宫为先锋，攻打成都咸阳门。为鼓舞士气，公孙述亲率数万人马反击。臧宫以吴汉之计，故意示弱，三战三败。蜀军从早晨战到中午，体力严重透支，这时吴汉突然率数万人马投入战场，蜀军顿时大乱。在混战中，汉将高午遭遇公孙述，一戈刺去，洞穿其胸。公孙述从马背上摔下来，因伤势过重而死。

公孙述死后，蜀军群龙无首，无法再战。第二天，延岑打开城门投降。立国十二年后，成家帝国终于烟消云散。

伐蜀之战，吴汉最终艰难取胜。这位残暴的将军制造了骇人听闻的暴行，他把公孙述家族全体屠杀，一个活口不留；连献城投降的延岑也遭到族诛的下场。不仅如此，他纵容士兵烧杀抢掠，焚烧皇宫。光武帝得知后，大为震怒，下诏深责吴汉。在光武帝一统中国的战争中，汉军屡有暴行，对此刘秀虽不满，可战事频繁，得依赖这些战将，故难以杜绝。在他统治后期，偃武修文，不喜谈论军事，大概是不想让历史的惨剧重演吧。

三三 / 男儿当死于边野

刘秀用了整整十二年的时间削平群雄，一统中国。然而这并不意味着战争的结束，帝国北面有匈奴及其扶植的卢芳伪政权，西面有羌人叛乱，南面有"蛮夷"叛乱。在平羌与平蛮战争中，马援脱颖而出，光芒四射。

马援是战国名将赵奢的后代，赵奢曾被封为"马服君"，后代便以"马"为姓。三个哥哥都曾担任二千石的官职，他却仕途不顺，只谋了个郡督邮的差事。有一回，马援督送一名囚犯，半路起了同情心，把他给放了。砸了自己的饭碗后，马援前往北地放牧，居然发了一笔横财，有牲畜数千头，积粮数万斛，身价百万以上。英雄人物就是与众不同，他不满足于当一富家翁，对门客们说："丈夫为志，穷当益坚，老当益壮！"又说："凡是殖货财产，贵在能施舍赈济他人，否则只不过一守财奴罢了。"于是散尽千金，将全部家产馈赠给落魄的亲朋旧友。

新莽末期，马援被举荐为新成大尹（太守）。不久后，王莽败亡，马援逃到凉州避难。当时隗嚣在天水起兵，自称西州上将军，马援前去投奔崭露头角，得到隗嚣的器重，升为绥德将军。公孙述与刘秀先后称帝，隗嚣派马援前去拜访两位皇帝。考察回来后，马援建议隗嚣归附刘秀。隗嚣首鼠两端，马援多次写信规劝，没有效果。建武六年（公元30），隗嚣发兵反汉。马援上疏光武帝，以表心迹，与隗嚣划清界限。

击败隗嚣后，光武帝不得不面临一个新的问题：羌人的叛乱。当时西部金城郡，基本上落入羌人之手。金城毗邻陇西，马援十分熟悉，要平定羌乱，非马援莫属。建武十一年，马援临危受命，出任陇西太守，开始独当一面的军事生涯。这一年，马援四十九岁。

马援以三千步骑兵，对临洮的先零羌发动奇袭。首战告捷，俘获马、羊、牛等牲畜万余头。是役，马援名震西疆，前来投诚者八千余人。先零及诸羌部落聚集于浩亹，有部众数万人，四处抢掠。马援与扬威将军马成会师，共同进剿浩亹。

羌人晓得马援的厉害，将妻儿老小、粮草辎重转移到允吾谷，据险而守。马援寻找到一条秘密小道，大军连夜开进，突然发动攻击。羌人大惊失色，仓皇逃命，退守唐翼谷。足智多谋的马援使用疑兵之计，命令大军从正面佯攻，暗地里派遣数百名骑兵绕到羌军背后，乘夜纵火，虚张声势。羌军大恐，乱了分寸，夺路而逃，粮食、辎重、牲畜损失殆尽。经此一役，马援将羌人的势力逐出金城，总共只用了半年的时间。

金城的硝烟刚散，武都的兵戈又起。

武都是羌乱的另一个重灾区。武都地处嘉陵江上游，是汉人与氐羌杂居之地，参狼羌勾结塞外诸羌，袭杀汉官吏百姓，一时间风雨飘摇，血色满天。马援亲点四千名精兵南下，逐一击破羌人据点，进抵氐道县。羌军占据山岭，这里地势陡峭，易守难攻。

马援亲自勘察地形，发现羌军虽控险扼要，却忽视对水源与水草的控制。他笑道："羌虏容易破矣！"抢占水源与水草区，日夜守备，严阵以待。马援围而不攻，相持数日后，羌人缺水，牲畜缺草，下山与汉军争夺水草。马援下令只守不攻，以强弓劲弩还击。羌军突击没有效果，军心大乱，士气动摇。羌人诸部首领商讨，只有一条路可以求生，便是撤到塞外。羌军主力逃离武都，滞留的一万多名羌人集体向马援投降，马援以极小的代价收复武都郡。

至此，陇右羌乱全部平定，东汉的西部边疆获得安定，这是马援对国家的伟大贡献之一。

建武十六年（公元40），南方交趾爆发大规模的起义。交趾即现在越南北部，当时是汉帝国的领土。起义军领袖徵侧是麓泠县土族将领的女儿，丈夫被交趾太守苏定所杀，她悲愤万分，与妹妹徵贰聚众起兵。随后九真、日南、合浦三郡越人纷纷起兵响应，占据六十五座城邑，共推徵侧为王。

面对徵侧的起义军势力，交州刺史以及诸郡的太守无力反击。光武帝下诏令南方诸郡修车船、通道路、架桥梁，储粮谷，进行战争准备；同时，委任马援为伏波将军，率军南征。

马援统领大军南下，沿着海岸线前进，遇山开路，遇水搭桥，行进一千多里，抵达交趾。建武十八年春，马援兵团进抵浪泊（越南河内附近），大破徵侧起义军，斩首数千级，降者万余人。徵侧姐妹不得不后撤至禁溪，马援穷追不舍，屡战屡胜，二徵军队全部瓦解，四处逃散。徵侧姐妹拒绝投降，躲进深山继续抵抗。直到第二年，徵氏姐妹走投无路，投江自尽。

徵侧覆亡后，战争并未结束。起义军残部逃到九真郡，马援率战舰两千余艘，战士两万余人，从海路南下，发动最后一击，斩俘五千余人。至此，南方诸郡叛乱全部平定。

平定交趾之乱并不轻松，恶劣的自然环境是汉军最大的敌人。马援兵团纵横数千里，作战时间超过一年，交趾遍布热带丛林，瘴气湿重，毒虫出没，对北方而来的汉军是巨大的威胁。马援用"下潦上雾，毒气重蒸"八个字来描述这种令汉军极度不适应的自然环境。平定交趾后，马援修城郭，兴修水利用以农业灌溉，完善当地的法律制度，缓和越人与汉人之间的矛盾。他在交趾立了根大铜柱，上面刻了六个字："铜柱折，交趾灭。"后来交趾人路过这里，就用石头堆在铜柱下，久而久之，这根铜柱就被埋在石头之下。标铜柱于百越，足以见证昔日大汉帝国的强悍。

作为一名军人，马援的人生信念是："男儿当死于边野，以马革裹尸还葬耳，何能卧床上在儿女子手中邪？"难能可贵的是，他践行了这种信念。

建武二十三年（公元47），南方诸夷部落发生叛乱。光武帝派遣武威将军刘尚率一万人马平叛，不料在武溪遭武陵蛮的包围，全军覆没！武陵蛮兵乘胜扩大战果，进攻临沅（湖南常德），光武帝派李嵩、马成率军讨伐。面对神出鬼没的武陵蛮，汉军竟然不知所措，找不到击破武陵蛮的方法。

此时，已经六十二岁的老将马援自告奋勇，愿意带兵出征。光武帝刘秀不肯，老将军说："臣尚能披甲上马！"他在皇帝面前策马驰骋，身姿矫健，不亚当年。光武帝赞道："矍铄哉是翁也。"当即任命马援为南征统帅，中郎将马武、耿舒为副手，领四万大军，南下武陵郡。临行前，马援对好友说："我老了，日子一天一天地过去，经常担心一病而死，不能为国捐躯。今天得以统军出征，若能为国家而死，甘心瞑目！"

建武二十五年（公元49），南征兵团抵达武陵。在临乡遭遇南蛮武装，首战告捷，斩获两千余人。南方多山岭，丛林茂盛，稍有不慎，容易陷入敌军的重围，马援行军作战非常谨慎，每到一地，必定要详细勘察地形，思考作战方略。

南征军团稳扎稳打,连战连捷,逼近到武陵蛮的心脏地带。

此时马援有两条路可以选择。一是穿越壶头山,这条线路难行,山岭陡峻,丛林密布,水流湍急,但可以直插向武陵蛮的心脏地带,一举平定叛乱。另一条线路虽易行,却要绕行远路,既耗时间,又耗粮草,难以毕其功于一役。马援决定穿行壶头山,风险意味着机会。

武陵蛮深知壶头山战略地位的重要性,以重兵据险而守。壶头山战役打得十分艰难,加之南方河流进入汛期,河水暴涨,水流湍急,汉军水师军舰无法顺利沿河发动攻击。炎热的天气使得传染病迅速蔓延,主帅马援不幸身染疫疾。

马援的指挥部设在河岸岩石凿开的洞穴,毕竟是上了年纪的人,身体免疫力差了许多。马援忍着病痛的折磨,拖着羸弱之躯,走出洞口,观察敌情,指挥大军作战。他的意志力令左右侍卫感动不已,无不为之流涕。但是马援毕竟是人不是神,他的病情没有好转,反而恶化了,终于一病不起。他听到死神的召唤,但没有后悔,坦然接受。为国家而战死沙场,不正是自己的夙愿吗?死亡是生命的组成部分,能够以自己选择的方式平静走向死亡,不也是人生最后的幸福吗?马援病死军中,时年六十三岁。他实践了"马革裹尸"的信念,这种信念也成为激励后人的精神力量。

马援之死,并没有影响到战争的结局。他的战略,最后证明是正确的。汉军占据壶头山之后,少数民族战士在重重围困之下,缺乏粮食,既饥饿,又疲惫。战役最后阶段,双方比的是意志力,哪一方的意志力更胜一筹,将获得最后的胜利。由于主帅病逝,监军宗均挺身而出,做了一个大胆的决定:假传圣旨,招抚南蛮。他以矫诏方式,不战而屈人之兵。疲惫不堪的武陵蛮内部出现严重的分歧,主和派刺杀主战派的首领,接受宗均的招抚。这次规模浩大的南方叛乱,终于在马援去世后数月,被完全平定。宗均以最后的胜利,为马援的戎马生涯画上一个圆满的句号。

比起西羌、南蛮,北方的匈奴显然是更强的对手。

自呼韩邪单于归附汉帝国,迎娶王昭君,汉匈两国保持数十年的和平。王莽篡权后,和平局面终被打破。王莽以满脑子复古思想,把匈奴单于由"王"降为"侯",终于激怒匈奴,北疆烽火重燃。王莽败亡后,各路英雄豪杰纷纷自命为皇帝,城头变换大王旗。匈奴人乘机浑水摸鱼,捞取资本,扶植一个伪皇帝,此人姓卢名芳。

卢芳身世神秘，自称是汉武帝刘彻的曾孙，本名刘文伯，但谁也搞不清他真实的身份。新莽后期，天下大乱，卢芳居住的三水是羌胡移民区，羌胡起兵反王莽，拥卢芳为首领。更始帝刘玄委任卢芳为骑都尉，镇抚安定以西。公元25年，更始政权在赤眉军的打击下瓦解，卢芳自立为上将军、西平王。

在群雄并立的乱世，卢芳只是个小角色，为巩固自己的势力，他积极谋求匈奴的支持。匈奴呼都单于看中卢芳自称的皇室身份，说："以前匈奴尊事汉室，现在是汉室尊事匈奴的时候。"于是迎卢芳到匈奴，立为汉朝皇帝。傀儡皇帝卢芳在匈奴的支持下，返回中国，控制北方五郡（定襄、朔方、五原、云中、雁门）。匈奴以五郡为桥头堡，不断向周边发动侵略。

针对匈奴嚣张的气焰，光武帝刘秀派出使节会晤呼都单于，要求匈奴人撤出中国，恢复两国外交。呼都单于有卢芳伪政权这张王牌在手，对光武帝的要求不理睬，依然频频南侵。建武七年（公元31），卢芳的伪政权爆发内讧，朔方郡与云中郡宣布归顺东汉，卢芳的势力范围锐减为三个郡，实力大打折扣。

建武九年（公元33），东汉大司马吴汉统领五万大军，对卢芳伪政权发起强大的攻势。匈奴单于紧急调集大批骑军南下参战，吴汉败退。次年，吴汉领六万大军，再度征讨卢芳，在平城大败匈奴与卢芳的联军。不久后，东汉全力发动"平蜀战役"，吴汉被调往西南战场，北方战线转攻为守。

击破公孙述后，光武帝刘秀基本上统一了全国。下一步，就要解决卢芳伪政权并遏制匈奴势力南下。朝廷派骠骑大将军杜茂率军驻屯北方诸要塞，修建碉堡与烽火台，抵御匈奴与乌桓。杜茂的军队与匈奴、乌桓军队打了大大小小数百战，始终无法取得决定性的胜利。建武十三年（公元37），伪汉皇帝卢芳仗着匈奴人的支持，出兵攻打云中郡。不想留守伪汉政府首都的随昱密谋投降东汉，计划劫持卢芳，作为献给光武帝的见面礼。卢芳得知消息后，仓皇出逃匈奴。随昱献五原郡投降东汉，被任命为五原太守。

匈奴单于大为震怒，出动精锐骑兵南下，入侵河东地区。光武帝下诏将雁门、代郡、上谷等几个兵祸重灾区的军民共计六万余人，全部迁徙到居庸关、常山关以东，以避敌兵锋。北方雁门等诸郡成为无人区，匈奴人遂越过长城，涌入塞内。卢芳再次返回中国，在高柳继续当傀儡皇帝。

不过，随着中国内乱结束，匈奴单于越发觉得卢芳已经没有利用价值，企图用他来交换东汉政府的高额赏金。卢芳虽是傀儡皇帝，但绝不是傻子，眼看要被主子出卖，自己先行一步，向东汉投诚，被封为代王。不过，后来他担心遭到东汉政府的打击报复，终于又逃到匈奴，最终病死在异国他乡。

卢芳伪政权垮台后，匈奴的运气也到了尽头。

建武二十二年（公元46），匈奴遭遇罕见旱蝗灾害，赤地数千里，全国陷入大饥荒，人口与牲畜总数锐减一半以上。大饥荒使匈奴遭到重创，匈奴的世仇乌桓趁机出兵，席卷漠南。饱一顿饥一顿的匈奴人一溃千里，向北部与西部大撤退，漠南成为真空地带。

匈奴无力南下与东汉帝国争锋，遂将扩张的目标对准西域。

自汉武帝始，西域就是帝国对外经略的重点，欲打败匈奴，必先控制西域，这就是"断匈奴右臂"战略的核心思想。中国几十年大内战，令匈奴得以重新控制西域诸国。匈奴在西域的统治极其残酷，诸国必须缴交大量的苛捐杂税，这些国家不由得怀念起西汉的都护时代。

为摆脱匈奴的奴役，西域诸国只能向东汉政府求助。建武十四年（公元38），莎车、鄯善两国派使节抵洛阳，请求重新设立西域都护府。光武帝认为内乱甫定，国力有待恢复，西域过于遥远，不想与匈奴再起兵端，遂拒绝两国的请求。三年后，莎车国王再度遣使，请求东汉政府设立西域都护。光武帝刘秀仍然拒绝，只是颁给莎车王"汉大将军"的大印。西域诸国获悉莎车得到东汉政府的支持，转而归附莎车。岂料莎车王以"汉大将军"的名义四处招摇撞骗，对不听其号令的小国发兵征讨，并要求缴交重赋，统治比匈奴还要残酷。

在匈奴与莎车双重压迫下，车师、鄯善、焉耆等十八个国家联合遣王子入侍中国，恳请东汉政府设立西域都护，以保护诸国安全。十八位王子声泪俱下，刘秀不为所动，以北方边境未宁为由，婉言拒绝。得知东汉无意设立西域都护之后，莎车王肆无忌惮，东破鄯善，杀龟兹王。鄯善王上疏光武帝，称倘若东汉未能设都护保护，只能被迫投靠匈奴。

光武帝的回复给鄯善王泼了一桶冷水，皇帝说："如果西域诸国力不从心，东西南北，任你们自择。"这番话，无异于将西域拱手让给匈奴。鄯善王从头到脚一片冰冷，只好投靠匈奴。不久后，位于西域交通咽喉地带的车师国也被迫投降匈奴。由于光武帝不愿介入西域，使得匈奴得以卷土重来，将魔爪伸向整个西

· 三三 / 男儿当死于边野 · 243

域。光武帝这一战略失策，使得东汉政府日后耗费十数年的时间，才能得以重新控制西域。

不过，庆幸的是，匈奴再度分裂。建武二十四年（公元48），匈奴右奥鞬日逐王比自立为"呼韩邪单于"，与蒲奴单于形成南北对峙的局面。小呼韩邪单于派使节前往洛阳，表示愿意臣服。南匈奴的归附，使得东汉帝国与北匈奴之间有了一个缓冲地带，帝国北疆在经历数十年战争后，终于雨过天晴。兵祸最重的云中、五原、朔方、北地、定襄、雁门、上谷、代郡八郡因避战祸而背井离乡的百姓们，终于回到家乡故土，重建战争后的家园。

三四 / 短暂的盛世

明代思想家王夫之评价光武帝刘秀:"自三代而下,唯光武允冠百王矣。"

"允冠百王"就是说超越所有的帝王。武功、文治、道德修养等方面,光武帝刘秀都堪称一流,集三者之长于一身的君王,在历史上凤毛麟角。

刘秀是杰出的军事家,从昆阳之战到一统中国,创造无数奇迹。但他从来不是一个穷兵黩武的好战分子。从平民到帝王,他是经过艰苦的奋斗,其间沉沉浮浮,历尽沧桑,对战争带给人的苦难有深切的体会。在统一中国的战争中,他几乎对所有的对手,都是一而再地劝降,尽可能地避免流血。

消灭公孙述、完成统一大业后,光武帝更不愿把精力放在军事上。史书记载:"帝在兵间久,厌武事,且知天下疲耗,思乐息肩,自陇、蜀平后,非警急,未尝复言军旅。"有一回,皇太子请教攻战之事,光武帝淡淡地说:"以前卫灵公问及战阵之事,孔子不答。这不是你该问的。"

东汉建国后,刘秀兴建太学,设置博士,传授儒家经典。他对儒士十分敬重,经常与大儒彻夜谈论经典。正所谓上行下效,皇帝的做法,自然影响到臣下。邓禹、贾复等将领知道光武帝偃武修文,很知趣地交出兵权,回家研究儒学。耿弇等人也效法,交出大将军印,其他武将同样纷纷交出兵权。

崇尚儒学与奖励士节是一体两面。光武帝非常重视士人的气节,这种气节就是孟子所说的"贫贱不能移,富贵不能淫,威武不能屈"。正是在光武帝的倡导下,东汉成为中国历史上最为崇尚气节的朝代。史学家司马光评论说:"自三代既亡,风化之美,未有若东汉之盛者也。"近代思想家梁启超说:"东汉尚气节,崇廉耻,风俗称最美,为儒学最盛时代。"东汉的气节可以从两个方面看出来:其一,对外战争中,极少出现叛变者,汉奸非常少。其二,无论政治多么黑暗,总有一大批儒士不畏强暴,挺膺责任,舍生赴死,取义成仁。

光武帝出身于民间,对民间疾苦有深刻了解。他富有人情味,所制定的法律也体现出人性化的特点。从这个角度看，颇为类似西汉明君汉文帝。

最能体现制度人性化的一面，当属光武帝多次下诏解决奴婢问题。奴婢问题由来已久，西汉末年地主豪强兼并土地非常严重，大量平民丧失生活根本，不得不沦为奴婢。两汉之交的战争，又导致更多人因战乱而沦为奴隶，奴婢数量之庞大，已到触目惊心的地步。为解决奴婢问题，光武帝从建武二年至建武十四年，九次下达诏令，内容是释放奴婢及保障奴婢人身权利。

建武二年（公元26），光武帝下诏："民有嫁妻卖子欲归父母者，恣听之，敢拘执，如论律。"首批被释放的是违反人伦的"嫁妻卖子"，就是出于生活所迫，被丈夫卖掉的妻子，被父母卖掉的儿子。建武六年（公元30），诏令王莽时没入为奴婢者，皆免为庶人；建武七年（公元31），诏"吏人遭饥乱及为青徐贼所略为奴婢下妻，欲去留者，恣听之。敢拘制不还，以卖人法从事。"这两道诏令大大扩大了释放奴婢的范围。

对于释放奴婢，光武帝采取一个相当人性的做法，就是允许奴婢自愿选择离去与否。这一点很重要。王莽曾想要一揽子解决奴婢问题，他的做法是一刀切，严禁买卖奴婢。可是奴婢一旦离开主人，不是每个人都有生存的能力。刘秀意识到这点，允许奴婢自由选择去留。选择离开的，恢复平民的身份；选择留下的，政府保护他们的基本人身权利。

建武十一年（公元35），光武帝又颁布三道诏令。其一是："天地之性人为贵，其杀奴婢，不得减罪。"其二是："敢炙灼奴婢，论如律。"这两道诏令意在保护奴婢的人身安全。当时奴婢很没社会地位，被视为私人财产，不仅可以随意欺辱，甚至生命安全都没有保障。相反，倘若奴婢反抗打伤主人，依旧法当处死。故而光武帝又下第三道诏令："除奴婢射伤人弃市律。"这些诏令无疑具有人道主义的精神，对改变社会陋习起到积极的作用。

之后几年，光武帝又多次颁布诏令，补充完善解决奴婢问题的措施。他并没有彻底废除奴婢制度，这是任何一个封建王朝都无法解决的。但他仍然解放大量奴隶，限制奴婢制度的蔓延，切实保护社会最底层百姓的基本权利，这些成就是了不起的。

光武一朝的法律制度比较宽松，刘秀多次下诏恤刑，九次大赦天下，专门派人出巡探察冤狱，维系社会的公正力量。从东汉政权成立伊始，光武帝就非常注重法制建设。早在建武二年，他就对"狱多冤人，用刑深刻"的现状深感不满，强调法律应当公正，"刑罚不中，则民无所措手足"，为此他召集有关人员，"议省刑法"。

在中国历史上，"兔死狗烹"的悲剧一再重演。许多封建王朝的开国功臣都难逃被诛杀的下场，可是在光武帝一朝，未杀一个功臣。

汉明帝曾绘中兴功臣二十八人画像于南宫云台，号称"云台二十八将"，分别是：邓禹、吴汉、贾复、耿弇、寇恂、岑彭、冯异、朱祐、祭遵、景丹、盖延、铫期、耿纯、臧宫、马武、刘隆、马成、王梁、陈俊、杜茂、傅俊、坚镡、王霸、任光、李忠、万脩、邳彤、刘植。后来又补充王常、李通、窦融、卓茂四人，共计三十二人。

二十八将也好，三十二将也好，这只是一份不完整的清单。有几个重要的人物没有列入名单中，比如马援、来歙等人。为什么马援、来歙被遗漏呢？因为两个人比较特殊。马援是汉明帝的岳父；来歙是光武帝的表哥。为了避嫌，两人都未列入。

为什么在历代反复上演的屠戮功臣事件，在东汉却得以避免呢？首先与光武帝刘秀的修为有关。他不嗜杀，重感情，重交情。他把这些功臣视为兄弟，推心置腹，在信件中自称"吾"而不是称"朕"。甚至在写给隗嚣、公孙述等对手的信件中，仍然流露出情真意切。光武帝胸襟宽广，只要真心投诚，既往不咎。对于敌人，能不杀的就不杀，何况对于功臣。

他就不担心功臣造反吗？事实上，光武帝遇到几次严重的叛变事件，包括彭宠、庞萌等人的造反。庞萌是光武帝认为可以托孤的大臣，居然也叛变了，还有什么人可以信任呢？刘秀没有受这些人叛变的影响。吴汉是彭宠的部将，刘秀照样信任；马援是隗嚣的部将，刘秀没有怀疑他。这种胸襟，确非常人所有。

这种胸襟从哪儿来呢？从自信中来。诸葛亮曾评价他说："光武神略计较，生于天心，故帷幄无他所思，六奇无他所出。"就是说光武帝的英明神武有兵略，这是天赋，运筹帷幄、妙计奇谋都在众人之上。正因为在众人之上，别人功再高，也震不了主。反观汉高祖刘邦，被韩信称为最多只能统率十万大军，而韩信则自称带兵"多多益善"，这怎能让刘邦吃得好饭、睡得好觉呢？

刘秀对诸将有很高的驾驭本领，他从不吝惜赞美之词。比如他评价邓禹："谋谟帷幄，决胜千里。"当诸将领纷纷谈论自己功劳时，贾复总不言语，刘秀就说：

"贾君之功，我自知之。"论及耿弇平齐时，赞叹道："有志者事竟成。"冯异破赤眉，刘秀赞其："始虽垂翅回溪，终能奋翼黾池，可谓失之东隅，收之桑榆。"诸如此类，举不胜举，可以看出刘秀十分懂得赞赏别人，并以此来激励他们。反过来，这使得诸将领更加效忠于他。

削平群雄后，刘秀偃武修文，未尝不是削弱诸将权势的一种手段，引导他们从武转向文。这种手段，比宋太祖的"杯酒释兵权"要高明。平定西南后，除邓禹、李通、贾复等人得以参议国家大事外，其余功臣皆不用。由此可见，刘秀并非毫无防患，只是手段太高明，所以有皆大欢喜的结局。

刘秀年轻时，只是一名勤于稼穑的农夫与穷酸的儒生。一次他到新野时，见到一位名唤阴丽华的美女，为之倾倒。他不过是一个默默无闻的草民，自然不敢向心仪的女子表达爱慕之情。他曾慨叹说："仕宦当作执金吾，娶妻当得阴丽华。"正所谓相由心生，在心中立志的那一刻，成功的种子就已经种下了。若干年后，他不仅娶阴丽华为妻，仕宦也远超"执金吾"的目标，成了君临天下的皇帝。

更始元年（公元23），刘秀在昆阳之战中赢得伟大胜利，却因哥哥刘縯被杀而不得不忍辱含垢，夹起尾巴做人。唯一宽心的是，作为帝国英雄的他终于赢得阴丽华的爱情，两人结为夫妻，如胶似漆，恩恩爱爱。不久后，刘秀镇抚河北，在王郎的追杀下，几无立身之地。为获得实力派刘扬的支持，他迎娶刘扬的外甥女郭圣通，不是出于爱情，而是政治联姻。

刘秀称帝后，把阴丽华接回洛阳，夫妻得以重聚。一个问题出现了，要立谁为皇后呢？从感情上说，刘秀深爱阴丽华，想立她为后；可是郭圣通已生下皇子刘强，有张王牌在手。阴丽华从大局考虑，谢绝皇后之位，让予郭圣通。建武二年，郭圣通正式被册封为皇后。

据史书所载，郭圣通"虽王家女，而好礼节俭，有母仪之德"，可刘秀真正爱的女人只是少年时苦苦追求的阴丽华。阴丽华不仅漂亮，且"性雅宽仁"。建武九年（公元33），阴丽华的母亲出行时遭盗贼劫杀；光武帝很心痛，下了一道诏书，其中写道："吾微贱之时，娶于阴氏，因将兵征伐，遂各别离。幸得安全，俱脱虎口。以贵人有母仪之美，宜立为后，而固辞弗敢当，列于媵妾。"

这道诏书可视为郭圣通失宠的信号。皇帝等于向天下人宣布，郭圣通皇后的位置，是阴丽华让给她的。刘秀安慰了阴丽华，却伤了郭圣通。郭圣通醋意大发,"数怀怨怼",戾气太重,只能使她被皇帝疏远,最终在皇后保卫战中彻底败北。

建武十七年,光武帝废黜郭圣通皇后之位,理由是:"皇后怀执怨怼,数违教令,不能抚循它子,训长异室。宫闱之内,若见鹰鹯。既无《关雎》之德,而有吕、霍之风,岂可托以幼孤,恭承明祀。"指责非常严重,甚至把她与西汉的吕后、霍显相提并论。显然,是忌妒心毁了郭圣通,光武帝绝不会让自己深爱的阴丽华遭到戚夫人与许平君的下场。

阴丽华最终成为皇后,这是个圆满的结局。刘秀是一代明君,阴丽华是一代名后。据史书所载,阴丽华"在位恭俭,少嗜玩,不喜笑谑。性仁孝,多矜慈"。对于妃嫔无数的帝王来说,爱情多数只是传说。刘秀是例外,他对阴丽华的挚爱终生不渝。阴丽华死于明帝永平七年(公元64),死后与光武帝合葬于原陵。

公元57年,光武帝刘秀去世,刘庄继位,史称汉明帝。

刘庄刚刚继位,就有人想把他从皇帝的宝座上拉下来。

谁呢?亲弟弟刘荆。

兄弟两人都是阴丽华所生,在刘秀的诸多儿子中,刘荆跟老爹长得最像,而且颇有才干。刘荆被封为山阳王,吃穿不愁,可偏偏他野心勃勃,想取代哥哥成为天子。为了避免弟弟惹是生非,汉明帝把他改封为广陵王,远离京城。不想刘荆贼心不死,招罗一班术士、巫师,迷信各种方术,企图造反起兵。术士怕惹祸上身,悄悄向地方政府告发刘荆的阴谋。汉明帝又一次法外开恩,赦免弟弟的罪行。过了段时间,他又搞起旁门左道,招罗巫师搞祭祀、诅咒一类的把戏,结果又一次进了监狱。在汉代,私搞类似巫蛊的方术乃是重罪,刘荆一而再利用巫术诅咒天子,审案的官员一致认为应处死刑。刘荆得悉消息后,在狱中自杀身亡。

永平十三年(公元70),又有楚王刘英密谋造反之事。

刘英酷爱黄老之术,他也是中国最早的佛教徒之一,按理说应该看破红尘,行出世之道。可是他却把道法与佛法作为夺取权力的本钱,岂知佛法虽然无边,岂能成为野心家的工具呢?东窗事发后,刘英被逮捕入狱,以大逆不道之罪被判死刑。汉明帝念着手足之情,未治刘英之罪,只是撤销"楚王"之封爵。刘英最终选择与刘荆同样的下场,自杀身亡。

刘英谋反案本来并不复杂,然而汉明帝怀疑背后另有黑手,遂演变成为一件牵扯极广、死伤千人的大狱。大狱持续一年之久，许多与谋反案根本不沾边的人，被种种真假难辨的口供卷入旋涡之中。在严刑逼供之下，人们为了自保，往往屈打成招，随便说个人名，牵连的人越来越多。上至皇亲国戚、诸侯，下至州、郡豪杰。

汉明帝失去了理智，坚信刘英谋反只是冰山一角，在朝廷内外一定有更大的阴谋。从京城到地方，人人自危，只要被诬告，便锒铛入狱，轻则流放，重则丧命。负责审理此案的侍御史寒朗为人正直，眼看冤狱遍地，心中不忍，遂越权直接上疏汉明帝，直言大多数涉案之人都是遭到别人的诬告。两天后，汉明帝亲自到监狱提审囚犯，发现确实许多人只是被诬入狱，于是马上释放一千多名犯人。皇帝终于冷静下来，撤销对大狱的穷究，蒙冤者总算得以昭雪。

尽管出现过楚王谋反大狱，总体上说，汉明帝在位期间，国家很安定，他出台许多政策以改善民生。《后汉书》称："明帝善刑理，法令分明，日晏坐朝，幽枉必达。内外无倖曲之私，在上无矜大之色。断狱得情，号居前代十二。故后之言事者，莫不先建武、永平之政。"

他是一位相当勤政的皇帝，日理万机，更难能可贵的是，广开言论之门。永平八年（公元65），汉明帝下达诏令，要求各部门坦率批评政府，不必顾忌。各级官员均可以用密折的形式，直言政府的得失。汉明帝看到批评的意见中肯，便自责所犯的过失，并把密折内容交给百官传阅。忠言逆耳，汉明帝能虚怀接受，主动要求臣下批评其政，这是非常难得的。终明帝一朝，政事上并未有大的过失。国家日益富强，百姓安居乐业。如果说光武帝是开国之君，汉明帝则是守成之君。开国固难，守成亦难。东汉帝国能享国祚二百年，与最初几位君王的作为是分不开的。

汉明帝在文治上的最大成就，便是崇仰儒术。东汉是儒学最为昌盛的时代，光武帝、明帝与章帝都是儒术的大力倡导者，其中又以汉明帝之功最大。

永平二年（公元59），登基不久的汉明帝以身作则，为崇仰儒术做出表率。这一年，他前往辟雍（国立大学），先到礼殿，派使节以车马恭迎大儒李躬、桓荣于太学讲堂，皇帝亲自在门屏处迎接两位大师。进了殿堂，皇帝向两人行礼，李躬朝东而坐，桓荣朝南而坐。朝廷重臣，三公九卿，有的摆案几，有的摆鞋子，皇帝亲自动手切肉，送到两位硕儒面前，举杯祝福。礼毕后，桓荣与他的学生们升堂而坐，皇帝亲自为臣属们讲解儒学经典，诸位大儒手执经卷，时不时提出质问，学术氛围浓厚到极点。这是百年未有的盛典，汉明帝以此隆重的仪式，开尊师重道、崇仰儒学之风气，对西汉儒家兴盛实有不可磨灭之贡献。

汉明帝还是太子时，桓荣就是他的老师。明帝即位后，仍以师礼尊待。有一回，明帝前往太常府，他让桓荣坐在最尊贵的位置上，会同百官及学生数百人，一起听桓荣讲解经典。后来桓荣得了重病，明帝前往探视，到桓宅路口，就下车步行，手捧经册，恭恭敬敬地进门。在病榻前，明帝扶着老师，涕流满面。后来凡是前来探病的王侯、将军、大臣，没有人敢乘车直入其家，都效法皇帝，远远下车，徒步而入。

由于皇帝身体力行，上自太子、王侯，下至大臣子弟、功臣子孙，没有一人不接受儒家教育。汉明帝又专门创立一座学堂，外戚子弟就学于此，并聘请通精儒学五经的经师以及德高望重的学者来此教授课程。不仅贵族如此，包括期门武士、羽林军这些武夫，也必须要粗通《孝经》的章句。儒学教育，已经成为国家的正统教育。

汉明帝去世后，其子刘炟继位，是为汉章帝。

与父亲相比，汉章帝的性情更加宽和。即位之初，他即下诏，要求各部门"慎选举，进柔良，退贪猾，顺时令，理冤狱"。鉴于明帝一朝政风苛察，尚书陈宠上疏提出："夫为政犹张琴瑟，大弦急者小弦绝。陛下宜隆先王之道，荡涤烦苛之法，轻薄棰楚以济群生，全广至德以奉天心。"汉章帝认为陈宠所言极是，故而在政事上务求宽厚。

然而政事过于宽厚，也带来一些负面影响。比如，文武官员多不称职，不负责任，工作效率低下，等等。由于光武帝保全功臣，经过光武、明帝两朝，功臣家族仍声势显赫，垄断许多政府要职。人才的选拔大多看出身背景，而非考察实际的能力与水平。汉章帝意识到这些负面因素，在选拔官吏上，更注重个人品德与才能。

总的来说，汉章帝时代是一个黄金时代，社会安定，政治比较清明。汉章帝推行仁政，注重民生经济，劝农桑，减徭役，轻赋税。在法律制度上继承西汉文景之治的人道主义传统，废除酷刑逼供，解妖言之禁。为鼓励人口增殖，凡有妇女怀孕，赏赐三斛粮食，免其夫一年人头税；妇女生子，免其夫三年人头税。这些都是很有人性化色彩的政策。

汉章帝对儒学的尊崇，不让光武、明帝。建初四年（公元79），章帝召集大儒在白虎观举行集会，目的是辨明五经的同异之处。五经是儒家五部重要经典，即《诗》《书》《礼》《易》《春秋》，由于成书时间不同，作者各异，自然有许多矛盾之处。这次集会即是为了解决这一问题，最后汇编为一册《白虎议奏》，也称为《白虎通义》。这部书作为官方典籍公布，对后世儒学产生很大的影响。

可惜的是，汉章帝死得早，去世时年仅三十一岁。明帝与章帝统治时期，是东汉最为和平安定的时期，后世称为"明章之治"。东汉"明章之治"与西汉"文景之治"都是古代历史上为数不多的盛世，只是由于两人都不长寿，任期合计只有三十一年，因而明章时代的各项政策，尚未能有充足的时间深耕细作，故而其规模与影响力，不及西汉的"文景之治"。

三五 / 通往西域之路

光武帝统一中国后，偃武修文，奉行休养生息的政策。汉明帝即位之初，延续父亲的政策，在对外经略上比较慎重。由于匈奴分裂，南匈奴内附，有效缓冲北匈奴对东汉边疆的骚扰。明帝时代，东汉社会经济发展迅速，国家实力大大增强。在这种背景下，讨伐北匈奴的呼声越来越高。

耿秉是主战派的代表，他多次上疏皇帝，请求讨伐北匈奴。在奏章中，耿秉提出自己的战略计划："应先出击白山（天山），控制伊吾，击破车师，与乌孙等国互派使节，以斩断匈奴的右臂。在伊吾地区，驻有匈奴的南呼衍王兵团，若击破之，则折断匈奴人的左角。断匈奴右臂，复折其左角，就可以对匈奴本土发动正面攻击。"

这个计划，是西汉张骞"断匈奴右臂"战略的修订版，思路一致：要打败匈奴，必须要夺取西域。汉明帝把耿秉的计划交由窦固、祭肜等将领讨论，做了一点修改：汉军出击西域的同时，进攻北匈奴本土，以牵制其增援。

为了保证"断匈奴右臂"计划的实现，东汉政府分四路出击：第一路由奉车都尉窦固指挥，下辖河西三郡部队及羌胡骑兵一万二千人，从酒泉出发，目标直指天山。第二路由驸马都尉耿秉指挥，辖三郡壮勇及羌胡骑兵一万人，目标是匈奴本土的匈林王部。第三路由骑都尉来苗指挥，辖北方七郡卫戍部队及乌桓、鲜卑骑兵一万一千人，进攻匈奴东部。第四路由太仆祭肜指挥，辖南匈奴及羌胡骑兵一万一千人，进攻匈奴中部。

永平十六年（公元73），四路大军约四万五千人，从四个方向同时发动进攻。

窦固兵团的作战任务最为重要，目的是重新打通西域。北匈奴在西域的军事力量主要是南呼衍王部，据点在伊吾卢城（简称伊吾，新疆哈密）。窦固进至天山，与南呼衍王遭遇，首战告捷，歼敌千余人。汉军乘胜追击，抵蒲类海（新疆巴里坤湖），占领南呼衍王老巢伊吾卢城，圆满完成预定计划。他留下宜禾都尉及部分士兵驻守伊吾卢城，派假司马班超出使西域诸国。

与窦固兵团相比，其他三路大军北伐匈奴，颗粒无收。北匈奴打探到汉军大举出击，早就逃得远远的，以至于汉军空手而归。东汉帝国已经向北匈奴发出挑战的信号，当北伐军撤回国内后，北匈奴骑兵呼啸而至，猛攻云中郡，为云中太守廉范击败，死者千余人。

第二年（永平十七年，公元 74 年），东汉帝国第二次出师西域，作战任务有两个：第一，清除匈奴在西域的残余力量。第二，占领西域的咽喉之地车师国。

奉车都尉窦固仍为远征军统帅，驸马都尉耿秉、骑都尉刘张为副将，下辖一万四千骑兵。远征军进抵蒲类海附近，与南呼衍王残部在天山山麓再度交锋，南呼衍王大败。接下来的目标便是夺取车师，车师战略地位非常重要，是进入西域的门户，分为两部，分别是前国与后国。东汉建国后，由于光武帝刘秀对经营西域持消极的态度，车师重新投靠北匈奴。东汉政府要重新经营西域，必先夺车师。

远征军统帅窦固力主先打车师前国，车师前国位于天山南侧，容易进攻。副帅耿秉则力主打车师后国，从地理位置看，车师后国在天山北侧，须翻山越岭才能发动进攻，时值冬季，天气严寒，显然不利因素很多。然而，车师前王是车师后王的儿子，如果老子投降，儿子就会跟着投降，故而打掉车师后国，就可一箭双雕。

耿秉没等窦固同意，便自作主张，率领前锋部队向车师后国进发。大军翻山越岭，克服冰雪、寒冷与饥饿等不利因素，杀抵车师后国。耿秉冲锋陷阵，大破车师，斩俘数千人，缴获马、牛等牲畜十余万头。车师后王安得大惊失色，只得打开城门，向耿秉投降。车师后国一投降，车师前国紧接着宣布脱离匈奴，归附东汉政府。

夺取车师后，汉明帝恢复西域都护与戊己校尉。西域都护由陈睦担任；戊校尉由耿恭担任，驻屯于车师后国的金蒲城；己校尉由关宠担任，驻屯于车师前国的柳中城。

永平十八年（公元 75）初，汉明帝诏令窦固班师回朝。

窦固刚刚离开，匈奴人便呼啸而至。三月，两万名北匈奴骑兵在左鹿蠡王的率领下，越过边境线，直逼车师后国。东汉在西域的驻军，只有两支象征性的屯垦部队，即耿恭与关宠担任校尉的戊、己兵团，各有数百人。自西汉始，帝国在西域的策略是"以夷制夷"，譬如常惠、郑吉、冯奉世、陈汤等英雄，他们的事业都是借助西域诸国的力量，抗击匈奴或平定叛乱。

问题是，东汉刚刚重返西域，除了车师之外，哪有其他兵力可用呢？面对两万名来势汹汹的匈奴兵，车师后王安得焉是对手，紧急向驻扎在金蒲城的耿恭发出求援信。耿恭颇为尴尬，自己的屯垦兵团只有数百人，少得可怜，如何救援。尽管这样，他还是抽出三百人前往支援，三百人只不过是杯水车薪，无法改变战局，最终全军覆没。北匈奴全力进攻车师后王，阵斩后王安得。车师后国的局势急转直下，北匈奴铁骑长驱直入，直指耿恭所在的金蒲城。

史书没有详细记载耿恭的军队人数，仅仅知道戊、己兵团各有数百人的屯垦部队，数百是多少呢？以上限来估算，就是九百。耿恭派去救援车师后王的三百人全军覆没，剩下的部队，不会超过六百人。以不足六百人的小部队，能顶得住匈奴两万骑兵的进攻吗？能守得住金蒲城吗？

我们先来了解一下耿恭的身世。

耿氏家族在东汉初期可谓群星闪耀，为东汉帝国的建立与崛起立下汗马功劳。耿恭的祖父耿况及其六个儿子，全部成为东汉开国将领，六个儿子分别是：耿弇、耿舒、耿国、耿广、耿举、耿霸；其中耿弇更是成为一代名将。父亲耿广英年早逝，耿恭很早便成为孤儿，他继承父业，勤奋好学，为人慷慨有义气，志向高远，足智多谋，史书称他有"将帅之才"。

面对匈奴两万骑兵，耿恭以数百人守金蒲城，形势十分严峻。以区区数百人要打退两万匈奴人是不可能的，除了斗勇之外，还要斗智，充分运用心理战术，挫伤匈奴人的锐气。足智多谋的耿恭把一种毒药涂抹在箭镞上，一旦被射中，毒药便会在人的皮肤上发生化学反应，中箭的伤口有一种强烈的灼烧感，继而溃烂，令人痛苦无比。耿恭以毒箭还击，这下匈奴人尝到"神箭"的厉害，只要中箭受伤者，剧痛难忍，创口处的肌肉似乎要爆炸开来。毒药并不致命，但给匈奴人所带来的心理恐惧，远远超过实际的杀伤力。

尽管首战告捷，耿恭的处境仍然很艰难。这时金蒲城突然暗云密布，暴雨倾盆。耿恭抓住机会，大胆出击，冒雨夜袭匈奴兵营。毫无防备的匈奴人竟被打得找不到北，伤亡颇多。左鹿蠡王惊呼道："汉兵有如神助，真是可怕。"遂解围而去。

耿恭保住金蒲城，他估计匈奴人会很快卷土重来，金蒲城的守备条件不是很好，必须另选一处可以长期坚守的城池。疏勒城是一个很好的据点，城虽不大，却很坚固，有一小河流过，可以为城中提供水源。五月，耿恭把剩余部队调往疏勒城，修缮城防工事。不过面对匈奴的绝对优势兵力，耿恭仍显力不从心。

七月，左鹿蠡王兵临疏勒城下，发动进攻，却久攻不下。此时季节正由夏入秋，天气酷热，疏勒城的饮水全依赖于从城边流过的小河。匈奴人在上游处把河道堵塞，使水流改向。这一招实在是厉害，在干旱缺水的西域，用不上几天的工夫，耿恭跟他的部队将全军覆没！

原本清澈的小河干涸了，耿恭忧心忡忡。他全力在城内凿井，希望寻找到可以饮用的地下水。没有水，所有人都得渴死。几天过去了，挖掘地下水源却没有任何进展。守军在城中多地凿井，但仍然没有一滴水冒出来。所有人干渴到极点，已临近生存的极限。为了生存，所有能喝的东西，不论味道如何，都得强迫自己喝，战士们甚至从马的粪便中榨取水汁来喝！

卫戍司令耿恭亲自下坑挖井，一直挖到十五丈深，仍不见水源！难道是天意亡我！耿恭仰天说道："当年贰师将军李广利拔刀刺山，飞泉涌出；现今大汉国家强盛昌明，自有上苍保佑，岂会是穷途末路！"说罢整好衣裳，对井而拜，祷祝神明的佑护，拜完之后下井再挖。苍天不负有心人，终于一股清泉喷涌而出！

耿恭扛着一桶水走上城头，冲着城下的匈奴人，将水泼出去。左鹿蠡王大感意外，眼中露出迷惘的神情，沮丧地做出撤兵的决定。

然而故事还远未结束。

北匈奴占据车师后国，在西域的势力急剧膨胀，车师前国也岌岌可危。焉耆与龟兹倒向匈奴，出兵进攻车师前国，东汉的西域都护府被攻破，西域都护陈睦殉职。北匈奴大举南下，侵入车师前国。北匈奴骑兵包围柳中城，东汉校尉关宠率数百人的屯垦部队艰难抵抗。

从疏勒与柳中城发出的求援信如雪片般的传到帝国首都洛阳。然而这一年，帝国发生了一件大事：汉明帝去世，汉章帝继位。帝国权力核心的注意力都集中在新政权的稳定上，救援西域一事，一再推延。东汉援军迟迟未到，车师前国、后国投降北匈奴，匈奴再度对疏勒城发动进攻。

这是一次耗时达数月之久的围城战。

耿恭凭借自己的军事才华，屡屡挫败北匈奴与车师军队的进攻。车师军队只是在北匈奴的威逼下，勉强加入战斗，并非真心与汉军为敌，有时甚至偷偷地帮助耿恭。耿恭之所以能在强敌围困中坚持数月之久，其中一个原因便是得到了车师王后的帮助。王后有汉人的血统，她秘密派遣心腹之人，暗中帮助耿恭。王后多次为耿恭提供情报，泄露北匈奴的作战计划与分布情况；同时，王后还秘密为耿恭提供粮食，这是疏勒城得以坚守的重要原因。

即便如此，疏勒城内的粮食问题还是非常严重。粮食供应不上的日子里，耿恭与守军只能煮皮革吃。皮革来自甲衣与弓弩，汉兵军装上的皮甲一般是用犀牛皮制成的，把皮甲一片片剥下，放在水中煮烂，吃到肚子里充饥。军装上的皮甲吃完了，就煮弓弩上的皮革。耿恭和他的部下忍受常人难以想象的苦楚，顽强地生存下去。此时此地，死亡倒成为一种幸福，死了，就不会有折磨了。

对耿恭的坚忍不拔，北匈奴单于暗暗佩服，派使节进入疏勒城，劝降耿恭。耿恭在城楼之上，当着匈奴单于的面，结果了使者性命，以示绝不投降之决心。

秋去冬来，耿恭遇到另一个难题：军队没有御寒的衣服。原先穿的甲衣，都被当作食物煮着吃光了。没有冬衣，无法熬过漫长的冬天。必须派人到敦煌郡，设法弄来一批冬衣，最好补充些人马。他把这个任务交给心腹范羌，范羌即刻启程。

此刻，朝廷内部正在进行一场激烈的争论。

汉章帝召开公卿会议，讨论救援西域耿恭、关宠。司空第五伦以为新君初立，国事未定，不宜劳师远征。司徒鲍昱挺身而出，反驳第五伦的谬论，鲍昱说："把别人置于危险之地，情势紧急时却要抛弃他们，这样做，外则纵蛮夷之暴，内则伤死难之臣。试问日后匈奴犯塞寇边，陛下将以何人为将呢？"他建议由敦煌、酒泉太守，各率领两千人的精兵，昼夜兼程，前往救援。鲍昱判断，匈奴军队久暴于野，已疲惫不堪一战，整个救援计划，可在四十天内完成。

鲍昱的建议得到压倒性的支持。酒泉太守段彭，谒者王蒙、皇甫援率领张掖、酒泉、敦煌三郡以及鄯善军队共计七千人，展开救援行动。前往敦煌筹集冬衣的范羌随大军一同出发。

转眼已到正月（公元76），经昼夜兼程赶路，七千人的援军终于抵达柳中城。柳中城卫戍司令关宠经过数月艰苦卓绝的战斗，已心力交瘁。援军一到，他却一病不起，死于军中。解柳中之围后，段彭指挥七千人反击车师前国，大破车师军，击毙三千八百人，俘虏三千余人，缴获骆驼、马、牛、羊、驴共三万七千头。车师前国再次举旗投降。

　　天山以南的匈奴人被赶跑了，而天山以北的疏勒城仍危在旦夕。副将王蒙认为部队千里行军，刚打了一场大战，士卒疲惫不堪，而疏勒城仍然在数百里之外，音信全无，不宜轻易行动。大家心里都明白，救援耿恭，首先要翻越白雪皑皑的天山，此时正是正月，大雪满山，有些地方积雪超过一丈，行军的难度之大，可想而知。再说了，耿恭的部队才剩下几个人，部队前往救援付出的伤亡恐怕要比救出的人还多。一个强大的国家，怎能置英雄们的生死于不顾呢？范羌泣血请求救援疏勒城，全体战士无不动容，纷纷表示愿随范羌前往。段彭、王蒙决定由范羌率两千名战士，翻越天山，前往营救耿恭余部。

　　雄伟的天山山脉将车师分割为南北两部，通往疏勒的道路遥远难行，天公不作美，飘起大雪，行军更加艰难。范羌与两千男儿克服种种恶劣的环境，终于翻过白雪覆盖的山脉。

　　疏勒仍然在汉军手中，只是数百人的守军，如今只剩下二十六人。在坚守疏勒城的数百个日日夜夜里，耿恭与他英勇的部队如同在地狱中苦苦挣扎，缺水、缺粮、缺衣以及无休止的战斗，他们却创造了非凡的奇迹，甚至只剩下二十六人，还能勉强守住城池。显然，匈奴人相信寒冷与饥饿足以击垮这支意志坚强的军队，他们只要坐等，疏勒必成一座死城。可是他们没有想到，汉军竟会为拯救这几十个人，冒着大雪，急行军数百里，翻越高大山脉，这简直不可思议。

　　范羌终于抵达疏勒城下，这时已是深夜。城中的部队，远远听到人喊马嘶，打破夜的宁静，所有人大惊失色。就在这时，只听到城下有人大喊道："耿校尉——我是范羌，朝廷派军队来迎接校尉了——"

　　城上所有的人都听清了、看清了，这真是帝国的军队！他们扔掉武器，在城头上欢呼雀跃，激动的泪水夺眶而出，"万岁——"的呼声在不远处的山谷间回荡。无数个日夜，他们坚守弹丸之地，以区区数百人，顽强地顶住匈奴数万大军的进攻，疏勒城在战火的洗礼中千疮百孔，仍坚强屹立着。城门打开，耿恭与二十五名勇士，同前来救援的战士相互拥抱在一起，热泪满面，泣不成声！

第二天，耿恭踏上了返乡之程。可是战斗还没有结束。

匈奴人发现汉军飞越天山，解救耿恭的部队，单于派出骑兵跟踪追击。无论是耿恭余部还是范羌带来的援兵，都已疲惫不堪，他们一边还击，一边撤退。成功击退敌人的围追阻截后，部队又一次翻越雄伟的天山，成功脱险。

三月初，这支疲敝却英勇的队伍终于抵达帝国边关：玉门关。从疏勒城撤退的二十六名勇士，生还玉门关者，只有十三人。其余十三人，或死于阻击匈奴的战斗，或由于体力不支，死于撤退的途中。

中郎将郑众亲自在玉门关迎接英雄的归来，为耿恭接风洗尘，所有人肃然起敬，对这位浑身是胆、坚忍不拔的名将表示由衷钦佩。郑众上疏皇帝，极力赞扬耿恭的功勋："耿恭以单兵固守孤城，当匈奴之卫，对数万之众，连月踰年，心力困尽，凿山为井，煮弩为粮，出于万死无一生之望。前后杀伤丑虏数百千计，卒全忠勇，不为大汉耻，恭之节义，古今未有。宜蒙显爵，以厉将帅。"

《后汉书》的作者范晔，对耿恭守疏勒给予极高的评价，义薄云天，与前汉的苏武交相辉映。范晔评道："余初读苏武传，感其茹毛穷海，不为大汉羞。后览耿恭疏勒之事，喟然不觉涕之无从。嗟哉，义重于生，以至是乎！"

鉴于汉军在西域受挫，汉章帝下诏罢除西域都护与戊己校尉。此时西域都护陈睦已战死，戊校尉耿恭返回国内，己校尉关宠病死，东汉帝国在西域的驻军仅剩下伊吾卢的屯垦部队（宜禾都尉）。次年（公元77），汉章帝撤回伊吾卢的屯垦部队。自此，"断匈奴右臂"计划流产。

不过，东汉帝国在西域的出击并非完全失败，汉章帝下诏撤回西域所有人员时，有一个人没有奉诏回国，而是凭借自己的勇气与毅力，孤身在西域奋斗近三十年，完成前无古人、后无来者的英雄壮举，这个人就是班超。

三六 / 四十岁男人的奋斗

班超出生于史学世家。父亲班彪、哥哥班固、妹妹班昭都是著名的史学家，史学巨著《汉书》，始于班彪，经班固整理，最后成于班昭。但是班超并没有走上史家之路，而是选择了一条充满荆棘的英雄之路。

建武八年（公元32），班超出生时，中原尚未统一。父亲班彪归附东汉政权，他志不在做官，而是潜心搞学问。尽管班超没有成为史学家，但历史人物的故事对他产生巨大的影响。他沉醉于伟大人物的英雄事业中，特别崇拜勇闯西域的博望侯张骞与刺杀楼兰王的勇士傅介子。

父亲去世后，家庭的经济情况开始变得糟糕。永平五年（公元62），班固被召入京，担任校书郎，班超与母亲随同来到洛阳。因为生活贫困，班超不得不为官府抄写文书，工作辛苦，薪水微薄。此时他年过三十，一事无成，郁郁不得志。一日，抄写文书时，他突然叹道："大丈夫无它志略，犹当效傅介子、张骞立功异域，以取封侯，安能久事笔研间乎？"别人都笑话他，三十多岁的男人，抄写文书维持生计，还在做白日梦。班超又叹道："小子安知壮士之志哉！"

有个相士看过班超面相后说："你是个布衣书生，却有万里封侯之相。"他解释说："你有燕子状的下巴，老虎状的脖子，燕颔虎颈。燕子是能飞之鸟，说明事业是遥远之乡；老虎是食肉之兽，食肉表示富贵，此乃万里封侯之相。"

不过，直到班超四十岁，仍一事无成。

永平十五年（公元72），汉明帝派遣窦固进击西域，时为布衣的班超决定从军，到西域建功立业。班、窦两家算得上世交，窦固接纳班超，挂个"假司马"头衔。很快，班超就令窦固刮目相看。在与匈奴的战斗中，班超冲锋陷阵，神勇无敌，手刃多名敌兵，其英勇表现给窦固留下深刻的印象。西域诸国自王莽时代脱离中国，已有五十多年，东汉必须派遣精明强干的使节出使诸国。窦固选择了胆略过人的假司马班超。

与班超一同前往的有军中从事郭恂及军士三十六人，首站是东部小国鄯善

（即楼兰）。三十八人跨上骏马，拜别窦固，扬尘而去。班超此时不曾想到，这一去，竟然是三十年之久。他将把自己的余生，全部奉献给西域的事业。

这一年，班超四十一岁。

鄯善与车师一样，是进入西域的必经之道，战略地位十分重要。光武帝时，鄯善多次请求东汉政府设置西域都护，保护西域诸国。遭到光武帝拒绝后，鄯善与车师不得已之下，归附匈奴。鄯善王得知汉使前来，不敢怠慢，举办盛宴为班超接风洗尘。

班超此来的目的，是为联合鄯善，共同打击北匈奴。小住几天后，班超发现有件事不对劲。当他谈到正事时，鄯善王变得闪烁其词，顾左右而言他，对使团的接待规格也降低了。班超对他的手下说："我判断定是匈奴使团到鄯善了，国王犹豫不决，不知应该站在哪边。明眼人在事情发生前就可以发现苗头，何况事态已经这么明显。"

他使出一计，差人把侍者唤入帐内，故作不经意地问说："匈奴使团已经来好几天了，他们住在什么地方？"侍者吃了一惊，以为机密已泄露，讷讷地说："他们住在三十里外。"众军士不由得佩服班超惊人的判断力。为防走漏消息，班超命令左右将侍者捆起来，绑得结结实实的，押在帐内。

晚上，班超召集三十六名军士喝酒，没有邀请从事郭循。喝到酒酣时，班超对大家说："诸位与我都来到绝域，目的是想建功立业，以求富贵。匈奴使者才来数日，鄯善王对我们就不尊敬，如果他把我们抓起来献给匈奴，我等不仅性命不保，就是这副骸骨都要成为荒郊野狼的口中之食。你们说该怎么办？"

众军士你看我、我看你，酒气上涌，说道："您说咋办就咋办，是死是活，全听从司马。"

"好——"班超将拳头砸向案头，"不入虎穴、焉得虎子！于今之计，只有趁黑夜时分，潜入匈奴帐中纵火。只要消灭北虏，令鄯善王破胆，则功可成、事可立。"

有一名军士说："事关重大，还是与从事郭循商量一下。"

班超略带鄙夷的神情说："吉凶决于今日！郭循不过是文官俗吏罢了，让他知道，一定吓得腿发软，这事准不成，一旦泄露密谋，我们就死得不明不白，这不是壮士所为！"

众人酒劲正上来，慨然道："全听司马的安排。"

月光暗淡，繁星点点。匈奴使节行馆外，数十条人影闪过。这时已是下半夜，刮起大风。班超安排十人埋伏在行馆四周，每人都带着鼓，班超嘱咐道："等看到大火烧起来，便用力敲鼓，高声叫喊，喊得越热闹越好。"其余二十六名军士手持刀剑与强弩，挡在门外，顺着风向点火，顿时间房舍熊熊燃烧。

十名鼓手见到火光四起，赶紧咚咚咚地擂鼓，扯着嗓门喊。匈奴人被火光与鼓声惊醒，惊慌失措，争着往门外冲。匈奴使团有一百三十多人，比班超人多，但大门只有一个，只能一个个冲出来。冲出一个，班超与二十六人的二十七刀齐刷刷砍下，来一个杀一个，来两个杀一双。班超亲手劈死三人，二十六名军士砍了三十余人。其余匈奴人连走出大门的机会也没有，不是被烧死，就是被浓烟呛死。

拂晓时分，班超见没活口，便回到住处，把奇袭匈奴使团的过程告知从事郭恂。郭恂听得两眼发愣，带着一脸沮丧。班超晓得郭恂这种文官俗吏，大事不敢做，别人做了，他又想要贪功。于是他很慷慨地表示，功劳簿中郭恂也有一份，郭恂顿时笑逐颜开。当鄯善王得知匈奴使团全被杀光，吓得脸无人色，浑身发抖。他还有得选择吗？只得表示愿意归附大汉，绝无二心。

初使鄯善，班超大放光芒。窦固大喜，上疏极力称赞班超的功劳。汉明帝正式任命班超为军司马，出使于阗。

西域的通道分为南北二支，于阗是南道大国。由于西域诸国多数尚未归附，班超此去危险重重，窦固打算多派数百人以防不测。班超答复说，若是真遇不测，多几百人也无济于事，还是原先这三十几名军士就够了。

从皇帝到窦固，都知道出使于阗的任务是何等艰难。于阗的政治形势非常复杂，它与莎车均为西域大国，两国相互攻伐。公元62年，于阗王广德以三万之从攻莎车，杀死莎车王，遂并其国。然而，于阗的兴起引起匈奴的不安，匈奴伙同喽啰国出兵干涉。于阗怎么是匈奴的对手，被迫投降，放弃莎车土地，匈奴派遣使者监视于阗王的一举一动。

在当时，东汉帝国的地位排名为世界第一，东汉使团前来，于阗王哪敢不接待呢？不过，监视于阗的匈奴使者自然要搞破坏，暗中收买大巫师。于阗是个宗教色彩比较浓的国家，大巫师地位很高，国王对大巫师言听计从。大巫师便在于阗王面前吐槽东汉使团，煽风点火，假装神灵附体说："天神发怒了，质问大王为何要心向着汉国，汉使有一匹马，黑嘴黄身，快去索取来祭祀我！"

于阗王不敢怠慢，派宰相前去使馆向班超求取宝马。班超心思缜密，细细盘问，弄明白是大巫师在搞鬼，便心生一计道："既然大巫师要这匹马，那没问题，只是汉家马匹不能随便给人，务必请大巫师亲自来取。"

大巫师还以为汉使服软，亲自前来索马，班超立即将他拿下斩杀，把首级送给于阗王。于阗王大惊失色，他早听说班超在鄯善歼灭匈奴使团的壮举，百闻不如一见，这下见识了班超的厉害。这尊大神得罪不起，东汉帝国强大，识时务者为俊杰，于是于阗王捕杀匈奴使者，宣布归附汉室。

班超不辱使命，再下一城。于阗的归附，对西域诸国产生很大影响，特别是南道诸国本来国力就不如于阗，更是望风而降，纷纷遣子入侍。至此，王莽篡汉六十五年后，东汉帝国复通西域，班超居功至伟。

与南道诸国相比，北道诸国局势更加复杂。北道以龟兹国实力最强。龟兹王为匈奴所立，倚恃匈奴的支持，出兵攻打疏勒（西域国家，不是耿恭守的疏勒城），杀死疏勒王，以龟兹贵族兜题为新的疏勒王，疏勒成为龟兹的附属国。

考虑到龟兹在北道的影响力，要摆平龟兹，首先必须摆平疏勒。疏勒国内最大矛盾，便是国王非疏勒人，而是入侵者龟兹人。疏勒人忍气吞声，内心对龟兹深为不满。对此，班超洞若观火。永平十七年（公元74），班超带领几十名军士，抄小路入疏勒。距疏勒首都槃橐城九十里处，班超先派得力干将田虑带几位弟兄进城，会晤疏勒王兜题。临行前，班超嘱咐说："疏勒王兜题本非疏勒人，国人必不听命于他，若拒不投降，想办法把他抓起来。"

田虑入王城游说兜题，兜题见汉使人少，不放在眼里，趾高气扬。田虑乘他不备，将其打倒在地，劫为人质。王室卫兵大惊失色，大家你看我，我看你，然后一哄而散。国王被擒后，班超火速入王城，召集文武官员，说道："你们已故的国王被龟兹人所害，龟兹人当了你们的国王，百姓敢怒不敢言。兜题已被擒下，你们是愿意继续臣服于龟兹呢，还是选择自己的国王呢？"

大家纷纷提议另立国王，已故疏勒王尚有一儿子在世，单名一字"忠"，班超立忠为国王。至于被俘的国王兜题，班超并未杀他，而是遣送回龟兹。这样，班超兵不血刃，搞定疏勒国。

自班超出使西域，在鄯善奇袭匈奴使团，在于阗计斩大巫师，在疏勒勇擒疏勒王，愈出愈奇，愈出愈妙。下属们无不对他的胆略、勇气、智谋佩服得五体投地。然而这只是班超西域事业的开始罢了，更伟大的成就在等待着他。

正当班超的事业风生水起之时，西域风云突变。永平十八年（公元75），北匈奴车师后王安得，围柳中、疏勒两城（疏勒城与疏勒国不可混淆）。焉耆、龟兹发兵攻西域都护陈睦，陈睦战死；龟兹得寸进尺，联合姑墨进攻疏勒国。强敌压境，班超从容应对，与疏勒王忠共同守卫王城槃橐城。龟兹、姑墨联军围城长达一年，无法攻破槃橐城，悻悻离去。

东汉帝国的西域战略严重受挫，汉章帝决定撤兵，诏罢西域都护与戊己校尉。朝廷考虑班超势单力薄，难以抗衡龟兹等敌对势力，下诏征还班超。皇帝的诏书抵疏勒国，班超进退两难：自己若离去，龟兹必然卷土重来，一旦疏勒陷落，于阗等南道诸国将全部沦陷；若不奉诏，就有抗命之嫌。怎么办呢？

疏勒都尉黎弇以自杀的极端方式阻止班超回国，他说："汉使弃我，我必复为龟兹所灭，诚不忍见汉使去。"说完后横刀自刭。行经于阗，于阗百姓抱住班超坐骑的四条腿，不肯让马匹行走，使君一走，我等怎么办？

此情此景，诚可感动天地。班超想起年轻时的雄心壮志，如果离开西域，他还能成为张骞那样伟大的人物吗？伟大的人物，必定会有伟大的魄力，即便是皇帝的命令，也要抗上一回。他决定留下来，为建立不朽的功业而奋斗。班超心里很清楚，除了身边数十名军士之外，他再也得不到东汉政府的支援，西域局势正在恶化，未来之路更加艰险，他只能孤身奋斗。

班超在西域的奋斗，是中国历史上的传奇篇章。他不仅是东汉时代最伟大的英雄，也是中国历史上最伟大的英雄。他几乎仅凭个人的勇气与智慧，降服西域五十余个国家，如此伟业，空前绝后。不独中国历史，举诸世界历史，奋斗于异域，而卒能成大业的，能与班超比肩者，亦不过凤毛麟角罢了。

西域国家众多，政治局势非常复杂，东汉军队撤出后，北匈奴大有卷土重来之势。即便是归附汉室的国家，也远远谈不上忠心，背叛是司空见惯的事。班超在西域诸国游走，随时可能遭遇不测，倘若没有足够的机智、胆略、勇气与计谋，就可能陷入万劫不复之境地。

班超离开疏勒后，疏勒北部的两座城池倒戈，向龟兹投降。龟兹的喽啰国尉头派军进驻二城，疏勒的局势迅速恶化，首都槃橐城开始人心动荡。这时，班超又回来了！槃橐城军民仿佛见到救世主，脸上写满喜悦之情，他们相信班超将使疏勒转危为安。果不其然，班超率领疏勒军队反攻北方二城，城内百姓纷起响应，很快收复两城，歼灭尉头驻军六百多人，捕杀倒戈降敌的疏勒将领。班超以迅雷不及掩耳之势平定叛乱，疏勒局势得以稳定。

不过，形势不容乐观。

匈奴基本控制着北道诸国，包括龟兹、焉耆、姑墨、尉头、温宿等国。南道诸国虽然归附汉室，然而诸国矛盾很大，难以团结起来对抗北道。班超只有几十名铁杆部下，武力严重依赖诸国武装。为了联合更多力量，班超频频派遣使者到康居、月支、大宛等国家，寻求联合。

建初三年（公元78），班超纠集疏勒、康居、于阗、拘弥四国军队，共计一万多人，进攻姑墨国，攻陷石城，斩敌七百余人。姑墨是龟兹的喽啰国，国王也是龟兹人，故而此役大挫龟兹的锋芒。

两年后（公元80），班超上疏汉章帝，分析西域的形势，指出西域敌对势力以龟兹、焉耆两国为首，而龟兹乃西域大国，若击破龟兹，则西域可复。同时，他建议派遣数百军士，于莎车、疏勒一带屯垦，不须耗费帝国一钱一粮，即可自给自足。

汉章帝召集公卿大会，商讨派兵赴西域的事宜。有一位名为徐幹的勇士，有志于立功绝域，便自告奋勇从军，愿意出塞当班超的副手。汉章帝大喜，以徐幹为假司马，招募壮士前往西域。西域气候干旱，环境恶劣，一般人不愿去，所以招募的全是剽悍之徒。募兵主要有两大来源：一是监狱关押的囚犯，给他们一个立功赎罪的机会；二是江湖上的游侠好汉。

徐幹率领这支一千余人的杂牌军出发了。他来得正是时候，班超遇到麻烦了！

疏勒、车莎先后爆发叛乱。

疏勒都尉番辰对前途悲观失望，暗地里向龟兹投降，起兵攻打班超。与此同时，莎车也举兵叛变。莎车王乃是匈奴、龟兹所立，本来就不愿亲附汉室，只是它处于南道，南道诸国基本归汉，故而表面上臣服，实际则阳奉阴违。番辰在疏勒叛变后，莎车王认为班超大势已去，遂举兵响应。

此时班超处境相当危险，疏勒北有龟兹，南有莎车。倘若不能迅速镇压番辰之乱，可能会遭到龟兹与莎车的两面夹击。所幸的是，徐幹的一千多名生力军正好赶到。班超与徐幹会合，向番辰发动进攻，把叛军杀得落花流水，击毙一千多人。叛乱头头番辰落荒而逃，不知所终。

章帝元和元年（公元84），东汉政府再度增兵西域，由假司马和恭率领一支八百人的小分队，支援将兵长史班超。班超手中的汉军数量增加到两千人，同时征调疏勒、于阗两国军队，进攻莎车。莎车王以大量的金银财宝贿赂疏勒王忠，疏勒王忠见钱眼开，临阵反戈，撤出战斗，退守疏勒西部的乌即城。

疏勒王忠突然叛变，大大出乎班超的意料。他乃是班超所立的国王，多年来一同抗击龟兹的入侵，怎么会叛变呢？最根本的原因，恐怕是疏勒王认为班超没有力量击败龟兹。东汉政府两次增兵西域，不过只有区区两千人，可见无意大举用兵。莎车叛变后，疏勒王对未来局势持更悲观态度，最终选择叛变之路。

班超在西域的奋斗，其艰辛程度，远远超过常人的想象。西域各国错综复杂的关系，如一团乱麻，很难理清楚。特别是夹缝中生存的小国，为了自身的利益，今日归附这个利益集团，明日归附另一个利益集团，是司空见惯的事。

班超对疏勒王忠的叛变迅速做出反应，马上改组疏勒政府，立疏勒贵族成大为新的国王，暂时放弃进攻莎车，包围疏勒叛军的据点乌即城。

围攻乌即城的战役持续半年之久，仍然无法破城。形势对班超很不利，北面要防龟兹及其喽啰国的入侵，南面要防莎车的反扑。更严重的问题是，康居也卷了进来。疏勒王忠多次派人前往康居国，请求出兵援助，康居王察觉到班超的处境很不妙，决定支持疏勒王忠。

康居军队翻山越岭，向疏勒叛军据点乌即城挺进。一旦康居参战，后果不堪设想。班超审时度势，走了一步外交好棋。当时中亚诸国中，势力最强的当属大月氏国，史称贵霜帝国。贵霜帝国四处扩张，向西攻打安息国（帕提亚帝国），占领伊朗高原东部，向东击灭罽宾（克什米尔一带），南下击破天竺（印度），迫使天竺臣服，是中亚与南亚的霸主。班超秘密给大月氏王送去锦帛财物，请他出面制止康居出兵。大月氏与中国井水不犯河水，无意得罪强大的东汉帝国。月氏王派人出使康居，康居王最终妥协，与班超达成协定：疏勒王忠献出乌即城，流亡康居。班超又一次以高超的手腕化解了一次危机，保住疏勒这块基地。

然而，前疏勒王忠不甘心失败。他逃到康居后，游说康居王，借来一支军队，密谋夺回疏勒。元和三年（公元86），前疏勒王忠假装后悔，向班超请求返回疏勒。他的如意算盘是先诈降，获取班超的信任，暗中与龟兹内应外合，推翻新国王。班超火眼金睛，将计就计，假意应允。忠大喜，带着卫兵进入槃橐城，将大部队埋伏于城外。班超故装不知情状，大摆酒宴，趁前疏勒王忠不备，将其擒下处死，随后突袭埋伏城外的康居军队，击毙七百余人。

章和元年（公元87），外部形势对班超更为有利。该年，鲜卑大举入侵北匈奴，斩杀优留单于。北匈奴的惨败，对西域诸国是莫大的震动。班超敏锐地发现，收拾莎车的机会到了。

班超调集于阗、疏勒等国的军队，共计二万五千人，进攻莎车。这是他经营西域以来发动的最大规模的进攻。莎车紧急向龟兹求援。龟兹王纠集温宿、姑墨、尉头三喽啰国，出动五万人，昼夜兼程救援莎车。

敌众我寡，如何应战？班超临危不乱，提出一个大胆而冒险的作战计划：佯装撤退，令敌人丧失警觉心，再杀个回马枪，一举端掉莎车。

为了迷惑敌人，班超故意散播假情报，莎车王当真以为他被龟兹五万大军吓退，快马通知龟兹王。龟兹王大喜，率领大军欲断班超的退路，企图一战全歼班超兵团。然而，莎车王做梦都没想到，班超根本就不想撤。他略施小计，调虎离山，成功把龟兹兵团引开后，突然急行军杀回莎车王城。莎车王哪里料想得到，根本没有防备。班超一鼓作气攻破王城，毙敌五千余人，莎车王只得认怂，举旗投降。幻想截杀班超的龟兹王苦等了一天，没见到班超大军的影子，却听到莎车被破的噩耗。龟兹王两眼发愣，无可奈何，救援行动彻底失败，只得下令班师。

莎车之战，是班超在西域指挥的最重要的战役。此役既是智胜，也是险胜，若班超无法迅速攻破莎车王城，结果难以预料。他在此役中充分利用军事欺骗手段，调动敌军主力，化被动为主动，在敌人认为最安全的时候猛烈一击，从而扭转战局，夺得胜利，堪称是其军事生涯中的代表作。

从此班超威震西域。

三七 / 勒石燕然

东汉政治有两大毒瘤，一为外戚集团，二为宦官集团。外戚之兴起，从汉章帝一朝始。

窦氏家族是东汉初期最著名的豪门，窦融是最后归附东汉的地方军阀，光武帝对其最为优待。汉章帝即位后，窦融的曾孙女被选入宫中，册封为皇后。窦氏外戚水涨船高，势力迅速膨胀。窦皇后的哥哥窦宪、弟弟窦笃均在朝中担任要职，一时风光无限。

公元88年，汉章帝去世，年仅十岁的刘肇继位，是为汉和帝。皇帝年幼，窦太后临朝称制，作为一个久居深宫的女人，她如何控制朝中一班文武大臣呢？能信赖的人，只有自家的兄弟。于是，窦宪以侍中的身份入宫主持机要，成为皇太后的代言人。窦宪的弟弟窦笃为虎贲中郎将，另两个弟弟窦景与窦瑰为中常侍。一时间鸡飞狗跳，兄弟四人权势熏天，为所欲为。

门客崔骃有远见卓识，以史实来警告窦宪：西汉的二十家外戚中，有十六家遭到悲惨的下场，能全身而退者，仅四家而已。为什么呢？"生而富者骄，生而贵者傲"，如今窦宪既富且贵，权倾天下，志骄气傲，殊不知这往往是祸患之开端。然而窦宪压根儿听不进去，他为人心胸狭窄，睚眦必报，有恃无恐。不料他玩火玩过头，闹出一个天大的事。

汉章帝驾崩后，齐王刘石派儿子刘畅到洛阳参加葬礼。刘畅风流倜傥，为人八面玲珑，深得窦太后的欢心。这时窦太后不到三十岁，年纪轻轻就守寡，内心不免空虚。太后也是女人，刘畅的出现，无疑令她芳心暗动，便不时召他入宫中。刘畅乐不思蜀，就待在洛阳不回了。

眼看刘畅的权势渐盛，窦宪不免紧张，担心他威胁到自己的地位。在窦宪眼中，刘畅已经成为自己通往权力顶峰的最大绊脚石，非除不可。于是在一个月黑风高之夜，有刺客潜入守卫森严的禁卫营中，刺死刘畅。

刘畅被刺，震动京师。窦太后十分震怒，立即令窦宪缉拿凶手。窦宪贼喊捉贼，装模作样调查一番，找了一个替死鬼。他上报太后，杀人主谋就是刘畅的弟弟刘刚，理由是两兄弟不合，自相残杀。窦太后信以为真，派侍御史前去逮捕刘刚。

问题是，刘刚压根儿就没有到洛阳，而是在六百里外的临淄。韩棱对窦太后暗示道："凶手就在京师，不应当舍近求远，这样做恐怕只会让奸臣偷笑。"所谓的奸臣，韩棱没有指姓道名。然而谁都明白，在皇城之中，天子脚下，敢杀死刘畅的只有一个人，这人就是窦宪。

派谁去审理此案呢？太尉府的何敞自告奋勇接手此案。他为人刚直不阿，不畏强暴，在他的努力下，案情水落石出。他以大量证据牵出幕后主谋窦宪，同时将刘刚无罪释放。

在铁的证据面前，窦宪一败涂地。窦太后大怒，将窦宪软禁在宫中。要如何处置窦宪呢？不杀吧，不好向臣民交代；杀吧，自折羽翼，以后靠谁来统治这个国家呢？太后内心非常矛盾，迟迟不决。

正好在这个时候，归降汉室的南匈奴单于上疏朝廷，请求讨伐北匈奴。消息传来，窦宪仿佛抓到一根救命的稻草。他向妹妹窦太后提出，愿领兵征讨北匈奴，将功赎罪。窦太后一听，这倒是两全其美的办法，若能为国家建立丰功伟绩，所犯罪行自然可以一笔勾销。

就这样，窦宪绝处逢生。

为什么南匈奴单于会请缨攻打北匈奴呢？背后有怎样的故事呢？

北匈奴衰落速度之快，出乎所有人的意料。

频年用兵使北匈奴的经济不断地恶化，国内政局动荡，危机四伏。北匈奴开始出现大量南逃事件，章帝建初八年（公元83）有三万余人逃往东汉，元和二年（公元85）逃亡东汉的北匈奴人，共计七十三批。匈奴衰落的同时，东部的鲜卑崛起成为劲敌。章和元年（公元87），匈奴遭鲜卑迎头痛击，优留单于在战斗中被击毙。北匈奴陷入混乱，屈兰储等五十八个落部，共计二十八万人口，分别在云中、五原、朔方、北地诸郡向东汉帝国投降。

章和二年（公元88），北匈奴的局势更加恶化，爆发饥荒，致使大批难民逃亡到南匈奴。南匈奴休兰单于敏锐地察觉到这是消灭北匈奴的时机，于是上疏朝廷，请求讨伐北匈奴。汉和帝刘肇年幼，执政的窦太后没有主见，便急召耿秉入朝。耿秉是东汉高级将领中最坚决的主战派，当然极力赞同休兰单于的提议，并自告奋勇率军出征，为国效命疆场。

正好窦宪刺杀刘畅一事东窗事发，由于罪行深重，有被处决的危险。窦宪借南匈奴请战之机，提出愿立功赎罪，率军远征北匈奴。这样，窦太后既可免去哥哥一死，又可堵住朝臣之口，倒是两全其美的办法。

很快，窦宪以车骑将军的名义出任远征军总司令，耿秉为副手。其实窦宪根本没打过仗，军事指挥主要靠耿秉。在汉明帝时代，耿秉曾率军深入北匈奴作战，在西域大破车师，后担任度辽将军达七年之久，是汉军中的名将。

永元元年（公元89）六月，北伐军誓师出征。战斗人员总计四万六千人，包括八千名东汉精锐骑兵、三万名南匈奴骑兵、八千名羌与乌桓的骑兵，另外还配备一万三千辆的辎重车。大家注意一点，北伐匈奴的主力并不是东汉部队，而是胡人骑兵。

根据战前计划，大军兵分三路出击。第一路为窦宪与耿秉统领的八千名汉骑兵与南匈奴左谷蠡王的一万名骑兵，从朔方郡的鸡鹿要塞出发；第二路为南匈奴休兰单于率领的一万名南匈奴骑兵，从满夷谷出发；第三路大军为由度辽将军邓鸿统领的八千名羌、乌桓骑兵以及南匈奴左贤王的一万名骑兵。

三路大军将沿途清剿北匈奴军队，并会师于涿邪山。

窦宪、耿秉兵团是主力突击兵团。耿秉行军作战有自己的独特风格，军令简单，不烦琐，每当队伍行进时，他总是身披战甲，走在部队的最前头。他十分擅长使用远程侦察兵，如果侦察兵没有发警报，士兵们便可以安稳睡大觉；一旦有警报，军队必须在最短的时间内摆好战斗阵形。

北伐军深入北方，侦察到北匈奴单于的位置，耿秉当机立断，派副校尉阎盘、司马耿夔、耿谭、南匈奴左谷蠡王、右呼衍王率一万名骑兵出击。双方在稽落山展开大决战，由于阎盘、耿夔的主力是南匈奴骑兵，故而这次决战，实际是南、北匈奴的大会战。南匈奴骑兵气势如虹，在阎盘、耿夔指挥下奋勇作战，大破北匈奴军。

三路北伐大军在涿邪山会师，齐头并进，继续向北攻击，扩大战果，从稽落山一直打到私渠比鞮海。非常遗憾的是，这次重要战役的细节，并没有留下太多的史料。此役共击毙北匈奴军一万三千多人，包括北匈奴左温禺鞮王、尸逐骨都侯，还抓了不少俘虏。北单于侥幸逃跑，北匈奴损失牲畜的数量多达百万头。

北单于大败而逃，令北匈奴原本不稳定的政局更加混乱。诸小王裨将见到大势已去，纷纷向窦宪与耿秉的北伐军投降，计有温犊须、日逐、温吾、夫渠王柳鞮等八十一部，共计二十余万人。这是东汉帝国对外战争史上一次伟大的胜利。不过应该看到，这次辉煌的胜利，是建立在北匈奴衰弱不堪的基础上。如果把战争比成斗牛场，卫青与霍去病是与一头壮牛殊死搏斗，而窦宪与耿秉则是击杀一头羸弱的老牛。后来人们总是将此役的胜利归功于窦宪，而我认为，真正的灵魂人物是耿秉。

这是一次威武豪迈的出征，出塞三千里。当窦宪、耿秉登上燕然山（蒙古杭爱山），胸中涌出的豪情壮志，丝毫不亚于当年霍去病封狼居胥山。大笔杆子班固奉命写了一篇流传千古的铭文，刻在燕然山的石碑上，全文如下：

惟永元元年秋七月，有汉元舅曰车骑将军窦宪，寅亮圣明，登翼王室，纳于大麓，惟清缉熙。乃与执金吾耿秉，述职巡御，理兵于朔方。鹰扬之校，螭虎之士，爰该六师，既南单于、东乌桓、西戎氐羌侯王君长之群，骁骑三万。元戎轻武，长毂四分，云辎蔽路，万有三千余乘。勒以八阵，莅以威神，玄甲耀日，朱旗绛天。遂陵高阙，下鸡鹿，经碛卤，绝大漠，斩温禺以衅鼓，血尸逐以染锷。然后四校横徂，星流彗埽，萧条万里，野无遗寇。于是域灭区单，反旆而旋，考传验图，穷览其山川。遂踰涿邪，跨安侯，乘燕然，蹑冒顿之区落，焚老上之龙庭。上以摅高、文之宿愤，光祖宗之玄灵；下以安固后嗣，恢拓境宇，振大汉之天声。兹所谓一劳而久逸，暂费而永宁者也。乃遂封山刊石，昭铭上德。其辞曰：铄王师兮征荒裔，剿凶虐兮截海外，夐其邈兮亘地界，封神丘兮建隆嵑，熙帝载兮振万世。

北单于逃遁到西海。

窦宪遣军司马吴汜、梁讽前往劝降单于。北匈奴此时几近崩溃，除了投降，单于还能有选择吗？他率残部随梁讽返回私渠北鞮海，打算向窦宪投降。不料，窦宪已经班师回朝了。单于扑了个空，便派弟弟右温禺鞮王随梁讽前往洛阳，向东汉政府请求归降。

话说窦宪回国后，成为胜利凯旋的帝国英雄。在"爱国英雄"的耀眼光环之下，有什么罪不可赦呢？窦太后心里的石头落地，不仅赦免窦宪指使杀人的死罪，还提拔为大将军，位居三公之上。窦宪不由得趾高气扬，目中无人，以至于右温禺鞬王前来请降时，他竟然十分傲慢，要求北单于亲自前来。

北单于好歹也是有头有脸的人，被窦宪的傲慢无礼激怒了，归降东汉一事迟迟未决。窦宪见北单于不肯入京，决定对北匈奴施加压力。公元90年秋，窦宪坐镇凉州，秣马厉兵，意图对北匈奴发动新一轮打击。惶恐不安的北单于认厌，派遣使者前往凉州，向窦宪谢罪，并承诺亲自前往洛阳朝见天子。

眼看和议将成，不想意外发生了。

南匈奴休兰单于雄心勃勃，欲一统匈奴疆域。他抢先一步上疏朝廷，请求发兵击灭北匈奴残部。由于窦宪远在凉州，窦太后自作主张，同意休兰单于的请求。休兰单于争分夺秒，派遣左谷蠡王率领左右部八千骑兵，出鸡鹿塞，偷袭北单于。北单于哪曾料到竟遭偷袭，根本毫无戒备，被杀得溃不成军。惊魂落魄的他在亲兵的保护下，身披数创，率数百人勉强突围而去。来不及逃跑的北匈奴部众被杀死八千人，另有数千人被俘，包括北单于的阏氏（王后）。

窦宪听说南匈奴偷袭北单于，不由得两眼发愣，心知北单于归降一事就此泡汤。怎么办呢？既然如此，一不做，二不休，干脆趁北匈奴大败之机，将其彻底消灭。

永元三年（公元91），窦宪任命右校尉耿夔为兵团主将，司马任尚、赵博为副手，统率大军出居延要塞，目标是北匈奴单于所在的金微山，即今天的阿尔泰山。这次奔袭战，被称为"金微山之战"。当时北单于远遁到金微山，陆陆续续招拢旧部，军队不足两万人。与之相比，南匈奴武装越发强大，军队达到五万之多。

北单于低估汉军远征的决心，毕竟这里距离汉地遥远。然而，耿夔大军神不知鬼不觉地从天而降，八百名勇士作为先锋队勇踏敌营，一战夺敌魂魄。任尚、赵博等率主力展开第二波攻势，北单于心胆俱裂，无心恋战，拍马便逃。金微山之战，以汉军大胜而结束，北匈奴被击毙的人数达五千多，包括不少小王，连太后也被俘虏。此役对孱弱无比的北匈奴来说，堪称致命一击，从此元气大伤，难以威胁到大汉帝国的安全。

金微山之战后，北匈奴被迫逐渐向西迁移。南匈奴休兰单于向东汉政府请求返回匈奴故地，然而朝廷担心南匈奴势力重振将成为帝国劲敌，故而不同意休兰单于北返。郁郁不乐的休兰单于一病不起，竟一命呜呼。

休兰单于之死，引发南匈奴内部激烈的权力斗争。

公元93年，南匈奴左贤王安国继任单于，右谷蠡王师子则为左贤王。两人水火不容，竟兵戎相见。南单于安国发兵攻打左贤王师子，师子率部逃到曼柏城，向度辽将军朱徽请求庇护。朱徽试图调停两人的矛盾，安国不依不饶，竟包围曼柏城，要求交出师子。朱徽与使匈奴中郎将杜崇调集北方诸郡骑兵，反击南单于。南单于安国一意孤行，其部将担心遭东汉政府的报复，遂将其刺死，向朱徽投降，并迎立左贤王师子为单于，史称亭独单于。

然而，就在师子即位这天，忠于安国的数百名士兵发动政变，密谋杀死师子。不过，政变并未成功。亭独单于大怒，下令追查到底。安国的部众很多是北匈奴的降兵，担心亭独单于秋后算账，十五个部落首领开了个碰头会，决定起兵反叛，重返北匈奴故地。他们劫持休兰单于的儿子日逐王逢侯，立为单于，公开与亭独单于分裂。

叛军总人数有二十万之多，声势浩大。日逐王逢侯亲率一万多人围攻亭独单于的牧师城，护匈奴中郎将杜崇协助亭独单于坚守城池达三个月之久，为东汉政府组织援军赢得宝贵的时间。朝廷任命邓鸿代理车骑将军，下辖越骑校尉冯柱、度辽将军朱徽、护乌桓校尉任尚等，率汉、乌桓、鲜卑部队，共计四万多人，紧急赶赴战场。

东汉大举反击，匈奴叛军不得不放弃对牧师城的进攻，向满夷谷撤退。叛军首领日逐王逢侯心知无法继续久留在汉地，果断下令十五部落二十万人全体向塞外进发，进入北匈奴的漠南故地。

汉、南匈奴、鲜卑、乌桓联军兵分两路，千里追击。车骑将军邓鸿在大城塞打了一场不大不小的战役，歼灭叛军四千余人，降万余人。护乌桓校尉任尚在满夷谷歼灭叛军一万七千人。叛军虽损失惨重，但在日逐王逢侯的带领下，还是成功逃到塞外。

日逐王逢侯脱离东汉帝国后，领着近二十万部众回到匈奴故地，然而，这里已经物是人非了，北匈奴西逃后，鲜卑势力乘虚而入。日逐王不得不与鲜卑人频繁交战，又缺衣少粮，生活艰苦。严酷的环境，令不少人又逃回塞内，重新归附东汉。

在塞外奋斗二十年后，到公元117年，日逐王逢侯被鲜卑打得大败。这些匈奴人只有两个选择：其一，逃往中亚，与北匈奴余部会合。其二，南下投降东汉帝国。大多数人选择去中亚，日逐王逢侯则选择南返。公元118年，他带着一百多名随从回归汉政府，此时距他叛变已过去二十三年。

如果我们深入研究历史，就会发现这次匈奴叛逃事件，绝不是一件小事，而是对历史影响深远的事件。

自从金微山战役后，北匈奴的势力已经非常衰微，大量部众或降东汉，或降鲜卑。北单于龟缩在金微山（阿尔泰山）以西的巴尔喀什湖一带，接近康居国的地区，不要说与东汉帝国抗衡，就是西域诸国也未必听其号令。从公元91年到117年，北单于几乎销声匿迹，其残余力量微不足道。然而在公元117年，日逐王逢侯的部众与蜗居在中亚的北单于会合，这使得奄奄一息的北匈奴得以重生。两年后，即公元119年，北匈奴单于又一次凭借武力控制西域诸国，成为中亚不可忽视的一支力量。

后来，北匈奴的势力向西迁移，最后到达欧洲。这个曾被东汉帝国打得狼狈不堪的虎狼民族，再度崛起，横扫欧洲大陆，成为欧洲的霸主，特别是在阿提拉（406—453）统治时期，更是如日中天，蹂躏欧洲大陆，所向披靡，频频对东罗马、西罗马用兵，罗马人惊恐地称呼其为"上帝之鞭"。

我们不禁要这样设想，倘若没有日逐王逢侯二十万匈奴人的叛逃事件，北匈奴是否有东山再起的机会呢？不管怎么说，东汉帝国改变了匈奴的历史，匈奴改变了欧洲的历史，汉匈战争的结果，其历史影响是深远的。

三八 / 小皇帝政变记

自从十岁登基以来，汉和帝刘肇就是一尊木偶，在背后操纵的人，正是窦太后与窦氏兄弟。明眼人看了不免会起疑心：难道刘肇不是窦太后亲生的吗？没错，她非但不是刘肇的亲娘，而且是害死他亲娘的元凶。

事情还得从汉章帝时说起，当时窦太后还称为窦皇后。窦皇后年轻貌美，深得章帝的宠幸，加之强大的家族背景，自然要风得风，要雨得雨。但是，只有一件事她没得到，而且是至关重要的事：她没有怀孕生育。在封建王朝，选立太子是很重要的事情，窦皇后未能生子，宋贵人的儿子刘庆便被立为太子。

后宫向来母以子贵，刘庆成了太子，宋贵人迟早要取代窦皇后。怎么办呢？当时梁贵人生下刘肇，窦皇后计上心头，向皇帝提出要抚养刘肇。汉章帝很理解窦皇后的心情，便把刘肇交给她抚养。然而章帝未曾料到，窦皇后心狠手辣。抚养刘肇后，她要做的第一件事就是废掉太子刘庆。如何废掉刘庆呢？只要把他的生母宋贵人整倒，刘庆就当不了太子。

窦皇后的母亲是沘阳公主，是汉章帝的姑妈，母女两人联合起来对付宋贵人。很快，宋贵人就在劫难逃，她被诬"挟邪媚道"，这是宫中最为忌讳之事，只要沾上边，就得完蛋。果不其然，一向尊崇儒学的汉章帝雷霆大怒，可怜的宋贵人连辩解的机会都没有。随着宋贵人失宠，刘庆难保太子之位，很快被废黜，改封清河王。同时，窦皇后的养子刘肇被立为太子。

宋贵人被囚禁后，窦皇后指使太监蔡伦穷究巫蛊案。说起蔡伦，大家都熟悉，他是中国四大发明之一造纸术的发明者。在中国科技史上，蔡伦是伟大的人物，但在东汉宫廷斗争史上，他扮演小人的角色。宋贵人自知窦太后欲置她于死地，遂服毒自尽。四十年后，她的孙子成了东汉皇帝，严厉追究当年陷害祖母之事，年老的蔡伦最终难逃一劫，也自杀身亡，这是后话。

在后宫权力大战中，窦皇后凭恃强大家族的力量，最终大获全胜，如愿以偿地让自己的养子刘肇成为太子。但是，养子毕竟是养子，人家的亲娘梁贵人还在宫中哩。所以，梁贵人必须死，她不死窦皇后就不能安心。打倒梁贵人，比打倒宋贵人容易得多。窦皇后实施攻心战术，她动用窦氏家族的力量，伪造书信，以"谋逆"罪名陷害梁贵人的父亲梁竦。梁竦被捕入狱，暴死于狱中，梁氏族人全部被贬谪到偏远的九真（今越南境内）。父亲被害，家人被流放，儿子被抢走，梁贵人肝肠寸断，她孤独无助，忧伤愁苦，终于一病而死。梁贵人之死，实死于窦皇后的迫害。

大家想想，窦皇后坑惨刘肇母亲一家，她能真心实意疼爱这个养子吗？刘肇对于她的全部意义，只是保全在后宫的地位不受动摇而已。汉章帝去世后，窦皇后成了窦太后，刘肇成了皇帝，但只是尊木偶皇帝罢了。此时的汉室江山，与其说是刘姓，不如说已改为窦姓。

窦宪显然忘乎所以，以至于谋杀齐国王子刘畅，险些阴沟里翻船。幸好窦太后及时转移众人的视线，让他戴罪立功，北伐匈奴。也算命运女神垂青，窦宪大获全胜，勒石燕然，从杀人凶手一跃而成帝国英雄，不仅起死回生，还坐上大将军第一把金交椅，封武阳侯，身价暴涨。

外戚势力卷土重来，窦宪权倾朝野，窦笃、窦景等兄弟鸡犬升天。窦氏兄弟并没有因为前车之鉴而有所收敛，反倒横行霸道，无法无天。担任执金吾的窦景骄纵无度，纵容手下庸奴随从，在光天化日之下强夺人货、奸淫妇女，致使商贾闭塞，如避寇仇，造成极坏的社会影响，民愤极大。不仅如此，窦景甚至私自调用边境各郡的突骑为自己办事，严重触犯国家法律，有关部门畏其权势不敢过问。

司空袁安愤而上疏，弹劾窦景："擅自征调边郡之兵，惊扰地方官吏与百姓，各郡太守没有看到虎符，仅凭窦景的一纸书信就同意调兵，其罪当诛。"当年侦办刘畅案件的何敞密奏窦太后："窦氏兄弟在朝中专权，窦宪控制全国武装，窦笃与窦景掌管皇宫警卫大权，为非作歹，虐待百姓，骄淫奢侈，屠戮无辜，只图个称心快意。"

弹劾也好，密奏也罢，根本无法撼动窦氏外戚的权势，只要有窦太后的庇护，天下就是姓"窦"的天下。窦宪对何敞是恨之入骨，把他赶出京师，调去当济南王刘康的太傅。何敞一走，京城里敢于反对窦宪的人更少了。窦宪不余遗力地扩充自己的势力羽翼，其亲信包括邓叠、郭璜、耿夔、任尚、班固、傅毅等，有文人也有武将。至于各州刺史、各郡太守、各县县令，多由窦氏所推荐，通过重重罗网，窦氏兄弟在国内呼风唤雨。

并非所有人都愿意沦为窦氏的爪牙。从光武帝到汉章帝，三代君王尊崇儒术，奖励名节，培养正义的力量。袁安、司空任隗与窦氏集团奋力抗争，窦氏兄弟大肆提拔官员为己所用，袁安、任隗坚持原则，对不能胜任的官员毫不留情地弹劾。在窦氏兄弟提拔的官员中，有四十多人遭弹劾罢免。窦宪气急败坏，只是袁安与任隗德高望重，他也无可奈何。

尚书仆射乐恢上疏汉和帝刘肇："陛下正年轻，继承大业，诸位舅父不应该干涉王室之事。他们这样做，是向天下显露自己的私心。"可是有用吗？自从十岁登基以来，刘肇就是个傀儡，一切政事取决于窦太后与窦宪。作为皇帝，他难道不痛恨窦氏兄弟的一手遮天吗？痛恨有什么用呢？还是得隐忍。乐恢的上疏如石沉大海，他心灰意冷，称病辞职回到家乡。窦宪心胸狭窄，指使地方官吏对其大加迫害，最后逼乐恢喝下毒药自杀。

乐恢之死，天下人为之胆寒。窦宪的权力如日中天，内有太后撑腰，外有爪牙为羽翼，自以为可高枕无忧矣。然而天下之事，岂是他一人能完全掌控？一起突如其来的政变，把窦氏兄弟推进万劫不复的深渊。发动政变的不是别人，正是被视为木偶的汉和帝。

十四岁的刘肇，当了四年的木偶皇帝。窦氏兄弟从来不把皇帝当回事，因为木偶只是操纵者手中的玩具罢了。可是他们错了，小皇帝表面上无所事事，可是心里却燃烧着一团复仇的烈火。随着年龄的增长，刘肇弄清了身世，得知自己并非窦太后的亲生子，亲娘梁贵人是被窦氏迫害死的，娘家亲戚要么被杀要么被流放。自己处九五之尊，实则坐在最危险的位置上，只要说错一句话，或做错一件事，都可能死得不明不白。

窦宪把刘肇当作一个小孩子，可他是早熟的孩子，很早就懂得如何深藏不露，掩盖真实的想法。忠正耿直的大臣不断弹劾窦氏兄弟，小皇帝从来不发表意见，他只是倾听，表情冷漠。他暗中用一双慧眼观察判断，谁是可以信赖的人。尽管窦宪的爪牙遍布，朝廷之上，还有几根顶梁柱没有倒。司徒袁安与司空任隗没有被窦宪收买，特别是袁安，每次在朝堂上谈起国家大事，总是禁不住感伤落泪。

袁安是靠得住的人，不幸的是，他在永元四年（公元92）三月，在积劳与抑郁的双重打击下死了。对小皇帝来说，庙堂的大柱倒了，随时可能倒塌倾覆。

事实也是如此，种种迹象表明窦氏集团正在策划一个天大的阴谋。窦宪不断地把亲信、心腹安插在朝廷之内，重要的人物有穰侯邓叠、邓叠的弟弟步兵校尉邓磊、邓叠的母亲邓元、窦宪的亲家长乐少府郭璜及女婿郭举、郭璜。邓、郭两家的权势仅次于窦氏，邓元与郭举可随时出入宫廷。尽管在他们眼中，汉和帝刘肇是个木偶，可是小孩儿终究有一天会长大，到时窦太后就得还政于皇帝。对窦宪来说，刘肇始终是一个潜在的威胁。

最简单的办法，就是让刘肇的年龄永远停留在十四岁。只要杀了刘肇，再立一个更小的皇帝，江山就一直掌控在窦氏手中。

谁都没想到，刘肇非但不是傻瓜，反倒是个绝顶聪明的少年。像他这样少年早熟的皇帝，在中国历史上找不出几个。他十分敏锐地嗅出异样的气味，表面平静的宫廷，实际上早已暗流涌动。他不甘坐以待毙，可又能依靠谁呢？他与朝中大臣隔绝，没有机会联合反窦势力，一旦暴露自己的意图，恐怕先遭毒手。

小皇帝能接近的人，只有内宫宦官。在众宦官中，有一个人十分机灵，有心计，此人名叫郑众。更难得的是，郑众是少数不愿屈服于窦氏的宦官，这令刘肇另眼相看，视为心腹，两人暗中讨论如何铲除窦氏外戚集团。东汉前三位皇帝统治时，宦官从不干预政治，手上没有权力。一个十四岁的少年，加上一个没权没势的宦官，想要推倒窦氏集团，可能吗？

这时，一个关键人物出现了，他就是清河王刘庆。刘庆是刘肇的异母兄弟，两人有着类似的经历。他原是宋贵人所生，后来宋贵人被窦氏陷害致死。两人都有悲惨的童年，母亲都被窦氏所陷害，同病相怜，兄弟俩的感情特别好，关系非常亲近。

要扳倒窦氏外戚集团，非得依赖刘庆不可。只有通过刘庆，小皇帝刘肇才能获得更多的外部资源。要如何铲除窦氏呢？久居深宫的刘肇没有任何经验，但他善于学习，知道西汉王朝的多数外戚都没有好下场，先皇们是如何对付外戚的呢？他得先读读史书中的《外戚传》。当时著名的史学家班固已写了《汉书》的大部分篇章，包括《外戚传》，班固是窦宪的心腹，小皇帝刘肇当然不可能向他借阅。刘肇便托刘庆设法弄到《外戚传》，送入宫中。刘庆从千乘王刘伉那里借到《外戚传》抄本，不敢白天送进宫，到晚上才偷偷摸摸送过去。

"读史使人明智",对多数人来说是一句空话;对刘肇来说,读史让他找到了一把击破外戚集团的钥匙。要扳倒外戚集团,最重要的一点,是要得到军队的支持,特别是北军的支持,北军是守卫皇城的禁卫军,乃是帝国最精锐的部队。利用北军击垮外戚集团是有先例的,西汉吕氏外戚权倾天下,吕后死后,周勃使计夺取北军的指挥权,将吕氏集团一网打尽。

看到这里,小皇帝刘肇心里有底了。京城之内,除北军之外,还有一支武装,就是执金吾统领的警卫队。这支警卫队平常用于京城内的巡察、禁暴、督奸,在皇帝出行时则作为仪仗队与卫兵。由于这两支武装有举足轻重的作用,窦氏势力早就渗透进去,窦宪的弟弟窦景是执金吾,亲信邓磊是北军步兵校尉,女婿郭举是北军射声校尉。刘肇想掌握执金吾的部队与北军,难度可想而知。

刘肇是如何从窦氏集团手中夺得兵权,史书没有详细的记载,让人摸不着头脑。背后肯定有强大的支持者,究竟是谁呢?以史料来推测,除了清河王刘庆之外,便是司空任隗。袁安死后,任隗就是反窦派的领袖,只有他有能力帮助皇帝夺取兵权。总之,汉和帝在窦宪的眼皮底下,神不知鬼不觉地争取到军方多数将领的支持。

六月二十三日(永和四年,公元92年),政变爆发。

皇帝发布诏令,命令北军以及执金吾所属部队保护皇宫,全城戒严,关闭城门,捕杀窦党。这一系列大动作,事先没有走漏一点风声,显然窦宪做梦也没想到小皇帝竟有如此大的勇气与魄力。的确,对皇帝刘肇来说,这是生死一搏。搏赢了,自己就从木偶皇帝变成真正的皇帝;搏输了,他就会被当作蚂蚁捏死。要想赢,就要当机立断,毫不留情地出击。

仅一天的时间,京城形势就发生大逆转,人见人怕的窦氏集团遭到毁灭性的打击。郭璜、郭举、邓叠、邓磊束手就擒,无须审判,立即处死。窦氏兄弟全部被捕,小皇帝刘肇不想公开处决他们。虽说窦太后不是自己的生母,毕竟有养育之恩,如果公开处决窦宪等人,在窦太后那里不好交代。刘肇想了个办法,先把窦氏兄弟遣返回封国,然后给予体面的死亡方式:自杀。窦宪、窦笃、窦景三兄弟自杀,只有窦瑰幸免一死。窦瑰与三个兄弟不同,为人谨慎,不仗势欺人,因而得到皇帝的特赦。

这场政变,迅雷不及掩耳。势力庞大、盘根错节的窦氏外戚集团,一日之间灰飞烟灭。政变的许多细节都不为后人所知，这也许是刘肇有意为之。刘肇比任何人都知道，历史案例可以让人学到许多经验，他不愿意把自己的独家心得公之于众。只有显得高深莫测，别人才不敢窥视皇帝的权杖。

树倒猢狲散，窦氏兄弟提拔的官员都清除得一干二净，曾归附于窦宪的文官武将，也纷纷与窦氏划清界限。小皇帝刘肇展示出如此高超的手腕，显然已经不需要窦太后临朝称制，他完全具备统治一个大帝国的能力，尽管他只有十四岁。

十四岁的少年木偶皇帝，能一举扳倒权臣，在历史上极为罕见的。两千年来，除了刘肇之外，能做到这点的，只有清朝的康熙皇帝。康熙皇帝在十五岁时智擒权臣鳌拜，与刘肇颇有类似，但难易程度是不同的。窦宪擅权程度要超过鳌拜，更重要的是，鳌拜根本没有叛反之心，而窦宪实有谋逆之意。故而刘肇之杀窦宪，实比康熙之擒鳌拜更难。单此一事，就足以见刘肇具备一代雄君的条件。

汉和帝刘肇并不为人所熟悉，因为他也是一位短命的皇帝。东汉皇帝似乎是被下了魔咒，两百年的历史，没有几个长寿的。我们来看看前四任皇帝的寿命：光武帝活了六十二岁，汉明帝四十八岁，汉章帝三十一岁，到汉和帝刘肇，只活了二十七岁。要知道二十七岁时，刘秀还是个农民呢。除了短命之外，刘肇还有一个为后人所诟病的地方，他是东汉第一个重用宦官的皇帝。

在扳倒窦氏集团的过程中，宦官郑众扮演了重要角色。窦宪垮台后，郑众被提拔为大长秋，就是主管后宫的太监头头。不仅如此，作为汉和帝的心腹，皇帝还经常找他前来讨论政事，开启了宦官参政的大门。永元十四年（公元102），汉和帝封郑众为鄛乡侯，宦官封侯自此始。我们也要为汉和帝说一句公道话，尽管他开了一个不好的头，但在他统治期间，并不存在宦官乱政的情况。郑众尽管颇有权势，并没有滥用皇帝的信任，还算规规矩矩，只是后来东汉宦官之祸太惨烈，所以人们才追根溯源，批评汉和帝重用宦官。

刘肇是一个很有作为的皇帝，如果说明帝、章帝的功绩在于文治，那么和帝的功绩则在于武功。东汉之武功，除开国的光武帝外，以和帝一朝为最。汉和帝时代除了击破匈奴之外，还有两大武功：其一是平迷唐之羌乱，其二是班超彻底扫平西域。

三九 / 西风烈：羌战进行时

西北的羌乱几乎贯穿东汉两百年的历史，尽管西羌并非强敌，可是羌战持续时间长，范围广，破坏性大，严重消耗东汉帝国的国力，成为东汉时代边疆最大的不稳定因素。

羌乃是东方一大民族，分布极广，与汉人多有杂居，最集中分布区是所谓的"羌中"之地，即青海湖附近、湟水谷地与黄河上游谷地。作为一个大民族，羌人部落众多，各部落之间关系极其复杂，战争与冲突非常频繁，组织松散，难以形成一个强有力的集团。羌与汉之间的矛盾同样非常复杂，既有种族间的矛盾，亦有政治上及经济上的冲突，这使得东汉时代的羌战背景极为复杂。

自马援于公元36年击破参狼羌之后，二十年无羌乱，这也是东汉汉羌战争史上最长的和平时期。光武帝中元元年（公元56），武都参狼羌再度反叛，汉羌战火重燃。在反叛的诸羌部落中，以烧当羌的实力最为强大。

烧当羌的酋豪滇吾率步、骑兵五千人，进攻陇西。陇西太守刘盱接连被羌军击败，不得不向朝廷求援。刚刚登基的汉明帝下诏起用开国名将马武，马武临危受命，率领四万人马奔赴战场。在马武的打击下，烧当羌大败，阵亡四千六百人，被俘一千六百人，另有七千人投降。走投无路的滇吾向东汉政府投降，汉羌的和平局面又得以维持十五年之久。

章帝建初元年（公元76），一桩汉官吏强夺羌妇的事件，引爆汉羌民族矛盾。卑湳羌率先反叛，伙同勒姐羌、吾良羌两个部落，进犯金城郡。居住在金城郡的迷吾是烧当羌酋豪滇吾的儿子，他雄心勃勃，欲恢复烧当羌往日雄风，遂秘密联络烧当羌的旧部，密谋脱离东汉，逃回羌中。建初二年（公元77），迷吾起兵，在荔谷设下埋伏，伏击汉军，杀伤两千余人。

诸羌部落纷纷起事，与迷吾遥相呼应，声势浩大。迷吾与封养羌部落首领布桥结盟，以五万之众侵掠陇西郡与汉阳郡。

眼见西疆局势失控，汉章帝不得不动用汉军最精锐的部队，以车骑将军马防为主帅，长水校尉耿恭为副帅，率领最精锐的北方五营以及各郡射手共三万人，抵达前线。

此时封养羌大举进攻陇西郡南部重镇临洮，临洮岌岌可危。车骑将军马防兵进临洮，杀羌军四千余人。迷吾见大势已去，率烧当羌部落向马防投降。另一位酋豪布桥则率封养羌两万余人退守临洮西南的望曲谷，与马防军相持。经过数月交锋，封养羌伤亡惨重，被汉军困于谷中。无奈之下，布桥率剩余的一万多人向马防投降。

在另一个战场，耿恭歼灭羌军一千余人，缴获牛、羊等牲畜四万余头。随着迷吾与布桥的投降，诸羌部落大为震动，最后决定全体向耿恭投降，总计有勒姐羌、烧何羌等十三个部落，共数万人。

随着马防与耿恭的胜利，西疆又恢复短暂的和平局面，只是和平的时间似乎越来越短。

八年后，章帝元和三年（公元86），烧当羌的首领迷吾再次揭竿而起，率领羌人叛逃出塞。迷吾的弟弟号吾率部攻打陇西，兵败被俘。为了活命，号吾向陇西太守张纡表示，倘若将他释放，诸羌决不再侵犯边塞。张纡同意了，号吾被释放回去后，果然说服哥哥迷吾解散诸羌联军，不再进攻东汉边塞。

一场冲突眼看就要平息，不想节外生枝。可护羌校尉傅育竟招罗了一批人，在羌、胡各部落挑拨离间，企图激化羌人与胡人的矛盾，以收渔翁之利。这个伎俩很快便被羌人与胡人看穿，汉、羌原本脆弱的民族感情再次崩溃，愤怒的羌人纷纷逃出塞外，投靠烧当羌酋豪迷吾。

傅育上疏朝廷，请求征发边郡军队数万人，出击西羌。章和元年（公元87）三月，迫不及待的傅育率麾下的三千精锐骑兵，对迷吾的烧当羌部落展开进攻。迷吾得知傅育出动，马上下令撤除庐帐，即刻撤退。傅育急追不舍，反而中了迷吾的埋伏，三千骑兵死了八百八十人，傅育也战死沙场。

迷吾击杀傅育之后，向北撤到西海（青海湖）附近，联合河湟一带的羌部落，对金城郡发动进攻。新任护羌校尉张纡严阵以待，大败迷吾。迷吾自知不是汉军对手，决定向张纡投降。几天后，迷吾与八百名羌人头目前往临羌，张纡设酒宴款待诸羌酋豪。可迷吾万万没想到，张纡已在酒中下了毒。一顿饭后，包括迷吾在内的八百名酋豪，无一生还，全部被毒杀。得手之后，张纡率部倾巢而出，奔袭毫无戒备的诸羌部落，群龙无首的羌人根本无法抵挡，一哄而散，遗弃下数千具的尸体。

以招降之名，毒杀八百名羌人重要头目，这无疑骇人听闻。羌是一个大民族，虽然部落甚多，内斗之事时有发生，然而在一致对外上，仍然有一种向心力。这次屠杀使得汉羌关系急剧恶化，战争迅速升级。从此，羌乱成为东汉无法摆脱的心腹之患，成为帝国的第一大外患。

迷吾的儿子迷唐一腔悲愤，与其他羌部落交质解仇，通婚结盟，盘踞大榆谷与小榆谷，以此为基地，不断地向东汉边塞发动进攻。羌人的团结，使护羌校尉张纡很快陷入极其被动的境地。

张纡最终被解职，邓训临危受命。

邓训是东汉开国功臣邓禹的第六个儿子，从少年时代便胸怀大志，渴望为国家建功立业。东汉时期，儒学极为兴盛，邓训却不喜欢读书，经常被老爹邓禹责备。尽管在文学上没有建树，但邓训在军政上非常有才华。他曾经担任护乌桓校尉，对待胡人有一套办法，恩威并施，讲信用，有原则，不仗势欺压胡人，深得胡人信赖。鉴于邓训在外夷事务上的杰出才能，朝廷对他寄予厚望，希望他能够解决日益严重的西羌问题。

邓训走马上任之后，烧当羌首领迷唐正集结一万骑兵，逼进东汉边境要塞。迷唐惮于邓训的威名，不敢贸然发动进攻，遂将矛头直指归附东汉的小月氏胡人。邓训马上命令军队进驻小月氏，以保卫其安全。有部下认为，羌人与胡人相互厮杀，正好可坐收渔翁之利，何必出兵相助胡人呢？邓训批评说，以前正是张纡不讲信用，才导致诸羌叛乱，如今小月氏有难，正好出兵相救，以重建朝廷之恩信。

在民族问题上，邓训有高人一等的见识，认为首先必须要建立民族间的信任关系。他相信人心自有共通之处，即使是不同的民族与部落。汉羌之间屡屡爆发战争，其根源便在于相互间的不信任。邓训的英明之举得到湟中诸胡人部落的热烈拥护，他们奔走相告，纷纷称赞邓训的恩德，并且表示愿无条件听从他的命令。

人格的力量有时是非常之伟大，邓训即是如此，他一改张纡的欺诈手段，对羌胡坦诚相待。不仅是胡人，也包括一部分羌人都为其人格所吸引，纷纷前来归降，其中包括迷唐的叔叔号吾，率八百名族人向邓训投降。邓训让已降的羌人去招降其他人，在他凌厉的外交攻势下，迷唐与其他部落组成的铁血联盟，面临不战而溃的危险。

公元89年，护羌校尉派遣长史任尚率领六千名湟中守军，以皮革缝制成船，置于木筏之上，强渡黄河，掩击迷唐的烧当羌部落。迷唐大败，烧当羌损失三千八百人，被掳获的马牛羊等牲畜共计三万头。为了躲避汉军追击，迷唐向西逃窜一千余里，方才有了落脚之地。

护羌校尉邓训在任四年间，恩威并重，双管齐下，得到许多羌人部落的支持与信任，使得西羌的危局得以大大缓解。他是东汉最成功的一位护羌校尉，只可惜尚未大功告成，便于公元92年病逝。邓训的成功之处，在于对待羌人以宽容之心，总揽大局，不计小过，以诚相待，付诸行动，不尚空谈。邓训之死，对羌胡部落是一大震动。无论是汉官吏百姓，还是羌人胡人，都自发前往哀悼，每日多达数千人。羌人们说："邓使君已死，我曹亦俱死耳。"金城一带的百姓，家家为邓训立祠，作为保护神。这就是邓训，一位充满人格魅力的英雄。

邓训去世这年，汉和帝刘肇发动政变，诛杀窦宪，夺回至尊无上的权力。皇帝任命蜀郡太守聂尚担任护羌校尉，彻底解决迷唐的烧当羌。

聂尚一上任，便做出一个极其错误的决定。他采取怀柔手段，派人前往招抚迷唐，准许他率部返回大小榆谷。要知道大小榆谷是迷唐的老地盘，土地肥沃，水草丰茂，这岂非放虎归山吗？迷唐心中暗喜，遂接受招抚，率领烧当羌人回到旧地。

紧接着，发生了一件颇令人费解的事情。

迷唐让祖母卑缺前往金城郡，拜见护羌校尉聂尚。聂尚盛情款待，临别时派译者田汜等五人护送她返回。不想田汜等五人到大小榆谷后，迷唐魔性大发，将五人酷刑处死。揣测迷唐之心，大约对父亲迷吾被张纡毒死的血海深仇记恨在心，遂以其人之道还治其人之身。这种相互仇杀屠戮，成了一笔理不清的血债。

迷唐再扯起反叛的旗帜，联合其他部落，以田汜等人的鲜血盟誓，起兵攻入金城郡。聂尚弄巧成拙，黯然下台，由居延都尉贯友接任护羌校尉。聂尚的下台，意味着对羌以诚相待政策的结束。民族之间的关系便是如此之微妙，信任难以建立，却易于消失，于是乎你欺我骗，局面难以收拾。

贯友抛弃聂尚的怀柔政策，代之以强硬的立场。他延续傅育的政策，派人在诸羌部落中挑拨离间，以金银财宝诱使诸羌部落纷纷脱离联盟。在金钱外交的攻势下，迷唐苦心建立的联盟土崩瓦解。迷唐又一次陷入孤立无援的境地，永元五年（公元93），贯友派遣大军出塞，直袭迷唐的大本营大小榆谷。

在贯友的猛攻之下，迷唐的烧当羌部落招架不住，一战下来，死伤超过八百人，数万斛小麦落入汉军之手。迷唐只得再次放弃大小榆谷，率部向西撤退到赐支河曲（黄河上游的一段）。大小榆谷是烧当羌最重要的据点，位于逢留大河的南岸。为了彻底控制大小榆谷，贯友在逢留大河南北两岸修筑军事堡垒，又制造大船，最后造了一座跨河大桥，贯通逢留大河的南北两岸。此后，逢留大河再不是天险，汉军可自由进出大小榆谷。

贯友还没来得及剿灭迷唐，便于永元八年（公元96）病逝于任上。

汉阳太守史充接任护羌校尉，一上台就迫不及待地攻打迷唐。他调集湟中归降的羌胡军队，从逢留大桥通过黄河，西进至赐支河曲，欲与迷唐的烧当部落决一死战。迷唐以逸待劳，纵兵迎战，史充大败，损失数百人，灰溜溜地回到金城。

汉和帝刘肇一纸令下，召回史充。史充任护羌校尉仅数月便被撤职，改由代郡太守吴祉接任。

永元九年（公元97）秋季，迷唐纠集烧当羌部落骑兵八千人，攻入东汉帝国境内的陇西郡，杀数百人。他以威胁的手段迫使陇西羌人部落起来造反，兵力扩充到三万人。陇西驻军前往弹压，被迷唐击败。迷唐乘胜追击，攻陷大夏城，杀死县令，羌军声威大振。

鉴于迷唐兵锋正锐，汉和帝刘肇增派一支强大的军队赴陇西郡。增援部队以征西将军刘尚为统帅，越骑校尉赵世为副将，下辖三万人，兵分两路，对迷唐形成左右夹击之势。迷唐不敢恋战，匆匆撤退，老弱病残统统成为汉军的俘虏。迷唐逃到临洮以南山区，刘尚尾随而至，发起攻击，羌军损失一千余人。迷唐夺路而逃，翻山越岭出塞外。

汉和帝对刘尚未能全歼迷唐大为恼火，召回主帅刘尚与副帅赵世，逮捕下狱问责，由王信、耿谭接管前线军队。耿谭对羌人所采取的策略与贯友如出一辙，以高额的赏金吸引羌人部落前来归附，挑拨羌人内部矛盾，令其无法团结一致，以此孤立迷唐的势力。永元十年（公元98）冬季，在朝廷的严令之下，王信、耿谭率兵出塞，进剿迷唐。迷唐侵入陇西时有八千人，最鼎盛时达到三万人，随着诸羌纷纷叛去，他回到赐支河曲时，只剩下两千人。

成为孤家寡人后的迷唐深知实力悬殊，又派人向王信、耿谭求降。王信与耿谭考虑再三，最后同意迷唐的投降。这年年末，迷唐率烧当羌部族头目前往洛阳，向帝国天子进贡。

就这样，迷唐又一次躲过灭顶之灾。

此时迷唐的残兵败将不足两千人，没有粮食，生存都成问题。东汉政府让迷唐率其部众迁移到金城郡，将他置于护羌校尉的管制之下。

不久之后，汉和帝便察觉到这一政策的重大失误。金城郡羌人部落众多，迷唐在羌人中极有影响力，万一诸羌再次联合，将是一件极为棘手的事情。朝廷认为迷唐在金城郡是潜在的威胁，不如让他返回大小榆谷。可是迷唐不愿走，为什么呢？大小榆谷远不及金城郡富庶，况且自逢留大桥建成后，黄河天险失去意义，汉军随时可以轻松进出。

迷唐找借口说，他的部众粮食不足，不能长距离跋涉。护羌校尉吴祉心里很急，一咬牙，送给迷唐大量金帛，让他去购买谷物牲畜，买完后赶紧出塞。东汉政府不信任迷唐，迷唐也不信任东汉政府。既然都不信任，就不必婆婆妈妈的，一不做，二不休，索性反了。迷唐用所得的金帛贿赂其他部落，与金城郡湟水谷地一带的羌胡部落一同造反，大掠而去。

迷唐再反，护羌校尉吴祉、征西兵团主帅王信、副帅耿谭全部被免职，周鲔接替吴祉成为护羌校尉。

永元十三年（公元101），迷唐率部回到赐支河曲。羌人内部爆发内讧，被迷唐胁迫造反的羌人中，有一个累姐部落，首领被迷唐杀死。这件事令迷唐大失人心，诸羌部落纷纷离他而去，跟随他的人越来越少。

这年秋天，食不果腹的迷唐率军侵略金城边境，想抢些粮食。扰羌校尉周鲔、金城太守侯霸统率诸郡驻军以及陇西牢姐羌、月氏胡人骑兵等，共三万人，反击迷唐。迷唐不敌，逃回赐支河曲。侯霸挥师深入作战，兵锋直抵赐支河曲处的允川。

迷唐只得硬着头皮与汉军短兵相接。侯霸亲临前线，指挥作战，迷唐这支疲愆之军不堪一击，部下纷纷倒戈，六千人向侯霸投降。迷唐见大势已去，只得长叹一声，放弃赐支河曲，向更西、更荒凉的青藏高原中部逃去，投奔居住于此的发羌部落。至此，迷唐只剩下一千余人，完全丧失了反击的力量，他寄人篱下，直到病死。

烧当羌酋豪迷唐败亡，意味着汉羌战争告一段落，西海（青海湖）与大小榆谷又恢复往日的和平与宁静。直到汉和帝刘肇去世，西羌再无叛乱发生。

四十 / 得而复失的西域

班超平西域，始于明帝一朝，成于和帝时代，是东汉对外经略史上所取得的最伟大成就。

和帝永元二年（公元90），班超遇到了大麻烦，面临中亚霸主贵霜帝国七万大军的威胁。贵霜帝国即月氏王国，君主是伽迪腓斯二世。他曾经出面调停康居攻打班超，自以为有功于东汉帝国，便狮子大开口，请求和亲，迎娶东汉公主。月氏王（伽迪腓斯二世）遣使拜见班超，求他向朝廷转达和亲请求，班超一口拒绝，勒令使者返国。

月氏王的自尊心被伤害，一怒之下，派出一支七万人的远征军，由谢副王统领，进攻疏勒。疏勒震动，班超手中可用的兵力，只有一万多人，敌众我寡，如何应战呢？班超沉着冷静，分析敌情：月氏以七万之众跋涉数千里，每日耗费的粮草是惊人的数量，而葱岭（帕米尔）难越，后勤补给肯定跟不上。只要坚壁清野，不留一粒粮食给月氏人，用不了多久，月氏军队可不攻自破。

果不其然，月氏七万大军攻入疏勒十余天，收集不到粮食，谢副王不由得心慌。怎么了呢？想来想去，只能先向龟兹借粮。谢副王派一支小分队，携带金银珠玉，赶往龟兹。班超早就派遣一支数百人的队伍，埋伏在边界线附近。当月氏小分队抵达时，遭到伏击，全军覆没，金银珠玉全部被缴获。

没有粮食，七万大军如同废人，不要说打仗，生存都成问题。谢副王大惊失色，无奈之下，只得与班超谈判。他派使者入疏勒王城，向班超请罪，请求网开一面，让他及其部下能活着返回月氏。

班超慷慨应允，承诺在月氏军队撤军后，绝不发动攻击。谢副王连连道谢，带着饥肠辘辘的士兵们，跋山涉水班师回国。这一路上，怕少不了尸骨遗弃在荒野。

力挫中亚最强大的月氏后，班超更加威名远扬。

第二年（公元 91），北匈奴在金微山之役惨败，宣告汉匈三百年争霸战最终以汉帝国的胜利而告终。在此背景下，班超终于完成平定西域的大业。树倒猢狲散。北匈奴这棵大树一倒，龟兹、姑墨、温宿、尉头等国如何与东汉帝国抗衡？只得纷纷向班超请降。班超逼迫龟兹王尤利多退位，改立亲汉的王子白霸为国王。

从公元 73 年班超入西域，至此整整十八年。班超以艰苦卓绝的奋斗，几乎是仅凭一己之力，创造了中国历史上绝无仅有的奇迹。伟大的国家为伟大的英雄提供大展身手的舞台，伟大的英雄又为国家创造伟大的事业。西域初定，班超坐镇龟兹，徐幹坐镇疏勒，东汉政府决定重新设立西域都护府，班超当之无愧地成为西域都护，徐幹擢升为西域长史。

然而，还有三个国家拒绝投降，分别是焉耆、危须、尉犁。当年攻击西域都护府，杀死都护陈睦，三个国家都有份，害怕遭到秋后算账，不敢投降。永元六年（公元 94），班超征调龟兹、鄯善等八个国家共计七万人的军队，讨伐焉耆、危须、尉犁三国，杀焉耆王、尉犁王等，以祭奠前西域都护陈睦。

至此，西域五十余国，悉数归附东汉政府。

班超经过二十年的苦斗，终于实现年轻时立下的誓言。他的功业，远远超越傅介子，与张骞并列为中国历史上最伟大的人物。由于班超在西域的辉煌成就，被汉和帝封为定远侯，果然如相士所言，封侯于万里之外。

班超的伟大，不仅在于平定西域，还在于探索未知之领域。继张骞之后，他又一次大大拓宽中国人的视野。

和帝永元九年（公元 97），班超派遣部下甘英出使大秦、条支。

此时班超已经六十五岁，年迈力衰，军政务缠身，无法亲自出行，只好将此事交付年轻力壮的甘英。甘英此行收获极大，他是继张骞之后又一位杰出的探险家。他从西域出发，一直到达地中海沿岸。史书上没有记载甘英具体的出行线路，从《后汉书》的"西域传"大致推断，甘英可能是从现在新疆南部出发，经克什米尔，往西南折向巴基斯坦，然后穿过伊朗高原进入西亚，最后抵达地中海东岸。

条支大约位于西亚的地中海沿岸（今叙利亚一带），在此之前，中国人从来没有到达过如此远的地方。出西域到条支，大约需要行两百日，此路途之艰辛，可想而知。甘英每到一地，必详细地记录下当地的风土人情，收集中原看不到的奇珍异物。当他行至地中海岸时，却犯下一个大错。

甘英身负出使大秦（罗马帝国）的使命，他找到安息的船家。船家告诉甘英："大海广阔无边，如果遇到顺风，三个月就可以到达罗马；如果遇到逆风，可能要花上两年的时间，所以凡出海者，一般要携带上三年的粮食。在海上行船，容易思念家乡亲人，也很危险，常有人死于海上。"

地中海处西风带，向西航行，会遇到逆风的情况。甘英望洋兴叹，打起退堂鼓，最后放弃前往罗马的打算。

如果甘英毅然前往罗马，那么他很可能遇上雄才伟略的罗马皇帝图拉真（公元98年即位）。图拉真统治时期，罗马帝国疆域最为辽阔，与大汉帝国矗立在亚欧大陆的东西两侧，有着同样伟大的文明。甘英并不知道他丧失了一个沟通东西方的机会，否则他将成为与张骞一样伟大的人物。

即便如此，甘英仍然是那个时代走得最远的中国人，他在旅程中对各国的记录保存在《后汉书》的《西域传》中，为古代中国人开阔眼界做出了重要贡献。近世学者王国维曾写诗赞扬甘英的功绩："西域纵横尽万城，张陈远略逊甘英。千秋壮观君知否，黑海东头望大秦。"这里王国维认为甘英到达的西海是指黑海。

长年的征战与繁忙的政务，使班超身体每况愈下。岁月不饶人，班超已经六十多岁了。落叶归根，班超越发思念家乡和亲人，他的哥哥班固因窦宪事件遭到株连，在八年前死于狱中，只剩下妹妹班昭。班超最疼爱的小儿子班勇还未尝到过家乡，他很想在自己有生之年，与儿子一起返回离开数十年的祖国。

班超提笔写了一份奏折，由儿子班勇带回帝都。在奏折里，他希望能叶落归根，返回故里。然而，命运弄人。三十年前，皇帝召他回国，他毅然留在西域；三十年后，他想回家，上疏却石沉大海，毫无回音。

三年过去了，汉和帝仍未批准班超告老还乡，没有班超，谁能控制西域复杂的局面呢？班超的妹妹班昭，给皇帝写了一封感人肺腑的信，大意如下：

"臣妾的胞兄西域都护定远侯班超，幸得以微功蒙皇上的重赏，天恩殊绝。班超初出西域时，怀着为国捐躯的志向，希冀建立微薄的功业，报效大汉。时遇陈睦之变，西域交通隔绝，班超孤身转侧绝域，晓谕诸国，率领其兵众，每有攻战，辄身先士卒，身被刀箭之伤，不避死亡，幸赖陛下神灵，得以延命沙漠，至今三十年了。骨肉生离，不复相识。当年追随班超的吏士，现在都已经去世，班超年龄最大，今年七十岁了，病痛缠身，头发苍白，双手麻木，耳目不明，要扶杖方可行走。即便想竭尽其力，以报答天恩，迫于老迈，也是有心无力。蛮夷之性，畏壮侮老，班超生死只在旦暮之间，如果久无人顶替，恐怕夷人会有奸邪逆乱之心。而朝廷的公卿士大夫，不肯远虑，一旦暴乱发生，班超力不能从心，上则损国家累世之功，下则弃忠臣竭力之用，这不可不令人心痛。班超在万里之外，归心似箭，引颈而盼，至今三年，却音讯全无。臣妾听说古代十五从军，六十而还，也还有退休不任职的休闲时间。因为陛下以孝治天下，况班超身列侯伯之位，故敢冒死为之求情，乞求让班超安度余年。一旦班超生还，西域没有突然变故的担忧，国家便没有劳师远征之虑。班超曾写信与臣妾诀别，恐没有机会再见一面。臣妾着实伤感班超以壮年为国竭忠尽孝于沙漠，而在疲老之时便捐身死于旷野之中，诚可哀怜。如果朝廷置之不理，班超去世后一旦西域有变，希望班家能因为像赵母、卫姬一样因事先请罪而蒙宽赦。臣妾愚昧不知大义，触犯忌讳，陛下勿责。"

班昭既晓之以情，动之以理，终于打动汉和帝。

永元十四年（公元102），班超踏上了归乡之途。

"故园东望路漫漫，双袖龙钟泪未干。"班超已经年过七十，他一身病痛，胸肋处时常疼痛难忍。这年八月，班超回到洛阳，洛阳依旧繁华，歌舞升平，与西域的贫穷与荒凉形成鲜明的对比，他忽然觉得人生是如此的短暂，似乎三十年前出西域的往事，就发生在昨天一样，清晰可见。

九月，班超与世长辞，享年七十一岁，自他回家仅仅一个月。

班超英勇善断、足智多谋，充满冒险精神，富有军事、外交及政治才华，一手擎天，独撑大局。当其入西域时，西域五十余年，无汉一兵一卒，一官一吏，其可凭借之资源可谓少之又少。在西域奋斗的三十年间，班超得到政府的支援更是少得可怜，最多时也仅有两千名的士兵。既没有军事上的强大后援，也没有政府在财政上的支持，所有一切，都凭他个人的才能解决。

他的成功固然有强大汉帝国为后盾，然而其个人奋斗功不可没。首先是他杰出的外交才能。他是个令人捉摸不透的人，既守信，又狡诈，对可以信任的人是有义气的，就像他在最艰难的时候，选择了留在西域；他对背叛者以及敢犯汉强者，是狡诈的，所以诱杀疏勒王忠与焉耆王。班超具有深刻的洞察力，既可以判断全局的形势，又善于洞悉人性的弱点，他充分利用这种人性的弱点，恩威并施；他勇敢过人，无视生死，但不是一介莽夫，在鄯善杀匈奴使者，在于阗杀大巫师，在疏勒擒国王，等等，不仅是斗勇，也是斗智，这个智就是抓住对手的弱点所在，一击中的，迫使对手别无选择。西域国家不仅多，而且充满矛盾，班超在这些矛盾中游刃有余，借力使力，以夷制夷，即便身陷危险之中，每每也能化险为夷。

另一方面，他的军事才华对他的西域事业起到至关重要的作用。攻陷莎车之役是班超军事生涯的代表作，在敌方援军两倍于己的情况下，他大胆采用疑兵之计，先设计假情报，利用敌军求胜心切的心理，调动敌方援军主力分兵，在成功分散敌军注意力之后，突然迅速回师，二打莎车，一举端掉莎车国，剑走偏锋，以险取胜。如果说莎车是个弱国，那么面对中亚最强大的贵霜帝国七万大军的进攻时，班超则将孙子的"先为不可胜，以待敌之可胜"的思想发挥得淋漓尽致，抓住敌军人数众多，补给困难这一弱点，坚壁清野，切断贵霜军队向其他国家借粮的通道，最后不战而屈人之兵，此正所谓"上兵伐谋"也。

西域的功业，始于张骞，成于班超，后两千年，虽经离离合合，但最终入中国版图，饮水思源，此非张骞、班超之功吗？

谁来接替班超呢？朝廷经慎重考虑，指派任尚为新一任的西域都护。任尚乃东汉一代名将，在历次汉羌战争、汉匈战争中表现抢眼，战功卓著，成为汉军中的一把利剑，光芒夺目，声名远扬。朝廷考虑让他出任西域都护，并不是没有道理。

动身出发前，任尚特地拜访老前辈、传奇英雄班超，希望得到一些指点与建议。

班超对他说："老夫年纪老了，智力大不如从前，将军多次为国家担当重任，班超岂敢相比。实在不得不说的话，就说几句愚昧的话。屯居在塞外的中国士兵，大多不是孝子贤孙，而是因犯了罪而发配到那里的；塞外蛮夷，与鸟兽一样，桀骜难驯，容易败事。您的性格严厉而急躁，水至清则无鱼，察政如果不得要领，就容易丧失人心，所以不宜过分严苛，应该奉行宽松简易的原则，对于小过错不要计较，总揽大纲、把握全局就行了。"

任尚毕恭毕敬地听着，见班超不再往下说了，问道："就这些啊？"班超点点头，任尚脸上露出了一丝失望的表情，向班超辞行。回去后，他对亲信说："我还道班君有什么奇谋妙策，今天一听，真是太平常了。"

班超的话，难道真是太平常了吗？显然不是。正所谓大智若愚，大巧若拙，这短短几句话，却是班超在西域三十年的心得要领。西域非常复杂，国家众多，矛盾重重，稍有闪失，就会完全失控。要治理西域，光靠武力征服是不行的，必须要有政治家的手腕。不仅如此，治理西域与治理郡县是完全不同的，西域民俗完全不同于内地，内地的中国人性情温和顺从，而西域胡人则桀骜难驯，如果太过严厉，严刑峻法，将适得其反，只能引发激变。

果不其然，任尚终于坏事了。

任尚在西域都护的位置上只待了四年（102—106）。

到了西域之后，他显然没有把班超的规劝当一回事。他迷信武力，性情急躁，政令严苛，西域诸国惶惶不安，随着时间的推移，不满情绪与日俱增。山雨欲来风满楼，种种迹象表明，西域这个大火药桶随时都会爆炸。

在此期间，雄才大略的汉和帝刘肇英年早逝，皇帝年幼，国家大权落在邓太后之手。殇帝延平元年（公元106），邓太后意识到西域问题严重，遂派遣梁慬为西域副校尉，前往协助任尚。梁慬刚行至河西走廊，突然传来令人震惊的消息：西域诸国叛变了。

任尚的高压政策终于令西域诸国忍无可忍，他们联合起来，攻打驻扎在疏勒的西域都护任尚。面对西域诸国联军的进攻，任尚非常被动，他急急忙忙地发出一封求援信，请求朝廷出兵。朝廷马上指示梁慬在河西四郡招募羌胡骑兵，火速驰援疏勒。梁慬招募五千名骑兵，昼夜兼行，赶赴西域。任尚不愧是名将，梁慬还没到，他就凭一己之力挫败叛军，解了疏勒之围。

西域诸国叛变，令帝国朝廷大为不满，撤了任尚的职，任命段禧为新的西域都护，与骑都尉赵博启程赴任，同时把梁慬的五千骑兵留在西域，以应对叛乱。

当西域叛乱的波涛汹涌澎湃时，龟兹依然归附东汉，成为漂浮在叛乱汪洋大海中的一个小岛。这不得不归功于班超的远见，当初他力主废掉反汉的龟兹王，扶植亲汉的白霸为国王。段禧、梁慬把西域都护府迁往龟兹王城，引起龟兹贵族的强烈不满，他们宣布脱离国王，另起炉灶。

龟兹贵族联合姑墨、温宿等国，拼凑数万人，对龟兹王城发动进攻。敌众我寡，段禧与赵博认为应当据险固守，梁慬则力主出击。他率五千名羌胡骑兵出城迎战，沉着勇敢，身先士卒，以少胜多，大败叛军。围城战持续数月之久，叛军久攻不下，精疲力竭，被迫败走。梁慬抓住机会，果断出击，斩俘一万多人，缴获骆驼牲畜数万头。

幸赖梁慬一手擎天，力挽狂澜，龟兹局势终于转危为安。

龟兹大捷令西域都护段禧大受鼓舞，正当他策划夺取整个西域时，一件意想不到的事发生了。公元107年，朝廷下诏，决定放弃西域，召回西域都护段禧、副校尉梁慬、骑都尉赵博，以及驻守伊吾卢、柳中的屯垦兵团。

为什么朝廷会下达这么一道诏令呢？

从光武帝刘秀开始，东汉帝国就不愿意介入西域。当时西域诸国受匈奴之迫害，联名要求置西域都护，光武帝不答应。汉明帝时，为了"断匈奴右臂"，才出兵西域，小遭挫折后又放弃。在东汉政府的战略规划中，西域从来就不是一个重点区域，也没有投入多少人力物力。班超的出现，奇迹般的利用微不足道的力量，搞定西域诸国，对帝国而言，这实在是意外的收获。只是经任尚一折腾，西域叛反，当朝廷发现必须在那里维持一支庞大的武装力量时，自然就打起退堂鼓。

可以说，西域被朝廷的一群庸臣给葬送了。一批久居京城的公卿士大夫声称西域路途遥远，叛乱此起彼伏，劳师远征，耗费的资金不计其数，国家难以负担，应当放弃西域。此时东汉朝廷内部也有动荡因素，两年换了两个皇帝（汉殇帝、汉安帝），掌权的邓太后也不愿意在西域大举用兵，遂批准了放弃西域的计划。

班超三十年的奋斗成果，毁于一旦。

东汉朝廷想避免麻烦，却做梦也没有想到，从西域撤军，引发了一场空前大灾难。

四一 / 漫长的战争：107—118 年羌乱纪实

安帝永初元年（107），骑都尉王弘奉命召集金城郡的羌人，打算组织一支军队接应从西域返回的段禧、梁慬等。一则流言不胫而走，羌人们纷传此行的目的是屯兵西域，永远无法回来。一路上羌人不断逃跑，王弘采取高压手段，残酷镇压，终于使局势迅速恶化。

这一突发事件，引爆东汉历史上最大规模的羌乱，遂使国家陷入严重的衰退之中。

羌人的叛变如多米诺骨牌的连锁效应，一个部落接着一个部落叛反。勒姐羌、当煎羌叛逃出塞，烧当羌逃离金城郡，先零羌的分支滇零羌与钟羌乘机大肆杀掠。羌乱涉及的地域极广，包括河西走廊的张掖、武威，以及金城、汉阳、陇西诸郡，通往中原之路被切断。

这次羌人叛变，实是出于误会。但是误会的背后，是汉、羌民族极深的矛盾。这种矛盾非常复杂，既有两大民族长期战争所播下的仇恨种子，又有混居产生的政治、经济、社会诸多问题。故而看似偶然的事件背后，实有复杂之背景。

西羌复叛，护羌校尉侯霸难辞其咎，被朝廷解职，由段禧接任。朝廷派遣车骑将军邓骘为主帅、征西校尉任尚为副帅，统领五万人马，前往平定羌乱。邓骘刚到汉阳郡，便遭当头一棒，被钟羌部落围攻，损失了一千余人。看来平羌之路绝非坦途。

邓骘在南线吃了败仗，北线战场幸赖梁慬力挽狂澜。

梁慬刚从西域归来，就遇上大规模的羌乱，武威、张掖一带的羌人部落共计一万余人，正攻击亭侯。梁慬急往增援，大败羌军，斩俘超过七千人。羌人退往武威郡，梁慬跟踪追击，紧咬不放，追至姑臧。诸羌部落首领三百余人，集体向梁慬请降。梁慬一律安抚，将诸羌遣回故地，河西四郡的羌乱得到平定。

然而，在南线汉阳战场上，汉军一败再败，遂使局势不可收拾。

公元108年冬季，车骑将军邓骘决定在汉阳郡发动一次总攻，彻底解决羌乱。他命征西校尉任尚率兵对羌人的据点平襄发动强攻。身经百战的任尚自恃骁勇，不想遭滇零羌攻击，损失八千人马，被迫撤出战斗。此役是关键性的战斗，滇零羌的胜利不仅使羌军声威大振，而且也树立了滇零部落在羌人中的领导地位。

相比军事上的失利，经济上的困境更加严峻。此时金城、陇西通往东部的通道被羌人切断，内地的粮食难以运抵边关，湟中地区的粮食价格飞涨，小米每石价格竟然破天荒地涨到一万钱！大批百姓破产，要么饿死，要么逃亡，饿殍遍野，惨不忍睹。

面对此种局面，朝廷不得不转攻为守，召回车骑将军邓骘，留下任尚节度众军，将百姓尽量向东转移到长安一带。

滇零羌乘机扩张势力，东进到安定郡与北地郡，对长安构成严重的威胁。滇零羌是先零羌的分支，因为其首领名为滇零，故以此名之。滇零是一位杰出的羌人领袖，击败任尚之后，他踌躇满志，遂占据北地，自立为天子，与东汉皇帝分庭抗礼。

羌乱的范围急剧扩大，从凉州扩大到并州与益州。除河西四郡赖梁慬之力暂保无虞之外，其余诸郡均陷入苦战中。滇零派人前往上郡、西河郡（以上二郡属并州），策反当地羌人部落。同时武都郡（属凉州）的参狼羌也叛反，响应滇零。战争发展速度之快，令人不可思议。羌人南下进攻益州，击破汉中郡，杀死太守董炳。

更为严重的是，羌人从北、西北、西三面开始进攻长安。

汉帝国旧都长安三面临敌，岌岌可危。永初三年（109）春，东汉政府派骑都尉任仁率部驰援长安。任仁并非名将，屡次出战，都被兵锋正盛的羌军击败。危急存亡之秋，朝廷政要们不约而同地想到一个人：梁慬！

除了战无不胜的梁慬，还有谁可担解救长安城的重任？

梁慬临危受命，率领麾下精锐部队，火速启程，马不停蹄，救援长安城。在长安以西的武功、美阳等地，梁慬与羌军苦战，他勇冠三军，势不可当，接二连三地击溃诸羌进攻。在战斗中，梁慬负伤，他以坚忍的毅力，裹创犹战，其勇猛的气概鼓舞了全军将士，终于遏制住羌人的进攻，使长安转危为安。

羌军在长安城外失利，但在金城、陇西却取得重大胜利。

金城郡的精锐部队都随梁慬前往救援长安，守备力量严重不足。当煎羌与勒姐羌乘机发难，联合起来进攻破羌县。在陇西郡，先零羌的分支钟羌将矛头对准南部重镇临洮，一鼓作气攻下，生擒南部都尉。

屋漏偏逢连夜雨。帝国的霉运接二连三，愈演愈烈的羌战已经让朝廷焦头烂额，一场恐怖的大饥荒又不期而至。这一年，首都洛阳及四十一个郡国连遭暴雨成灾，洛阳以及凉州、并州地区发生大饥荒。在天子脚下的洛阳城内，竟然发生了易子相食的人间惨剧，而其他受灾区的惨状更无以言表了。

更要命的是，归附已久的南匈奴在背后插上一刀，竟然也叛乱起兵，使得局势更加混乱不堪。救火英雄梁慬刚刚扑灭长安城外的战火，又被派往北方对付南匈奴叛军。

为了加强长安城的防卫，永初四年（110），朝廷在长安及附近的雍县设立京兆虎牙都尉与扶风都尉，并将久战无功的征西校尉任尚调回长安。

这时汉军在北方与南匈奴叛军展开激战，滇零羌发兵攻打褒中。陷入两线作战的汉军处境十分不利，大将军邓骘心乱如麻，便想出一个馊主意：放弃凉州，退保长安，避免两线作战，全力解决南匈奴叛乱。

此时有一个人挺身而出，对抗邓骘的权威。此人姓虞名诩，只是不知名的小官，位卑言轻，却勇气过人。他向朝廷提出不可放弃凉州的三点理由：第一，凉州之地，乃是先帝开疆拓土、历经艰辛才得到的，怎能轻易放弃？第二，放弃凉州，长安便成为边塞之地，如何保卫历代皇家陵园？第三，"关西出将，关东出相"，烈士武臣，多出自凉州，羌胡不敢入据长安，正是受到凉州的牵制。

虞诩的建议得到四府（太傅、太尉、司徒、司空）的认同，于是推翻大将军邓骘放弃凉州的主张。帝国要同时应对羌与南匈奴的叛乱，邓骘信心不足。庆幸的是，在梁慬的神勇表现下，连连挫败南匈奴叛军，几个月后，南匈奴举旗投降。邓骘终于喘了口大气，可以腾出手来，全力向西进攻诸羌。

永初五年（111）是羌乱以来形势最为严峻的一年。

这一年，先零羌向帝国的心脏发动进攻。羌军东渡黄河，接连入寇河东郡与河内郡，前锋距离洛阳不到二百里。京师震动！帝国狼狈不堪。

久未经战乱的百姓大批向南逃亡，南渡黄河，涌向洛阳。

形势十分危急。帝国首都面临巨大的威胁。

朝廷急令北军中侯朱宠率北军五营驻屯于孟津，严令魏、赵、常山、中山诸郡国紧急修筑六百一十六座防御堡垒，总算遏制住羌军的进攻。

为了打破先零羌在黄河北岸对洛阳的威胁，朝廷派遣任尚率军北渡黄河，赶走北岸的羌军。任尚不负所望，率军向北突进，在上党羊头山与先零羌军展开决战，羌军不敌，向北逃窜。首都洛阳得以转危为安。

也有一些汉人响应羌人。汉阳郡人杜琦、杜季贡兄弟以及王信等人，在上邽城聚众起兵。杜琦自称"安汉将军"，引起朝廷的震怒，悬高额赏金购杜琦的人头，汉人杀杜琦者得一百万钱，羌胡人杀杜琦者得一百斤金、二百斤银。重赏之下，必有勇夫，汉阳太守赵博派刺客杜习潜入上邽城内，刺杀杜琦，又派遣军队围剿叛军，击杀王信等六百余人。杜季贡侥幸逃跑，前去投奔自立为"天子"的羌人首领滇零。

永初六年（112），羌人领袖滇零病死。羌人部落极多，而且矛盾很深，在滇零的领导下，民族向心力有所加强，因此成为东汉的劲敌。滇零死后，其子零昌立为天子，继续与汉朝分庭抗礼。然而，滇零时代的鼎盛期已经过去。

经过六年的战争，羌、汉双方都筋疲力尽，战争进入一个相持的阶段。羌军无力发动强大的进攻，汉军则开始小规模的反击。

永初七年（113），护羌校尉侯霸与骑都尉马贤率先发动反击，袭击安定郡先零羌的分支牢羌，俘虏一千多人，缴获马、牛、羊等两万多头。

次年（114），羌人酋豪号多会同当煎羌、勒姐羌等，攻掠武都、汉中以及巴郡。在西南夷板楯"蛮族"的支援下，汉军挫败羌军进攻。号多向北逃去，与零昌会合，再次切断陇西通往长安的通道。

由于多年征战积劳成疾，护羌校尉侯霸病逝军中，汉阳太守庞参接任护羌校尉。上任伊始，他便对诸羌部落发动外交战，恩威并施，瓦解羌人同盟。在庞参的外交攻势下，号多等酋豪率部众归降东汉政府。这样，庞参兵不血刃，打通中断已久的河西通道。

侯霸与庞参相继打通陇西通道与河西通道，这是汉军战略上的重大胜利。至此，河西四郡、金城郡、陇西郡、汉阳郡、安定郡与长安、洛阳的交通线畅通无阻，从而把曾经连为一片的羌人区分割成几个区域，为汉军逐个击破打下坚实的基础。

东汉政府开始着手大反攻的战略，重点消灭北地郡的零昌部落与武都郡的参狼部落。

元初二年（115），大反攻的序幕正式拉开。

征西将军司马钧率领八千人马，护羌校尉庞参率领七千骑兵，兵分两路，分进合击，目标直指丁奚城。丁奚城守将是汉人杜季贡，三年前，他叛逃投奔羌天子滇零，滇零欣赏其才华，拜为将军，驻防于此。滇零死后，零昌年龄还小，便将军事指挥的重任交给杜季贡。杜季贡颇有兵略，作战骁勇，倒是有几分本事。

面对汉军两路进攻，杜季贡先阻击庞参兵团。尽管杜季贡击退庞参兵团，自己也伤亡颇大，无力再战司马钧，故而主动放弃丁奚城，退出城外，等待反扑的时机。司马钧入丁奚城，派部将仲光率三千人出城收割庄稼。沽名钓誉的仲光自作主张，擅自进攻杜季贡，偷鸡不成反蚀米，中了羌军埋伏。司马钧对仲光违抗军令十分恼火，拒绝救援，导致仲光三千人马全军覆没。杜季贡乘胜杀回丁奚城，司马钧只剩下五千人，无力抵挡，匆匆撤军而去。

第一次对零昌的打击就这样草草而终。

战后，司马钧被捕下狱，他自知其罪难逃，在狱中自杀身亡。庞参被解除护羌校尉之职，由马贤接任。久经沙场的任尚被任命为中郎将，朝廷从各郡国招募二十万步兵，交给任尚调配，准备发动第二次对零昌的打击。

任尚走马上任之前，得到一位高人的指点。这位高人正是几年前反对放弃凉州的虞诩，如今的他只是怀县县令，但他说的话，令久经沙场的悍将也不得不佩服。

虞诩分析说，羌军人数虽不多，但都是骑兵，来如风雨，去如绝弦，以步兵追击骑兵，只会徒劳无功。兵贵精不贵多，不如裁撤二十万步兵，每人捐若干钱，购买一万匹战马，便可组建一万轻骑兵。以轻骑兵对付羌军，才能取得决定性的胜利。

这一番话，令任尚怦然心动，将此计划上报朝廷。朝廷认为可行，诏罢二十万屯兵，组建一万精锐骑兵。后来任尚凭借这支轻骑兵，果然取得赫赫战果。

智谋出众的虞诩引起帝国实际统治者邓太后的注意，她听说虞诩有将帅之才，大胆起用，提拔为武都太守。

虞诩即将上任的消息传出后，羌人派数千人马埋伏在陈仓崤谷之中，准备在半途截击。小心谨慎的虞诩发现有伏兵，下令停止前进，在谷口安营扎寨，并放出风声，称他已上疏朝廷，请求增调援军，待援军到达后方才继续行军。埋伏的羌军见虞诩不肯进山谷，在山上蹲点也确实辛苦，便各自散去，到附近县乡大肆抄掠。

侦知羌军散去，虞诩立即下令全军拔寨启程，迅速穿越山谷，一日狂奔一百余里。羌军十分懊恼，便一路追踪，尾随而至。羌军人多势众，一旦交战，对虞诩十分不利。怎么办？虞诩想出一条妙计，第一天他命令每位士兵做两个炉灶，第二天做四个炉灶，以后数日，炉灶数量越来越多。

大家十分不解，问了两个问题："其一，孙膑以前曾用减灶的方法大破魏军，您怎么反倒增加炉灶呢？其二，兵法书上说，每日行军不宜超过三十里，以防不测，现在您却命令一日行军二百里，这却是为何？"

虞诩笑道："羌军人多，我们若行军速度太慢，就容易被追上。我们一路狂奔，他们就没办法摸清底细，即便尾随而来，见到炉灶与日俱增，定以为郡守军前来接应。如此，彼惮忌我兵多，必不敢追击。孙膑减灶是为了示弱，我增灶则是为了示强，这是战场形势不同的缘故。"

此言一出，众皆叹服。不出所料，羌军被虞诩的障眼法迷惑住，不敢贸然发动进攻。这样，虞诩有惊无险地抵达武都。

武都郡有一县城，名为赤亭，羌军攻城已有数月之久。赤亭守军仅有三千余人，羌军多达数万人，形势极其严峻。虞诩到任后，即刻赶赴赤亭。赤亭城虽小，却极为坚固，武器充足。凭借强弩的威力，守军以寡敌众，然险象环生，十分被动。

如何扭转战局呢？虞诩灵机一动，计上心头，下令撤去强弩，改用小弩。此令一下，士兵们大困不解：只有强弩可射穿敌盾牌，怎么偏要用威力小得多的小弩呢？

羌人见守军忽然改用小弩，料定汉之强弩箭矢已尽，遂集结重兵，准备破城。羌军如潮水般地涌向城墙，虞诩观察到敌人密集地进入射杀范围，果断地下令改换强弩，以二十张弩为一个射击单位，密集射杀一个目标。试想想二十支利箭一起射向一个敌人，焉有活命之理？密集射杀一个目标，大大提高射击效率，这一战法大奏其效，羌人无不自危，心惊胆战。在强弩的密集杀伤之下，羌军伤亡惨重，被迫撤退。虞诩不失时机地打开城门，奋勇出击，又斩获颇多，终于遏制住羌军的攻势。

为迷惑敌人，虞诩又采用疑兵之计，让全体士兵从东门出，大摇大摆地从北门入。进到城内，马上更换服装，又从东门出，再从北门入。如此往返数次，给羌人造成大批援军入城的错觉。羌人做梦也没想到，所谓的援军，都子虚乌有。他们中了虞诩的诡计，以为赤亭无法攻下，遂做出决定：撤退。

一切尽在虞诩的预料之中，他暗中派五百名勇士潜行至羌军后方，在一条河流的浅水处埋伏。羌军撤退至此，五百名勇士奋勇杀出。与此同时，虞诩亲率守军奋勇追击，前后夹击，大破羌军。经此一战，武都郡内的羌军基本上瓦解，四处溃散。

这是东汉战争史上经典一战。

虞诩大破武都羌后，诸地羌乱基本平定，只剩下零昌仍然盘踞于北地郡。

元初三年（116），汉军兵分两路：度辽将军邓遵率南匈奴一万名骑兵南下，进攻零昌的大本营灵州；中郎将任尚北上，进攻杜季贡驻守的丁奚城。杜季贡不敌，放弃丁奚城，抱头鼠窜。任尚与邓遵会师，进攻零昌，俘获零昌的妻儿子女，焚毁羌人帐落，缴获牛、马、羊两万多头。

次年（117），任尚派出五名刺客，混入羌军营中，刺杀杜季贡。杜季贡是羌军中的汉人将领，最有军事才干。他的遇刺，令零昌走向覆灭的步伐大大加快。同年九月，任尚故伎重演，派一名刺客潜入敌营，刺杀零昌。一年之内，羌军最重要的两个头目都遇刺身亡。另一位羌人首领狼莫收罗零昌与杜季贡的部下，继续顽强抵抗。

任尚会同骑都尉马贤共同进击狼莫。马贤在青石岸与狼莫羌军相遇，吃了败仗，撤退到高平，与任尚兵团会师。狼莫退守富平，双方对峙六十余日，马贤、任尚打破僵局，突破羌军防线，大破狼莫，羌军遭到重创，阵亡五千余人，损失的牲畜数量多达十万头。狼莫被迫逃离富平城，窜入上郡。

在战乱波及的益州与并州，群龙无首的羌人部落纷纷投降。西河郡的虔人羌部落一万一千人向度辽将军邓遵投降。邓遵派羌人雕何，在上郡刺杀先零羌首领狼莫。至此，历时十二年（107—118）的羌乱终于宣告结束。

这场羌乱是东汉盛衰的分水岭，波及范围多达数十个郡，战争烽火烧到帝国首都洛阳附近。这是一场军费开支惊人的战争，政府用于军事上的支出，竟高达二百四十亿钱之多，致使国库枯竭，物价飞涨，民不聊生。在战争的重灾区凉州、并州一带，更是白骨弃野，一幅萧瑟凄凉的画面。

羌乱暂告一段落，疲惫不堪的帝国终于可以长长喘一口气了。

四二 / 虎父无犬子

东汉帝国的实际统治者邓太后是一个美丽、聪明、勤政、富有权谋而颇有人情味的女人。作为女人,她几近完美;作为大帝国的统治者,她虽然算不上雄才大略,还是小心翼翼地使帝国之舟缓慢地前行,不至于触礁沉没。即便如此,大帝国已是遍体鳞伤了。

在她执掌权柄的十五年里,史无前例的大羌乱就占十二年!好不容易平定羌乱,西域问题又接踵而至。朝廷不是已经放弃西域了吗?怎么还有问题呢?因为北匈奴卷土重来了。自金微山之战后,北匈奴遭到重创,不知去向,在此后十年,他们在汉人的视野中消失了。

班超去世后两年(104),北单于终于露面,派一名使臣抵达洛阳,请求与东汉帝国和亲,重修呼韩邪单于的故约。朝廷根本不把这头瘦死的骆驼放在眼里,一口拒绝。第二年,北单于再次遣使到敦煌,打算献上贡物,以示友好,大汉帝国不稀罕那些玩意儿,仍拒之门外。

就在北匈奴部众蜗居穷乡僻壤之际,机遇不期而至。公元107年,东汉政府无力控制西域的叛乱,宣布撤军。北单于大喜,这不是把西域这块大肥肉送给匈奴吗?可是就凭北匈奴那几个散兵游勇,能成为西域的霸主吗?显然不可能。命运女神再度眷顾这个坚忍的民族,南匈奴二十万人叛逃中原,他们中的一部分人向西迁移,与北单于残部会合。就这样,北匈奴将经过二三十年的休养生息,慢慢恢复了强壮的肌体。

北匈奴开始向西域渗透,到安帝元初六年(119),终于以武力控制西域,成为西域诸国的宗主国。被东汉政府视为累赘的西域,却被北匈奴视为富饶的后花园。如今有一群喽啰兵可供北匈奴驱使,北单于不断地骚扰帝国边关。

敦煌太守曹宗心里有点烦,敦煌作为东汉帝国最靠近西域的一个郡,面临匈奴人严重的威胁。他给朝廷上了一道奏章,建议再次派遣军队进入西域。朝廷确实头痛,当初放弃西域,只当是甩掉一个包袱,岂料却埋下一颗地雷。现在不得不考虑亡羊补牢的办法，于是朝廷批准曹宗的计划，派长史索班率一千余人进驻西域的伊吾地区进行屯垦。

汉军重入西域，果然起到震慑的作用，车师前国与鄯善再度归附东汉。

然而，风云突变，这支屯垦部队很快便遭到灭顶之灾。安帝永宁元年（120），北匈奴伙发兵猛攻伊吾，击破汉屯垦部队，长史索班阵亡。北匈奴挥师南下，占领车师前国，车师前王落荒而逃。与汉友好的鄯善岌岌可危，鄯善王紧急向敦煌太守曹宗求援。曹宗义愤填膺，上疏朝廷，请求出兵五千人反击北匈奴，以报索班被杀之仇，重新夺回西域。朝廷中吃闲饭的公卿大夫不以为然，他们认为当务之急是关闭玉门关，与西域断绝关系。

把持大权的邓太后没了主意。边关将领力主出击，朝中公卿力主固守，要听谁的呢？ 这时，邓太后脑海中忽地浮现出一个人，此人对西域最为熟悉，何不询问他呢？邓太后想起的人是谁呢？正是班超的儿子班勇。

班勇是班超的幼子，他的性格与父亲很像，果断勇敢，机智过人，能言善辩。他出生于西域，对那里的政治风俗人情再熟悉不过。邓太后召班勇上殿，把曹宗与公卿的意见摆出来，想听听他的见解。

对于朝廷放弃西域的做法，班勇早就认为是短视行为，没有深谋远虑。他没有直接回答邓太后的问题，而是先分析西域对帝国安全的重要性。

西域的重要性，在于"夺匈奴府藏，断其右臂"。匈奴把西域看作自家的仓库，"遣债诸国，备其逋租，高其价值，严以期会"。在班超控制西域之前，匈奴每年向西域诸国摊派各种税租，金微山之战后，西域诸国就不再缴交这笔钱款。如今匈奴又回来了，逼迫诸国把这些年欠下的各种税费统统补缴，还加收利息。西域诸国被压迫得喘不过气，都怀念汉帝国的恩德，想归附汉室，却没有门路。班勇进一步指出，西域诸国之所以经常叛变，"皆由牧养失宜，还为其害故"，问题是出在汉朝官员在西域管理不当。

紧接着，班勇对曹宗的"反击匈奴"与公卿大夫的"弃西域"两种观点各打五十大板。

东汉帝国刚刚十二年羌乱，平羌战争耗费惊人，战争支出高达二百四十亿钱，国库早已空虚。班勇认为，没有强大财力的支持，要在千里之外发动一场战争，成功的概率不到万分之一。一旦吃败仗，就是示弱于"蛮夷"，暴短于海内，严重损害国家声誉。

不能出兵，那么是否放弃西域呢？不，西域绝不能轻弃。那要怎么做呢？班勇提出别出心裁的见解：恢复西域副校尉，另遣西域长史率五百名士兵，驻屯鄯善，向西可以控制焉耆、龟兹的交通，向南可以给于阗等南道诸国壮胆，向北可抵抗匈奴，向东有敦煌为大后方。如此布局，进可攻，退可守。

朝中公卿大夫对西域之事知之甚少，在军事上也只知纸上谈兵。尚书问道："设西域副校尉，有何好处？置西域长史驻屯鄯善，有何利害？"

班勇答道："设西域副校尉与长史，目的在于管理西域胡人，制止汉官吏对其侵扰。以往历史表明，这种政策使外夷归心，匈奴畏惧。鄯善国王尤还的祖母是汉人，如果匈奴得势的话，尤还必死无疑。西域胡人虽是蛮夷，趋利避害之心人皆有之，我们驻屯鄯善，足以招抚其心。"班勇乃是效法父亲以夷制夷的策略，借助西域诸国的力量，打击北匈奴。

然而，班勇的主张遭到"放弃西域"派人士的强烈反对。

长乐卫尉镡显、廷尉綦母参、司隶校尉崔据联合攻击班勇，诘难道："朝廷之所以放弃西域，是因为西域毫无用处，徒费朝廷的银两罢了。车师国已经归附匈奴，鄯善也靠不住，一旦叛变，你能确保匈奴不威胁帝国边塞吗？"

镡显等人这一诘难极其厉害，要逼班勇表态。如果班勇回答"不能保证"，那么出屯西域就变得没有意义；如果回答"能保证"，就把可能出现的风险全部由班勇一人承担。镡显等人扬扬得意，以为如此一击，班勇必定哑口无言。岂料班勇从容不迫地答道："中国设立州牧，是为了禁止郡县奸人盗贼。如果州牧能够保证所辖郡县永远没有盗贼违法乱纪，我也敢以受腰斩的处分来保证北匈奴不会威胁边塞。"这是何等绝妙的回答。朝中的公卿大夫，能保证自己管辖的地域内，不出一个盗贼吗？复通西域并不能保证北匈奴人继续骚扰中国，但是放弃西域，更不能保证。

反对派们还不死心，继续刁难。

太尉属毛轸挑衅道："如果置立校尉，西域诸国肯定会络绎不绝地派遣使者前来，求索无度。要是给他们援助，现在国库空虚，无法拨款；要是不给他们援助，他们又要失望怨恨。一旦这些国家受到匈奴威胁，还要向中国求援，那就更不划算了。"

面对毛轸的诘难，班勇成竹在胸地回答："假如把西域送给匈奴，能让匈奴感激大汉恩德、不再侵略边疆也就罢了。否则，匈奴得到西域诸国庞大的税赋，控制诸国兵马，如虎添翼，寇略边关，这岂不是既送给仇敌银子，又暴增其势力吗？这样做，我认为实在不值得。设置校尉，可以宣威布德，维系诸国归附大汉的信念，动摇匈奴觊觎中原之心，并不需要耗费国家大量的财富。西域就算派使者前来，顶多不过供应些饭菜罢了。如果政府放弃西域，诸国必定归附匈奴，到时与匈奴共同发兵入侵并州与凉州，到时所要花费的军费开支，何止千亿之多。"

班勇舌战群臣，博得邓太后的暗暗喝彩。经朝廷公卿讨论，由邓太后拍板，决定设置西域副校尉，下辖三百人，驻屯敦煌。不过这个决定，显然把班勇战略中最重要的一个环节漏掉了。班勇的计划，除西域副校尉之外，还应该派遣西域长史率五百人进驻鄯善以东，以控制南北二道。

这么重要的环节，怎么给遗漏了呢？

与其说是疏忽，不如说是邓太后对"放弃西域"派的妥协。妥协的结果是，西域副校尉形同虚设。连国门都没出的西域副校尉，究竟可以威慑住谁呢？这种毫无意义的威慑力，不能制止北匈奴联合车师入寇边关，结果河西走廊多次遭到入侵，百姓深受其害。

安帝延光二年（123），北匈奴又一次发兵攻打河西走廊。

放弃西域、关闭玉门关的论调重新抬头。持这一观点的公卿大夫认为只要隔绝西域，便可以永绝外患。这种观点是睁眼说瞎话，自欺欺人。这时，从京师外调到敦煌担任太守的张珰上疏朝廷，说道："臣以前在京师时，也一度认为应当放弃西域。如今据守边关，才知道放弃西域则河西四郡不能独存。"在奏疏中，他提出应对三策：上策是以羌胡骑兵及鄯善军队为主力，进攻匈奴呼衍王及车师后国；中策是置军司马屯柳中城；下策是放弃鄯善，将其百姓迁入塞内。

朝廷将张珰的意见交由群臣讨论，越来越多的人都开始倾向于班勇的战略设想，必须重返西域，以遏制匈奴的扩张。

邓太后决定依班勇、张珰的建议，置西域长史一名，率五百人驻屯柳中城。谁是长史最佳人选呢？当然是班勇！

显然，这是一个巨大的挑战。倘若班勇不能完成使命，朝廷持"放弃西域"论的公卿大夫就会跳出来指责他的轻率，说不定还要遭牢狱之灾。这项使命，只许成功,不能失败,没有退路。不要忘了,几年前长史索班曾率一千屯垦军团入驻伊吾,仅仅一战就全军覆没。一千人都不顶用,凭什么五百人可以呢?

班勇的观点是:索班的方法错了。若要与匈奴硬碰硬,别说一千人,就是一万人也未必有打赢的把握。怎样做才正确呢?要以夷制夷,以西域诸国之力来抗击匈奴。五百人是用来搞外交的,不是冲锋陷阵的。尽管人数上是少了点,比起当年父亲班超的三十六人,又不算少。

可以说,班勇是西域长史的不二人选,他有别人所不具有的优势:首先,他是班超的儿子。班超在西域经营三十年,尽管去世多年,威名仍在。父亲的招牌,就是班勇最好的武器。其次,班勇的母亲是疏勒人,他有一半胡人血统,以半个疏勒人的身份重返西域,一定会得到疏勒王的支持。最后,班勇有非凡的才能,从舌战群臣就可看出他的格局、眼界、判断力,他能在纷繁芜杂中一眼洞察到问题的核心,有敏捷的反应力与出众的口才,他自信、沉着,勇于负责。

面对复杂的西域局势,他要从哪里下手呢?

首先要从鄯善下手。鄯善就是楼兰,是东汉帝国通往西域的大门,地理位置非常重要。鄯善一直与东汉帝国关系很好,鄯善王尤还的母亲是汉人,他身上有一半汉人血统。当班勇抵达鄯善时,得到国王热烈的欢迎。

要对付北匈奴,光一个鄯善是不够的。龟兹是西域大国,若能得到龟兹王相助,班勇将如虎添翼。于是他派使者到龟兹王城,劝国王白英归降。自北匈奴卷土重来,征税压榨,各国苦不堪言,龟兹负担最大。龟兹王白英何尝不想投靠东汉政府,只是担心匈奴报复,犹豫不决。班勇晓以大义,施于恩信,劝心劝导,龟兹王终于下定决心,率喽啰国姑墨、温宿向东汉政府投诚。班勇未动一刀一枪,不战而降龟兹,迈出打通西域最关键的一步。

龟兹的投降震动西域,疏勒、于阗等国也宣布投诚。班勇复入西域,在极短的时间里,便控制龟兹、疏勒、于阗三大国。这固然归功于班勇的外交才华,同时,恐怕也要给班超记上一功。如果不是班超经久不衰的影响力,诸国不会如此轻而易举地归顺。

北匈奴的势力也未可小觑,其魔爪控制着车师前国、车师后国、卑陆、蒲类、东且弥、移支等,其中以车师地理位置最为重要。

班勇首个目标是天山南侧的车师前国,他组建一支由鄯善、龟兹、姑墨、温宿等国的联军一万多人，开赴前线。车师驻扎有北匈奴伊蠡王的部队，得知班勇前来，便在伊和谷一带阻击。在班勇的指挥下，西域联军大破伊蠡王兵团，车师前国五千名士兵放下武器投降。

摆平车师前国后，班勇积极谋划攻取车师后国。由于车师后国有天山为屏障，易守难攻，故而班勇向朝廷提出征调六千名骑兵入援。延光四年（125），从敦煌、张掖、酒泉调来的六千名骑兵到位，班勇联合鄯善、疏勒、车师前国的军队，越过天山，杀入车师后国。车师后王与北匈奴持节使率军迎战，被杀得丢盔卸甲，溃不成军，死伤及被俘的人数超过八千人。好汉不吃眼前亏，车师后王缴械投降，北匈奴持节使沦为阶下囚。班勇把被俘的北匈奴持节使押到伊吾，在前西域长史索班阵亡处，处死持节使以祭奠阵亡官兵。

次年（126），班勇废车师后王，改立加特奴为国王。同时，他派人前往东且弥国，杀死不肯归附汉室的国王，另立亲汉派的国王。其他归附北匈奴的几个国家，如卑陆、蒲类、移支等国，大惊失色，全部向班勇投降。西域五十余国中，只剩下焉耆国不肯归降。

班勇决心彻底扫除北匈奴的势力。

车师前、后国先后归附东汉，北匈奴没有立足之地，只得向北退却。班勇集结一支由诸国部队组成的数万大军，进攻北匈奴发动进攻。北匈奴的精锐是呼衍王麾下的两万多名骑兵，自金微山之役后，匈奴卧薪尝胆，东山再起，正是凭借这支精锐之师以号令西域。但是匈奴的西域之梦，被班勇击打得粉碎。在这场决定西域命运的大决战中，班勇再现英雄本色，他以西域联军为主力，大破北匈奴。呼衍王只身逃跑，帐下两万名将士，集体向班勇投降。据推测，北匈奴所有兵力，大概只有四万到五万人，两万人相当于全部兵力的一半。这么点家底，一战全输光了。

被俘者中有一人是北单于的从兄，颇有权势与地位。班勇要借他的人头干一件事情。他把这名高级俘虏交给车师后王加特奴，让他亲手将其处死。为什么要这样做呢？加特奴亲手杀了北单于的堂哥，势必再不敢向北匈奴投降，借刀杀人是为了制造车师后国与匈奴的矛盾，断了车师后王叛变的念头。

果然，北匈奴单于闻讯大怒，亲自率一万名骑兵对车师后国发动猛攻。车师后国焉是匈奴人的对手，战况吃紧，抵挡不住。若在以前，车师后王早就投降了，如今他宰了北单于的哥哥，只能硬撑，并向班勇紧急求援。

班勇派假司马曹俊率部驰援，在金且谷一带与北单于交战，北匈奴再遭败绩。曹俊率军追击，斩杀北匈奴贵族骨都侯。这次反扑的失利，预示着北匈奴雄风不再，他们在车师混不下去，撤退到枯梧河一带。

北匈奴已是明日之黄花，光荣与梦想渐行渐远。班勇扮演终结者的角色，没有他，东汉势力不可能重返西域；没有他，匈奴会以西域为跳板，再度成为汉帝国的劲敌。他仅仅带五百名军士出关，便只手擎天，力挽狂澜，逆转西域局势，在复杂多变的环境中，斗智斗勇，游刃有余，对得起父亲班超，不愧是虎父无犬子。

北匈奴卷铺盖走人了，但西域还未完全平定。焉耆仍负隅顽抗，这个国家很特别，它最不愿意归附汉帝国，在历史上多次充当反汉急先锋。王莽当权时，西域出现大规模的反叛，焉耆就是急先锋。王莽企图征服焉耆，却被打得大败，那一战，成为西域脱离中国统治的关键一役。汉明帝时，东汉势力开始介入西域，置西域都护府，焉耆一马当先，攻杀西域都护陈睦。班超平西域，焉耆是最后一个归降的国家。可以说，焉耆早就上了东汉帝国的黑名单，焉耆王元孟十分顾虑，担心东汉秋后算账，所以迟迟不肯投降。

公元127年，班勇上疏朝廷，请求发动对焉耆的战争。朝廷批准班勇的军事计划，派敦煌太守张朗率领敦煌、张掖、酒泉、武威四郡的部队三千余人，入西域协助作战。班勇率西域诸国联军共计四万多人，与张朗约定发动进攻的日期，准备南北夹击，一战平焉耆。

然而，事情出现意外，张朗提前发动进攻。

在张朗发兵之前，不知因何故犯了法，他怕受到朝廷追究，急于在战场上有所表现，以期戴罪立功。在没有通知班勇的情况下，张朗提前进攻焉耆。这次冒险计划侥幸获得成功，焉耆王元孟把防御重点放在对付班勇的四万联军，对张朗反倒忽视了。张朗杀入焉耆后，在爵离关勇破敌军，杀两千余人。焉耆王元孟向张朗请降，但有一个附加条件：张朗得保证他的人身安全。

张朗答应焉耆国王的投降条件，班勇尚未到达，战争便已经结束。

接下来发生了一件令人不可思议的事情。

班勇竟然被指控没有如期发动进攻，被调回首都洛阳，关进监狱，解除西域长史之职。分明是张朗将进攻焉耆的时间提前，并非班勇之过，怎么朝廷会将此不白之冤强扣在班勇头上呢？这件事，很可能是张朗的栽赃陷害，因为他急于要抢头功以赎罪，倘若朝廷知道他违反约定时间擅自行动，说不定要治他的罪。事实是否如此，现在无法考证。

从公元 123 年屯兵柳中，到公元 127 年焉耆投降，班勇仅用了四年时间，便把一度放弃的西域重新纳入东汉帝国的势力范围。在父亲班超伟大事业的感召下，班勇续写传奇。他的重要贡献在于挫败北匈奴东山再起的企图，彻底丧失反扑的机会。

班勇文武双全，他还留下一篇极为重要的历史文献，就是载入《后汉书》的《西域传》（有一小部分为范晔补充），这是东汉时代最翔实记录西域各国的历史及风俗人情的史料，亦是研究中外交通史之重要资料，足以见班勇史学之造诣。

可惜的是，班勇蒙冤被解职，遂使其西域的事业戛然而止，东汉中晚期对西域的经略，始终未能达到班超时的全盛水平。

四三 / 惊心动魄的政变之夜

东汉时代小皇帝特别多，皇帝的寿命也特别短。公元 105 年，二十七岁的汉和帝刘肇病逝，尚在襁褓之中的婴儿刘隆被立为皇帝，年轻寡妇邓太后临朝称制，成为帝国实际的统治者。邓太后掌权，邓氏外戚开始涌入帝国的权力中枢，如同当年的窦氏外戚一样。邓太后的哥哥邓骘被任命为车骑将军，弟弟邓悝为虎贲中郎将，邓弘、邓阊为侍中。

一年后，不到两岁的小皇帝死了，邓太后立十三岁的刘祜为皇帝，史称汉安帝。又过了三年，汉安帝刘祜满十六岁，搞了个加冠礼，按理说到了亲政的年龄。然而，邓太后不放权，继续垂帘听政，一如既往。原因很简单，刘祜不是邓太后的儿子，自然被当作傀儡。

汉安帝刘祜是清河王刘庆的儿子，从小母亲就死了，乳母王圣把他一手带大。时间长了，刘祜视王圣为生身母亲。王圣见邓太后迟迟不肯归还大权，很担心，就跟李闰、江京等几个太监整天说邓太后的坏话，挑拨太后与皇帝的感情。刘祜已长大成人，本来对邓太后就颇有微词，加上王圣等人的煽情，更是一肚子的怒火。

公元 121 年，执掌大权达十五年之久的邓太后去世，汉安帝刘祜顿时感到全身轻松。从十三岁到二十八岁，他只是一尊傀儡，如今终于可以君临天下，堂堂正正、威风凛凛地当皇帝了。大权在握，首先要干什么呢？报仇！

皇帝有什么仇可报呢？有。刘祜的祖母宋贵人，当年被窦皇后害死，参与迫害宋贵人的蔡伦还活得好好的。在过去十五年，皇帝想报仇却报不了，因为蔡伦有邓太后罩着，碰不得。邓太后一死，安帝刘祜干的第一件事，就是召蔡伦前往廷尉处接受调查。蔡伦岂能不知下场如何，他做了一个明智的决定：服毒自尽。

接下来的事，还是报仇。谁呢？邓氏外戚集团。

要整垮邓氏外戚集团，不需要汉安帝刘祜亲自动手，自然有人搜罗邓氏兄弟的罪证。于是，某宫女提交了一份揭发材料，举报邓悝、邓弘、邓阊三兄弟，曾经向尚书索取一份档案。什么档案呢？西汉霍光废黜皇帝的档案。不得了，这不是谋反吗？很快，邓悝等人被控告大逆不道下狱，邓骘被逐出京城，遣回封地。同时，被封侯的邓氏子弟全部撤销爵位，贬为平民。邓氏家族在政府中有任职的，全部罢免，并没收财产。

一夜之间，邓氏集团被连根拔起。

失去权力的邓氏子弟回到各自郡县后，遭到地方政府的迫害。共有七人自杀，分别是邓骘及其子邓凤、邓广宗、邓忠、邓骘的堂弟河南尹邓豹、度辽将军邓遵、将作大匠邓畅。

邓氏外戚集团，仍然没能逃脱家破人亡的厄运。

这就是政治。

一批外戚倒下了，另一批外戚兴起。

邓氏子弟留下的空缺，很快被填上。填进来的人主要有两批，一批是皇后阎姬的兄弟阎显、阎景、阎耀；另一批是安帝祖母梁贵人的亲戚，共有十余位梁氏子弟入朝为官。

新外戚集团的出现并不奇怪，可是安帝刘祜还同时扶植了一个宦官集团。多年追随皇帝乳母王圣的宦官江京、李闰，都受封侯爵，他们的党羽樊丰、刘安、陈达等人，也平步青云，居宫中要职。宦官与王圣串通一气，借着皇帝的信任，成为一股强大的政治势力。王圣的女儿伯荣也搅进来，与宦官们勾结在一起搞一些害人勾当，无恶不作。

司徒杨震挺身而出，上疏皇帝，毫无避讳，攻击重点是皇帝最信任的乳母王圣及其女伯荣。他认为，宦官干政，是得到王圣、伯荣母女的支持，而王圣则是有皇帝为靠山。要整治朝纲，必定得先把王圣母女赶出宫。这道奏折，无疑是向王圣等人下战书。杨震拉开架式，要与王圣及宦官集团决一死战。

杨震有一个著名的故事。有一年，他调任东莱太守，路经昌邑，昌邑县令王密正是他的老朋友。王密能当上县令，得益于杨震的提拔。这天晚上，王密偷偷摸摸来见杨震，献上十斤黄金，以报答老上级提拔之恩。杨震大怒道："我跟你是老朋友，你却不了解我的为人。"王密压低声音说："半夜没人知道。"杨震把眼前的金条一推，斥道："天知，神知，我知，你知，怎么说没人知道呢？"王密这才知道恩师果然是一条汉子，表里如一，自己深感惭愧。通过这则故事，我们可知杨震的为人。上有天，下有地，心中还有道德律，面对奸佞四起，朝纲沦落，他岂能袖手旁观呢？孔曰成仁，孟曰取义，即使是必输的战斗，他也要勇往直前，决不后退。

明枪易挡，暗箭难防。为了整倒杨震，王圣与宦官们无所不用其极。但是杨震光明磊落，无懈可击，怎么办呢？宦官们居然想出一个离奇的办法，把异常天象的出现归咎于杨震。当时出现所谓"星变逆行"的天象，什么意思咱们也搞不懂，反正宦官们把矛头指向杨震，王圣母女也在一旁煽风点火，怂恿皇帝撤了杨震的职。皇帝的智商也就是这样了，大家这么说，就这样做吧。身为三公之一的杨震就这样莫名其妙被解职，还勒令离开京城回老家。

杨震没有回家，出了洛阳城，他走到城西夕阳亭，用苍凉而慷慨的语气对诸子、门生说："我身居宰辅之位，明知奸臣狡猾，却不能驱除，妇人倾乱内宫，却不能禁遏。有何面目再见日月呢？"说罢饮下鸩酒而死，时年七十余岁。

杨震死后的次年（125），刘祜在巡视南方途中病死，时年三十二岁。刘祜的暴毙，使原本阴抑的帝国上空笼罩着不祥的云朵，风起云涌，暴风雨就要到来了。

在汉安帝去世前五年，即公元120年，五岁的皇子刘保被册立为太子。然而，皇后阎姬非但高兴不起来，反而忧心忡忡。阎姬与之前的几个皇后一样，都没有生育，李贵人生下皇子刘保后，已严重威胁到皇后的地位。阎皇后岂肯认输，她恶向胆边生，毒死李贵人。李贵人虽死，她的亲儿子刘保却成了皇位继承人，阎皇后当然坐卧不安。

在之后几年，阎皇后一直想废掉太子，只是苦无机会。这时，太子宫发生了一件大事，令阎皇后看到整垮太子的机会。前面讲过，汉安帝统治时期，王圣乳母与众宦官权力熏天。可是竟然有人不知天高地厚，跟他们对着干。谁这么大胆呢？太子刘保的乳母王男、厨监丙吉。王圣大怒，便勾结宦官江京、樊丰等，陷害王男、丙吉。汉安帝刘祜向来听风是风，听雨是雨，一道令下，王男与丙吉人头落地。

既然跟太子宫结怨，王圣及宦官们一不做，二不休，索性策划废掉太子。这时阎皇后也加入进来，结成三角同盟，共同诋毁太子刘保。汉安帝刘祜本就不是明君，哪禁得起皇后、乳母、宦官的轮流进谗？久而久之，竟把十岁的儿子看作妖魔鬼怪一般。皇帝不顾公卿大夫的反对，一意孤行废掉太子。

仅仅半年后，汉安帝刘祜南巡途中暴死。

皇帝一死，阎皇后的身份变成了太后。她马上任命哥哥阎显为车骑将军，仍按照旧例，仪同三司，一举掌控兵权。接下来就是挑立皇帝，阎太后没有子嗣，所以必须选择一个好控制的皇帝，最好是小皇帝。按照这个思路，找到汉章帝的孙子、济北王刘寿的儿子刘懿，立为皇帝。废太子刘保则贬为济阴王，不准参加父皇的丧礼。

阎太后颇工心计，她曾与安帝乳母王圣以及宦官集团联合废掉太子，如今大权在握，便极力铲除王圣与宦官的势力。在她的打击下，王圣母女被流放，宦官樊丰、谢恽、周广等被下狱处死。这些人的崛起是因为有汉安帝刘祜为靠山，树倒猢狲就散了。有人倒霉，也有人欢喜。阎氏外戚八面风光。阎景当上卫尉，阎耀当上城门校尉，阎晏当上执金吾。可不要小看这些职位，它们全都是掌控京城武装力量的要职。只要京城安定，阎太后自然可以高枕无忧。

可是京城真的固若金汤吗？太后真的高枕无忧吗？

答案是否定的。

皇帝又死了。

少帝刘懿当了七个月皇帝，说准确点，是差一天七个月，夭折了。这个皇宫里看来有点邪门。小皇帝死前五天，宦官们都看出来，病入膏肓，救不活了。有两个宦官看在眼里，心里各自盘算，一个向东去，一个向西去。这两个宦官，一个是孙程，一个是江京。

江京把赌注押在阎氏外戚，他跑去见车骑将军阎显，说皇帝不行了，应该及早确定新皇帝人选。孙程却把赌注押在废太子、济阴王刘保身上，他秘密前去见济阴王谒者长兴渠，劝他除掉江京、阎显，迎立济阴王。当时刘保被废掉太子位，朝中文武官员都认为他是被陷害，都同情他的遭遇，这一点十分有利。孙程回到宫中，找了十几名可靠的宦官，包括中黄门王康、长乐太官王丞等，耐心等待，一旦有变，立即动手。

几天后，小皇帝刘懿病死。阎太后与阎显根据事先制订的计划，秘不发丧，装作什么事也没有。为了预防事变，太后一面下令各封国的王子们前来洛阳报到，一面关闭皇宫大门，军队在京城内高度警戒。太后自以为计划滴水不漏，然而她不曾想到真正的对手不在皇宫之外,而是深深潜伏于皇宫之内。

小皇帝死后五天,孙程与他挑选出来的十八位宦官在德阳殿西钟下秘密碰头,他们各自撕下一截衣衫,共同起誓:拥刘保为帝,诛杀阎显、江京。孙程通知长兴渠,告知他明日举事,一旦成功,便打开皇宫大门,迎接刘保。

宫廷之内,惊心动魄的一幕开始了。

第二天夜晚,十几条黑影闪过,只听到窸窸窣窣急促而轻微的碎步声,他们显然对深宫大院十分熟悉,一路上没被发觉,顺利闯入章台门,直登崇德殿。这十几个人,正是孙程与其他十八名太监。就这几个人想搞政变?这谁都不会想到。历史有时就是在不可思议之中被改写的。

这时崇德殿里有四名大宦官,分别是江京、李闰、刘安、陈达,正在商议着宫中大事。突然间,孙程与十几个太监闯进来,江京还没反应过来,只见这十几人忽然把外套一掀,露出亮闪闪的短刀。不好!江京正想叫喊,已经太迟了,孙程的刀从他颈部划过,鲜血四溅,死了。刘安与陈达两人撒腿便跑,早被堵住去路,十几把刀捅过来,两人顿时倒在血泊之中。李闰呢?孙程没杀他。两个原因,第一,李闰与江京、樊丰等大太监不一样,虽权势很大,并不招摇。其二,李闰是宦官头头,让他出面才好镇得住其他人。

孙程把刀架在李闰脖子上,厉声喝道:"今天你得迎立济阴王为皇帝,否则就杀了你。"李闰算不上英雄,哪里敢不答应。在李闰的配合下,皇宫大门顺利打开。早在宫门外等待的刘保、长兴渠等人一拥而入。孙程在德阳殿西钟下迎济阴王刘保,拥立他为皇帝,并以皇帝的名义下诏,召尚书仆射以下官员火速进宫。

阎太后与阎显正在北宫商量皇帝人选,忽闻刘保在南宫登基,两人顿时目瞪口呆,不知如何是好。刚掌权不久的阎太后并不具备高超的应变能力,倒是有小太监急中生智说:"太后应传令越骑校尉冯诗、虎贲中郎将阎崇入卫皇宫,守卫平朔门(北宫北门),镇压叛乱。"阎太后如梦初醒,下诏传冯诗、阎崇入卫。

冯诗入宫后,得知济阴王刘保已登基称帝,自己身陷旋涡之中,是支持太后呢,还是支持刘保呢?站错立场可是掉脑袋的事。他假称进宫仓促,带来的兵太少,得回去召集大军前来。阎显怕他使诈,派一名宦官跟着,不料刚走到宫门,冯诗拔刀结果了宦官小命,扬长而去,躲进自己兵营,闭营不出,静观其变。

谁都知道,兵权才是决定成败的关键因素。孙程传刘保的诏令,召尚书郭镇率领羽林军逮捕阎景。孙程考虑相当周密，阎景时任卫尉，负责皇城警卫，兵权甚重，必须先铲除。尚书郭镇这几天感冒，正躺在床上睡觉，新皇帝的诏令一到，他一跃而起，以最快的速度召集羽林军，前往捉拿阎景。皇宫动静这么大，阎景能不知吗？他也纠集数百人，杀奔盛德门，正好与郭镇的羽林军遇个正着。

阎景大喝一声："不要挡路。"只见郭镇跳下车，手持符节，高喊道："卫尉下车听诏。"阎景怒吼道："你哪来的诏书！"拔出佩刀，朝郭镇砍去，但没砍中。双方一拥而上，一阵混战。郭镇拔出长剑，与阎景武斗，阎景功夫不行，落马被擒。

羽林军控制住局面，孙程派人前往北宫，夺得玉玺。有了这颗大印，皇帝诏令无人可以违抗。很快，侍御史奉诏前来，在皇宫及全城搜捕阎氏集团党羽。阎显、阎耀、阎晏悉数被捕，一并下狱处死。阎太后被移出皇宫，软禁于离宫，不久后郁郁而终。

这场政变只持续一个晚上。当次日的阳光照耀皇城时，大家惊奇地发现，被废黜的前太子刘保登基成了皇帝，半年来声名显赫的阎氏集团，一夜之间灰飞烟灭。这岂不令人感到政治之凶险莫测。政治，让不敢玩命的人走开！

这是一次由宦官主导的政变，这是一个被宦官推上宝座的皇帝，这注定了新朝廷无法抹去宦官专权的浓厚色彩。

四四 / 政坛暴发户

年仅十一岁的刘保在政变中登上皇帝宝座，史称汉顺帝。他比任何人更加深刻地体会到政治的冷酷无情，生母被害、乳母被害、父亲抛弃自己……放眼望去，有谁对自己好呢？只有孙程等宦官最忠心耿耿，至于朝中文武大臣，也只不过明哲保身罢了。倘若不是宦官们冒死发动政变，推倒阎氏集团这座大山，他刘保哪有今天的地位呢？饮水还要思源，他得好好报答才行。

与前几任的小皇帝不同，汉顺帝没有母后临朝，没有外戚掣肘，是一个货真价实的皇帝。他大笔一挥，一口气把孙程等十九名宦官全部封侯。孙程封万户侯，王康、王国封九千户侯，其余人从五千户侯到一千户侯不等。

一日之内，十九名宦官封侯！这简直是不可思议。当年汉和帝刘肇发动政变推倒窦氏集团，参与其事的宦官郑众也不过封一千五百户，已经令许多人颇有微词。如今受封的十九名宦官中，有十八人在二千户以上，令人瞠目结舌。与之相比，真正为国家建立不世功勋的英雄，得到的封赏远不及宦官。比如班超只封定远侯，只有侯爵之名，没有采邑；班超的儿子班勇不仅未得封爵，反而被陷害下狱。相比之下，徒令人感慨公正何在！

从汉顺帝开始，宦官势力急剧膨胀，他们靠着有皇帝撑腰，无法无天。司隶校尉虞诩不畏强暴，把攻击矛头对准宦官集团，连续弹劾中常侍程璜、陈秉、孟生、李闰。朝中大臣们都认为他疯了，皇帝信任宦官，你却不断攻击，不是引火上身吗？大家纷纷跟虞诩划清界限，以免受到牵连。

中常侍张防是皇帝身边一个太监，此人头脑灵活，深得皇帝信任。很多人纷纷上门，托他办事，他乘机大肆收受官员的贿赂。虞诩屡次上疏，弹劾张防，要求将其逮捕法办。但顺帝刘保很喜欢张防，虞诩的弹劾书都石沉大海。堂堂一个司隶校尉，竟然连一个奴才也法办不了。虞诩悲愤难平，索性自投监狱，干什么呢？抗议啊！

历史证明，笨办法经常是无效的。自投监狱后，虞诩再次上疏攻击张防。面对虞诩破釜沉舟的挑战，张防祭出从后宫学来的技巧：哭！他在顺帝刘保面前哭得眼泪汪汪，诉说自己遭到虞诩的冤枉。顺帝毕竟只是个十二岁的小孩子，哪里知道宦官的心计呢？他对虞诩入狱相要挟的做法，非但没有转迷为悟，反倒认为是对皇权施压，一气之下，要求廷尉追究虞诩诬告之罪。

张防暗中收买办案人员，定要将虞诩折腾至死。虞诩在两天内被严刑拷打四次，打得皮开肉绽，死去活来。这种惨状，连狱吏都看不下去，对虞诩说："与其这样受罪，还不如自杀呢。"虞诩斩钉截铁地答道："我宁可被拉到刑场砍头，也不会自杀。"一息尚存，他就要跟恶势力斗争到底。

有一个人出手相救。但虞诩做梦也想不到，救他的人，竟是大太监孙程。

孙程出手相救，并非出于正义感，而是为了打倒张防。作为政变第一功臣，孙程受封万户侯，可谓富贵到极点。可是，他的权势远远不及张防。顺帝刘保还是太子时，张防就是他身边的太监，还跟刘保的奶娘宋娥关系特别好。刘保当上皇帝后，对待奶娘宋娥，就像安帝刘祜对待王圣一样，这形成东汉十分特别的奶娘干政的现象。靠着皇帝与宋娥的双重保护伞，张防的权势熏天，孙程看在眼里，恨在心里。

虞诩事件，给了孙程一个扳倒张防的机会。孙程是敢于大赌的人。一个去了势的奴才，要是不敢大赌，终其一生，也只是个被万人唾弃、瞧不起的奴才。孙程在汉顺帝前大义凛然地说："陛下与臣等共谋大事时，常恨奸臣误国。如今刚刚登大位，却重蹈覆辙，倘若如此，怎么有资格责备先帝（指安帝刘祜）呢？司隶校尉虞诩，为陛下尽忠效力，竟被捕入狱。常侍张防，贪赃枉法，罪证确凿，却逍遥法外。据天象观测，显示皇宫之中有奸臣存在。请陛下从速逮捕张防，以化解天象变异，切莫拖延以致酿成灾祸。"

张防听罢，不禁脸色大变。孙程大声斥道："奸臣张防，还不下殿！"张防吓出一身冷汗，偷偷瞅了下皇帝，皇帝没有吭声，不得已只好下殿，退到东厢。孙程趁热打铁，对顺帝刘保说："陛下要快点行动，逮捕张防，不然他又要到阿母宋娥那里求情了。"顺帝犹豫不决，拿不定主意。

就在这个时候，虞诩的儿子虞颛纠集一群人在皇宫外请愿，递状诉冤。事情怎么这么巧呢，想必是孙程安排的，就是要把事情闹大，逼汉顺帝罚处张防。内有孙程力争，外有百余人喊冤，汉顺帝无法再保张防。张防最终被赶出皇宫，流放边疆；虞诩则死里逃生，被释放出狱并迁为尚书仆射。

营救虞诩，竟然全靠宦官之力，可见宦官的权势有多大。

孙程整垮张防后，把持宫里宫外之事，好不威风。他那个十九人的宦官集团仗着政变之功，有点忘乎所以，甚至时不时在宫廷之上、在皇帝面前显摆自己的功劳，没有臣子应有的礼节。刚开始顺帝还忍着，可次数一多，就忍无可忍。于是有关部门承皇帝之意，奏称孙程等人大逆不道。这样，顺帝刘保把十九个封侯的宦官全部逐出皇宫，回到自己的封邑。

十九侯被逐后，朝廷风气显著的好转。倘若认为汉顺帝从此远离宦官，那就大错特错了。孙程被遣返一年多后，顺帝刘保又想起他了。皇帝认为孙程虽然有过错，但忠心可靠，又有能力，于是重新召他回京城，拜为骑都尉，后迁为奉车都尉。这样，孙程非但有爵位，还有兵权呢。不仅如此，孙程死后，顺帝居然追赠他的车骑将军，还由其养子继承爵位与封邑。宦官封万户侯本就前无古人，现在还可以继承，顺帝刘保对宦官真是满满的爱啊。

阳嘉四年（135），汉顺帝把特例变成定例，正式出台太监遗产继承制，被封侯的宦官，都可以由其养子继承侯位。此令一出，天下哗然。宦官作为刑余之人，向来最为低贱。封侯已是不可思议之事，现在还可以有继承人。御史张纲上疏抗议道："最近以来，无功小人封官晋爵，富贵便有骄纵之心，这是害他们，不是顺天爱民的做法。"抗议无效，皇帝根本不加理睬。

只要宦官当道，帝国权力中枢必然扭曲。

终顺帝一朝，宦官擅权的情况并没有改变，帝国的肌体已经生出一颗毒瘤，这颗毒瘤的危害，将随着时日的推移而显露出来，最终成为东汉帝国衰亡的重要原因之一。

除了宦官专权之外，顺帝一朝的梁氏外戚集团也锋芒毕露。

要了解梁氏外戚的来龙去脉，还得从汉和帝刘肇的生母梁贵人说起。当年梁贵人生下刘肇，被窦皇后陷害致死，梁氏子弟被流放到蛮荒之地。刘肇铲除窦氏集团后，把梁氏子弟接回洛阳，封官加爵。汉顺帝即位后，封梁商为乘氏侯。不过，真正令梁家大放光芒的，是梁商的女儿梁妠。

永建三年（128），年仅十三岁的梁妠被选入宫中，封为贵人。梁妠才貌双全，深受顺帝宠爱，四年后（132），被册立为皇后，这年她十七岁。一人得道，鸡犬升天。梁氏外戚集团开始以火箭速度蹿起。梁商迁为执金吾，没过多久出任大将军，权倾天下。梁商自小便接受儒学教育，通晓各种经典，为人谦虚谨慎，故而名声不错。他招罗社会名流入大将军幕府，包括陈龟、李固、周举等，皆一时之名俊。

与父亲的低调完全不同，梁商的儿子梁冀为人嚣张残暴。他先后担任执金吾、河南尹，仗着出身名门，官运一路亨通。洛阳县令吕放举报梁冀违法乱纪，被梁冀派刺客刺死。大将军梁商下令追查刺客，梁冀故意嫁祸给吕放仇家，杀戮一百余人，其凶残暴虐可见一斑。

大将军梁商尽管名声不错，实际上只是平庸之辈。他明哲保身，非但没有遏制宦官的权势，反倒不惜屈尊结交宦官。太监曹节、曹腾、孟贲等人，都为顺帝所溺爱，梁商与这几位宦官的关系不错，特别是与曹节最好。这位精通儒学经典的大将军显然深谙为官之道，一方面提拔人才给自己树名，一方面结交阉宦以固权力。

梁商总共当了六年大将军，在任期内他没有雷厉风行的改革，也没有勒石燕然的赫赫战功，但他左右逢源，各方势力都对他十分敬重，反而捞到了不少好名声。公元141年，梁商因病去世。在弥留之际，他留下遗嘱，要求葬礼要简单，不可浪费。无论生前的谦逊或死后的节俭，大将军梁商都得到朝野一致好评。梁商死了，他美好的名声给儿子梁冀撑起一把保护伞。

沾着老爹的光，梁冀从河南尹跃迁为大将军，河南尹的空缺则由其弟梁不疑补上。父子两人先后成为大将军，在东汉历史上属首例。梁氏外戚集团的势力一举超过之前的诸家外戚，成为一枝独秀。然而汉顺帝真的看走眼了，梁冀后来差点成了皇室的掘墓人。当上大将军后，梁冀不可一世，他的宅第门庭若市，但往来无鸿儒，尽是些溜须拍马的狐朋狗友，骗吃混喝，必要时充当打手甚至刺客。京城几乎成了梁冀为所欲为之地，什么贪赃枉法的事都做得出来。

随着梁冀的上台，朝廷的正义力量进一步遭到削弱，黑暗势力笼罩着帝国高层。但凡刚直不阿的官员，都为梁冀所不容，他想方设法把这些人弄出京城，以便一手遮天。以正直闻名的李固被调任为荆州刺史，后又被贬为泰山太守。侍中杜乔、光禄大夫周举、张纲等八人，以"督察地方"为由，被调离京城。

当杜乔等八人奉命出京，只走了一两里地，到洛阳都亭，张纲停下来不走了。非但不走,他还把马车的车轮拆下来,埋在地下。这就是"张纲埋轮"的故事,在历史上很有名,埋轮是一种象征,表明他要留下来与恶势力抗争到底的决心。他对杜乔等人说:"豺狼当道,安问狐狸?"朝廷被梁冀这只大豺狼把持,不打豺狼,却到地方打贪官污吏这些小狐狸,有什么意思呢?

张纲在路边的小亭子摆上笔墨,写好奏折,回到京城,弹劾梁冀与梁不疑。在奏折中,张纲写道:"大将军梁冀、河南尹梁不疑,靠着外戚关系,受国家重恩,身居高位,却不能弘扬教化,大肆贪婪,搜刮财物,骄纵无度,重用谄谀之人,陷害忠良之士,诚天威所不赦,应处以极刑重罚。"他罗列梁冀十五项大罪,说得是淋漓透彻,慷慨激昂。此折一奏,震动朝野。当时梁皇后正得宠,梁氏诸子弟,遍布京城内外,张纲却毫无畏惧,言人所不敢言。

可惜的是,专制社会的政治权力偏偏就把持在这么一群人手中,除了皇帝出手,还有谁能扳倒梁冀呢?后来诸葛亮曾批评东汉皇帝"亲小人,远君子",顺帝刘保看了张纲上疏后,知道他为人忠直,并没有加罪于他,但也不加罪于梁冀,皇帝是不是在搞一种权力平衡呢?

张纲的反击毫无效果,心狠手辣的梁冀却非报复不可。当时在广陵一带,有一帮强人揭竿而起,为首的名为张婴,聚众数万人,攻杀广陵刺史。梁冀借机把张纲调去当广陵太守,显然要借刀杀人。不想张纲竟跑去跟乱贼讲道理,凭着三寸不烂之舌,说服张婴等数万人投降,不战而屈人之兵。张纲有谋略有胆量,深为梁冀所忌惮。可惜造化弄人,竟积劳成疾,病死于任内,时年三十六岁。

自从汉安帝始,东汉帝国的政治渐趋污浊,一大批正直之士挺身而出,不计安危,力挽狂澜,尽管势单力薄,却总让人看到黑暗中的几点星光,虞诩、张纲等人都是帝国正义力量的中流砥柱。

公元144年,时年三十岁的汉顺帝病逝。顺帝一朝,宦官与外戚的权势比以往任何一朝都重,这为帝国埋下严重的祸根。在东汉历史上,宦官与外戚之间的关系也很微妙,时而相互勾结,时而相互排挤,权力此消彼长,轮流做东。汉顺帝乃是凭借宦官政变上台,故而宠幸宦官,宦官权势一手遮天。

顺帝一死,梁皇后成为梁太后,梁太后没有儿子,以虞美人所生的皇子刘炳为皇帝。该年刘炳才两岁,太后临朝,必然只能依靠自家兄弟,于是外戚擅权的情况又一次出现,东汉历史进入最黑暗的"梁冀时代"。

四五 / 挡我者死：梁冀的黑暗时代

汉顺帝死后，朝野对太后梁妠寄予厚望，她在当皇后期间以贤良聪慧博得一片喝彩，大家希望她能像之前的邓太后一样，约束外戚的势力，整顿朝纲，开拓新局面。执政伊始，梁太后把正直敢言的李固提拔为太尉，并发布诏令，要求各级官员推荐贤良方正之才。于是便有人勇敢地站出来，把批判的矛头直指以梁冀为首的外戚集团。

皇甫规是东汉名将，此时他初出茅庐，初生牛犊不怕虎，上疏太后，攻击梁氏外戚："大将军梁冀、河南尹梁不疑，肩负着辅政的重任，又是皇族的姻亲，应当谨慎谦逊，以儒术治国，省去游玩娱乐的不急之务，减少宅第豪华装饰的开支。倘若能竭心尽力为百姓谋福，这是国家之福；倘若懈怠松弛，势必将使国家陷入狂涛骇浪之中，岂能不谨慎呢？身居高位的人，如果没有相应的品德，不可以建立功业，安固国家。但凡大将军门下的酒肉之徒，嬉戏之客，都是些耳纳邪声、口出谄言之人，终日游手好闲，干一些不义的勾当，应该统统加以贬斥，惩戒心怀不轨之人。陛下宜令梁冀等人深刻反思，得到贤人辅佐是积福，失去贤人辅佐只会遭殃。"

皇甫规一腔热血，希望梁太后对自家兄弟严加管束。可是他高估了梁太后，她并不像邓太后那样有统御才能，在政治上不能不倚重自家兄弟。梁冀气急败坏，找个借口，把皇甫规给赶回老家。他多次暗令地方官员陷害皇甫规，只是皇甫规谨言慎行，人又聪明，每每死里逃生。直到梁冀死后，皇甫规才有东山再起的机会。

事实再次证明皇族子弟的孱弱，小皇帝刘炳被抱在皇帝宝座上才五个月就死了，还不满三岁。汉顺帝只有这么一个儿子，现在死了，只能在诸王及王子中选立皇帝。太尉李固认为，不应当立小皇帝，应该在诸王之中挑选一个年纪大且品行端正者为皇帝。当时呼声最高的人，是清河王刘蒜，他老成持重，待人接物端庄严肃。

梁冀显然不愿立刘蒜，只有立一个小皇帝，他才能独揽大权。渤海王刘鸿八岁的儿子刘缵被立为皇帝，史称汉质帝。这个结果，令李固十分失望，他与梁冀的矛盾日益恶化。

在梁冀看来，李固是他独裁路上的绊脚石，是眼中钉肉中刺，必欲拔除而后快。李固为人清正廉明，公忠体国，深得梁太后的信任。每当李固提出建议，梁太后大多都能采纳并付诸实行。在李固的打击下，一些贪赃枉法的官员被罢免，一些为非作歹的宦官被贬斥，天下士人把挽救时局的希望寄托在李固身上，希望他能一扫政坛污浊之气，重振朝纲。李固虽然位列三公，地位尊崇，可是熟悉汉史的读者都知道，在汉代，大将军的权势远在三公之上。

两个人的战争已经悄然拉开，一个是梁冀，一个是李固。只是这场战争看上去实力很不对等，大将军梁冀的权力本来就在李固之上，还有太后妹妹为后盾，李固只能处在守势，梁冀则不断地发动攻势。

第一波较量开始。

梁冀躲在幕后，他派出喽啰上阵。这些喽啰兵，是被李固罢免的不合格官员，有一百多人。他们丢了官卸了职，自然心有怨言，知道梁冀与李固势不两立，纷纷向大将军讨"公道"。梁冀正好把这些喽啰兵派上场，授意他们联合起来，写了一折奏章，弹劾李固。

弹劾的内容，归结起来有几点：第一，李固是伪君子，表面上很正派，暗地里结党营私，离间外戚与皇室的感情，居心叵测。第二，汉顺帝去世后，大家都痛哭流涕，李固不仅不哭，还举止轻浮。第三，先帝刚过世，李固就迫不及待地改变各种规章制度，明显是在指责先帝的种种错误。第四，把先帝的旧臣驱逐一大批，自己作威作福。

这些都是什么罪状呢？把白的都说成黑的。李固力矫顽弊、重振朝纲的努力，居然被别有用心地说成是对先帝不敬。梁冀向妹妹梁太后施压，坚持让有关部门调查李固。只要司法机构介入，就算不置李固于死地，至少也要让他丢官。梁太后还算理智，毕竟李固的许多政策都是经她同意的，遂拒绝梁冀，李固侥幸逃过一劫。

很快，梁冀与李固的冲突再起。

这是由一桩事件引起的。永昌（云南保山）太守刘君世为了巴结权贵，用搜刮来的黄金打造了一条金蛇，送到洛阳给梁冀当贺礼。梁冀得到这份厚礼，非常开心，爱不释手。偏偏这时，刘君世贪污行贿东窗事发，被益州刺史种暠逮捕入狱。鉴于行贿事件影响极坏，梁太后不得不让梁冀把金蛇交出，没收入库。梁冀气坏了，他气量狭窄，小仇必报，便开始盯住种暠，伺机整垮他。

当时西南爆发农民起义，种暠"剿匪"不利，被梁冀逮住小辫子，将其逮捕，押解到洛阳，欲杀之以泄心头之恨。太尉李固挺身而出，为种暠辩护，认为"剿匪"失利，但他没有隐报实情，输赢乃是兵家常事。在李固的努力下，梁太后对种暠做出免职的决定，不追究其罪，总算保全一条性命。

与李固相比，刚满九岁的小皇帝刘缵更令梁冀不寒而栗。

当初梁冀坚持立刘缵为皇帝，就是认为小孩子容易摆布。刘缵年龄虽小，却能明辨是非，知道李固才是真正的忠臣，是靠得住的人。在梁冀的眼里，皇帝不过是一尊泥菩萨罢了。他从来没觉得九岁小孩儿对他能有什么威胁。可是，有一天，泥菩萨居然开口说话了。

质帝刘缵是个聪明、勇敢的小孩子，但未能深谙人事的他还是少了谋略。这不能怪他，他毕竟只是个小孩子。某日朝会，刘缵在群臣面前，指着梁冀，突然说了一句令所有人都震惊的话："此跋扈将军也。"这句话，既是小皇帝表达对梁冀专权的不满，也是向群臣发出求援信号。然而，这个过于冒失的举动，要了他的小命。

梁冀惊呆了，他突然意识到自己小看小皇帝了。虽然皇帝还小，总有长大的一天，他心里已经埋下一颗仇视的种子，日后会开花结果。既然如此，就让你的年龄永远定格在九岁吧。

本初元年（146）闰六月的第一天，质帝刘缵吃了一个饼，不一会儿的工夫，突然觉得腹疼难忍，唇焦舌燥，好像有一团火在身上燃烧。他意识到被下了毒，急传太尉李固进宫。小皇帝显然对谁也信不过，除了忠正耿直的李固。李固闻讯大惊，急忙赶赴皇宫，这时小皇帝已经躺在床上，艰难地呻吟着。刘缵见李固前来，抓着他的手道："我吃了一个饼，肚疼难忍，给我喝点水，或许可以活下来。"假装闻讯赶来的梁冀在一旁站着，不冷不热地说："陛下可能是想呕吐吧，那不能喝水的。"刘缵怨恨地看了梁冀一眼，两眼一翻，死了。

刘缵仅仅当了半年皇帝，就被跋扈将军梁冀毒死。

李固扑倒在小皇帝还未冰凉的尸体上，失声痛哭。他心里明白，皇帝的暴死，一定是食物中毒，敢下毒的人，除了梁大将军之外，没有其他人。他必须要有证据，下令调查御医，决心查明真相。

弑君事件，已经把梁冀与李固推到摊牌的边缘。

有一件事情更为迫切，就是谁来当皇帝。只有真正拥有权力的皇帝，才能制裁弑君凶手。李固已经铁下心，无论如此也要制止梁冀专权，必须选择一位成年且贤明的王子。他联合司徒胡广、司空赵戒，写信给大将军梁冀，强调选帝必须征求三公及诸卿的意见。

面对三公的施压，梁冀不得不召集公卿会议。出席会议的包括梁太后、大将军梁冀、太尉李固、司徒胡广、司空赵戒以及九卿及诸位侯爵，讨论皇帝人选。在这次会议中，梁冀与李固的冲突到了白热化的阶段。

以李固为代表的三公以及大鸿胪杜乔一致推荐清河王刘蒜。一年前，李固就提出应立刘蒜为皇帝，遭到太后与梁冀的否决。这一次，李固决不再让步。

第一天的会议，面对李固等人的攻势，梁冀难以招架。他以咆哮的方式极力反对，反击却苍白无力。一来李固选贤立能的原则站得住脚，难找到反驳的理由；二来梁冀还没想清楚立谁为皇帝，提不出具体人选。这一天在激烈的争吵中过去，李固占了上风，可是结局未定。

当梁冀怀着郁闷的心情回到府第，一位不速之客的来访，令他喜出望外。这位不速之客，是大太监曹腾。作为太监，曹腾八面玲珑，觉得有必要巴结皇帝候选人清河王刘蒜，不料却碰了一鼻子灰。刘蒜对弄权的太监很讨厌，不爱搭理他。曹腾便转变立场，与大将军梁冀并肩作战。他夜晤梁冀，说道："大将军家族几代都是皇亲国戚，秉摄国家大权，宾客门人众多，恐怕不免有所过失。清河王刘蒜以严明著称，如果立他为帝。恐怕将军你要遭殃。"宦官与外戚本是一丘之貉，一家人不说两家话。那么立谁呢？曹腾说出一个名字：刘志。

刘志是蠡吾侯刘翼的儿子，这一年十五岁。为什么要立刘志呢？两个原因：其一，梁太后已经决定把妹妹嫁给刘志，刘志与梁家便成了姻亲，梁冀就是他的大舅子，岂不是一家人么？其二，当时刘志正好在首都洛阳，可以马上推上帝位，以免夜长梦多。

曹腾能想到的，难道梁冀没想到吗？说真的，梁冀也曾考虑立刘志，只是刘志条件太差了。第一，刘志地位低。刘蒜是清河王，刘志是蠡吾侯，差了一大等级。封建社会最重等级秩序，选皇帝当然应该从亲王中选。第二，论名望、论才能，刘志都比刘蒜差多了。说白了，刘志的硬件、软件都不够，公卿大夫岂肯赞成呢？善于察言观色的曹腾看出梁冀的心思，暗示道：大将军握有重权，令出必行，何人敢违？

"好！"梁冀一拍桌子，腾地站起，目露凶光，脸上带着杀气，分明写着四个字：挡我者死。

有了宦官集团的支持，梁冀的底气更足。

第二天，公卿会议继续召开。梁冀积极出击，抬出皇帝人选刘志。双方开始争论开来，李固坚持立刘蒜，据理力争，梁冀争不过他，他有些口吃，说话结结巴巴的。可是梁冀有撒手锏，虽然讲话结巴，语气却越来越强硬，言辞之中充满威胁，面目狰狞可怖，眉宇之间，杀机四起。

在梁冀的淫威之下，李固的阵营开始动摇。司徒胡广、司空赵戒，本是胆小之辈，见梁冀目露凶光，两人大为恐慌，临阵倒戈，唯唯诺诺道："唯大将军命是从。"其他公卿大夫也纷纷反水，表示听从梁冀的意见。最后只剩下杜乔与李固并肩作战，李固绝不屈服，还想开口反驳。梁冀已经胜券在握，厉声喝道："罢会！罢会！"

这天的公卿大会，如同一场闹剧草草收场。

梁冀已经不想同李固纠缠，他连夜进宫见梁太后，要求将李固就地免职。梁太后也有私心，刘志当皇帝，对梁家最有利，何乐不为呢？在梁冀的怂恿下，太后下达懿旨，将李固免职。

三天后，刘志登基称帝，史称汉桓帝。

李固在一夜之间被罢官免职，震动朝野。

在天下士人眼中，李固是国家的中流砥柱，是正义力量的化身，他公忠体国，心无杂私之念，有高尚的品格与非凡的政治才干。他出身名门之家，却是完全凭借自己的本领，一步步地跃升到帝国权力核心。

李固的父亲李郃是汉和帝、汉安帝的两朝重臣，位居三公之列。不过，他在政坛上崛起，并非沾父亲的光，而是凭借自己过硬的学识与才干。他博学多才，读万卷书，行万里路，终成一代大儒。李固生活的时代，是东汉帝国由强而衰的转折期，外戚擅权、宦官横行的现象日益严重，朝廷被一群毫无进取精神的庸碌之辈所把持。在这种情况下，李固决心躬入时局，挺膺责任，做一番济世安民的事业。

顺帝阳嘉二年（133），李固上廷对策，直言不讳批评皇帝对乳母宋娥的封赏太多，批评梁氏外戚子弟权柄太重，还批评宦官当政的现象。这一次，李固把外戚集团、宦官集团以及顺帝乳母宋娥等朝中最有权势的人都得罪了。宋娥与宦官们联合起来，采用匿名信陷害李固，李固差点被害死。大将军梁商心胸还算宽广，颇爱惜李固之才，在关键时候出手相助，才使得他死里逃生。

不久后，梁商再度起用李固，召入大将军府为从事郎中。李固并没有因为梁商对自己有恩而放弃原则，他写信劝大将军放弃外戚大权，为天下人做出表率。当然，这封信如石沉大海，没有一点效果。

梁商死后，梁冀继任大将军，一上台便极力排挤李固。梁冀以镇压荆州盗贼为由，把李固从京城外调到荆州担任刺史。李固到任后，以抚代剿，很快平定了荆州之乱。梁冀仍不死心，又找理由把李固贬为泰山太守，仍然让他剿匪。李固他恩威并重，不到一年时间，又把盗匪摆平了。

鉴于李固在地方治理上的卓越政绩，汉顺帝召他回京师，担任大司农，位列九卿。李固趁机举荐许多优秀人才，正因为他的苦心经营，在外戚与宦官把持大权的恶劣政治环境下，总算在朝中保留下不少正直的官员。可惜的是，汉顺帝死后，国家大权完全掌握在梁氏外戚集团手中，凭李固的微薄力量，已经无法撼动其坚不可摧的根基。

在选帝之争中，李固一败涂地。中国历史上总出现奸臣当道，原因在于忠臣们是以原则办事，奸臣们则不按理出牌。李固无故被免职，令朝廷正义力量遭到空前打击，一时间朝野哗然。梁太后为安抚士人之心，遂由杜乔出任太尉。杜乔在当时与李固齐名，正直的性格，注定他不可能与梁冀同流合污，于是一场新的政治斗争又展开了。

梁氏集团权势炽热，梁冀的弟弟梁不疑、梁蒙，儿子梁胤等人皆受封为侯。杜乔不畏强权，上疏据理反对。梁、杜的矛盾激化，正面交锋不可避免。梁冀的亲信汜宫曾因贪污遭杜乔的弹劾而免官，后来梁冀又想提拔他，遭到杜乔义正词言的拒绝。在梁冀眼中，杜乔已是李固第二，不可不除。

桓帝建和元年（147），帝国首都洛阳地震。梁冀乘机以"灾变"为由，归咎于三公，罢免杜乔太尉之职。同时，他串通宦官集团，暗使宦官唐衡、左悺两人在皇帝面前说李固与杜乔的坏话，说："陛下即位前，李固与杜乔首先抗议，说陛下没有能力继承皇位。"汉桓帝不由得对李固与杜乔怀恨在心。

正当梁冀想方设法想除掉李固、杜乔时，清河国出了件大事。这件事，可帮了梁冀大忙。

一年前，李固、杜乔强烈要求立清河王刘蒜为皇帝，最终没成功。有两个热血青年怀着对梁冀的仇恨，搞了一次鲁莽的冒险。他们打算劫持刘蒜，逼他称帝。这场政变闹剧很快失败，两人被捕处死。清河王刘蒜受此牵连，被取消王号，贬为侯爵，放逐桂阳，最终自杀身亡。梁冀趁机扩大打击面，说李固、杜乔参与策划政变，要求给予治罪。梁太后指示，放过杜乔，单追究李固。就这样，李固莫名其妙地卷入所谓的"谋逆案"，被关入大狱。

李固被免职已引起士人们的激愤，如今又在毫无证据的情况下被捕，天底下究竟有没有"公理"二字呢？李固的学生以及数十名儒生前往皇宫大门外请愿，带来刀斧砧板，以示必死决心。梁太后知道李固公忠体国，不可能与"谋逆案"有关，何况这么多学人前来请愿，足证其无辜。她下达懿旨，释放李固。

李固走出大狱时，整个京城沸腾了，大家欢欣鼓舞，高喊"万岁"。梁冀万万没有想到李固的声望如此之高，士人无不以他为精神领袖，百姓则视他为救星，这种人就算失势，也将是自己的死敌。大将军急急忙忙入宫，禀告梁太后：李固买服人心，日后必成大患，不如趁早解决。梁太后迟疑不决，梁冀却等不及，索性擅传诏令，把刚刚出狱的李固再次抓捕入狱。

转眼之间，晴天又变成阴天，洛阳上空乌云密布。

李固心里明白，梁冀非置自己于死地不可，这次在劫难逃。他写了一封信给以前的同僚胡广、赵戒，表白心迹：

"我李固深受国恩，竭心尽力，不顾及死亡，志在匡扶王室，再创文帝、宣帝时的盛世。可是何曾想到，选立皇帝时，梁氏执迷不悟，你们二位曲意奉承，大事本可成功，最终反倒失败。汉家衰微，从此始矣。你们身受君王厚禄，却不能扶大厦于将倾，后世史册，将会如何评价你们呢？我李固今天难逃一劫，可是无愧于心，无须再说什么。"

梁冀深知李固深孚众望，不敢公开处死李固，只是密令狱官在大牢内将其处死。一代名臣李固惨遭毒手，死时五十四岁。李固死后，梁冀一不做，二不休，把杜乔逮捕入狱。入狱当天晚上，杜乔被秘密处决。

　　李固与杜乔都曾担任太尉，位列三公，却轻而易举地被梁氏外戚打倒，没有罪证，没有审判。在此之前，梁冀虽然骄横跋扈，尚且顾虑梁太后；李固、杜乔死后，他再也不把太后当回事，俨然成了太上皇，手握着生杀大权。

　　从此之后，东汉帝国开始加速度地衰落。

四六 / 傀儡皇帝的绝地反击

刘志在皇帝的宝座上坐了四年，他感觉自己就是四肢被绳索拉着牵引的木偶。梁太后病死前，宣布归还朝政，大权移交给桓帝刘志。可是等等，刘志东张西望，看到大将军梁冀那张骄横跋扈的面孔，他手上还拽着拉动木偶的绳索呢。

十九岁的成人总比九岁的孩子要稳重，刘志没有重蹈刘缵的覆辙，尽管他对梁冀把持大权有一万个不满，却小心翼翼地把所有不满隐藏起来。宫廷内外，都是梁冀的爪牙，皇位要坐稳，不讨好"太上皇"是不行的。桓帝刘志下诏，加封梁冀食邑一万户，加上以前的两万户，总共达三万户之多。梁冀的老婆孙寿封为"襄成君"，阳翟一县的田赋租税都归她所有，每年就有五千万钱之多。

梁冀买通皇帝身边有权势的宦官，目的在于更好地监视刘志的一举一动。同时，他把梁家子弟以及宾客朋友，统统安插在各州郡担任重要职务。这样，从宫里到宫外，从中央到地方，梁冀铺设起一个巨大的罗网，这个帝国还是刘姓的天下吗？不，大家只知道有大将军，忘了还有个皇帝哩。

接下来，他要好好享受了。

梁冀与夫人孙寿，分别筑起两座巨大的豪宅，一座大将军府，一座襄成君第。两大豪宅只隔着一条街，内部装潢极尽奢华。宅内有崇台高阁，飞梁石磴，有园林假山，山上罗列草木，驯放鸟兽，可谓是应有尽有。宅第着实太大，梁冀要走上一圈，都得乘马车，其豪华程度，不逊皇宫后院。梁冀与孙寿在两座大宅内日日欢娱，夜夜笙歌。官员前来拜访时，得先被门房勒索进门费，时间一长，看门人都成了暴发户，竟然拥有数万两黄金的家产。

要维持这种穷奢极欲的生活，连梁冀都觉得入不敷出。三万户的采邑与一个县的税赋，竟然还不够花。怎么办呢？梁冀有办法，他先派人暗中调查各地的巨富，罗列一个名单，然后随便给他们找个罪名，抓入监狱，严刑拷打，逼迫其家人出巨资赎罪。许多富人因此倾家荡产，甚至被杀头。比如，扶风有一位富人，名叫士孙奋，非常富有。梁冀为夺其财，竟将他抓进监狱，折磨致死，全部家产没收，总共有一亿七千万钱。

梁冀统治的时代，是东汉最黑暗的一段时期。

在梁氏夫妇大肆挥霍、生活奢靡的同时，国库却一日日地空虚。国家没钱，政府的机构还得正常运转，于是所缺费用就转嫁到百姓身上。朝廷下达命令给地方政府，地方政府为了凑足征收款，对原本生活穷困的百姓采取压榨手段。民不聊生，每天都有大批的百姓或死于官府的棍棒之下，或走投无路选择自杀，一了百了。

可是梁冀也有受挫的时候。

元嘉元年（151），大年初一，文武百官齐集金銮宝殿，向皇帝刘志贺岁。梁冀大摇大摆上殿，腰间佩着一柄宝剑，忽然听到有人大声喝道："梁冀退下！"大将军不由得心头一震，其他文武大臣更是惊呆了。谁敢呵斥梁冀呢？乃是尚书张陵。朝堂之上，除非有"剑履上殿"的特权，否则佩剑上朝乃是死罪。梁冀竟敢佩剑上朝，张陵马上弹劾他目无君上，理应交由廷尉论罪。

治大将军的罪，张陵不是疯了吧，谁敢治他的罪呢？皇帝都不敢。桓帝刘志灵机一动，做了一个折中处置：罚梁冀一年俸禄。一年俸禄，对梁冀来说不过是九牛一毛罢了，这个处罚仅仅是象征性的。也亏得刘志的智慧，要是真把梁冀交给廷尉治罪，恐怕吃不了兜着走的人是自己。

固然，张陵赢得精神胜利，可梁冀并没有输。

不久后，他就把游戏规则给改了。不必梁冀亲自出马，自有一帮小喽啰鞍前马后打点。首先是肉麻的吹捧，把梁冀捧为圣人，圣人就应该享受一些特权。什么特权呢？"入朝不趋，剑履上殿，谒赞不名。"就是说，入朝时别人要小步快走，他可以大摇大摆地走；别人不能佩剑，他可以佩剑上朝；谒见皇帝时，只叫他"大将军"，不报姓名。以后梁冀佩剑上殿，谁都没法呵斥他。

桓帝刘志又不是傻瓜，难道看不出梁冀的野心吗？这家伙离篡位只有一步之遥了。说实话，没有人比桓帝刘志更痛恨梁冀。皇帝身边的人，多数都被梁冀给收买了，每天密探们都要把皇帝的一举一动向梁冀汇报。他说过什么话，见过什么人，甚至吃了什么，梁冀都了如指掌。除了拥有"皇帝"的尊号之外，刘志从来没觉得自己有什么特殊的权力。

就算在皇宫内院，刘志也没有自由可言，皇后梁女莹是梁冀的妹妹。皇后控制欲极强，刘志虽然后宫美女如云，在皇后监控下根本难以接触其他女人。梁皇后与前几任皇后一样，没有生育。若有妃子被皇帝临幸而怀孕，无一不惨遭毒手。当皇后成为一座压迫的大山时，刘志对她越来越讨厌，怨气又不能发作，只能憋在心里。

至于朝中大事，完全是梁冀说了算。

当外国或地方政府向朝廷进献贡品时，最好最贵的，先送给梁冀，皇帝收到的仅是次品。想要升官发财的人，排着队去梁冀家中送礼，没人来求皇帝。已经升了官的人，要先去梁冀家中谢恩，然后才能放心上任。

辽东太守侯猛看不起梁冀，升迁不肯去送礼谢恩，结果被梁冀找了个罪名，处以腰斩酷刑。荆州刺史吴树曾查办梁冀宾客门人十余人，在赴任之前被梁冀毒杀。郎中袁著年轻气盛，在皇宫门外上疏抨击梁冀擅权，被梁冀派人逮捕乱鞭打死。袁著的好友胡武几乎被杀光全族，死了六十多人；另一位好友郝絜不愿连累家人，在梁冀家门外服毒自杀。文人崔琦写文章讽刺梁冀，被梁冀免职，遣回老家，后被逮捕处死。诸如此类的事，数不胜数。

梁冀的独断专行已经到了无以复加的地步，桓帝刘志如坐针毡，惶惶不可终日。

延熹元年（158）某日，太史令陈授通过小宦官徐璜，秘密向桓帝刘志进言："发生日食变异，问题出在大将军梁冀身上。"刘志没有想到的是，如此秘密的举动，梁冀竟然很快知道了。陈授被逮捕，暴死狱中。梁冀的爪牙无所不在，桓帝感觉头皮发麻，自己如同光着身子暴露在众目睽睽之下，无处藏身。

一年后（159），刘志终于可以缓一口气了，梁皇后终于死了。在刘志看来，梁皇后就是梁冀安插在自己身边的耳目，他早就不喜欢她，只是没胆子发作。两人情感越加疏远，梁皇后又怒又怨，脾气越来越暴躁，终于一病而死。刘志忽然有一种从被压迫中解放出来的快感，一身轻松。梁皇后一死，梁冀失去监控皇帝的一张王牌，这张牌必须补上。谁来顶替梁皇后呢？梁冀相中一人，她就是选入宫中的贵人邓猛。

邓猛是何许人，为什么梁冀会把她当作自己人呢？

这事说来话长。邓贵人的父亲死得早，母亲邓宣改嫁给梁纪。梁纪是谁呢？正是梁冀夫人孙寿的舅舅。梁纪成了继父，邓猛一度改姓为梁，成为梁氏家族的一员。梁冀夫人孙寿有意培植自己的势力，遂把邓猛视为自家人，送入宫中，成了邓贵人。梁皇后死后，后宫中与梁氏关系最近的女人便是邓贵人，梁冀有意让她当皇后。不过，邓贵人与梁冀虽扯上点亲戚关系，也只能算远房亲戚，凭什么要充当你的耳目呢？梁冀就打算认邓贵人为干女儿，有了父女名分，关系就不一般了。

问题是，邓贵人是梁纪的继女，梁纪是梁冀夫人的舅父，从辈分上看，邓贵人与梁冀是同辈啊！我们中华文化最讲究秩序，辈分乱不得的，梁冀要认邓猛为干女儿，老妈邓宣能同意吗？

大将军梁冀的想法很简单，邓妈妈不同意，干掉她不就完事了。于是他派刺客前去行刺邓宣，不想计划赶不上变化，竟意外失手了。原来邓宣与中常侍袁赦是邻居，刺客使出飞檐走壁的神技，打算从袁家屋顶跳入邓家。这一天，袁赦正好在房中，听得屋顶有声响，怀疑是盗贼，便吩咐家丁围捕。刺客还未潜入邓家，便被擒获。袁赦一审问，刺客全都招供了。袁赦大吃一惊，告知邓宣，邓宣魂飞魄散，连夜入宫，向女儿邓贵人哭诉。邓贵人一女流之辈，只能向皇帝求助了。

桓帝刘志怒不可遏，梁冀倒行逆施，他已忍耐很久了，没想到竟要骑在自己头上拉屎。是可忍，孰不可忍！自己堂堂一个皇帝，连宠妾的家人都保护不了，岂非让天下人耻笑吗？

怒在心里，但刘志没有表露出来。他晓得宫廷内外，遍布梁冀的眼线，得小心谨慎才行。一旦意气用事，只能落得个质帝刘缵的下场。刘志铁了一条心，得干点大事，这事光自己干不行，要有帮手。皇宫之内，他最信任的人只有一个，就是贴身宦官唐衡。他想找唐衡来商谈机密，既然是机密，就不能公开说，得找个安全的地方说。

哪儿安全呢？厕所！

刘志十几年皇帝没白当，可以看出他多么小心翼翼。正是谨慎小心，他才活到今天。他假装上厕所，只有贴身宦官唐衡跟着。皇帝的茅厕，没有闲杂人等，刘志四顾无人，压低声音道："宫中左右侍从，谁跟梁氏不和？"这种表情，唐衡从来没见过，他小心地答说："中常侍单超、小黄门左悺与梁不疑有仇，还有中常侍徐璜、黄门令具瑗，也跟梁氏有嫌，还有……"

"够了。"皇帝摆摆手，打断唐衡的话。一来他担心隔墙有耳，说多容易生事；二是要参与绝密行动的人不能太多。唐衡说了四个人，都是梁氏仇家，加上自己，总共五个人，这就是皇帝仅有的五张牌。

知道哪些是梁氏仇人，桓帝刘志心中就有数了，他想办法把梁冀的爪牙支开，召单超、左悺到密室之内。皇帝开门见山就说："梁冀兄弟，把持权柄多年，胁迫宫里宫外，公卿以下官员，无人敢违抗。朕打算除掉梁氏，常侍意下如何？"

单超与左悺曾经得罪梁冀的弟弟梁不疑，梁不疑将其家人抓起来投入监狱。两人与梁氏势不两立，只是势单力孤，无能为力。皇帝既然有除掉梁氏兄弟的想法，两人岂不惊喜，当即表示："梁冀是祸国殃民的乱贼，早就该杀了，只是臣等才能庸劣，这件事，还得陛下做主才行。"

单超、左悺入伙了，皇帝把徐璜、具瑗召来，两人同样入伙。就这样，皇帝与五个宦官歃血为盟，组成一个反梁集团。单超告诫皇帝说："陛下既然心意已决，千万别再提此事，梁氏耳目众多，一旦走漏消息，后果不堪设想。"

单超的担心并非没有道理。

梁冀耳目众多，皇帝与五宦官秘晤于密室，这么机密的事，也给梁冀得知。为防万一，他派中黄门张恽入宫宿卫，暗中调查皇帝与五名宦官。只是梁冀早已视皇帝为木偶，不相信这位低能皇帝有翻江倒海的本领。

凭多年在宫中养成的敏锐嗅觉，单超意识到梁冀已有怀疑。形势急迫，必须要当机立断，反正就是贱命一条，豁出去了。他找来其他四人一起商量，商量的结果：立即起事！

五名宦官兵分两路。一路由具瑗率领宫廷卫队，逮捕梁冀派来的张恽，罪名是"无故入宫，欲图不轨"。另几个人拥桓帝上殿，召尚书火速入朝，皇帝当庭宣布梁冀大逆不道，罪不容赦。尚书们个个目瞪口呆，十几年来一直不吭声的皇帝，竟然突然向梁冀开火。皇帝毕竟是皇帝，怎么说也是至高无上的统治者，至少名义上如此吧。皇帝先发制人，无疑是正确的，对平庸的朝中官员来说，谁先下命令，就听谁的。

皇帝发布诏令，派尚书令尹勋持节前往各要害部门，勒令丞、郎以下官员，一律全副武装，守住自己的地盘。同时，把各部门的印绶符节，全部收缴。在汉代，没有符印是无法调动军队的，这一点十分重要。汉代的军事制度有其优越之性，只认符印不认人。这么一来，兵权控制住了。可是桓帝仍然十分小心，他没有冒冒失失地调动皇宫之外的军队，担心将领们听命于梁冀。他以守卫宫廷的虎贲战士、羽林军为主力，拼凑一支武装，人数不够，就把马夫也派上用场，总计一千余人，在宦官具瑗、司隶校尉张彪的率领下，以迅雷不及掩耳之势，包围梁冀的大宅，切断他与外界的联系。

梁冀做梦也想不到，他苦心经营十几年，党羽遍布，却被皇帝黑虎掏心，直捣死穴。一向骄横跋扈的他，突然不知所措，脑子里一片空白。光禄勋袁盱持节前来，向梁冀宣读皇帝诏书，收缴大将军印信，贬为"都乡侯"。梁冀默然接受诏书，交还大将军印，返回内室。他知道自己彻底完了，只是想不清楚木偶皇帝哪来的勇气呢？

这一天，梁冀与夫人孙寿，双双服毒身亡。梁氏帝国之梦，就此破灭。

接下来是一番大清洗了。梁冀、孙寿的内外宗亲，被一网打尽，无论男女老幼，一律杀头。其他梁氏爪牙，包括公卿、将校、刺史、太守等，有数十人遭牵连被诛。太尉胡广、司空孙朗等，对梁冀阿谀奉承，一概免职，贬为庶人。梁冀的庞大家产被查抄，变卖充公，总计达惊人的三十亿钱。

梁氏被诛，整个京城沸腾了，百姓奔走相告，无不拍手称好。一个黑暗的时代结束了，大家睁大眼睛，等待光明。奇迹会出现吗？有一点点小盼头。

最明显的一个转变是，忠正之臣又回到朝廷之上。黄琼被提拔为太尉，位列三公之首，开始整顿政坛上的歪风邪气，一连弹劾各州郡贪官污吏十余人，将他们绳之以法。黄琼又起用有清节之名的范滂、陈蕃等人入朝为官，范滂一口气弹劾刺史、二千石等二十余人。一时间，朝廷俨然有中兴的气象。

然而，外戚毒瘤被拔除，宦官毒瘤却成熟了。

单超等五名宦官，提着脑袋发动政变，侥幸成功。五人全部封侯，单超的采邑二万户，徐璜、具瑗、左悺、唐衡各一万多户。东汉帝国总在不经意之间走向两个极端，不是外戚擅权，就是宦官得势。这两大力量，左右着朝廷，决定着国家的命运。除五侯之外，汉桓帝身边几个贴身太监，包括侯览、刘普、赵忠等八人，全部封为乡侯。一时间，宦官权势无人可敌。

去了一个梁冀，来了一窝宦官。对于国家来说，换了汤却没换药。宦官们的骄横残暴，比起梁冀来，毫不逊色。宦官五侯中，除了单超死得早外，其余四侯横行天下，作威作福，百姓怨声载道。当时民间歌谣这样写："左回天，具独坐，徐卧虎，唐雨堕。"什么意思呢？就是说左悺有回天之力，能力通天；具瑗像庙里的大神，高高在上，唯我独尊；徐璜如虎横卧，无人敢犯；唐衡权势如天降暴雨，遍布天下，无孔不入。

几位正直的人士挺身反抗宦官权势，不是被处死，便是遭流放。原本立志于整肃朝政的太尉黄琼也灰心丧气，自知无力控制宦官权势，索性称病不朝，到桓帝延熹四年（161），被免去太尉之职。

宦官势力急剧扩大，从宫廷、皇城向全国蔓延。宦官的亲属纷纷鸡犬升天，单超的侄儿单匡为济阴太守，弟弟单安为河东太安，左悺的弟弟为陈留太守，唐衡的哥哥唐玹为京兆尹，侯览的弟弟侯参为益州刺史……只要有权力的诱惑，人们很快就与自己过去所属的阶层分道扬镳。若缺乏一种道义上的自我约束，不论出身，只要沾上权力，就会急剧坠落，如同吸食鸦片一样，沉沦于深渊而不可自拔。这些出身寒微的暴发户比旧官僚更贪婪无度，单匡贪污五千万钱以上，侯参贪污超过一亿钱……梁冀的爪牙们刚刚盘剥完，宦官的爪牙们又开始新一轮的压榨，百姓的日子可怎么过呢？

尚书朱穆上疏皇帝，强烈要求限制宦官权力，禁止宦官干政。桓帝听完脸色大变，一声不吭。在皇帝看来，没有宦官，哪来的皇权？梁冀一手遮天时，你们这帮所谓的"忠臣"都干什么去了！有皇帝的庇护，宦官们无所顾忌，对朱穆的迫害随之而来。刚直的朱穆最终垮了，在悲愤中病死。

太尉杨秉是杨震的儿子，他是东汉时代的名臣，也是反宦官斗争中最卓有成就的人。他打击宦官集团十分讲究策略，并不直接针对宦官下手，而是先扫除其外围势力。延熹四年（163），杨秉上疏皇帝，要求限制宦官家属及宾客在政府部门任职，并以严刑峻法处置贪官污吏。包括青州刺史羊亮在内的五十多名官员被处死或免职，宦官所培植的势力遭到沉重打击。

两年后（165），杨秉再次重拳出击。他收集宦官侯览的弟弟、益州刺史侯参贪污上亿的证据，提出弹劾。桓帝下令查办，杨秉将侯参押解回京城，赃款赃物一并押回，总共装了整整三百辆车。人赃并获，侯参绝望之下，服毒自尽。杨秉仍然穷追猛打，矛头直指大宦官侯览，弹劾他对弟弟贪污有纵容之责。桓帝刘志也没法保住侯览，只得将他免职。

多米诺骨牌的第一张已经倒下，杨秉乘胜追击。很快，司隶校尉韩缜弹劾左悺及其兄左称，左悺兄弟两人干尽坏事，心里恐惧，双双服毒自杀。曾经被老百姓称为"左回天"的左悺，竟然回天乏术，落得个暴死的下场。紧接着，韩缜把目标转向"五侯"中硕果仅存的具瑗，弹劾具瑗的哥哥具恭受赃甚多。具恭被捕入狱，具瑗为了博得皇帝同情，主动请罪。桓帝刘志把他贬为都乡侯，赶出京城，最后死于家中。

至此，为汉桓帝发动政变夺权的宦官五侯，单超、唐衡、徐璜三人已死，左悺自杀，具瑗被贬。曾经不可一世的五侯，就这样在历史的舞台上消失了。不过，宦官作为专制社会里的一个怪胎，却难以连根拔除，一批当权的宦官倒下了，另一批人很快会继起。

四七 / 党锢之狱

杨秉任太尉期间，给予宦官集团史无前例的重创。可惜的是，五侯垮台后，他也一病不起。杨秉对宦官坚持合法性打击，以铁证服人，哪怕是皇帝，也很难为宦官开脱。杨秉之后，以清流党人为首的官僚集团对宦官的斗争政策趋于激进与极端，两派势力遂成你死我活的局面。

清流派主要是由儒家知识分子组成，他们深持传统的儒教观念，重视人格操守，疾恶如仇，淡泊名利，高蹈名节，有一种殉道的宗教热忱。他们是非观念明确，不肯随波逐流，言行偏激，甚至不计后果。他们强调正义，与邪恶势力绝不做妥协。所在乎的，是行动的正义性，却绝少像杨秉那样考虑策略。他们充满勇气，又经常过于鲁莽，因而往往付出惨重的代价，却无法达到所预期的目的。

清流党人的领袖人物是陈蕃与李膺。

陈蕃年轻时便志向高远，曾说："大丈夫处世，当扫除天下。"他品行端正，为人清高，在太尉李固的举荐下，出任议郎，后迁乐安太守。大将军梁冀想托他办事，派信使前往，陈蕃闭门不见。梁冀吃了闭门羹，找借口把陈蕃贬为县令。由于性格耿直孤高，陈蕃在仕途上起起落落，直到梁冀死后，才进入帝国权力核心。杨秉去世后，陈蕃接任太尉，列三公之首。

李膺是东汉传奇人物，被誉为"天下楷模"。他博学多才，满腹经纶，品行俱佳，疾恶如仇，得到士人学子的拥戴；他有非凡的政治才干，曾担任青州刺史、渔阳太守，治理地方，政绩卓著；担任乌桓校尉、度辽将军期间，他抗击过北方鲜卑的进攻，战功赫赫。士人学子，无不以能得到李膺的接见为荣，并称之为"登龙门"。

宦官五侯覆灭后，以李膺、陈蕃为首的清流党人对宦官集团穷追猛打。廷尉冯绲逮捕单超的弟弟单迁，将其拷掠致死；大司农刘祐没收宦官苏康、管霸非法所得的田地；李膺更是密集出击，弹劾多名宦官们收受贿赂。眼看清流党人节节胜利，突然，一道坚不可摧的防火墙阻止了他们的攻势。

这道防火墙就是皇帝的袒护。

要知道，皇帝是凭借宦官之力才重掌大权，要是宦官失势，对自己并非好事。恒帝刘志心里很明白，宦官再坏，也忠于主子，没有主子的恩宠，他们连狗都不如。于是他大袖一挥，拂落李膺等人射向宦官的利箭。宦官见机反咬一口，李膺、冯绲、刘祐遭当头一棒，被免职后处以苦役之刑。

不过，对清流派来说，这只是一次小挫折。

在新任太尉陈蕃的努力下，李膺很快被释放，并出任司隶校尉。东汉司隶校尉权势极重，有人将其比为明代之锦衣卫，专门负责京城抓差办案。李膺上任后，发出第一张逮捕令，抓捕大宦官张让的弟弟张朔。张朔时任野王县令，贪污残暴，他胆战心惊，逃进哥哥张让宅中，躲在夹墙里，惶惶不可终日。李膺毫不留情，从张让宅中搜出张朔，审讯之后处死。

这一杀，震动皇宫内外。宦官们对李膺畏之如虎，不敢出宫。只要一出宫，被李膺逮住可能就回不来了。恒帝刘志见太监们都不出宫，十分奇怪，大家跪着哭诉说："我们害怕李膺。"

清流派势力的崛起，与在野士人及太学生的支持是分不开的。当时京师洛阳的教育规模是很大的，太学生有三万多人，以郭泰、贾彪为首领，他们与清流派领袖李膺、陈蕃等互相褒扬。在野人士不断发表激烈的言论，形成"处士横议"的社会风气。由于社会舆论的矛头直指宦官集团，这给当朝官员更多的勇气，于是对付宦官集团的手段也更加激进。

桓帝延熹九年（166），反宦官斗争进入高潮。

南阳太守成瑨抓获一名勾结宦官的恶商张泛，不巧遇到政府发布大赦令。成瑨不顾赦令，坚持把张泛斩首示众，连其亲族及宾客二百余人，也全部处死。这件事明显过激，被杀的二百多人，很难说都十恶不赦。太原太守刘质逮捕为害一方的宦官赵津，也是遇到大赦令。他与成瑨如出一辙，不管赦令，把赵津处死。山阳太守翟超弹劾宦官侯览未果，索性把侯览的家给捣毁了，没收其财产。中常侍徐璜的侄子徐宣当下邳县县令，求亲不成，把女子抢回家中，当箭靶子射死。东海相黄浮把徐宣斩首示众，还将其家族所有人全部逮捕，严刑拷打。

从这四起事件中可以看出，由于受到社会思潮的影响，地方官府镇压宦官不遗余力，甚至有矫枉过正的过激表现。过激的行为给予宦官们反击的口实，靠着皇帝的支持，宦官大举转守为攻。成瑨与刘质被投入监狱并处死，翟超与黄浮被判处服苦役。

成瑨与刘质被杀，拉开了"党锢之狱"的序幕。

不久后，司隶校尉李膺遇到类似的情况。

洛阳城内有个名为张成的算命先生，与宦官的关系不错，事先得知皇帝要发布大赦令。为了证明自己有未卜先知的本领，他公然指使儿子在大街上杀人。李膺刚把张成父子抓捕归案，朝廷就下达大赦令。张成脸上未免露出得意神色，李膺勃然大怒，同样不顾赦令，下令处死张成父子。

大赦令就是皇令，你李膺连皇令都敢违抗。宦官们利用这件事大做文章，指使人上疏皇帝："李膺结交太学生以及游学士人，结党营私，诽谤朝廷，败坏风俗。"清流派在朝野不断抨击时政，桓帝早就心怀不满，加上宦官们的煽风点火，更是怒不可遏，下旨捉拿清流党人。

宦官们炮制出一份所谓的党人名单，交给太尉陈蕃。名单上之人，全是驰誉海内外的名士，都是公忠体国的知识分子，陈蕃拒绝在抓捕令上签名。皇帝恼羞成怒，直接跳过三公，亲自下令逮捕李膺，罢免其官职，关入大狱。在抓捕名单上，包括太仆杜密、御史中丞陈翔以及士人陈寔、范滂等两百余人。这就是震惊一时的"党锢之狱"。所谓"党锢"，就是党禁，"锢"就是禁止其做官，用现在的话说，就是剥夺政治权力。

"党锢之狱"发生后，被捕的党人遭到严刑拷打。宦官们企图逼他们供出结党营私、危害朝廷的证词，但一无所获。太尉陈蕃上疏皇帝为李膺等人辩护，桓帝刘志一怒之下，将陈蕃免职。陈蕃丢官后，被捕的两百多人处境更加危险，如果不设法营救，恐怕都要被拷打而死。怎么办？太学生领袖贾彪前往拜见城门校尉窦武，希望他出面营救。

窦武是窦皇后的父亲，桓帝刘志的岳父大人。作为外戚，窦武品行高尚，谦虚谨慎，从不接受贿赂。更难能可贵的是，他大量捐助太学生，并经常施舍财物给贫民，朝野人士对他都称赞不已。窦武原本不想出头，以免有外戚干政之嫌。可是他若不挺身而出，两百多名清流人士恐怕性命不保。于是他上疏皇帝为李膺等人辩护，称他们"为奸臣贼子之所诬，天下寒心，海内失望"。

这道奏疏起了很大作用，毕竟窦武身份特殊，说话的分量是别人不能比的。

同时，尚书霍谞也上了一折，请求皇帝释放党人。桓帝内心有所动摇，便派中常侍王甫前往狱中，再做调查。

王甫提审范滂，范滂虽身负刑具，但意气风发，陈词慷慨激昂。王甫不禁为其视死若归的精神感动，下令撤去囚犯的刑具。提审李膺时，李膺故意把一大批宦官子弟牵扯进来，令宦官大为恐惧，担心事态扩大，恐怕对自己没有好处。最后皇帝采取折中的办法，以天象变异为借口，委婉地释放李膺等二百余名士人。

"党锢之狱"证明宦官们的势力依然强大。不过，对清流党人而言，这一局并不算输。

延熹十年（167），在位二十年的汉桓帝刘志去世，宦官失去了最强有力的保护伞。在接下来的一局里，谁会胜出呢？

汉桓帝先后有三个皇后，同样没能摆脱未生育的宿命。小皇帝再现朝廷，十二岁的刘宏被立为皇帝，史称汉灵帝。窦皇后成了窦太后，她的父亲窦武荣升大将军，天下士人看到朝纲重振的希望。窦武洁身自好，作风清廉，在"党锢之狱"中大力解救被囚党人，被视为开明派人士。

更令士人们欢欣鼓舞的是，陈蕃又一次得到重用，被提拔为太傅。陈蕃乘机起用在"党锢之狱"后闲居在家的李膺、杜密、尹勋、刘瑜等人，组成精英内阁，共同参与制定大政方针。太监们听说李膺等人复出，个个吓破胆。以中常侍曹节、王甫为首的宦官，抛弃相互间的争斗，结成死党。他们极力谄媚窦太后，他们知道，为了自保，只有抱紧太后的大腿，才能免遭李膺的攻击。窦太后久居深宫，对宦官们在宫外的倒行逆施没有多少认识，因而对宦官十分信任，不时加官晋爵。

在清流人士的眼中，绝对容不下沙子。在一次朝会上，陈蕃在大将军窦武耳边细语："曹节、王甫等在先帝时就擅权乱政，若不趁早把他们除掉，恐怕以后更难下手。"窦武深受清流思想的影响，不禁连连点头。陈蕃非常高兴，秘密召来尚书令尹勋等人，共谋大事。

灵帝建宁元年（168）五月一日，发生日食现象。东汉制度有个诡秘之处，凡是出现天象异常，总与政治相联系。陈蕃认为日食乃是宦官乱政所导致，遂秘禀窦武，铲除宦官。窦武是好人，好人有弱点，凭大将军之权势，要干掉几个宦官还不是手到擒来之事。可窦武偏偏不用武力，而想以合法的手段清除宦官。

宦官归属内宫管辖，窦武有信心劝女儿窦太后铲除宦官，建议对宦官或诛杀或罢黜。窦太后惊道："汉王朝建立以来，世世代代都有宦官。如果宦官有罪，当然要惩罚，可怎么能全部废除呢？"女儿这么一说，窦武傻了眼，一时间无言以对。过了一段时间，窦武又多次入宫，请求诛杀曹节等大太监。窦太后犹豫不决，只好使个"拖"字诀。

陈蕃等不及了，他上疏窦太后，矛头直指侯览、曹节、王甫、郑飒等宦官，指出："今不急诛，必生变乱，倾危社稷，其祸难量。"奏折上达后，仍石沉大海。

窦武决定先拿曹节同党、长乐宫尚书郑飒开刀，指示亲信山冰将他逮捕关入北寺狱。大将军打算从郑飒身上入手，顺藤摸瓜，找到弹劾曹节等人的证据。在陈蕃看来，这简直是脱裤子放屁，多此一举，恶人抓来就应当处死，何必审讯！在山冰、尹勋等人的拷问下，郑飒供出曹节、王甫等人违法乱纪的事实。山冰、尹勋大喜，马上写一份奏折，交给侍中刘瑜，准备呈递给窦太后，而后将曹节一党一网打尽。

离成功只有一步之遥，然而一个小小的疏忽，让区区一步变成遥不可及。

这天晚上，窦太后没有翻这折奏章，奏章静静躺在案台上。有一个人蹑手蹑脚走到案前，悄悄打开奏折，在摇曳的灯光下看，豆大的汗滴不断冒出来。此人名唤朱瑀，是长宫尚书郑飒手下的一名宦官，郑飒被逮捕后，他便惶恐不安，担心自己受到牵连。这折奏章不仅弹劾曹节、王甫这些大宦官，还波及皇宫中所有的小宦官。他悲愤地骂道："倘若内官有人犯法，当然可以诛杀；可我辈有什么罪呢？为什么要斩尽杀绝？"

就这样坐以待毙吗？不！自从净身入宫，早就是贱命一条，不如赌一把，顶多把贱命赌掉，早点投胎转世也差不到哪儿去。想到这里，朱瑀豁出去了，跑出来喊道："陈蕃与窦武要奏请太后，将废掉皇上，图谋造反，大逆不道。"这一喊，宦官们都跑过来，朱瑀出示奏折，大家无不惊恐万分。

老谋深算的曹节以情况紧急为由，劫持灵帝刘宏，关闭宫门，传唤尚书，逼他们拟就诏书，捉拿窦武、陈蕃等。王甫持符节前往北寺监狱，宣诏逮捕尹勋、山冰。山冰怀疑诏书是假的，王甫立即将他逮捕杀害，又处死尹勋，放出被囚的郑飒。

郑飒自告奋勇，前去大将军府捉拿窦武。窦武落荒而逃，逃到北军五营的步兵营。步兵校尉窦绍是窦武的侄子，召集数千人马，在都亭校场集中。窦武宣称："宦官造反，你们若能尽力锄奸，定有重赏。"然而，东汉军队向来只认印信不认人，窦武没有皇帝颁发的印信，士兵们自然心中生疑。

八十岁的老夫子陈蕃获悉事变爆发，带上若干忠诚的下属，以及学生门徒八十余人，手持兵器，冲入北宫承明门，高呼道："大将军忠心卫国，黄门阉逆叛逆，怎得反诬窦氏造反呢？"王甫不容分说，喝令皇宫禁卫队一拥而上。陈蕃年迈，哪有力气厮杀，只能不停地斥责王甫。我们必须承认，语言在某些场合是有效的武器，但绝不是在厮杀的战场上。很快，老夫子被缴械生擒，手下那帮学生，死的死，伤的伤，全军覆没。陈蕃被押解到北寺监狱，一阵拳打脚踢，打得老骨架都散了，最后被一刀捅死。

宦官手上握有一张王牌，就是手中的小皇帝，可随意下达诏令。军队的调动权，实际上已是掌握在曹节、王甫手中。派谁去捉拿窦武呢？曹节想到了一个人：张奂。张奂常年驻守边疆，是声名显赫的一代名将，他在政变发生前两天才回到首都洛阳，对帝国高层的政治斗争并不知道内幕。曹节派人带着诏书，请张奂出马。张奂听信曹节的谎言，以为大将军窦武要发动政变废黜皇帝，于是他慨然奉诏，连夜召集北军五营。其实张奂是个品德高尚的人，对宦官专制非常痛恨，只可惜他分辨是非能力低了点，终于上当受骗。

天已微明，张奂率领北军几个营，与王甫的一千多名虎贲士、羽林军会合后，在北宫朱雀掖门处布防。窦武与窦绍率北军步兵营杀到皇宫门外，双方开始交战。王甫高喊道："窦武谋反，大逆不道，你们是皇城禁卫队，理应全力保卫皇宫，为什么反倒追随叛逆者呢？如肯幡然醒悟，反正来降，朝廷自当有赏。"步兵营的官兵，本来就狐疑窦武没有诏令与印信，听王甫一说，不禁内心动摇，不愿为窦武作战。张奂发动进攻，步兵营士兵纷纷投降。

大概一个时辰后，窦武发现自己成了光杆司令，只得落荒而逃，张奂在身后紧追不舍。唉，这难道是天意吗？莫非天要亡东汉帝国吗？他拔出宝剑，朝脖子一抹，这位东汉史上最有正义感的外戚，仍然不能改变外戚不可避免的灭亡命运。

紧接着的便是血腥的大清除。窦太后被迁往南宫软禁，窦武的亲族、宾客、姻亲全部被杀，其余的窦氏亲戚遭到流放的命运。凡是陈蕃、窦武所举荐的官员以及他们的门生旧属，包括李膺等人，一律革职，永不录用。侍中刘瑜、屯骑校尉冯述等皆被灭族；虎贲中郎将刘淑、尚书魏朗等遭诬陷而被迫自杀。

在清流派与宦官的较量中，宦官集团又一次大获全胜。这时没有太后临朝，小皇帝才只有十三岁，朝廷内外，宦官说了算。东汉一时，宦官专权始于和帝刘肇，至灵帝刘宏则达到登峰造极的地步。

直到这时，张奂才知道上了曹节与王甫的当，他后悔莫及。为救赎自己犯下的罪恶。张奂给灵帝刘宏上了一折密奏，要求给窦武、陈蕃平反。灵帝不敢做主，交给宦官们讨论，曹节等人对张奂大为不满。张奂仍不放弃，又一次上疏皇帝，举荐李膺、王畅等清流领袖出任三公要职。在曹节的操纵下，皇帝下旨严厉责备张奂同情党人。张奂索性主动前往廷尉大狱投案，以表明自己的立场。考虑到张奂曾"立过功"，曹节总算没有对他施毒手，罚了三个月俸禄了事。不久后，张奂被解职，结束其政治生涯。

与张奂相比，郎中谢弼就没那么幸运。他向皇帝上了一道密折，要求迎回窦太后，为陈蕃平反，召回李膺、王畅等人。曹节大怒，将他贬到广陵。谢弼深感政治黑暗，遂辞职返乡。曹节的侄子曹绍罗织罪名，将他逮捕并掠死狱中。

以曹节、王甫为首的宦官集团完全垄断朝政，控制皇帝，他们还意犹未尽。李膺、杜密、范滂等人虽然成为在野人士，但声望远扬，在士人学子中拥有巨大影响力。这些德高望重的士林精英，被冠以"三君""八俊""八顾""八及""八厨"等美称。三君指的是窦武、陈蕃、刘淑；八俊指的是李膺、荀翌、杜密、王畅、刘祐、魏朗、赵典、朱寓八人；八顾指的是郭泰、范滂、尹勋、巴肃等八人；八及是指张俭、翟超、范康等八人；八厨是指张邈、刘儒、王孝等八人。

在清流党人中，李膺是最令宦官深恶痛恨的人。如今李膺等人完全失势，宦官们仍要斩尽杀绝。在曹节的指使下，又一场"党锢之狱"拉开序幕。

曹节炮制一个所谓"奸党"的名单，包括李膺、杜密、朱寓、荀翌、翟超、刘儒、范滂等人，他把这个名单上报给灵帝刘宏，要求把奸党一网打尽。十四岁的灵帝刘宏显然对"奸党"的概念不清楚，他问曹节："什么是奸党呢？"曹节回答说："奸党就是相互勾结的党人。"小皇帝听不明白，又问："党人犯了什么大罪，为什么非杀不可？"曹节说："他们图谋不轨。"小皇帝再问："图谋不轨又怎么样呢？"曹节忽悠道："就是企图夺陛下的江山社稷。"

听到这里，小皇帝似乎明白了，既然要谋夺朕的江山，铁定是坏人，于是批准逮捕令。

有一位李膺的同乡故人得知宦官们打算撒网，把士人名流一网打尽，赶紧给李膺通风报信说："祸变已至，请速逃亡。"李膺拒绝了，慨然道："事不辞难，罪不逃刑，这才算是忠臣。我已经六十岁了，死生有命，能逃到哪儿去呢？"他不等狱卒来找，自己送上门去。

可怜这位士人领袖，进了大狱后，备受折腾，最后竟被拷打而死。他死之后，妻儿子女被发配边疆，门生故人，统统被禁锢。

范滂是另一位宦官缉捕的重要人物，当时居住在征羌县。汝南邮督吴导是个有良知的官员，不忍心下手，范滂亲自跑到县衙去投案。县令郭揖也有正义感，他把官印一扔，打算与范滂一起逃亡。范滂不愿连累家中老母与朋友，坚决不逃。他最终与李膺一样，被捕后掠死在狱中。

阉宦所抓捕的名单中，除了杜密自杀身亡外，其余几人，包括虞放、朱寓、荀翌、刘儒、翟超等，全部被捕，一并冤死。

第二次党锢之祸，比第一次更加惨烈。除上述几位重要人物外，许多在士人中享有声望的人，也被指为党人，遭到陷害。一时间冤狱大兴，仅被列为党人处死的，就有一百多人，他们的妻子儿女无一例外遭到流放的厄运。地方州郡政府为迎合宦官，又捕风捉影，牵连进"党锢之狱"者有六七百人，有的被处死，有的被放逐，有的被罢官。

公元169年的"党锢之狱"，令清流党人遭到前所未有的重创。名士郭林宗曾经叹道："诗云，人之云亡，邦国殄瘁，汉室灭矣。"

直到灵帝中平元年（184），由于黄巾起义的爆发，朝廷政要及宦官担心党锢不除，将逼使党人与黄巾军联合，解除党锢的呼声四起。此时迫害党人的主谋曹节、王甫、侯览等都已经死了，汉灵帝最终大赦党人，长达十八年之久的党锢就此结束。

党锢之狱，起于桓帝延熹九年（166），终于灵帝中平元年（184）。在这段时间里，士人精英遭到大肆杀戮，宦官势力一手遮天，社会正义遭到空前的摧残。尽管党人最终恢复名誉，可国家已经到了崩溃的边缘，无法挽回。

四八 / 终极悍将：段颎与平羌之役

东汉帝国耗费二百四十亿巨资并付出惨重的代价，才赢得公元107—118年汉羌战争的胜利。可是这远非羌战的结束。在之后二十年里，先后爆发沈氐羌、当煎羌、烧当羌、钟羌等部落起事，均被护羌校尉马贤平定。

羌乱不断的一个重要原因是汉官吏的苛政。并州刺史来机、凉州刺史刘秉的高压统治，令羌人不堪重负，又一次铤而走险。公元140年，且冻羌、傅难羌率先发难，起兵进攻金城。很快，其他羌胡部落卷了进来，声势浩大，向长安发动进攻。朝廷撤了来机与刘秉的刺史之职，但为时已晚。为遏制羌人的攻势，朝廷以护羌校尉马贤为征西将军，进屯汉阳郡。

马贤在担任护羌校尉期间战绩颇著，不免居功自傲，行军作战掉以轻心，每到一处，大吃大喝，拥妻抱妾。皇甫规等人上疏朝廷，认为马贤必败。果不其然，在射姑山会战中，马贤与两个儿子都战死沙场，汉军遭到惨败。羌人势力直逼长安，西汉历代皇陵被焚烧破坏，局势急转直下。

朝廷以武都太守赵冲为护羌校尉，赵冲连续发动攻击，先后降服巩唐羌、罕羌部落。公元143年，他在夏季与冬季两次发动对烧当羌的攻势，归降的诸羌计有三万余户。正当赵冲踌躇满志之时，在一次军事行动中意外身亡。直到公元145年，左冯翊梁并以和平的手段，收降诸羌部落五万余户，大规模的羌战方才告一段落。

公元159年，塞外的烧当、烧何、当煎、勒姐等八羌部落，联合发动对陇西、金城的进攻。时任护羌校尉的段颎是东汉晚期最杰出的将领，富于兵略。在他的反击下，羌军阵亡两千余人，被俘一万多人。不甘心失败的羌人卷土重来，派一支奇兵星夜偷袭汉营。段颎尽现悍勇本色，命令士兵下马迎战，从夜晚战到中午，杀得刀折矢尽，羌人终于不敌，引军退去。段颎穷追不舍，且行且战，不分昼夜地发动进攻，他不携带任何军粮，饿了便宰杀马匹吃，渴了就吞雪咽冰。凭借这种坚忍的意志力，段颎追击四十余日，出边塞二千余里，歼灭羌军五千余人。紧接着,他进攻石城,杀一千六百余人;破白石山,杀俘三千余人。

在塞外羌人起事的鼓动下,塞内的羌人部落也蠢蠢欲动。

公元161年,先零、沈氏等羌部落反叛,大掠并州与凉州。段颎在湟中征兵,准备开赴前线与叛羌作战。不想凉州刺史郭闳忌妒其功劳,千方百计阻挠他的军事行动,甚至上疏诬告,导致段颎被撤职。朝廷把段颎召回洛阳,关入监狱,判处服苦役。

段颎一走,济南相胡闳担任护羌校尉。无论是郭闳还是胡闳,统统不是带兵打仗之才,于是羌军气焰日盛,四处出击,政府军无力对抗。

朝廷深感名将的匮乏,下令征召有勇略之人为将领。泰山太守皇甫规自告奋勇,朝廷任命他为中郎将,全权负责关西战事。皇甫规与段颎都并列为东汉晚期名将,然而两人风格相去甚远。段颎作战勇猛,有奇谋,意志坚强,奉行武力高压政策;而皇甫规长于战略,他不以打赢一场战役为荣,而是研究战争爆发的原因,从根源上断绝战争的隐患,以达到"不战而屈人之兵"的效果。

皇甫规上任后,牛刀小试,向羌军发动进攻,斩获八百人。他深知攻心为上,并不急于发动更大规模的进攻,而是在羌人区建立威信,施予恩德。先零羌见皇甫规与以往的地方大员迥然不同,大家奔走相告,一时间竟然有十万人前来投降。

第二年(162)三月,沈氏羌进攻张掖、酒泉。皇甫规以归降的先零羌为主力,兵进陇右。他一方面打击沈氏羌,一方面整饬吏治。在他弹劾下,一大批贪官污吏纷纷落马,有的被罢官,有的被处死。皇甫规不仅要打赢一场战争,而且要消除战争爆发的根源。羌人听此佳音,莫不欢欣鼓舞。最后,沈氏羌在其首领滇昌的率领下,十万人向皇甫规投降。

不战而屈人之兵,善之善者也。皇甫规以最小的代价迅速平息了一场可能后患极大的羌乱,他解决羌乱的手段与眼光都有独到之处,试图从本源上切断羌乱频繁发生的根源。他是一位伟大的将领,然而,不幸出生于帝国正走向没落的时代。

为人正直的皇甫规大权在握,持节为将,督关西军,他在朝中不愿意结交权力极大的宦官集团,在地方不断地弹劾贪官污吏。曲高和寡,他尽忠职守,换来的是四处树敌,无论是中央还是地方,许多人巴不得打倒他。反对派们联合起来，诬告皇甫规。汉桓帝本来就是昏君一个，召皇甫规回到洛阳，逮捕下狱，判处服苦役。

皇甫规的事业尚未大功告成，便遭陷害，羌人备感惶恐，又联手反叛。乌吾羌攻打汉阳，酋豪滇那攻打武威、张掖、酒泉。到公元 163 年，羌人势力又转盛，蹂躏凉州，朝廷不得已重新起用段颎为护羌校尉。

段颎很快就证明自己是帝国第一号军事天才。公元 164 年冬，他率一万余人对当煎羌发动进攻，杀死酋豪以下四千余人。第二年春天，攻打勒姐部落，杀四百余人，降二千余人。与勒姐羌战事刚结束，段颎不等军队休整，便发动对湟中当煎羌的打击。首战失利，反被羌人围困三天三夜。段颎在夜色的掩护下，悄悄地穿越封锁线，从外围发动强攻，终于大破羌军，杀数千人。当煎羌被迫撤退，段颎一路穷追猛打，辗转于山谷之间，从夏季打到秋季，没有一天不作战。经过数月追剿，羌人饥困逃散，窜入武威。

桓帝延熹十年（167），羌战扩大到东部，西河、北地、定安、上郡一带的羌人，基本上已汉化，又称为东羌，加入反叛之列。东羌叛乱消息传来，西羌当煎羌再度起兵。当煎羌四千余人谋攻武威郡，段颎马不停蹄，率部疾进至鸾鸟，遮击当煎羌，杀三千余人，斩其酋豪。至此，当煎羌一蹶不振，西羌战事告一段落。

与西羌相比，东羌的威胁更大。段颎大破西羌的同时，东羌先零部落对三辅（长安一带）发动猛攻，击破京兆大营与雍县大营，杀一千余人。朝廷紧急命使匈奴中郎将张奂驰援三辅，张奂派遣部将司马尹端、董卓进击，大破先零羌，斩俘超过一万人。

在对待东羌问题上，东汉内部有两种不同意见。皇甫规与张奂主张招抚，段颎主张采取高压手段。汉桓帝下诏征求段颎的意见："先零东羌造恶反逆，皇甫规、张奂手握强兵，却不能及时平定，朕想让你移兵东讨先零羌，不知是否合适？你可以仔细思考一下战略战术。"

段颎上疏道："皇甫规、张奂以为招降的方法，可以坐制强敌，而臣以为羌人狼子野心，难以用恩德收降。虽然羌人在势困之时会投降，但等我们大军一去，便重起反叛之心。对付他们的办法，只有以长矛挟胁、白刃加颈。以臣之见，必须要一劳永逸地解决羌人反复的问题。只要拨给五千精锐骑兵，一万步兵，外加三千辆战车，花上两三年的时间，足以平定羌乱。该项军事预算为五十四亿钱，可令群羌破尽。"

汉桓帝听了很高兴，批准段颎的计划。

灵帝永康二年（168），段颎率一万精锐出彭阳，奇袭高平，与先零羌决战于逢义山。先零羌人多势众，率先发动攻势。段颎沉着冷静，命令长矛手排为三列，将强弩兵夹在其中，骑兵掩护左、右两翼，迎战先零羌军。作为名将，段颎不仅善于用兵，打仗时也能身先士卒。他一马当先勇闯敌营，在主将的表率下，众将士无不奋勇杀敌，士气旺盛，锐不可当。羌军大败，被杀八千余人，二十八万头牲畜尽落入段颎之手。

这次辉煌的胜利奠定了胜利的基础。夏季，段颎深入作战，从桥门谷一路追击到走马水畔，取得一连串的胜利。段颎接到情报，在奢延泽一带发现先零羌的踪迹，他立即率轻骑兵日夜兼程，以一日二百余里的行军速度赶到战场，于清晨发起进攻。羌人猝不及防，损失惨重，余众逃到落川，才重新收拢部队。

段颎丝毫不给敌人以喘息之机。他兵分两路，由骑司马田晏率五千人从东面发动攻击，以假司马夏育率两千人从西面发动攻击。羌军派出六七千人迎战田晏，吃了败仗，溃不成军，向令鲜水撤退。段颎火速推进到令鲜水畔，此时将士已十分疲惫，饥渴交加，段颎下令军队不得休息，摆好进攻的阵形，一鼓作气，再次突击羌人。羌人又遭败绩，只得继续逃窜。

经过短暂休整，段颎继续清剿。他的顽强精神令人佩服，羌人被迫退向灵武谷地。段颎身披铠甲，率先攀登山地，士兵们无人敢落后，这近乎魔鬼般的超强度的军事行动，打造出一支钢铁般的军队。羌人再度被击败，落荒而逃。段颎率众军士追了三天三夜，所有人脚下都起了水泡，以勇悍著称的羌人总算见识了如此不要命的汉军将领。羌人屡战屡败，撤到汉阳谷地。

这就是段颎的作战风格，其疾如风，其坚强如铁，其耐力天下无双，如此强大的战斗力，与段颎的卓越的领导能力息息相关。史书记载，段颎"行军仁爱，士卒疾病者，亲自瞻省，手为裹创。在边十余年，未尝一日蓐寝。与将士同苦，故皆乐为死战。"

段颎平定东羌即将大功告成。张奂上疏朝廷，认为应该对羌人施予恩信，力主招抚。考虑到东羌叛军主力基本被歼，朝廷倾向于张奂的意见，招抚东羌余部。不过，皇帝下达给段颎的诏书中，明确提出"军不内御"，就是说，对段颎的军事行动，朝廷绝不遥控。段颎决心利用"军不内御"的指令，将战争进行到底。

当时东羌残余力量驻屯于凡亭山，段颎以田晏、夏育为先锋，率五千人马推进到山下。东羌对汉军相当地熟悉，见段颎的先锋部队前来，便派人叫阵道："田晏、夏育都在这儿吗？从湟中来的归义羌人也在这儿吗？今天要跟你们一决生死！"羌人倾巢而出，田晏率军沉着应战，终于大破羌军。羌军战败，向东逃到射虎谷。

羌人以重兵把守住山谷中重要的进出口，严阵以待。段颎侦察地形后，决心将东羌力量一网打尽。为了防止羌人溃败之后继续逃窜，段颎派一千人砍伐树木，结为栅栏，构建一条长四十里、宽二十步的封锁线。同时派田晏、夏育率七千久经沙场的精锐部队，乘天黑之际，在射虎谷西侧，衔枚登山。

田晏、夏育攀上山岭，安营扎寨，挖掘壕沟，构筑防御工事，这里距离羌人大本营仅有一里之遥。田晏得手之后，段颎再派司马张恺领三千人，从东面攀登。羌人终于发现汉军踪迹，涉过山间小河，向田晏、夏育的部队直扑过来。段颎从正面发动攻击，田晏、夏育从西侧，张恺从东侧钳击羌军。尽管羌人英勇奋战，仍被打得大败。段颎构建的封锁线起到重要作用，迟滞羌人撤逃的速度，他们漫无目的地向深山穷谷中溃逃。段颎根本就不想让这些羌人有活路，战争最后成为一场屠杀，羌人剩余的一万九千人，全部被杀，东羌战争就此结束。

从所具备的军事能力来看，段颎无疑是东汉时代最杰出的将领之一。他有领导力，有责任感，敢担当重任。在管理军队及行军作战上，段颎均有高人一等的本领，他是一个以身作则、身先士卒的统帅，他的士兵们在他的感染之下，无不奋勇。段颎在东汉诸将中，凶悍是其最典型的风格，吃苦耐劳、顽强的意志是其取胜的根本，杰出的军事天才则是其百战百胜的保障。

在平东羌之战中，羌军被杀达三万八千人，而段颎军团的阵亡人数仅仅四百余人。在冷兵器作战时代，这不能不说是个令人瞠目结舌的战绩。从军事才能看，段颎是一位伟大的军事天才，一代名将，可是他的人品有些问题。他在朝中巴结宦官，还在党锢之乱中充当打手，逮捕了一千多名太学生，这成为他身上洗不去的一个污点。

羌战是东汉时代持续时间最长的战争，直到段颎采取高压铁血政策镇压之后，东汉一百多年的羌乱方才平静下来。从某种意义上说，段颎乃是东汉羌乱的终结者，但是这场战争已经拖垮了东汉帝国。

持续一个多世纪的羌战，给东汉帝国带来巨大的灾难，极大削弱国家的实力，成为东汉最大的边患。羌战的严重后果，其一是耗费了国家大量的人力财力；每次战乱都要花费数十亿乃至上百亿的费用，仅段颎平定东羌一役中，便耗费四十四亿钱；战争重灾区凉州、并州、三辅、益州等地经济遭严重破坏，边关人民数以万计地死于战火，生灵荼炭，民不聊生。其二，百年羌战大大削弱东汉的国防力量；东汉奉行"以夷制夷"的政策，过多地使用羌胡军队作为战争的主力，由于羌战接连不断，南匈奴、乌桓、鲜卑等族乘东汉困顿之机，不时兴风作浪，使边患从西方蔓延到北方。

旷日持久的羌战，对汉、羌都是深重的灾难，即便最后艰难地打赢了这场战争，东汉帝国离最后的谢幕时间也时日不多了。

四九 / 黄巾起义：神秘的太平道

三国著名政治家诸葛亮在《出师表》中，有这么一段话："亲贤臣，远小人，此先汉所以兴隆也；亲小人，远贤臣，此后汉所以倾颓也。先帝在时，每与臣论此事，未尝不叹息痛恨于桓、灵也。"在他看来，后汉衰败，原因在于小人得志，特别是桓帝、灵帝两朝。桓、灵二帝统治时期，先有梁冀祸国殃民，后有宦官作恶多端，屡兴党锢大狱，残害忠良，遂使朝廷正义凋零，国将不国矣。

士人学子们在"党锢"的恐怖阴影下，集体失声，曾经沸沸扬扬的"清议"不复见于公堂之上，甚至在乡校也绝迹。被贴上"党人"标签的士人君子，无时不处于严密的监视之中。朝廷变得清静，皇帝显然很满意，到熹平七年（公元178），改年号为光和，取光明祥和之意。

可是宫中却一连发生了几件怪事。

第一件，侍中寺有一只母鸡变成公鸡，这不是笔者瞎编，有史书为证；第二件，温德殿东院有一道黑气从天而降，长十余丈，貌似一条黑龙；第三件怪事，南宫玉庭后殿，出现一道青色的霓虹。

种种异象发生，灵帝刘宏不敢怠慢，召集大臣询问。议郎蔡邕上一道密折称："这些异象是国家覆亡的征兆。"他认为，要挽回时局，必须要制止妇人干政、宦官干政以及罢黜贪官污吏。密折末了，蔡邕不忘交代一句："君臣之间的交谈一定要保密，倘若君主泄露内容，臣子就有丧命的危险。"

也算蔡邕倒霉，汉灵帝亲阅密折时，突然有些内急，起身上厕所，把奏折压在案头。大宦官曹节哪能错过，偷偷打开浏览，不禁冷汗直流。曹节比较滑头，自己不出头，故意把奏折内容泄露给其他宦官。中常侍程璜设计陷害蔡邕，以"私怨废公，谋害大臣"为名抓捕入狱，扣上"大不敬"之罪，判处死刑。蔡邕还算命大，关键时候，不少人替他求情，皇帝算是给了点面子，把他及其家人全剃了光头，发配边疆。

这几年帝国太平静了，灵帝刘宏显然不甘寂寞，更不时折腾点新花样。他"雄心勃勃"，当皇帝还不够，还要当大富豪。大家不是都想当官吗？这里有商机。灵帝公开卖官，明码标价。官秩为四百石的卖价四百万钱，官秩为两千石的两千万钱。有钱人可以根据自己的财力买个官过过瘾，那没钱的人呢？灵帝毕竟是皇帝，没智慧行吗？没钱又想当官的，可以，分期付款，先欠着钱上任，捞到钱后再双倍偿还。公平不？

在刘宏眼中，什么国家天下，这些概念对他来说太复杂，也太深奥，远不如看得见摸得着的黄金白银。他只管聚富，哪去管别人买了官后要做什么。上行则下效，皇帝带头敛财，手下一帮大臣官吏，自然也拼了命盘剥。投资总要有回报，花出去了钱，总得收回更多。有没有清廉的官吏呢？应该说有，但已经不是主流，因为清廉的官吏永远不能升官，要升官，你得去弄一笔巨款。如此一来，贪官污吏横行天下也就不足为奇。皇帝大小通吃，朝臣盘剥地方官，地方官只能去压榨老百姓。一层层压榨，老百姓的油水一点一滴被榨干，与其说是生活在人间，倒不如说生活在地狱。

大凡末世君主，都抱着今朝有酒今朝醉，管他死后洪水滔天的想法。什么祖宗之业，什么百姓苍生，统统与我无干。大帝国容易营造一种假象，似乎国家权力十分强大。皇帝拥有天下的资源，拥有完善的行政系统，拥有训练有素的军队，没有钱可以不断地向百姓压榨，死几个小民算得了什么呢？专制时代的百姓，确实很逆来顺受，并非他们没有一颗向往自由的心，而是个人根本无法与强大的国家机器相对抗。可是人的忍耐力终究有个极限，当社会最底层的人没有活路，他们就不再畏惧什么了。光脚的不怕穿鞋的，就是这个道理。

当一个政府开始走向沉沦，要让一位从没有体验过民间疾苦的皇帝去理解"星星之火，可以燎原"的道理，那简直是扯淡。灵帝刘宏不仅是东汉最糟糕的皇帝，也算得上中国历史上有名的昏君。禁锢党人、放纵宦官、卖官鬻爵，哪一件事他做不出呢？

这不，他又发明了新玩意儿，在后宫搞了一条商业街。宫女们被分配到各门店去卖东西，皇帝呢？自然是商业街的大老板。他脱了龙袍，换上一身商人装扮，手中拿着算盘，到各门店去核算经营所得。这不明摆着是闹剧吗？皇帝白天就当督工，监督宫女开店营业，晚上拥妻抱妾，大设酒宴。在嬉闹与女色之中，朝政大事，早就抛之脑后。

表面平静的帝国，实际上已经暗流涌动。这只是暴风雨到来前的平静，很快天就会阴云密布，狂风大作，暴雨倾盆，迅雷如利剑划破苍穹。就在皇帝醉生梦死之时，社会上一股强大的势力正在悄然兴起，一种崭新的宗教风靡全国，这就是"太平道"。

太平道的教主张角，以前也读儒家书籍，想博取功名，后来被黄老思想吸引，开始修仙，自号"大贤良师"。我们看到很多宗教教主在传道之初总要会点医术，这是招揽信徒的最好手段。张角也不例外，他懂医术，更重要的是，懂得心理疗法。他给人治病时，先要病人下跪忏悔，然后喝下符水。这种装神弄鬼的符水能治好人吗？现代心理学研究认为，的确如此。只要一个人确信喝下这水有奇效，这种强烈的心理暗示，对身体的康复会起到单纯药物起不到的惊人效果。

有些人喝了张角的符水，身体奇迹般的好转，自然视他为神明。一传十，十传百，张角的名气越来越大。起初他只在巨鹿一带活动，经过十余年的经营，信徒已达到数十万人之多，广布于青、徐、幽、冀、荆、扬、兖、豫诸州，在大半个中国有很强的影响力。作为教主，他获得神一般的地位，很多人甚至变卖家产，跑来投奔张角。

张角的影响力这么大，官府就毫不知情吗？当然不是。无论地方官府还是朝廷，对张角的存在都十分清楚。地方官府并不去镇压，相反，他们认为这是好事。汉代虽然推崇儒术，可并不排斥黄老。宦官当政后，压制党人，禁锢知识分子，迫害太学生，对标榜正义的儒学自然不喜欢。这时，以黄老思想为核心的太平道突然兴起，倒令官府觉得安全放心，他们不仅不镇压，反倒称赞张角，说他"善道教化，为民所归"。

然而，官府低估了张角。当一个人从凡人走向神时，他岂肯甘心为世俗的权力羁绊？

广大下层百姓，对暗无天日、奸佞横行的朝廷早就失去信心，谁不想渴望有一个太平盛世呢？张角抓住百姓的心，在"太平"二字上做文章，这是有号召力的两个字，即便在一千七百年后，洪秀全不还是打出"太平天国"的旗帜吗？可见这贴两个字的膏药，可以让造反者反复使用一千七百年之久。

教主张角正悄悄谋划武装暴动，他把全国分为三十六个教区，称为三十六方，大方万余人，小方数千人，每方设渠帅一名，相当于将军。在暴动之前，必须先做政治宣传，给教徒们洗洗脑。张角装神弄鬼作法，口中念念有词："苍天已死，黄天当立；岁在甲子，天下大吉。"

"苍天已死，黄天当立。"是说要变天了，大汉帝国的历史即将翻过去，太平道的天堂即将来临。张角暗中派人混入京城，在各官署衙门的大门口，都用白灰涂上"甲子"二字。一时间，一种紧张而恐怖的气氛笼罩京城。张角的手下大将，大方渠帅马元义在荆州、扬州一带聚集数万名教徒，宣扬"苍天已死，黄天当立"的预言。同时，马元义秘密派人携巨款前往京城，贿赂中常侍封谞、徐奉，拉拢两位宦官充当内应。只要教徒攻入京城，两宦官就在皇宫发动政变，一举推翻东汉朝廷，建立新的政权。

计划很美好，现实很残酷。

不是每个教徒都想革朝廷的命，有些人就是凑热闹的，谈不上有信仰。当马元义缜密筹划起义时，有一个教徒叛变，向官府告密。汉灵帝立即下诏，逮捕马元义，以车裂酷刑处死。紧接着，大搜捕开始了。凡太平道的教徒，一律杀无赦。很快，一千多名教徒倒在屠刀之下。朝廷的诏令快马加鞭送往冀州，勒令州政府把张角捉拿归案。

情况紧急，必须马上起义！

教主发布起义令，派人送达全国三十六方，约定起义时间为二月，起义标志是头戴黄巾。是年为东汉灵帝光和七年（184），即农历甲子年。

张角自称天公将军，弟弟张宝称地公将军，张梁称人公将军。由于起义军均头戴黄巾，因而史称"黄巾起义"。黄巾起义的酝酿期长，政治目的明确，有精心的准备，很快成燎原之势。三十六个教区同时起义，范围波及大半个中国，太平道教徒焚烧地方官署，劫掠州郡，烽火连天，天下震动。各州郡的刺史太守，多是权贵子弟或买来的官，盘剥百姓有一套，一听说暴动，个个跑得比谁都快。黄巾军攻城略地，不到一个月，已控制许多州郡，生擒安平王刘续、甘陵王刘忠。

京师岌岌可危。朝廷以何进为大将军，屯兵都亭，镇守京师。在战略要地函谷、伊阙、孟津等八大关口屯兵固守，并派遣北中郎将卢植、左中郎将皇甫嵩、右中郎将朱儁率部"围剿"黄巾军。为了避免清流党人与太平道教徒联合，皇帝解除长达十八年之久的"党锢"，恢复党人的自由与权利。

在镇压黄巾起义中，皇甫嵩是最杰出的将领。

皇甫嵩率两万人马，与朱儁兵分两路，进攻颍川。没等两军会师，朱儁就被打败，皇甫嵩被人多势众的黄巾军包围于长社。出师不利，部队士气低落，军心动摇。皇甫嵩没有气馁，仔细寻找敌之弱点，当他发现黄巾军营垒中都是草搭成的帐篷，便心生一计。到了夜晚，刮起大风，皇甫嵩命令诸将士持火把出击，一鼓作气杀到敌人的营垒前，火把一扔，草庐很快就熊熊燃烧，越烧越旺。黄巾军大乱，只得匆匆撤走。此时，骑都尉曹操率部来援，皇甫嵩如虎添翼，越战越勇，大破黄巾军。

与朱儁会师后，皇甫嵩再次对黄巾军展开猛攻，杀数万人，攻入汝南、陈、颍川三郡。黄巾军一败再败，这种失败对宗教徒的心理造成强烈的挫折感，信心的崩溃，导致战场的崩溃。平定颍川等三郡后，皇甫嵩又打败东郡、南阳的黄巾军。

另一个战场，卢植也取得重大胜利。他与张角对垒，屡战屡胜，杀、俘一万多人。黄巾军人数虽多，训练水平并不高，也没有高明的将领，远不是正规军的对手。张角溃败后，退往广宗，据城固守。卢植把广宗团团围住，在外围筑高墙、挖深壕，打算困死张角。

偏偏这个时候，皇帝派宦官左丰前来视察军情。左丰对军事知之甚少，只把这差事当作发财的良机，到兵营后，张口要钱。卢植为人正直，哪肯贿赂宦官？不给。左丰气坏了，回到首都后，诬告卢植消极怠战。汉灵帝大怒，把卢植逮捕回洛阳，以逗留畏敌为名，判处死缓。朝廷以董卓接替卢植，继续"围剿"张角。董卓久战无功，被朝廷解职，皇帝下诏，由皇甫嵩全权接管。

不久后，太平道教主张角病死了，其弟张梁以十万之众守广宗城。仗着兵多将广，黄巾军出城迎战官兵，双方打成平手。第二天，黄巾军又来挑战，皇甫嵩闭垒不出，任凭敌人叫骂，不加理睬。黄巾军表面气壮，实则疲惫不堪，精神不振，教主张角之死，对所有教徒乃是一大打击。张梁不是打仗的料，主动进攻不成，防守更是漏洞百出。皇甫嵩连夜动员部署军队，拂晓时出其不意地发动总攻。黄巾军被杀得措手不及，官兵破城而入，血战一天，胜负已决。张梁顶不住，弃城而逃，在混战中被杀，三万名黄巾战士被杀，五万人被赶入河水中淹死。皇甫嵩大获全胜，占领广宗，剖开张角的棺材，砍下脑袋，送往洛阳。

一个月后，皇甫嵩在下曲阳再次大胜，斩杀张宝，杀、俘十万人。至此，张角兄弟全部已死，这场规模浩大的起义徐徐落幕。

但是暴动的余波仍在延续。

黄巾余党拥赵弘为元帅，攻陷宛城，聚众十余万，仍颇具实力。朝廷派镇贼中郎将朱儁、荆州刺史徐璆共同"清剿"黄巾余党，但作战并不顺利，两个月过去了，仍未能攻下宛城。朝廷对此十分不满，汉灵帝严饬朱儁抓紧时间破敌。朱儁在朝廷严令之下，发动更猛的攻势，终于攻破宛城，斩杀赵弘。

还没等朱儁站稳脚跟，黄巾军又卷土重来。黄巾将领韩忠夺回宛城，把政府军赶出城外，双方再度陷入僵持局面。朱儁以声东击西之计，在宛城西南角发动佯攻，吸引黄巾主力，自己亲率一部分人马，悄悄绕到东北角，登梯而上，轻而易举地入城。

正在西南角苦战的韩忠惊悉外城已破，不敢恋战，退入内城。韩忠自忖宛城守不住，派人出来与朱儁谈判，请求献城投降。部将都愿意投降，朱儁说："乱贼走投无路了就想投降，一有机会还会叛变。今天我们要是同意，岂不是放纵他们长期作乱吗？这不是上等的谋略，不如一鼓作气讨平乱贼。"

黄巾余党既不能投降，又突不出重围，只能苦苦死守。万人一心，拼死抵抗，迸发出来的能量也是惊人的。政府军屡攻不下，朱儁很焦急，他登上山丘，远眺内城，终于明白敌人困兽犹斗。于是他下令，撤去对宛城的包围，退师数里。黄巾军斗志动摇，大家都想杀出重围，一拥出城，而这正中朱儁的诡计。朱儁截击黄巾军，杀一万余人，阵斩韩忠。

眼看无力冲出重围，黄巾余党又拥孙夏为元帅，返回宛城。朱儁又一次包围宛城，在攻城战中，军司马孙坚勇冠三军，身先士卒，奋勇登城，宛城终于沦陷。孙夏拼了命率残部逃出城，朱儁毫不手软，一路追击到西鄂精山，再次大破黄巾军，杀一万多人。

至此，历经十个月，黄巾起义终于以失败而告终。不过，黄巾军并没有完全被消灭，在未来十几年里，黄巾余党仍然在各地广泛存在，最多时人数在百万以上，是一股不可忽视的力量。

黄巾起义，是中国历史上一次著名的农民起义，更确切地说，是太平道教徒主导的宗教起义。张角兄弟所发动的起义规模很大，但持续时间并不长，主要是因为东汉的军事实力仍然颇为强大。起义失败的另一个原因，是群众基础仍然单薄，以教徒为主，毕竟太平道的传播时间不长，前后只有十来年，很难称得上深入人心。

可是对这次暴动的深远影响却不能低估。中国有一句话叫"官逼民反"，在灵帝时代，底层百姓生活在水深火热之中，黄巾起义激励民众以武力手段反抗腐朽的政府。在黄巾起义之后，全国各地掀起反抗狂潮，大大小小的起义军数不胜数，首领名字五花八门，多是使用各种江湖诨号，主要有以下这些：张牛角、褚飞燕、黄龙、左校、于氏根、张白骑、刘石、左髭丈八、平汉、大计、雷公、浮云、白雀、于毒、五凤、李大目、白绕等。大家看看这些名字，这都像人名吗？这些反政府武装，多则两三万人，少则六七千人。东汉末年的天下大乱已经开始了。

在黄巾战争中，我们看到一些熟悉的身影：曹操、孙坚等，这些年轻的将领有了一个展示才华的舞台，在战争中锻炼成长。后来的事，中国人都知道的，曹操、孙坚成为魏、吴两国的奠基人，也可以称得上是东汉帝国的掘墓人。

五十 / 群魔乱舞的十常侍时代

自从宦官集团反戈一击，打垮窦武、陈蕃后，牢牢地把握朝中大权。不过，宦官集团内部并非铁板一块，这些阉人的骨子里只有"自私"两字。对付清流党人时可以并肩作战，回到宫中，你暗中射来一箭，我背后砍去一刀，还是得讲"斗争"二字。

最有权势的宦官，当属政变"功勋"曹节与王甫，以及镇压党人运动的急先锋侯览、郑飒。很快，侯览成为宦官内部斗争中的第一个牺牲品，因为他太张扬了。他被指责专权横行，傲慢奢侈，皇帝下诏将他免官夺爵，侯览才知被别的宦官暗算了，心灰意冷之下，自杀而死。紧接着，王甫策划了一起所谓的"谋逆案"，诬告郑飒与渤海王刘悝谋反，借机铲除郑飒。

以曹节、王甫为首的大太监们，权势一天比一天重，连朝廷三公也对他们曲意逢迎。曹节、王甫的父老兄弟侄儿，或在朝中为卿，或在地方为太守、县令，或为校尉，靠着有强硬的后台，胡作非为，罪行累累。在这些恶棍中，有一人无恶不作，恶贯满盈，他便是王甫的干儿子王吉。

王甫早早就入了宫，被阉了，没有儿子，收了两个干儿子，一个叫王萌，另一个叫王吉。王吉担任沛相，他有一大爱好：杀人。任沛相五年，他杀了一万多人，平均每年杀两千多人，每月杀两百人，每天杀六七人。不仅如此，他杀人手段特别残酷。每杀一人，就将其尸体肢解成几大块，扔在囚车上，四处展览。到了夏天，天气热，尸体容易腐烂，他就用绳子穿在骨架上吊起来。每到一地，尸体发出的腐臭味数里之外可闻，路人都得捏着鼻子转过头，实在是惨不忍睹。谁也不敢举报他的恶行，因为他的干爹就是王甫。连太后的父亲窦武都死在王甫之手，谁敢得罪他呢？

偏偏有一人就敢。

这个人叫阳球，是东汉著名的酷吏，很有传奇色彩。阳球早年精于剑术弓马，武艺高强，喜欢申、韩之学。当时曾有一名官吏凌辱他母亲，他便带着数十个少年，把恶吏杀了并灭门。后来阳球娶了宦官程璜的女儿（大约当太监前生的），靠着这层关系，官运不错。担任九江太守时，他杀光郡中奸吏，名震一时。听说王吉的种种恶行后，阳球咬牙切齿地说："要是我当上司隶校尉，断然不会让这些鼠辈活得久。"他敢于与王甫作对，不知是出于内心的正义感呢，还是出于宦官内部的争斗，因为岳父程璜也是宦官，与王甫争权夺利完全有可能。

后来，阳球如愿以偿地当上司隶校尉，开始着手调查王甫与王吉的罪行。正巧这个时候，京兆尹杨彪举报，王甫的门客王彪在京兆贪污侵占公款七千多万。阳球大喜过望，入宫面圣，向灵帝刘宏举报王甫父子及门客的罪状，灵帝下诏严查。

司隶校尉阳球以迅雷不及掩耳之势，逮捕王甫及其两个干儿子王萌与王吉。阳球果然是酷吏，对权阉毫不留情，什么鞭笞棍打，火烤绳吊，统统派上用场。王甫一把老骨架，哪里受得了这折腾，被打得死去活来。他的干儿子王萌当过司隶校尉，他哀求阳球说："我父子就算犯了死罪该杀，也请念在我们同事一场，宽恕我老父，别让他受这样的折磨。"

阳球怒吼道："你等罪大恶极，死有余辜，还想跟我套交情，没门。"王萌知道阳球的手段，便骂道："你小子以前像奴才一样巴结我父子，现在奴才反而欺辱起主人。你乘人之危，落井下石，你小子没好下场。"阳球大怒，令左右把王萌拖下，用泥巴塞住嘴巴，棰棍交加，立即杖毙堂下。

王萌死后，王甫与王吉两人也被活活打死。阳球还不解气，把王甫的尸体置于城门口示众，并在旁边贴了大字："贼臣王甫"。王甫的庞大家产被没收充公，其家属也被发配流放到南方。一代权阉王甫就这样被整倒，他之死，震动天下，京城百姓更是拍手称快。

权阉王甫毙命，京师权贵人人自危。阳球有点忘乎所以，他对手下的从事官说："我首先得除掉权贵巨猾之人，至于公卿豪门，你去办就行了，根本用不着我亲自动手。"这种话说出来，岂不是要与整个京城的权贵们为敌吗？

权贵之中，最害怕的人莫过于曹节。当他看到王甫的尸体被摆在城门示众时，不禁有兔死狐悲之伤，洒泪道："我辈可自相残杀，但怎么能让一条狗来舔我们的血呢？"绝不能坐以待毙，必须绝地反击。曹节把其他中常侍都唤过来说："一起进宫，不要回家。"说完后一大帮人就找皇帝去了，集体请愿。

见了灵帝，曹节开门见山就说："阳球就是个有名的酷吏，不适合当司隶校尉，不能让他再肆意残虐了。"眼看这一大帮中常侍都要造反，灵帝刘宏让步了，同意撤掉阳球司隶校尉之职，改任卫尉。卫尉的权限，比起司隶校尉来，可小多了。阳球闻讯后，大惊失色，赶紧觐见皇帝说："再给我一个月的时间，我定能让豺狼之辈伏法。"站在一旁的宦官大声呵斥道："卫尉敢抗诏不从吗？"阳球不得已只得怏怏而退。

阳球从此彻底失势。半年后，司徒刘郃、永乐少府陈球、尚书刘纳打算推荐阳球为司隶校尉，让这位酷吏东山再起，扳倒曹节。计划被曹节所得悉，遂告发四人图谋不轨。阳球、刘郃等人被逮捕，掠死狱中。

汉灵帝对宦官的器重，毕其一生都没有变。我们可以把灵帝时代分为两部分：曹节王甫时代与十常侍时代，大概各占一半时间。

公元181年，大长秋曹节病死，由中常侍赵忠兼任大长秋。老宦官时代结束，新宦官时代来临。所谓"十常侍"，其实是十二人，分别是赵忠、张让、夏恽、郭胜、段珪、宋典、孙璋、毕岚、栗嵩、高望、张恭、韩悝。本来还包括封谞与徐奉两名中常侍，可这两个人在黄巾起义时，串通马元义，企图里应外合，推翻朝廷，后来被皇帝给杀了。

这十二名中常侍，全部被封侯，贵盛无比，其中又以赵忠、张让这两人最为显赫。显赫到什么程度呢？灵帝刘宏是这样说的："张常侍是我父，赵常侍是我母。"您瞧瞧，皇帝管张让叫爸，管赵忠叫妈，人家这两位可是被皇帝当作双亲啊，这能得罪吗？

黄巾起义爆发后，天下大乱的根源在哪儿呢？有识之士把矛头指向宦官，特别是十常侍。首先发难的是侍中向栩，他上疏皇帝，批评宦官权势太大。向栩很轻松被击倒在地，张让诬告他与张角是同党，下狱处死。郎中张钧又上一疏，斗胆直言："宜斩十常侍，悬首南郊以谢百姓。"张让等人再捏造罪名，诬张钧是太平道教徒。张钧同样被抓入监狱，拷掠而死。

朝廷的晦气好像特别多。中平二年（185）伊始，先是瘟疫流行，然后皇城南宫发生火灾，烧毁一大片宫殿。看着遍地狼藉的瓦砾堆，灵帝发呆半晌，想重修宫殿嘛，国库都空虚了，自己的小金库又舍不得用，怎么办？张让、赵忠这一对"爹娘"又出馊主意，只要把全国田赋每亩多收十钱，不就搞定了吗？

对张让、赵忠来说，讨好皇帝才是首要的事，至于苛捐杂税会导致多少人饥饿困苦，那不是他们管的。昏君灵帝听后，拍手称好，下诏到各州郡。时任乐安太守的陆康，良心未泯，便上疏皇帝，认为盘剥民众，是亡国的行径。

张让与赵忠反咬一口，认为陆康公然诽谤当今皇上是亡国之君，此乃大不敬之罪，应当处死。我们看历史时，总看到小人得志，好人遭殃，为什么会这样呢？因为小人会用种种手段，哪怕是卑鄙肮脏的手段，不需要证据，一口就可以咬死你。陆康被抓，还好没死，侍御史刘岱帮他说几句好话，皇帝把他罢官了事。

谏议大夫刘陶抱着必死之心，上疏直陈天下大乱的祸根在于宦官。宦官们反戈一击，诬告刘陶与盗贼勾结。刘陶被抓进监狱里，严刑拷打，这位正直的官员不想屈服，又扛不住酷刑，最终选择自杀。他的死法很奇特，据说是闭气而死，有咬舌自尽的，有绝食而死的，有上吊的，可是闭气而死，真的很少见。

好人的武器，只有奋笔疾书，笔锋的力量还是太弱，不仅不能重创宦官集团，反丢了性命，白做无用功。十常侍不仅毫发未伤，赵忠还当上车骑将军。车骑将军在两汉属于非常设的军职，地位是相当高的，位比三公，让宦官当车骑将军，合适吗？后来灵帝也觉得不妥，半年后把赵忠车骑将军之衔给撤掉了。

文人想干掉宦官集团，显然是不可能的。于是一些武人开始密谋搞政变，其中最积极的是冀州刺史王芬。

让王芬下定决心的，并不是他的正义感，而是一位术士的预言。这位术士观测天象，得出一个结论："天文不利于宦官，看来黄门常侍，都要被灭族。"这个预言准不准呢，应该说是准的，但后来灭宦官的人并不是王芬。王芬听了很兴奋，就设计一个计划。他比以前反宦官的那几位要聪明，知道这事靠嘴皮子、笔杆子准不成，还是得靠武力。要如何扩充武力呢？他找了个借口，说褚飞燕的黑山贼劫掠冀州，州政府得招兵买马。

王芬的计划很宏大，先用武力手段绑架灵帝刘宏，然后诛杀宦官，迎合肥侯为皇帝。皇帝在京城，他要怎么绑架皇帝呢？当时他得到一个消息，汉灵帝打算前往河间国。灵帝刘宏去河间国干什么呢？说来很有意思。这个皇帝特好财，靠卖官积了许多私房钱，这些钱放在私家库房，怕被偷被盗，不安全，他打算分开来放。他拿数千万寄存在小黄门那儿，又拿数千万寄存在中常侍家中。这样他还觉得不保险，干脆到河间国去买田地，修豪宅。皇帝挺有投资意识，而这正好给王芬一个劫持的机会。

　　光靠自己，王芬心里还没底，他找了一个人，谁呢？曹操。曹操与他是老相识，足智多谋，在朝中当议郎，王芬希望他能做内应。曹操不干，他认为王芬想废立皇帝还不够格。为什么呢？在历史上，废立君主能成功的人，只有伊尹与霍光，两人都是首辅，政坛一号人物，有影响力，这是成功的根本原因。王芬只不过是小小的刺史，就算推倒刘宏，能立起一个新政权吗？谁能服他呢？曹操警告王芬，这是"求安反危，图福得祸"的做法。

　　果不其然，王芬失败了。原因有些离奇，据说太史夜观天象，说"北方有赤气亘天，夜半愈盛，横贯东西"，这种复杂的天文我们看不懂，皇帝也未必懂，但结论是看明白了：北方有阴谋，不宜出行。我估计太史是胡说八道，真相可能是宦官有所察觉，因为他们的爪牙遍布天下，自然知道冀州其实根本没有受到黑山贼的攻掠，王芬却招兵买马，这个行动令人狐疑。反正皇帝取消出行，还下一道诏令，命令王芬把新征的士兵就地解散，奉诏回京。

　　王芬心知计划已经失败，扔了官印，拔腿就跑。天地茫茫，能逃到哪儿呢？他最终心灰意冷，选择了自杀。

　　这样，在灵帝的最后十年，十常侍的地位稳如泰山，胆敢向其挑战者，无一有好下场。公元189年，灵帝刘宏死了。他跟东汉多数皇帝一样短命，只活了三十四岁。灵帝一死，宦官的靠山倒了，等候他们的命运是什么呢？

　　灵帝刘宏的儿子大多早夭，只剩下两个，大的叫刘辩，是何皇后所生；小的叫刘协，是王美人所生。宦官们不想刘辩成为太子，按照旧例，只要刘辩上台，何皇后就要以太后名义临朝，政权势必落入外戚之手。相反，倘若立刘协为太子。他母亲地位低，临朝称制不太可能，那权力不还牢牢掌握在宦官手中吗？

　　在灵帝生前，除了十常侍外，还有一名宦官深得皇帝信任，权势如日中天。这人名唤蹇硕，长得身强体壮，还略懂兵法。自从黄巾起义爆发后，皇帝关注起军事，蹇硕是他的贴身太监，有时"嘴上谈兵"一下，皇帝觉得这个人太有才了，得提拔提拔他。灵帝设西园八营，每营有一位校官，总共八位，称八校。八校包括大名鼎鼎的曹操、袁绍等人，为首的却是上军校尉蹇硕。不仅如此，连大将军何进也归蹇硕管，可见皇帝对宦官的信任程度要远远超过外戚。

・五十／群魔乱舞的十常侍时代・　363

宦官最为忌惮的人，便是何皇后的哥哥、大将军何进。蹇硕想把何进调离京城，以便完全把持内宫。何进并不笨，当然晓得蹇硕在打什么主意，在立太子这个关节眼上，他可不能离开。于是何进使出拖刀计，赖着不走。

灵帝一死，以何进为首的外戚集团同以蹇硕为首的宦官集团便形同水火，前者要立刘辩为帝，后者要立刘协为帝。论起心狠手辣，何进不是蹇硕的对手。从东汉的历史来看，每当有政变发生，宦官的行动是非常迅速的，他们的骨子里有一种赌性，作为残疾的阉人，没有什么可顾虑的。灵帝尸骨未寒，蹇硕就企图搞政变，杀掉大将军何进，立刘协为皇帝。

蹇硕设了一个局，请大将军何进火速入宫，商讨大事。何进没有想太多，从大将军府直奔皇宫。蹇硕的计划看起来完美，但百密一疏，他手下有一名司马，名叫潘隐，跟何进是好朋友。当何进到了宫门外时，潘隐给他使眼色，示意不要进宫。何进大惊，马上转身离开，连大将军府都没敢回，径直奔兵营去了。

何进一跑，蹇硕的计划破产。根据立长不立幼、立尊不立贱的原则，都应该是刘辩当皇帝。在公卿的拥立下，刘辩成了皇帝。何皇后临朝主政，改称太后；太后的哥哥、大将军何进与太傅袁隗共同主持大局。如此一来，外戚掌握了国家大权。

何进大权独揽，岂能容得下蹇硕？

正好袁绍找上门，劝何进将宦官一网打尽。袁绍乃汉末著名人物，他出身名门望族，袁氏家族四世三公，然而，即便袁家如此有权势，还得对宦官屈膝呢。袁绍成名早，名气大，颇为自负，被汉灵帝任命为西园八校之一，受蹇硕直接领导，这不是受气吗？可以说，袁绍对宦官深恶痛绝，早就想杀尽宦官，只是没机会。

蹇硕何尝不知自己已站在悬崖边上，随时都可能粉身碎骨，但他还想拼死一搏。蹇硕与其他宦官不同，他有军职，是西园八校之首，手握兵权。他给中常侍赵忠等人写信，阐述对时局的看法：认为何进已经控制大权，宦官一旦失势，恐怕要被诛灭。他还强调，何进之所以不敢轻举妄动，只因为自己手握兵权。在信的末尾，蹇硕强调，必须发动政变，逮捕并处死何进。

然而，蹇硕失算了，赵忠并没有支持他。在十常侍时代，赵忠与张让是宦官集团中无可争议的头头，偏偏蹇硕后来居上，手握重兵。赵忠等人对蹇硕没好感，索性借何进的刀除去这个对手。他把蹇硕的信转交给何进，这下要了蹇硕的命。企图搞政变、谋害大将军，都是死罪。蹇硕被逮捕，罪证如山，无可狡辩，下狱处死。

赵忠自以为出卖了蹇硕，自己就可以高枕无忧了。然而，他错了。

五一 / 混世魔王董卓

赵忠出卖蹇硕,想讨好何进,希望宦官集团与外戚集团能友好共处,利益均沾。然而,宦官干了那么多伤天害理之事,现在挥一挥袖子说不玩了,这哪能行?袁绍坚决反对,要求清洗宦官。大将军何进入宫见妹妹何太后,要求把中常侍一律免职。何太后不同意,反对说,古往今来,太监就一直存在,汉室成立以来都这样,怎么能把他们都赶走呢?

袁绍出了个馊主意,他对何进说,索性来个逼宫,从京城外调军队进城,以壮声势,到时不怕太后不同意。何进觉得这是个好主意,先是命令精锐的董卓兵团向首都洛阳进发,又派王匡、鲍信回泰山郡招兵买马,令东郡太守桥瑁驻扎于成皋,武猛都尉丁原数千人放火烧了孟津渡口。问题是,搞这么大声势,那不明摆着给宦官通风报信吗?

反对宦官的呼声高涨,何太后慌了,怕局势失控,便把中常侍、小黄门全部免职,遣散返乡。大家想想,这些作恶多端的太监要是失势返乡,会是怎样的下场呢?大家不想走,纷纷跑去向何进求情。袁绍自作主张,以大将军的名义通知全国各州郡,立即逮捕宦官的家属亲信。他一而再地向何进强调,必须要彻底清洗宦官集团。在袁绍的鼓动下,何进又进宫找太后,要求把所有的中常侍逮捕并处死。

隔墙有耳。

何进与太后的谈话,被中常侍听到了。这些阉人一听,大将军要大开杀戒啊!狗急跳墙,人急拼命,张让等马上招来几十名宦官,操着武器,埋伏起来。待何进出来后,太监们一拥而上,把他给放倒,一刀砍下脑袋。杀了何进后,张让等人挟持何太后、皇帝刘辩,发一道诏书,把司隶校尉袁绍、河南尹王允两人撤职。尚书卢植心生狐疑,便说:"请大将军出来,有事商量。"宦官们从门缝把何进的人头扔出来,喊道:"何进谋反,已被诛杀。"

袁绍毫不手软,派袁术攻打皇宫。大宦官赵忠被袁绍生擒,当场格杀。袁绍下令，只要是太监，不论老少，格杀勿论。宦官也不太好认，脑门上也没写着字，最后大家看到没胡子的男人就杀，杀了两千多人。

张让劫持皇帝刘辩以及陈留王刘协，仓皇而逃，逃到黄河边上的小平津。尚书卢植带着一帮人追上，张让知道没戏，向小皇帝磕头说："臣等死了，陛下自爱。"说完后，扑通一声，跳入黄河里了。曾经令人胆战心惊的张常侍，就在这个世界上消失了。

小皇帝一行人行至北邙山下，突然前方马蹄声起，尘土冲天，旌旗蔽日，一大帮人马横冲过来。这可把小皇帝刘辩给吓坏了，哭出声来，面如土色。只见人群中走出一人，个头很大，腰粗体肥，一身戎装，脸上挂着傲慢之气。来者何人？正是前将军董卓。

董卓是陇西人，早年追随张奂与羌人打过仗，曾在西域担任戊己校尉。公元184年，黄巾起义爆发，董卓被任命为中郎将，讨伐张角，无功被免职。此时凉州爆发韩遂、马腾、王国之乱，拥兵十多万人，割据一方。公元188年，朝廷以皇甫嵩为左将军、董卓为前将军，率领四万人马，进击叛军。

论打仗，董卓远不如皇甫嵩，但他的政治野心却远远超过后者。董卓深知乱世军权的重要性，谁握有枪杆子，谁将是最后的胜者。汉灵帝察觉到董卓桀骜难驯，诏他入朝为官，董卓以饷银不足、羌胡部队难以控制为理由，拒绝赴任。汉灵帝病重时，下旨让董卓担任冀州牧，命令他将军队交给皇甫嵩。狡诈的董卓以爱兵如子为借口，声称如赴冀州上任，必须带上部队。

对董卓一而再抗旨不从，汉灵帝大怒，下诏斥责，并责令他即刻赴冀州上任。正当董卓黔驴技穷之时，汉灵帝突然病死。董卓政治嗅觉相当灵敏，预感到大动荡即将来临，遂不理会朝廷的责备，率领大军东返，窥视洛阳。当时大将军何进为剪除宦官势力，不惜把外地的军队调入京师，便命令董卓部队向京城进军。真是踏破铁鞋无觅处，得来全不费工夫。董卓毫不迟疑，大军马上开拔，他还写了一折义正词严的奏章，奏请诛杀中常侍张让等宦官。

大将军何进终于没能控制住局势，被宦官所杀。接着，袁绍攻打皇宫，袁术火烧宫门，一时间火光冲天，数十里外都看得到大火。董卓猜想京城一定发生了大事，连夜集合军队，火速挺进，正好来得及迎接被劫持的小皇帝刘辩。

把小皇帝捏在手心，董卓一举控制朝廷，不动声色地收编大将军何进的部队，收买吕布，刺死武猛都尉丁原，吞并其部。羽翼丰满后，董卓宣布一个令人目瞪口呆的决定：他要废掉刘辩，改立刘协为皇帝。他要通过废立皇帝，来树立自己不可动摇的权威。

司隶校尉袁绍对暴发户董卓不服，只是惮忌其凉州兵团，不得不按下性子，与他理论一番。董卓不爱听，手按刀柄叱喝道："你小子敢这样跟我争辩，天下大事都操控在我手中，我欲废立，谁敢不从？难道说我董卓的刀不够锋利吗？"你看看董卓这架势，很有霸气，给对方一种强大的压迫感。袁绍也不是吃素的，董卓的刀拔得，他的刀拔不得吗？他一怒拔刀，愤然道："天下健者，岂独董公？"刀是拔出来了，但袁绍毕竟心虚，不敢与董卓正面冲突，只得匆匆离席。袁绍回家后，收拾细软，出了东门，把佐军校尉的印绶挂在城门上，飘然而去。

袁绍一走，京城之内无人敢反对董卓。董卓强迫何太后下诏废黜刘辩，改立刘协为皇帝，史称汉献帝。何太后是刘辩的生母，岂能不痛哭流涕呢？董卓很不耐烦，索性把她软禁到永安宫，几天后，用毒酒将其毒死。

很快，帝国首都成为野蛮人的天堂。董卓带来的凉州兵，在首都无恶不作，公开抢掠。不管你是皇亲国戚还是贵族，进了门就抢，更别提一般人家了，抢了钱财抢女人。整个都城几乎成了地狱，人人自危。

对于政坛暴发户董卓，许多人是不服的，凭什么由他来领导国家呢？东郡太守桥瑁伪造一份文书，分发到全国各地，揭露董卓的罪恶行径，号召各州郡兴义兵，讨伐董卓。冀州牧韩馥写信给袁绍，鼓动他起兵，讨伐董卓。一时间，关东州郡群起响应，纷纷组建义兵，关西则是董卓的势力范围。中国大地之上，战争的阴云密布，一场血战马上要拉开序幕。

关东义军推举袁绍为盟主，参与起事的有冀州牧韩馥、豫州刺史孔伷、河内太守王匡、兖州刺史刘岱、陈留太守张邈、广陵太守张超、东郡太守桥瑁、山阳太守袁遗、济北相鲍信，此外还有从京城逃出来的曹操、袁术等人。

董卓担心有人利用废帝刘辩搞复辟，索性把十五岁的刘辩毒死。眼看关东义军声势浩大，董卓就计划迁都长安，以避敌锋芒。这次迁都，对老百姓简直就是一场大灾难。自从光武帝刘秀定都洛阳，至今已超过一百六十年，这是一座繁华的都城。董卓不愿把繁华之都拱手让给关东豪杰，他干的第一件事：把洛阳城内所有财物，全部劫掠一空。他手下这帮凉州兵，每天干的事，就是抄家、抢掠，把值钱的东西统统搬上车。抢完活人抢死人，洛阳周边，历代皇陵以及公卿墓穴，一一挖开，把墓穴中的珍宝也抢光了。东西抢完了，便驱使数百万人迁往长安。一路上前推后挤，加上颠沛流离、饥苦冻馁，死伤无数，饿殍载道、暴骨盈途。董卓放火烧了洛阳皇宫、各政府官署及民宅，以断官民回乡之心。

再来看看义军这边的动静。

表面上看，十几支义军会师，声势颇盛，旌旗猎猎，战鼓隆隆。可是光打雷不下雨，大家只吆喝，谁也不向前冲。大家都有自己的小算盘，没有几个人愿意出头，我先打先完蛋，好处都叫别人给捞了，这我不干。于是出现了一个战场怪现象，一大堆军队屯兵在洛阳周围，只摆架势，不出拳。

敢担大任者，才是真正的英雄豪杰。曹操先站了出来，他说，我们兴义兵就是要讨董贼，现在上了战场，还有什么可犹豫的呢？只要大家合力，可一战而定天下。大家还是不出头，宁愿当缩头乌龟。曹操只有五千人，别人都不去，他还是毅然西行，在荥阳与董卓兵团打了一仗。这一仗，曹操输了，坐骑被射死，他差点成了董卓的俘虏。

在曹操苦战之时，各路义军将领只热衷于喝酒吃肉，终于坐吃山空，把粮食耗光了。没粮食自然没法打仗，大家便纷纷撤退。

在关东军吵吵嚷嚷之时，有一个人却是实实在在地投入反董卓的战争，这个人便是孙坚。孙坚曾镇压黄巾起义，后追随车骑将军张温讨伐凉州的边章、韩遂。当时董卓也是张温部将，孙坚就认定此人乃是一大祸害，建议张温处死董卓以绝后患。关东豪杰起兵讨伐董卓时，孙坚在长沙起兵，成为一支独立的反董武装。

此时关东联军作鸟兽散，孙坚是以一己之力对抗董卓。首战失利后，孙坚没有气馁，再度进攻洛阳，阵斩董卓手下大将华雄。《三国演义》中绘声绘色地描写关公温酒斩华雄，那是虚构的故事，华雄实死于孙坚之手。董卓知道孙坚有本事，想收买他以为自己所用，愿将女儿嫁给他。孙坚怒道："董卓逆天无道，若不夷他三族、悬首示众，我还死不瞑目呢，怎么会跟他和亲？"

孙坚率部挺进大谷关，距洛阳九十里。董卓亲率大军迎战，被孙坚打得大败，只得放弃洛阳，退守渑池。孙坚占领洛阳后，向西追击，大败吕布的殿后部队。屡战屡胜后，部队已疲惫不堪，洛阳已是一片灰烬，孙坚只得退到鲁阳休整，战局陷入僵持的局面。

董卓返回长安后，上演了最后的疯狂。

在他看来，朝廷已经是姓"董"，除了还没给自己加冕之外，他与皇帝已经没有两样了，出行的车马是皇帝的标准，身上穿的衣服是皇帝服。他自任太师，太师府成为发布国家命令的官署。他还给自己修筑一座坚固的城堡，城高七丈，厚也七丈，储存的粮食可吃三十年。他这样说道："事成则雄踞天下，不成则守此终老。"

然而，董卓并不是无所畏惧的人，他整天怕被人暗杀，因为他杀的人太多了。董卓杀人，向来不需要理由，只要看不顺眼、听不顺耳，立即格杀。朝廷大臣人人自危，除非把老贼干掉，否则迟早大家都要死。于是一个反董卓的小团体秘密成立，成员包括司徒王允、司隶校尉黄琬等人。要对董卓下手并不容易，因为他身边有一个贴身侍卫，便是勇武绝伦的吕布。

董卓把吕布视为心腹，甚至以父子相称。但这只是表面，董卓性情残暴，喜怒无常，让吕布知道什么叫伴君如伴虎。有一次，吕布因为一件小事得罪董卓，董卓一怒之下，操起一把手戟朝他掷去。幸亏吕布武艺高强，避开这一戟，连连赔礼道歉，这才勉强平息董卓的怒火。吕布也是个心高气傲的人，经过这件事，他对董卓是一肚子不满与怨恨。随后发生的一件事，终于使吕布与董卓决裂。

吕布是血气方刚的男子，有一回在太师府见到一位美丽的侍女，就是在《三国演义》中大书特书的貂蝉，两人你情我愿，私通上了。这件事令吕布提心吊胆，担心有一天会被董卓发现。

反董卓秘密团体的领袖、司徒王允与吕布关系不错。有一天两人喝酒，吕布心情烦躁，向王允倒苦水。王允抓住这个机会，对吕布说，"董卓倒行逆施，人神共愤，何不联手把董卓做了呢？"吕布内心一动，又迟疑地说："董卓与我有父子之情。"王允冷笑道："你姓吕，他姓董，当初他操手戟要杀你时，还有父子之情吗？"这一激，吕布的血性被激起来，他把酒杯一摔，"好，豁出去了。"

过了几天，小皇帝刘协在未央殿接见朝中大臣，董卓要去露个脸。从太师府到皇宫，一路上警备森严，道路两边布满士兵，董卓坐在马车上，由吕布全副武装跟随。董卓并不知道，此时的吕布怀里揣着一纸诏书，是王允密命尚书仆射士孙瑞起草的、以皇帝的名义下达的锄奸令。今天的锄奸行动，经过周密的安排，行刺地点设在皇宫大门。吕布事先在宫门处安排十几个人，包括骑都尉李肃、壮士秦谊、陈卫等，冒充守门卫兵。

马车上的董卓全然不知自己正迈向鬼门关，他还摇头晃脑哼着小曲。当时董卓乘坐的马车，没有车厢，远远就可以看到他坐在车上。车子进了皇宫大门，这时，扮成卫兵的李肃以迅雷不及掩耳的速度，扑到马车前，持一把长戟，奋力刺向董卓。有没有刺中呢？刺中前胸，可是没刺进去，因为董卓里面穿了一件铁甲衣，挡住戟锋。由于铁甲很光滑，戟锋便向下滑，刺伤董卓的手臂。

董卓发出如杀猪般的号叫，从车上跌下来，回头便喊："吕布何在？"只见吕布大步流星走上前来，掏出密诏，对董卓喝道："天子有诏，诛杀逆贼。"董卓这下明白了，吕布跟刺客是同一伙的，他骂道："你一个狗腿子，胆敢……"他的话还没说完，吕布便操起手中的铁矛，恶狠狠地戳进董卓前胸。吕布力大无比，董卓穿的铁甲顿时被戳穿。铁矛从前胸入，从后胸出，这位混世魔王就这样死了。

董老贼死了！百姓乐翻天了，大街小巷，大家唱歌跳舞，跟过节似的。女人把珠宝首饰给卖了，买点酒肉回家庆祝。原来冷清的街道，人山人海，这里成了欢乐的海洋。董老贼以自己的死，带给了百姓快乐，这算是他最后的一点"善事"吧。当然，董卓死后还有点利用价值，他太肥了，油脂太多，大家弄了一条灯芯，插到他的肚子上点着，这盏人油灯竟然烧了一昼夜才熄灭。

混世魔王董卓死了，那么混乱的政局即将结束吗？

不。

他既然点燃了政治的火药筒，就意味着巨变时代的到来。

尾声：三国序幕

董卓死了，世界依然不太平。

在关东群雄中，袁绍被推为盟主，无疑是最有号召力的领袖人物。然而，颇为尴尬的是，这个盟主有名无实，只据有一个渤海郡，兵不精，地不广。怎么办呢？袁绍把目光盯住韩馥，只有能从他手中夺走冀州，自己才是名副其实的盟主。为了整垮韩馥，袁绍密请幽州军阀公孙瓒出兵进攻冀州，胆小的韩馥不知所措，只得辞职，把冀州牧大印送给袁绍。

袁绍的盟主宝座并不稳固，率先跟他对着干的便是自己的兄弟袁术。作为袁家嫡子的袁术向来瞧不起庶兄袁绍，为了营建自己的势力，他拉拢孙坚以为己用。袁绍以周昂为豫州刺史，突然对孙坚发动进攻。眼看关东义军内部分裂，孙坚痛心疾首，又无可奈何。袁术派公孙越协助孙坚作战，不料公孙越中箭身亡。其兄公孙瓒大怒，举兵攻打袁绍，军阀混战愈演愈烈。

公孙瓒与袁术结盟，袁绍不甘示弱，拉拢荆州牧刘表为盟友，两大军事联盟大打出手。为了制服刘表，袁术派孙坚进攻荆州。孙坚虽厌恶内战，仍无奈参战，大破刘表部将黄祖。可惜的是，他过于轻敌，在追击敌寇时，被冷箭射死。孙坚死后，袁术无力再对刘表发动进攻。至此，勤王之战演变成为军阀混战。朝廷的诏令不出关西，关东各路诸侯拥兵自重，兼并与反兼并的战争此起彼伏，中国进入一个四分五裂的时代。

诛杀董卓后，王允成为朝廷一号人物。然而，他并非一个可以拨乱反正的英雄，他自认为是正人君子，疾恶如仇，但所做的一些事情，却不得人心。比如说，董卓被刺后，著名学者蔡邕叹息一声，被王允抓住把柄，下狱处死。蔡邕之死，令董卓的旧部胆战心惊，朝廷会不会对他们秋后算账呢？王允不愿发布大赦令，同时又要收回兵权，董卓旧部被逼到死角，索性举兵造反。

以李傕为首的叛军杀入长安，处死王允，吕布落荒而逃。以李傕、郭汜、樊稠为首的关西军阀粉墨登台，控制朝廷。不过，这些军阀钩心斗角，先是李傕设计杀了樊稠，后又与郭汜兵戎相见。此时的朝廷哪来半点威严可言，汉献帝被李傕劫为人质，太尉、司空等朝廷大臣被郭汜劫为人质，两方杀得天昏地暗，死亡数万人。

这时，关西另一军阀张济不失时宜站出来调停李傕与郭汜的战争，并主张迎汉献帝东返洛阳。李傕与郭汜两人打仗打得头脑有点糊涂，同意献帝东返。皇帝前脚刚刚离开长安，李傕与郭汜就觉得不对劲，小皇帝就是一张王牌，怎么可以随便放走呢？两人化敌为友，一起带着人马追赶小皇帝。跟随皇帝东返的朝廷公卿大臣秘密通知军阀杨定、杨奉、董承等前来救驾，与李傕、郭汜的追兵且战且退。

为了给汉献帝保驾护航，杨奉、董承联络白波农民军加入勤王之列。即便如此，面对如狼似虎的李傕、郭汜大军，勤王军仍太单薄。为摆脱追兵，勤王军不得不选择改变路线，护送皇帝北渡黄河以跳出包围圈。此时的皇帝与朝廷公卿可谓狼狈到极点，饥寒交迫，落魄到了极点。

从长安到洛阳，路途并不十分遥远，可是皇帝一行人整整走了一年时间。从兴平二年（195）的七月到兴平三年（196）的七月，小皇帝吃尽苦头，尝尽世界冷暖。更不要说其他人的遭遇了。洛阳城内搭起一座小而简朴的皇宫，孤零零地矗立在一堆荒草之中，周围是烧得焦黑的残垣断壁。手握重兵的各路诸侯，没有人前来进贡，皇宫连吃饭都成问题。朝臣们再也不像以前威风凛凛，神气十足，他们只能亲自去郊外搞点野菜来充饥。有些人饿毙在路上，有些人则被乱兵所杀。

朝廷的权威已经荡然无存，皇帝尚且有一顿没一顿，更何况大臣们呢。眼看着朝廷就要自生自灭，这时有一个人站出来，要把快倒的朝廷重新扶起来。这个人就是曹操。

曹操的父亲是曹嵩，据说他本来并不姓曹，而是复姓"夏侯"，被中常侍曹腾所收养，故而改姓为"曹"。曹操打小时候开始，就机敏过人，脑袋瓜好使，擅长搞阴谋诡计，性格豪放，不受世俗观念的影响，有任侠精神。黄巾起义爆发后，曹操以骑都尉身份参加镇压黄巾军的战争，因功迁升济南相。中平五年（188），汉灵帝置"西园八校尉"，曹操为典军校尉。董卓入洛阳后，杀少帝及太后，曹操逃出洛阳，兴义兵，与关东群雄共同讨伐董卓。关东诸雄不能勠力同心，曹操拼光血本，无法挽回时局。

关东盟军解散后，曹操有一度没有稳固的落脚点。初平三年（192），青州黄巾军涌入兖州，兖州刺史刘岱战败身亡。济北相鲍信等迎曹操为兖州刺史，曹操遂捞到兖州之地，大破黄巾军，成为雄踞一方的军阀。在之后几年，他两度征讨徐州军阀陶谦，平定张邈叛乱，打败悍敌吕布，势力愈加稳固。

在全国陷入一片混战时，建安元年（196），汉献帝终于回到洛阳，各自为政的军阀们谁也没拿他当一回事。这时，曹操倒动了念头，何不趁这个时机，控制天子以号令天下呢？这个想法遭到部将们的反对，一则因为关东尚未平定，二则皇帝的诏令根本没人听。

谋臣荀彧支持曹操，力排众议，认为要干大事，首先要占据政治制高点，把握主动权。皇帝虽然没有权力，名义上仍是天下共主，奉迎天子，是顺应天下民心的做法。只要控制朝廷，对外就可压制群雄，这是大谋略。这个战略，便是"挟天子以令诸侯"，荀彧所言，十分合曹操的胃口。

高瞻远瞩的曹操抢先一步，入洛阳把汉献帝迎至许昌。在袁绍、袁术等实力派军阀无视皇帝存在时，曹操悄悄做成一笔大投资，把皇帝与朝廷控制在手中。此后从许昌发出的皇帝诏令，实际上都是曹操的意思，只不过盖上皇帝的大印罢了。曹操挥舞"天子"的权杖，砸向"不臣"的诸侯。从这一年起，东汉实际上沦为曹氏的政权，尽管汉献帝又当了二十四年的皇帝，但只不过是曹操父子手中的一枚棋子罢了，汉朝已名存实亡。

本书对东汉最后二十四年，只做提纲挈领的概括，不做细致入微的描述。

"大江东去，浪淘尽，千古风流人物。"

从建安元年（196）到建安二十四年（219）的二十四年间，中国大地上，上演着大浪淘沙的传奇，从全国混战到三家鼎立，并以东汉朝廷最终瓦解而宣告一个旧时代的结束和一个新时代的开始。

（一）曹操统一北方

曹操挟天子以令诸侯后，先把进攻的矛头对准吕布与袁术。吕布走投无路，只得前往徐州，投奔刘备。然而吕布从来就不是个知恩图报的人，他乘刘备与袁术交战之机，突袭下邳，赶走张飞，反客为主，成为徐州的主人。刘备落荒而逃，前去投奔曹操。

与此同时，雄心勃勃的袁术宁为鸡首、不为牛后，索性扯起自家大旗，自立为皇帝。称帝后的袁术积极拉拢吕布，想跟他结为儿女亲家。吕布刚开始时同意，很快又后悔，与袁术决裂。新"皇帝"火冒三丈，派大将桥蕤攻打吕布，被吕布打得落花流水。

袁术与吕布交恶，给了曹操一个难得的机会。建安二年（197）九月，曹操挥师东征袁术。面对曹军突如其来的进攻，袁术竟然惊慌失措，撒腿便逃，部将桥蕤战败身亡。袁术渡淮河而去，以避曹军兵锋，他才当了不到一年的"皇帝"，就开始走向没落。为了共同对付许昌政权，袁术与吕布又握手言和，攻击归附于曹操的刘备。曹操派夏侯惇率军救援，被吕布的部将高顺击败。高顺攻陷沛县，俘虏刘备的妻儿。

吕布的挑衅行为激怒了曹操，他决定以强有力的手段还击。建安三年（198）九月，曹操大举出兵，攻取彭城，包围吕布的大本营下邳。下邳包围战持续两个多月，曹操引水灌城，吕布处境越加恶化。此时，下邳爆发兵变，吕布的部将侯成、宋宪等人率部众向曹操投降，并逮捕吕布麾下两名重要的将军：陈宫与高顺。这一叛变直接导致吕布的灭亡，下邳城无力抵挡曹军的猛攻，吕布只得向曹操投降。

打了败仗后的吕布仍颇为嚣张，见到曹操后便说："从今以后，天下可以平定。"他大言不惭道："您所担心的，不过就是我吕布一个人，我已臣服于您，试想天下还有谁能阻挡吗？"曹操爱惜吕布的骁勇，坐在身旁的刘备说了一句话："您没看到丁原、董卓的结局吗？"这句话暗藏玄机，吕布曾是丁原、董卓的部下，他先后背叛并杀死这两人。曹操心领神会，不再宽赦吕布，下令处死。

吕布死后，袁术孤立无援、众叛亲离，被迫取消皇帝的尊号，这位野心家的皇帝梦彻底破灭，几近潦倒。他曾经有妻妾数百，数不完的绫罗绸缎、山珍海味，可到落魄之时，睡的木床甚至没有草席。爬得越高的人，跌下来越惨，巨大的心理落差令袁术忧愤交加，竟然一病不起，吐血而亡。

在曹操攻吕布、袁术的同时，袁绍也消灭了盘踞在北方的公孙瓒，占据了冀州、青州、幽州、并州，地盘广阔，兵多将广，成为曹操的头号劲敌，两人之间的战争已是不可避免。

建安四年（199），袁绍挟战胜公孙瓒之余威，谋攻许昌。曹操积极布防，他率部进驻黎阳，分兵守卫官渡，双方成对峙局面。就在这个时候，刘备叛曹操而去，击斩徐州刺史车胄，占据下邳、小沛，拥众数万人，与袁绍结为同盟。令众人大感意外的是，袁绍大兵压境，曹操却毅然决定东征刘备。他以迅雷不及掩耳的速度打垮刘备，俘虏其手下猛将关羽。曹操感于关羽的忠勇，不仅未杀他，还委任他为大将。

建安五年（200），袁绍兵进黎阳，拉开官渡之战的序幕。袁绍派遣大将颜良进攻白马，曹操引军昼夜兼行救援。颜良见曹军前来，立即迎战，曹操以张辽、关羽为前锋，关羽远远望见颜良的帅旗，策马长驱而入，于万军之中取颜良首级，勇冠三军。大将一死，袁军不知所措，只得撤退，白马之围遂解。首战失利后，袁绍恃着兵强马壮，渡过黄河，推进到延津以南。曹操故意露出破绽，以辎重车队为诱饵，诱使袁绍前来抄截，暗中布下伏兵，等袁军上钩后，突然发起袭击，大破袁军，阵斩大将文丑。袁绍出师未捷，两战两败，损失两员大将，士气低落。这两战中，关羽为曹操立下汗马功劳，不过，他以忠义自诩，不肯效忠曹操，把曹操所赏赐之物原封不动地留下，同时留下一封书信，不辞而别，前去投奔大哥刘备。

九月，袁军驻屯于阳武，曹操出兵与袁绍战，未能取得胜利。此时曹操面临的问题十分严峻，不仅兵力不足，粮食也快耗光，士兵疲惫，百姓也因为税赋太重而纷纷叛归袁绍。曹操采纳谋士荀彧的策略，坚壁清野，与袁军相持。粮食的重要性突显出来，成为左右战局的关键因素。

袁绍从后方调运大批粮食，有数千车之多，运往官渡。曹操抓住敌军将领轻敌的弱点，出奇兵攻击辎重车队，把所有粮食烧光。十月，袁绍再次征运粮食，派一万人马负责押粮。运粮车队行至乌巢，曹操亲率五千名步骑兵，打着袁军的旗帜，从小道直趋敌营，纵火焚烧敌营及粮车。曹军如有神助，以寡击众，杀死负责押粮的袁军大将淳于琼，击退袁绍援军，袁军粮食再次被烧为灰烬。

紧接着，一个戏剧性的场面发生了。袁绍麾下大将张郃与高览突然叛变，烧毁袁军的武器库，向曹操投降。在两度粮车被烧、张郃叛变等一系列事件的影响下，袁军上下灰心丧气，全无斗志。开始有人开小差，逃兵越来越多，袁军大营失控。曹操果断出击，袁军兵败如山倒，袁绍带八百余人渡黄河而逃。主帅一逃，士兵们死的死，降的降。由于曹操缺粮，索性对袁军俘虏采取坑杀的残酷手段，前后共杀七万余人。

官渡之战是东汉末年一场重要的战役，也是中国历史上以少胜多的经典战役。此役袁绍动用十一万兵力，而曹操仅有两三万人。曹操在兵力处于劣势的情况下，奇迹般地赢得胜利，为统一北方奠定基础。

官渡之战后两年，即建安七年（202），袁绍病死。他的两个儿子，袁谭与袁尚为夺权而争闹不休，内斗使得袁氏集团的势力更加衰微。经过三年多的战争，到建安十年（205），曹操破袁谭于青州，袁谭被杀。袁尚与哥哥袁熙投奔辽西乌桓部落。两年后，曹操率大军讨伐乌桓，乌桓蹋顿单于与袁尚、袁熙带着数万骑兵前来迎战。曹操登白狼山，使张辽为先锋，纵兵击之，乌桓骑兵大败，蹋顿单于在战斗中被杀，乌桓及汉人共二十多万人投降。辽东乌桓单于速仆丸与袁尚、袁熙投奔辽东太守公孙康。公孙康不给面子，把三个人的脑袋都砍下来，函首送诣曹操。至此，曹操对袁氏集团的战争获得彻底的胜利。

（二）东南孙氏政权的兴起

东南孙氏政权的兴起，是孙坚、孙策、孙权父子三人努力的结果。

初平二年（191），孙坚讨伐刘表时中箭身亡，时年三十七岁。他的长子孙策时年十七岁，为父报仇，前往投奔袁术。几经周折后，袁术把孙坚旧部一千余人交给孙策，凭借这支弱小的部队，孙策锋芒毕露，打出一片新天地。他的明智之处，在于避开群雄逐鹿的中原地区，把开拓的目标瞄准江东。在东进过程中，孙策的队伍不断扩大，又得到好友周瑜等人的支持，遂渡江南下，开始经略江东。

当时江东有两大势力，一为扬州刺史刘繇，二为会稽太守王朗。自从南渡长江后，孙策的军队几乎每战必胜，这不仅因为他有非凡的军事指挥才能，也得益于合理的政治措施。孙策部众军纪严明，所到之处，绝不掳掠百姓，秋毫不犯，这样的军队怎么能不得民心呢？在击破江东多股势力后，他挥师进攻扬州刺史刘繇的大本营曲阿。

兴平二年（195），孙策在曲阿之战中大败刘繇，随后发布公告，凡刘繇的亲友旧部，只要前来归附者，一律不计前嫌。同时宣布一条重要政策：凡每家有一人当兵，就可以免除全家税赋。战乱时代，各地百姓都担负沉重的税赋，而孙策的这个开明政策，确是罕见。在他的政治宣传下，四面八方的人纷纷前来投奔。至此，孙策的大名威震江东。

第二年（196），孙策发兵攻打盘踞江东的另一位实力派人物王朗，王朗投降，孙策自领会稽太守。在此后的几年，孙策全力经营江东。由于袁术有称帝的野心，孙策旗帜鲜明地反对，与袁术划清界限。曹操乘虚而入，拉拢孙策，表荐他为讨逆将军，封吴侯，至此，东吴政权的雏形初现。

袁术对孙策的壮大深感恐惧，暗中指使祖郎煽动山越人造反。同时，刘繇部将太史慈占据泾县，在山越人的支持下对抗孙策。建安三年（198），孙策发动攻势，先后生擒祖郎、太史慈，将两人招致麾下。

由于袁术病故，其部众大量涌入庐江，庐江太守刘勋的实力迅速壮大，对孙策构成极大的威胁。孙策故意示弱于敌，乘其不备，发兵攻打刘勋老巢皖城，一战克之并俘虏三万人。此时孙策的地盘已扩大至荆州边界，为报父仇，他以水、陆两路合进，进攻黄祖，斩俘数万人，黄祖仅以身免。随后，孙策南下进攻豫章，豫章太守华歆献城投降。

正当孙策的事业如日中天时，灾难却突然降临。建安五年（200），孙策被刺客所伤，不治身亡，时年二十六岁。孙策的弟弟孙权成为江东集团新领袖，他以周瑜为中护军，与张昭共同主持江东军政。

孙权矢志杀黄祖为父报仇。建安八年（203），孙权发动对黄祖的战争，大破荆州兵团。建安十三年（208），孙权水陆并进，在长江水战中，大破黄祖舰队。黄祖退守夏口，孙权以精锐部队猛攻，黄祖抵挡不住，弃城而逃，被追兵赶上，一刀将其砍死。孙权用木匣子装着黄祖的脑袋，祭奠父亲孙坚，此时距孙坚之死已过十七年。在孙策、孙权两兄弟的不懈努力下，终得以告慰亡父的在天之灵。

在孙权杀黄祖不久，荆州牧刘表病死，曹操大举进击荆州。面对来势汹汹的曹军，孙权与刘备联手，在赤壁之战中力挫曹操，奠定三足鼎立的基础。

（三）赤壁之战与天下三分

与曹操、孙权相比，刘备的道路要坎坷得多。他是汉高祖刘邦的后裔，却出身贫寒，靠自己的努力一步步在政坛上崭露头角。刘备长期寄人篱下，曾投靠过公孙瓒、陶谦、曹操、袁绍等，官渡之战后，他前往荆州投靠刘表，屯兵于新野。长期以来，困扰刘备的问题是没有一个稳固可靠的根据地，当曹操统一北方、孙权盘踞江东之际，他又要往何处去呢？

建安十二年（207），刘备得到了一个人的辅佐，这人便是著名的政治家诸葛亮。诸葛亮为他清晰指明了战略路线："东联孙吴，西据荆益，南和夷越，北抗曹操。"然而，形势很快急转直下。荆州牧刘表去世后，曹操乘机大举南略，荆州新首领刘琮没有抵抗便拱手投降。刘备还没来得及备战，曹军已长驱而入，情急之下只得弃新野而走，退往夏口。

为了对付曹操，孙权与刘备联手是双赢的选择。在孙权一方，鲁肃是孙刘结盟的积极鼓动者。刘表去世后，鲁肃前去吊唁，乘机游说刘备与东吴联手共拒曹操。曹操占据江陵后，积极筹备水军以顺江而下，江东形势空前危急。刘备派诸葛亮与鲁肃一道前往会晤孙权，共商抗曹大计。此时，曹操约有军队二十万人，号称八十万，而孙、刘联军只不过五六万人。

曹操致书孙权，以武力相恫吓。鉴于敌我实力悬殊，江东群臣多数主张投降，名将周瑜力主抗曹。他向孙权详细分析曹军的弱点：长途奔袭、疲惫不堪、不擅水战等，坚定了孙权的抗战决心。孙权以周瑜、程普为左右督，联合刘备共同抗击曹操。

十月，决定曹、孙、刘三方命运的赤壁之战打响。周瑜采纳部将黄盖的计谋，以诈降的方式，用十艘火船袭击曹军舰船，在风势的鼓动下大火迅速蔓延开来，曹军水师损失惨重。火攻得手后，周瑜率主力战船出击，曹军大败，烧死、溺死者无数。曹操无法控制局面，只得领兵西逃，周瑜、刘备水陆并进，追击至南郡。曹军后勤辎重悉数丢弃，在饥饿与疫病的双重打击下，死亡人数过半。

赤壁之战，以孙、刘联军大获全胜而告结束，是役曹操损失的兵力超过十万人，他一统中国的梦想破灭。

赤壁之战成了刘备生涯的一大转折点，他乘曹操新败之际，南征武陵、长沙、桂阳、零陵四郡，四郡皆降。曹操南下遇挫后，遂全力进攻西北的韩遂、马超，同时攻打张鲁盘踞的汉中。益州军阀刘璋希望刘备入蜀，想借助其力量北击张鲁，这正好给了刘备吞并蜀地的机会。建安十七年（212），刘备杀刘璋部将杨怀、高沛，占据涪城。两年后，刘备打败刘璋，完全占领益州，自领益州牧。自此，诸葛亮在《隆中对》中所提的战略构想得以实现，曹、孙、刘三足鼎立之势已成。

在这场逐鹿天下的游戏中，汉献帝早已被边缘化，他只是一名看客，坐着看曹操在台上独舞大旗。然而在曹操有生之年，并没有将皇冠戴在头上，自始至终都只是无冕之王。

建安十三年（208），曹操罢三公，自封丞相。

建安十七年（212），朝廷引萧何故事，准许曹操赞拜不名，入朝不趋，剑履上殿。所谓引萧何故事，不过是好听的说法，还不如说引王莽、梁冀的故事呢。

建安十八年（213），曹操自立为魏公，加九锡，这是典型篡位前的准备。

建安十九年（214），曹操进位诸侯王之上。

建安二十一年（216），曹操进号为魏王。

建安二十二年（217），曹操设天子旌旗。

谁都明白，改朝换代已是不可避免，大汉帝国的身影如断线的风筝，渐行渐远。公元220年，一代雄才曹操病逝。直到死的那刻，他的头衔仍然只是帝国丞相，尽管他与皇帝已经毫无差别，仅仅没有皇帝的尊号罢了。这张薄薄的窗户纸终于被曹操的儿子曹丕捅破，这年十月，曹丕废汉，改元黄初，国号为"魏"，建都洛阳。汉献帝被废为山阳公，他死于公元234年，总算得以寿终正寝。曹丕称帝后第二年，刘备于成都称帝，建立蜀汉政权。孙权称帝的时间则在公元229年，比曹丕称帝晚了九年。

西汉与东汉并称两汉，中间隔了一个新莽王朝，两汉合计四百一十年左右，是秦之后中国历史上最长命的封建王朝，也是中国历史上最伟大的时代。没有永恒的帝国。曾经盛极一时的大汉帝国最后也崩塌。然而其对中国所产生的巨大影响，却持久存在。两汉奠定了中国政治版图的基础，也见证了一个伟大民族的成长史，这个民族从此有了一个名字：汉。

大事年表

前 206 年（汉王元年）　楚汉战争爆发。

前 205 年（汉王二年）　楚汉彭城之战。

前 203 年（汉王四年）　楚汉言和，以鸿沟为界。

前 202 年（高帝五年）　垓下之战，项羽自刎；刘邦称帝。

前 200 年（高帝七年）　刘邦北击匈奴，被困白登七日，后匈奴解围去。

前 196 年（高帝十一年）　韩信、彭越死；英布反。

前 195 年（高帝十二年）　英布败亡；刘邦去世。

前 180 年（高皇后八年）　周勃平定诸吕，立代王刘恒为帝。

前 158 年（文帝后七年）　汉文帝去世；在位期间，轻徭薄赋，约法省禁，节俭恤民。

前 154 年（景帝三年）　七国之乱，周亚夫平吴楚。

前 140 年（景帝后三年）　景帝死，其为政师法文帝，史称"文景之治"。

前 138 年（武帝建元三年）　张骞出使西域。

前 134 年（武帝元光元年）　董仲舒对策，"罢黜百家，独尊儒术"由是始。

前 133 年（武帝元光二年）　马邑之谋，汉匈奴和亲。

前 127 年（武帝元朔二年）　颁推恩令；卫青取河南地，筑朔方城。

前 124 年（武帝元朔五年）　卫青漠南之战，拜为大将军。

前 121 年（武帝元狩二年）　霍去病攻掠河西，匈奴浑邪王降。

前 119 年（武帝元狩四年）　漠北之战；李广自杀；张骞再使西域。

前 111 年（武帝元鼎六年）　路博德、杨仆平南越，置九郡。

前 104 年（武帝太初元年）　李广利伐大宛；司马迁始著《史记》。

前 102 年（武帝太初三年）　李广利二伐大宛。

前 100 年（武帝天汉元年）　苏武使匈奴，被羁十九年。

前 99 年（武帝天汉二年）　李陵降匈奴，司马迁受宫刑。

前91年（武帝征和二年）　巫蛊之祸，太子自杀。

前89年（武帝征和四年）　武帝下轮台令，悔征伐之事。

前87年（武帝后元二年）　武帝死，托孤霍光，霍光为大将军。

前74年（昭帝元平元年）　霍光立宣帝。

前71年（宣帝本始三年）　汉与乌孙伐匈奴；匈奴大饥荒，自是大衰。

前66年（宣帝地节四年）　霍氏谋反族诛。

前61年（宣帝神爵元年）　赵充国击西羌。

前60年（宣帝神爵二年）　始置西域都护府，郑吉为都护。

前51年（宣帝甘露三年）　匈奴呼韩邪单于来朝。

前36年（元帝建昭三年）　甘延寿、陈汤万里远征，击杀郅支单于。

前33年（元帝竟宁元年）　昭君出塞。

前7年（成帝绥和二年）　成帝暴死，赵昭仪自杀。

前1年（哀帝元寿二年）　哀帝死，王莽秉政。

5年（平帝元始五年）　王莽加九锡，毒杀平帝，居摄践祚，称假皇帝。

8年（王莽居摄三年）　王莽篡汉，称新皇帝。

17年（新莽天凤四年）　绿林军起义。

18年（新莽天凤五年）　樊崇起义。

22年（新莽地皇三年）　樊崇起义军改称"赤眉军"；刘縯、刘秀舂陵起兵。

23年（新莽地皇四年，汉更始帝元年）　昆阳之战；更始军破长安，王莽死。

25年（光武帝建武元年）　刘秀称帝，建元建武；赤眉入长安。

27年（光武帝建武三年）　汉军大破赤眉，刘盆子、樊崇降；冯异平定关中。

36年（光武帝建武十二年）　吴汉平蜀，公孙述死。

43年（光武帝建武十九年）　马援平交趾之乱。

48年（光武帝建武二十四年）　匈奴分裂为南北二部，南匈奴附汉称臣。

49年（光武帝建武二十五年）　马援破武陵蛮，卒于军中。

57年（光武帝建武中元二年）　光武帝死，明帝刘庄即位。

73年（明帝永平十六年）　班超初通西域。

75年（明帝永平十八年）　北匈奴围疏勒城；明帝死，章帝即位。

87 年（章帝元和四年）　羌酋豪迷唐叛反；班超破莎车。

88 年（章帝章和二年）　章帝死，和帝刘肇继位，窦太后临朝。

89 年（和帝永元元年）　窦宪耿秉破匈奴于稽落山，勒石燕然。

91 年（和帝永元三年）　金微山之战；置西域都护府，班超为都护。

92 年（和帝永元四年）　窦宪伏诛，和帝亲政。

94 年（和帝永元七年）　班超破焉耆，平西域五十国。

105 年（和帝永元十七年）　和帝死，殇帝即位，邓太后临朝；蔡伦改进造纸术。

107 年（安帝永初元年）　罢西域都护；诸羌反，是为大羌乱之开端。

108 年（安帝永初二年）　先零羌起事，滇零自立为天子。

112 年（安帝永初六年）　滇零死，是为西羌由盛而衰之转折。

118 年（安帝元初五年）　平定羌乱，十一年羌乱耗费帝国二百四十亿，府帑空竭。

124 年（安帝延光三年）　班勇击北匈奴。

125 年（安帝延光四年）　安帝死；中常侍孙程等立顺帝，宦官权势从此日盛。

144 年（顺帝汉安三年）　顺帝死，冲帝立，梁太后临朝。

146 年（质帝本初元年）　梁冀鸩杀质帝。

147 年（桓帝建和元年）　梁冀杀李固、杜乔。

159 年（桓帝延熹二年）　梁冀伏诛。

167 年（桓帝延熹十年）　禁锢党人；桓帝死，灵帝立。

169 年（灵帝建宁二年）　段颎平东羌；大兴"党锢之狱"，李膺、杜密死。

184 年（灵帝光和七年）　黄巾起义。

189 年（灵帝中平六年）　灵帝死，少帝刘辩立；袁绍诛宦官；董卓废少帝，立献帝。

190 年（献帝初平元年）　董卓迁都长安。

192 年（献帝初平三年）　王允、吕布诛董卓。

194 年（献帝兴平元年）　孙策据江东。

196 年（献帝建安元年）　曹操迁帝于许，自是政权归曹氏。

197 年（献帝建安二年）　袁术称帝。

200年（献帝建安五年） 官渡之战。

207年（献帝建安十二年） 曹操平定乌桓。

208年（献帝建安十三年） 赤壁之战。

211年（献帝建安十六年） 刘备入蜀。

220年（献帝延康元年，魏文帝黄初元年） 曹操死；曹丕称帝，国号魏，建都洛阳；废汉献帝为山阳公，东汉覆亡。